Biologische Arbeitsbücher 36

Jörg Brehm/Meertinus P.D. Meijering

Fließgewässerkunde

Einführung in die Ökologie der Quellen, Bäche und Flüsse

3., überarbeitete Auflage

Quelle & Meyer Verlag Wiesbaden

Dr. Jörg Brehm
Jahnstr. 8
36110 Schlitz

Prof. Dr. Meertinus P.D. Meijering
Gesamthochschule Kassel · Universität
Fachbereich 11
Fachgebiet Fließgewässerkunde
Nordbahnhofstr. 1a
37213 Witzenhausen

Die Deutsche Bibliothek - CIP-Einheitsaufnahme

Brehm, Jörg:
Fließgewässerkunde : Einführung in die Ökologie der Quellen, Bäche und Flüsse / Jörg Brehm ; Meertinus P.D. Meijering. - 3., überarb. Aufl. - Wiesbaden : Quelle und Meyer, 1996
(Biologische Arbeitsbücher ; 36)

ISBN 3-494-01251-2
NE: Meijering, Meertinus P.D.:; GT

3., überarbeitete Auflage 1996

Einbandgestaltung: Klaus Neumann, Wiesbaden
Gesamtherstellung: Druckerei Laub, Elztal-Dallau
Gedruckt auf chlorfrei gebleichtem Recyclingpapier
Printed in Germany / Imprimé en Allemagne
ISBN 3-494-01251-2

Inhalt

Aus dem Vorwort zur 1. Auflage

Fließgewässer setzen sich aus Quellen, Bächen und Flüssen, aber auch aus Auen und Altarmen von Bächen und Flüssen zusammen. Die in Fließgewässern herrschenden Bedingungen werden von deren Einzugsgebieten beeinflußt. Eine Fließgewässerkunde muß deshalb über die eigentlichen Gewässerläufe hinaus deren Umgebung berücksichtigen (SIOLI 1961).

Ökosysteme sind Wirkungsgefüge unbelebter (abiotischer) und belebter (biotischer) Faktoren. Sie sollen nachfolgend gleichrangig behandelt werden. Es wird versucht, die einzelnen Faktoren nach dem Grad ihrer Komplexität zu ordnen und sie entsprechend, möglichst vollständig, abzuhandeln.

Regionaler Schwerpunkt des Buches ist Zentraleuropa, insbesondere die Bundesrepublik Deutschland. Häufig wird auch ganz Europa ins Auge gefaßt. Für exemplarische Ausführungen wird immer wieder auf Fließgewässer des Schlitzerlandes zurückgegriffen, die vergleichsweise sehr gut untersucht sind.

Die Fließgewässer des hochindustrialisierten und dichtbesiedelten Zentraleuropa erlitten zahllose anthropogene Veränderungen, die den Blick auf ursprüngliche Verhältnisse, besonders in Flüssen, verstellten. Durch Menschen bewirkte Umwandlungen an Gewässerläufen, die sich durch die Einleitung von Abwässern, durch Verbau und Begradigungen, Aufstauen des Wassers oder den Austausch von Waldgesellschaften im Einzugsgebiet ergeben, werden deshalb integriert abgehandelt.

Der noch immer mangelhafte Schutz von Fließgewässern kann nur durch eine Anhebung des jeweiligen regionalen Kenntnisstandes verbessert werden. Besonders Lehrer sollen ermutigt werden, ihre Leistungskurse langfristig auf ein Fließgewässer auszurichten. Das ist umso leichter zu realisieren, als fast alle Gemeinden in Deutschland über Fließgewässer verfügen, das Untersuchungsobjekt also immer in der Nähe ist. Zudem sind umfassende Einblicke in Fließgewässer geeignet, für deren Erhaltung zu argumentieren – man sollte sich nicht von vornherein auf Aussagen über Schäden beschränken.

Außer an Lehrer und Schüler der Sekundarstufe II höherer Schulen richtet sich die „Fließgewässerkunde“ an Studierende der Ökologie im Rahmen verschiedener Studiengänge. Weiterhin seien die verschiedenen mit Fließgewässern befaßten Behörden, Natur- und Umweltschutzverbände sowie auch alle angesprochen, die etwa durch sportliche oder berufliche Tätigkeit in der Binnenfischerei an der Erhaltung von Fließgewässern als Lebensräume interessiert sind.

Der vorgesehene Umfang des Buches machte eine strenge Stoffauswahl nötig. Sie wurde jeweils zu Gunsten von mehr Information zur Sache selbst getroffen, einerseits um dem Leser eine breite Zusammenschau zu ermöglichen, andererseits aber auch, um Ansätze zu eigener Arbeit an Fließgewässern zwanglos liefern zu können. Auf methodische Ausführungen konnte weitgehend unter Hinweis auf sachdienliches Schrifttum verzichtet werden.

Um den Text flüssig zu halten, wurde zumeist auf unmittelbare Zitate verzichtet. Die Titel der im Literaturverzeichnis aufgeführten Arbeiten lassen Rückschlüsse auf die

Textbezüge zu. Sofern nicht anders vermerkt, handelt es sich bei den Abbildungen um Originale der Verfasser.

Schlitz, im Mai 1981

Vorwort zur 2. Auflage

Die „Fließgewässerkunde" wurde für die neue Auflage überarbeitet und durch einige Beispiele von antropogenen Beeinträchtigungen von Bächen und Flüssen ergänzt. Neu aufgenommen wurde ein Kapitel über das in den letzten Jahren im Zuge der Gewässerversauerung aktuell gewordene Aluminium.

Neu ist ferner ein Katalog von Fragen für Schüler und Studenten, die zugleich zu eigenen Untersuchungen angeregt werden sollen. Schließlich wurde das Register vereinfacht.

Wir danken dem Quelle & Meyer Verlag und insbesondere Frau C. Huber für ihr verständnisvolles Entgegenkommen bei der Überarbeitung der „Fließgewässerkunde".

Schlitz und Witzenhausen, im März 1990

Vorwort zur 3. Auflage

Für die 3. Auflage wurde insbesondere das Kapitel über die Quellen und das darin zutage tretende Grundwasser aus ihren Einzugsgebieten überarbeitet und durch weitere Beispiele anthropogener Veränderungen ergänzt.

Für die Daten zum Nitratanstieg in einem Trinkwasserbrunnen in Lauterbach-Reuters (s.S. 207 f) danken wir herzlich Herrn Bürgermeister O. Falk von Lauterbach und Herrn Dr. D. Janßen vom dortigen städtischen Umweltamt.

Dem Quelle & Meyer Verlag, vertreten durch Frau C. Huber und Herrn Dr. A. Kohl, danken wir für die erneute konstruktive Zusammenarbeit.

Schlitz und Witzenhausen, im August 1995

1 Einführung

Die **Ökologie der Fließgewässer** befaßt sich mit den Bächen und Flüssen sowie den Quellen mit ihrem zutage tretenden Grundwasser. Diesen stehen die Stillgewässer wie Tümpel, Weiher und Seen gegenüber. Die Ökologie der Binnengewässer insgesamt wird auch als Limnologie bezeichnet, ein Begriff, den der Schweizer Hydrobiologe F.A. FOREL um die letzte Jahrhundertwende einführte. Ursprünglich war damit jedoch nur die Seenkunde gemeint (griech. limne = See, Teich, Süßwasser, Sumpf).

1.1 Morphologische Gliederung der Fließgewässer

Zwischen den Fließ- und Stillgewässern oder ihren Abschnitten bestehen im wahrsten Sinne des Wortes fließende Übergänge (s. Tab. 1). So reicht das Spektrum der kleineren Binnengewässer vom Wasserfall eines Baches (Bachfall) über die Bachschnelle mit schießender Strömung, den gewöhnlichen raschfließenden Bach, den träge dahinfließenden Sumpfbach und den natürlich aufgestauten Bachweiher bis zum stehenden Weiher. Die morphologische Reihe der größeren Binnengewässer umfaßt entsprechend Flußfälle, Flußschnellen, gewöhnliche Flußläufe, Sumpfflüsse (ursprünglich alle Tieflandflüsse), Flußseen (in Mitteleuropa z.B. der Bodensee, der vom Rhein durchflossen wird) und eigentliche Seen.

Der Wasserkörper der Stillgewässer ruht oder zirkuliert in einem abgeschlossenen Becken. Dagegen strömt der Wasserkörper der Fließgewässer, als „fließende Welle", gerichtet in einer Rinne (Gewässerbett), die schließlich in ein anderes, fließendes oder stehendes Oberflächengewässer einmündet. Im typischen Falle lassen sich bei einem

Fließverhalten	Gewässer(abschnitte)			
	Quelle	Bachbereich	Flußbereich	Mündung
Fallend	Fallquelle	Bachfall	Flußfall	Fallmündung
Schießend	Schießquelle	Bachschnelle	Flußschnelle	Schuttkegelmündung
Rasch fließend	Fließquelle	Bach(lauf)	Fluß(lauf)	Schwemmkegelmündung
Langsam fließend	Sumpfquelle	Sumpfbach	Sumpffluß	Deltamündung
Fast stehend	Trichterquelle	Bachweiher	Flußsee	Trichtermündung
Stehend	Grundquelle	Weiher	See	Überlauf

Tab. 1: Morphologische Differenzierung der oberirdischen Binnengewässer.

Gewässerbett deutlich eine Sohle (Gewässerbettsohle) und Wandungen oder Böschungen (Gewässerbettwandungen oder -böschungen) unterscheiden. Das Gewässerbett verläuft in einem Tal, das gewöhnlich ebenfalls in eine Sohle (Talsohle) und in Wandungen (Talhänge, mit abgesetztem Talhangfuß) gegliedert ist. Die Gewässerbetten winden sich mehr oder weniger stark innerhalb der Täler, die oft über grö-

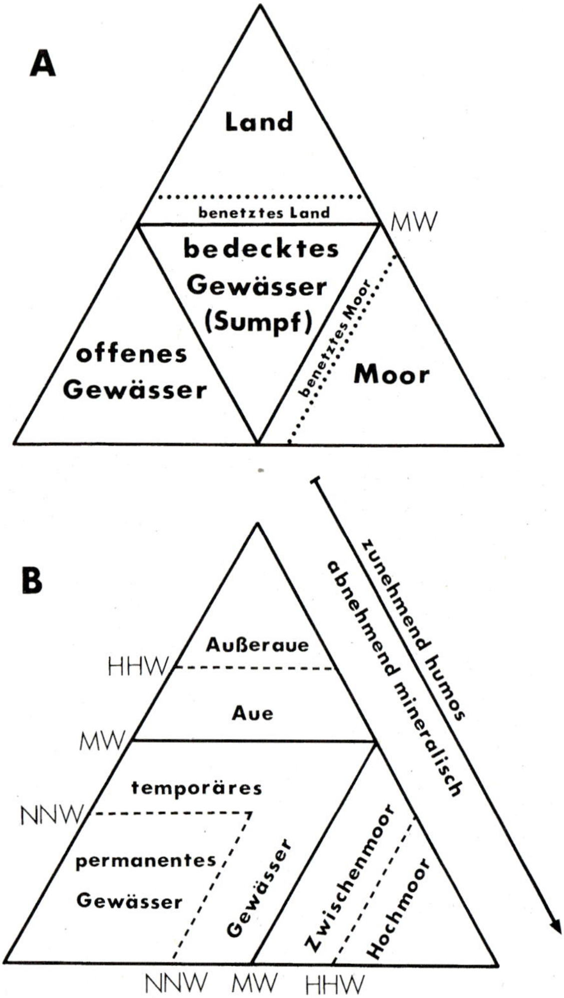

Abb. 1: Horizontale Gliederung der Erdoberfläche (schematisch). A: Gliederung nach dem mittleren Wasserstand; B: Gliederung nach den Extremwasserständen. Weitere Erläuterungen im Text. (Nach BREHM 1979, verändert.)

ßere Entfernungen annähernd geradeaus führen. Besonders ausgeprägt sind die Fließgewässerwindungen (**Mäander,** s. Abb. 12) in den weiten Tälern des Tieflands.

Die Wasserführung (Abfluß) der oberirdischen Fließgewässer ändert sich im Laufe eines Jahres zum Teil erheblich, und zwar periodisch in Abhängigkeit vom Großwitterungsablauf und episodisch in Abhängigkeit vom augenblicklichen Witterungsgeschehen. Ein Teil der Fließgewässer führt ständig Wasser (Dauer- oder permanente Fließgewässer), ein weiterer Teil mit Unterbrechungen (intermittierende Fließgewässer, darunter vor allem Entwässerungsgräben) und die übrigen nur vorübergehend (ephemere Fließgewässer, z.B. Niederschlagsrinnsale). Und zwar fließen die intermittierenden Fließgewässer eher periodisch (periodische Fließgewässer), die ephemeren dagegen ausgesprochen episodisch (episodische Fließgewässer). Die periodischen und episodischen Fließgewässer bilden die Trockenfließgewässer (temporäre Fließgewässer).

Mit dem jeweiligen Abfluß ändern sich im gleichen Fließgewässerabschnitt auch Tiefe (Wasserstand) und Breite des Gewässers. Die jeweilige Gewässergrenze zum (trockenen) Land ist die Wasserlinie. Bei Höchstwasserstand heißt sie höchste Hochwasserlinie (HHW in Abb. 1), bei Niedrigstwasser niedrigste Niedrigwasserlinie. Als langfristige, mittlere oder eigentliche Gewässergrenze wird die Mittelwasserlinie (MW) angesehen, die daher auch als (eigentliche) Uferlinie bezeichnet wird. Die Niedrigstwasserlinie umgrenzt demnach einen permanenten Fließgewässerbereich, an den sich bis zur Uferlinie ein zeitweilig trockenfallender, temporärer Fließgewässerbereich anschließt. Die Sohle und die Wandungen des Gewässerbettes bis zur Uferlinie bilden den Gewässergrund. Von der Uferlinie bis zur Oberkante der Gewässerbettwandungen reicht das Ufer. Es gehört zur **Aue**, also zu einem Landbereich, der zeitweilig von einem Fließgewässer überflutet wird. Er endet an der Höchstwasserlinie. Oberhalb davon liegt das hochwasserfreie Land, die Außeraue (s. auch Abb. 2).

Die Uferlinien bilden gleichsam zu Linien reduzierte amphibische Räume. Terrestrische Elemente sind feste Strukturen (Substrat) und Luft, aquatisches Element ist das flüssige Wasser. Durchstoßen Röhrichtpflanzen oder Schwimmblätter von Wasserpflanzen die Wasseroberfläche, wird die Uferlinie zu einem **Sumpf** verbreitet, zumal sich um jeden luftberührenden Pflanzenteil eine neue Wasserlinie bildet. Die luftberührenden Pflanzenteile bilden darin das terrestrische Element. Sümpfe sind danach pflanzenbedeckte Gewässer oder Gewässerteile (z.B. See- und Flußröhrichte). Ihnen stehen die schwimmblatt- und röhrichtfreien offenen Gewässer oder Gewässerteile gegenüber. In den Mooren (genauer Zwischen- und Hochmooren), die zum Teil aus Sümpfen (Flachmooren) hervorgehen, sind die Pflanzen und daneben auch ihre schwer abbaubaren Überreste so beherrschend, daß das Wasser größtenteils schon als Grundwasser zu bezeichnen ist, das jedoch keine unmittelbare Verbindung zum mineralischen Untergrund besitzt. In manchen Pflanzenbeständen steigt sogar Kapilarwasser auf (Torfmoose).

Da das Wasser Bodenteilchen und Gesteine benetzt, ist der Wasserspiegel unmittelbar am Gewässerrand etwas aufwärts gekrümmt, so daß die Uferlinie ein wenig über dem allgemeinen freien Wasserspiegel liegt. In der Uferlinie endet der Wasserkörper als dünner geschlossener Wasserfilm auf dem Ufersubstrat. Oberhalb davon ist noch ein schmaler Uferstreifen benetzt, also feucht (Gesteine) oder auch kapillarnaß

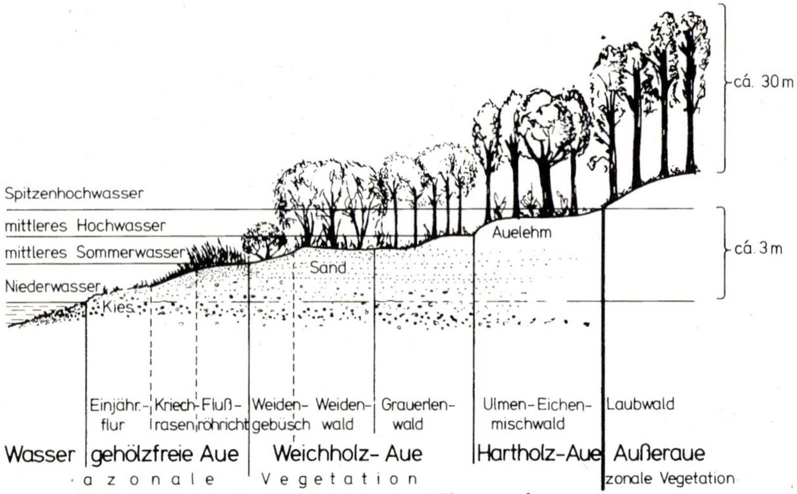

Abb. 2: Schematischer Querschnitt durch die Aue eines Flusses (im Alpenvorland, nach ELLENBERG, 1980, umgezeichnet). Die Vegetation der Gewässer und ihrer Überschwemmungsgebiete wird vor allem vom Wasser (Oberflächen- und Grundwasser) und nur wenig von der jeweiligen Klimazone bestimmt („azonale Vegetation"). Bei der Landvegetation außerhalb der Auen ist das Gegenteil der Fall („zonale Vegetation").

(Boden). Durch Wellengang und durch Spritzwasser von Wellenschlag (wie an den Brandungsufern von Seen), Stromschnellen und vor allem Wasserfällen wird die Wasserfilmzone zum Teil erheblich verbreitert und so für Wasserorganismen ein zusätzlicher Lebensraum geschaffen (Spritzwasser- oder hygropetrische Zone). Die lediglich benetzte Zone wird entsprechend versetzt.

Treibende Kraft des Fließvorgangs in den Fließgewässern ist die Schwerkraft, zumal die Gewässerrinnen mehr oder weniger geneigt verlaufen. Nicht mit dem Fließen vergleichbar ist die Zirkulationsströmung stehender Gewässer, die vor allem von Wind hervorgerufen wird. Mit wachsendem Gefälle nimmt die Strömungsgeschwindigkeit zu, damit auch die Erosionswirkung und das Transportvermögen für Geröll und Trübstoffe (Sinkstoffe). Im übrigen ist neben dem Gewässerbett auch der Wasserspiegel der Fließgewässer geneigt, im Bereich von Wasserfällen und Stromschnellen sogar unterbrochen. Dagegen kippt der Wasserspiegel der stehenden Oberflächengewässer allenfalls bei starkem Wind etwas (vor allem an größeren Seen zu beobachten).

Die Oberflächengewässer werden von Quellen, daneben auch von oberirdisch zufließenden Niederschlags- und Schmelzwässern und unmittelbar hineinfallenden Niederschlägen gespeist. **Quellen** sind örtlich begrenzte natürliche Grundwasseraustritte, die jedoch häufig in Reihen liegen (Quellhorizonte). Das Grundwasser sammelt sich auf und zwischen wasserundurchlässigen Schichten im Untergrund der (hydrogeologischen) Einzugsgebiete.

Nach der Art des Grundwasseraustritts und des oberirdischen Wasserabflusses können sechs morphologische Quelltypen unterschieden werden: 1. Fallquellen, bei denen das hervorströmende Grundwasser (an Felswänden) sogleich als Wasserfall herabstürzt, 2. Schießquellen, aus denen das Wasser bei stärkerem Gefälle besonders schnell hervorfließt, 3. Fließquellen, deren Wasser bei geringerem Gefälle zügig abfließt, 4. Sumpfquellen, bei denen das Grundwasser hervorsickert, oberirdisch zusammenrinnt und dann ebenfalls gebündelt abfließt, 5. Trichterquellen, bei denen Grundwasser von unten hervorsprudelt, in einem trichterförmigen Becken ansteigt und erst dann über einen Überlauf abfließt, und 6. Grundquellen, die sich am Grunde von selbständigen Gewässern wie Seen, Weihern, Flüssen oder Bächen befinden. In der limnologischen Literatur werden sonst nur drei Quelltypen unterschieden, Fließquellen oder Rheokrenen, Sumpfquellen oder Helokrenen und Tümpelquellen oder Limnokrenen.

Den Endabschnitt der Fließgewässer bilden die **Mündungen**, die ebenfalls sechs morphologischen Typen zugeordnet werden können. Ein Extrem stellen die Fallmündungen dar, in denen das Wasser in einem Wasserfall niederstürzt (verbreitet an Felsküsten). Den Stromschnellen entsprechen die Schuttkegelmündungen mit verwildertem Gewässerlauf über einem Kegel von herangeführtem Schotter (grobem Geröll). Hierher sind die Mündungen der Wildbäche in den Gebirgen zu rechnen. Im Bereich der Verwilderungen verzweigt sich ein Fließgewässer in ein unregelmäßiges und rasch veränderliches Netz von Teilläufen. Das Geröll häuft sich im Mündungsbereich an, weil sich hier die Strömungsgeschwindigkeit mit Eintritt in ein flacheres, breiteres Tal plötzlich verringert, und damit das Transportvermögen zurückgeht. Mit der Schuttablagerung geht die Verwilderung einher. Die weniger schnell fließenden gewöhnlichen Bäche und Flüsse lagern, da sie nur feineren Schutt herantragen können, an ihren Mündungen ein feinkörnigeres Material (kleine Gerölle, Kies, Sand) ab, das die verhältnismäßig flachen Kegel der Schwemmkegelmündungen aufbaut. Im Mittel noch feinere Sinkstoffe (Sand, schlickartiges Material) lagern sich im Mündungsbereich von Tieflandflüssen in Seen und Meeren ab. Sie bilden die extrem schwach kegelförmigen, zum Teil riesigen Deltas (Donaudelta im Schwarzen Meer 4000 km^2, Nildelta im Mittelmeer über 20000 km^2). Die Meere dürfen jedoch nur einen geringen Tidenhub aufweisen. Andernfalls erweitern sich die Flußmündungen unter dem Einfluß der Gezeitenströme trichterförmig zu den **Ästuaren** oder Trichtermündungen (z.B. Elbeästuar). In diese Mündungen dringt im Gezeitenwechsel periodisch Meerwasser ein. Auf diese Weise wird das Flußwasser rhythmisch rückgestaut, ohne daß der Abfluß völlig blokkiert wird. Das letzte Glied in der Reihe der Gewässermündungen bilden die Überläufe mancher Weiher und der selten abflußlosen Seen. Die Überläufe sind gleichsam die Mündungen von ständig extrem rückgestauten Fließgewässern, die sich zu stehenden Gewässern vertieft, verbreitert und verlangsamt haben. Der Rückstau (hier ein Dauerstau) erfolgt durch eine Gesteinsbarriere. Über der tiefsten Stelle dieser natürlichen Sperre, in dem Überlauf, fließt das Wasser „normal“ weiter. Weiher können danach als extrem aufgestaute Quellen oder Bächlein und Seen als extrem aufgestaute Bäche oder kleinere Flüsse gelten (s. die morphologischen Reihen vom Bachfall zum Weiher und vom Flußfall zum See in Tab. 1).

Zwischen den morphologischen Typen der Oberflächengewässer (bzw. ihrer Abschnitte) bestehen zum Teil auch genetische Beziehungen. So können bei der Verlandung von Seen und der Abschnürung von Flußaltarmen Weiher entstehen. Aus kleinen Fließ- und Trichterquellen können sich (sekundäre) Sumpfquellen entwickeln (z.B. Hanganmoore). Wasserfälle können durch rückschreitende Erosion in normale Bach- und Flußabschnitte übergehen. Zum Teil folgen die Fließgewässertypen räumlich aufeinander. Besonders charakteristisch sind die Sequenzen Fließquelle / Bach / Fluß /Schwemmkegelmündung (im Gebirge) und Sumpfquelle / Sumpfbach / Sumpffluß / Deltamündung (im Tiefland). Andererseits können etwa die Gebirgsbäche auch von Fall-, Schieß-, Sumpf-, Trichter- und Grundquellen gespeist werden. Auch die Mündungstypen sind in gewissem Umfang austauschbar (z.B. die Ästuare und Deltamündungen je nach Tidenhub). Ferner können im Bach- und Flußbereich zusätzlich Wasserfälle (die Bach- und Flußfälle), Stromschnellen (die Bach- und Flußschnellen) oder Staugewässer (die Bachweiher und Flußseen) auftreten. Schließlich können in einem Fließgewässer ein oder mehrere Abschnitte ausfallen. Häufig fehlt in den Gewässerläufen der Flußabschnitt, manchmal der Bachbereich (unterhalb von besonders stark schüttenden Quellen), oft sogar beides (bei den Grundquellen, die sich definitionsgemäß in ein anderes, selbständiges Gewässer ergießen). Zu den stark schüttenden Quellen, die unmittelbar einen Fluß hervorbringen, gehört der Blautopf bei Blaubeuren (vgl. Abb. 11), der im Jahresdurchschnitt 2.2 $m^3 \cdot sec^{-1}$ Wasser zutage fördert. Schon mit einem jahresdurchschnittlichen Abfluß von 1 $m^3 \cdot sec^{-1}$ kann ein Fließgewässer als Fluß gelten.

Eine Sonderrolle spielen die amphibischen **Trockenfließgewässer**, die zu gewissen Zeiten trockenliegen. Die periodisch und zugleich länger anhaltend wasserführenden Fließgewässer werden zu den Gewässern und die episodisch und nur vorübergehend fließenden übrigen Trockengewässer zum Land gerechnet. Trockenvarianten bilden alle in Tab. 1 angeführten Gewässer oder Gewässerabschnitte. Sie können systematisch als Trockenquellen, Trockenbäche usw. bezeichnet werden. Vielfach tragen sie auch Trivialnamen (z.B. Märzquellen, Schmelzwasserbäche, Gletscherbäche). Die Trockenfließgewässer besitzen zum Teil nicht einmal Trockenquellen (Niederschlags- und Schmelzwassergerinne).

Die ephemeren Niederschlags- oder Schmelzwasserrinnsale vereinigen sich zum Teil zu ephemeren Bächen, diese in ariden Klimagebieten auch zu ephemeren Flüssen (Wadis). In Gebieten mit humidem Klima sind jedoch die **Vorfluter**, also die aufnehmenden Gewässer, meist permanent oder auch intermittierend. Häufig trocknen die ephemeren Fließgewässer auch aus, ohne je ein anderes Gewässer zu erreichen. Dies kann durch Versickerung in Lockergesteinen (Schottermassen, Sanden) und stark geklüftetem oder höhlenreichem Festgestein (in Sandstein- bzw. in Karstgebieten) oder durch Verdunstung geschehen.

Die Betten der Niederschlags- oder Schmelzwasserläufe sind oft scharf ausgeformt („Erosionsrinnen“). Sie entstehen bevorzugt auf vegetationsfreiem oder -armem Untergrund, der leicht von fließendem Wasser abgetragen werden kann. In Mitteleuropa sind davon vor allem Gebirge und Ackerländereien betroffen. Die Gebiete, die oberirdisch zum gleichen Vorfluter entwässern oder bei Abdichtung des Grundes entwässern würden, sind die geomorphologischen oder orographischen Einzugsgebiete

Abb. 3: Hocharktisches Fließgewässernetz (Borden-Island, Kanada) (Foto: RCAT).

(auch als Niederschlagsgebiete bezeichnet). Ihre Grenzen sind die **Wasserscheiden** (s. auch Abb. 70). Die eingangs erwähnten hydrogeologischen Einzugsgebiete (Grundwasserbildungsgebiete) weichen von ihnen mehr oder weniger ab; denn die unterirdischen Wasserwege werden weniger von der Geländegestalt bestimmt als vielmehr von der Lagerung wasserstauender Schichten und von Störungen in diesen Gesteinslagen. Als Störungen kommen vor allem Verwerfungen und, in Salzauslaugungs- und Karstgebieten, ausgewaschene Hohlraumsysteme in Betracht. In den verkarsteten Landschaften weichen die hydrogeologischen Einzugsgebiete von den geomorphologischen Einzugsgebieten besonders stark ab. In Buntsandsteingebieten wie dem Schlitzerland in Osthessen stimmen die ober- und unterirdischen Einzugsgebiete zum Teil recht gut überein, so auch bei den zwei unten aufgeführten Beispielen (s. Abb. 70, Kap. 5.4.1).

Die Dauerfließgewässer werden von einem Grundwasserstrom (Untergrundstrom) begleitet. Dieses ziehende Grundwasser stammt zum Teil aus den oberirdischen Gewässerläufen selbst, die durch porösen Grobsand-, Kies-, oder Schottergrund leicht Wasser verlieren können („**Uferfiltration**"). Zum Teil kommt das ziehende Grundwasser auch aus den Talhängen. Andererseits kann an den durchlässigen Stellen, in mehr oder weniger diffusen Grundquellen, auch ziehendes Grundwasser in die oberirdischen Gewässerläufe übertreten. Bei Einmündung in ein Vorflutertal schließt sich das ziehende Grundwasser teils dem Grundwasserstrom des Vorfluters an, teils tritt es in Sumpfnischen neben den Schwemmkegeln an die Erdoberfläche. Die Fließgewässer bilden demnach komplexe, zum Teil reich verzweigte Abflußsysteme von ober- und unterirdischen, permanenten und temporären Einzelgewässern oder Gewässerabschnitten.

Den oberirdischen Fließgewässersystemen entsprechen die **Talsysteme** (s. Abb. 3), zumal das erodierend wirkende fließende Wasser an der Talbildung wesentlich beteiligt ist. Ausnahmen bilden die Trockentäler der Karstgebiete, die auf den Einsturz von Höhlen zurückgehen (Einbruchstäler), und die U-förmigen Trogtäler, die von Gletschern wesentlich mitgeformt sind (glaziale Erosion). Während eigentliche Erosionstäler alleine auf die Fließwasser-Erosion zurückgehen, sind die tektonischen Täler durch Bewegungen in der Erdkruste (Verwerfungen, Grabenbrüche) vorgeformt. Beim Durchschneiden von Gebirgsbarrieren bilden sich die Durchbruchstäler (z.B. der Rheindurchbruch durch das Rheinische Schiefergebirge). Durch rückschreitende Erosion entstehen die Regressionstäler. Nach ihrem Querschnitt können V-förmige Kerbtäler, Sohlentäler mit ebenem Talboden und (unter tropischem Klima) Muldentäler mit breiter Sohle und besonders flach ansteigenden Talhängen unterschieden werden. Die Kerbtäler entstehen bei starkem Fließwassergefälle, die oben schon erwähnten Sohlentäler bei geringem. Im ersten Fall sind Tiefenerosion und Transportkraft des rasch fließenden oder frei fallenden Wassers so groß, daß sich kein Sediment absetzen kann. Folglich fehlt hier auch die Talsohle. Da sich die Fließgewässer in den Kerbtälern verhältnismäßig schnell einschneiden, sind deren Hänge auch recht steil. In den Sohlentälern lagern sich dagegen reichlich Gerölle und Sinkstoffe ab. Dabei ebnet sich der Talboden ein. Gelegentlich wird soviel Material deponiert, daß die Tiefenerosion nicht mehr Schritt halten kann und sich der Talboden insgesamt erhöht, anstatt sich weiter in den gewachsenen Fels des Talgrundes einzufräsen. Dagegen spielt die Seitenerosion (an den Außenkrümmungen der Gewässerläufe, den Prallhängen) noch eine große Rolle. Je nach Gewässerverlauf werden dadurch die Talwandungen angegriffen und so die Täler verbreitert. Außerdem werden von den Fließgewässern selbst deponierte Sinkstoffe und Gerölle wieder abgetragen bzw. fortbewegt. Durch die seitliche Erosion verlagert sich das Fließgewässer im Talboden ständig. Im besonders verbreiteten Mäander-Sohlental bildet das Fließgewässer einen mäandrierenden einzelnen Lauf, der jedoch hin und wieder Altarme abgliedert. Das Gewässerbett ist verhältnismäßig tief in den Talboden eingeschnitten. Im Verwilderungs-Sohlental ist das Fließgewässer in zahlreiche kleine und flache Gerinne aufgefasert (z.B. die Isar unterhalb Wallgau). Die Sohlentalhänge sind im allgemeinen wesentlich flacher als die Kerbtalhänge.

Wasserbau-maßnahme	Gewässer(abschnitte)			
	Quelle	Bach	Fluß	Mündung
Gewässerbett-ausbau	gefaßte Quelle	ausgebauter Bach(lauf)	ausgebauter Fluß(lauf)	ausgebaute Mündung
Wehrbau	Quellstau	Bachstau	Flußstau	Überlauf, Durchlaß
Dammbau	Quellteich	Bachteich	Stausee	Ablaß, Überlauf
Neuanlage	Brunnen	Graben	Kanal	Durchstich

Tab. 2: Künstlich veränderte und neuangelegte Fließgewässerabschnitte.

Heute sind durch wasserbauliche Maßnahmen, wie Begradigung, Bettaustiefung, Uferbefestigung, Aufstauen mit Hilfe von Wehren und Staudämmen (s. Tab. 2), praktisch alle größeren und viele der kleinen Fließgewässer vom Menschen künstlich verändert. Gänzlich neu geschaffen sind etwa die Kanäle für die Schiffahrt und die Gräben zur Entwässerung oder auch zur Bewässerung. Auf der anderen Seite sind heute vor allem in Siedlungen zahlreiche Bäche beseitigt bzw. unter Flur verlegt („verrohrt"). Andere Bäche sind durch eine starke Grundwasserentnahme streckenweise oder auch ganz ausgetrocknet.

1.2 Wasserhaushalt der Fließgewässer

Im Wasserhaushalt der Natur spielen, global gesehen, alle drei Phasen des Wassers eine Rolle. Gasförmiges Wasser, der Wasserdampf, ist in der Luft allgegenwärtig. Ferner tritt fast überall an der Erdoberfläche zumindest vorübergehend das gewöhnliche, flüssige Wasser auf (Naßniederschlag wie Regen und Tau, Schmelzwasser, Oberflächengewässer vom Meer bis zu den Fließgewässern des Festlandes, aber auch das Wasser im Grund). Nur in gewissen Teilen der Polarregionen könnte die flüssige Phase des Wasser ausfallen, zumal das feste Wasser (Eis, Schnee) bei entsprechend niedriger Temperatur, d.h. bei Frost verdampft, ohne sich vorher zu verflüssigen (Sublimation). Umgekehrt fällt in den warmen tropischen Regenwaldgebieten die dritte, feste Phase des Wasser fort. In den mittleren Breiten kommen, über das Jahr hinweg gesehen, alle drei Phasen des Wassers mehr oder weniger ausgewogen nebeneinander vor. Abweichungen ergeben sich aus einer unterschiedlichen Höhenlage (abnehmende Temperaturen mit zunehmender Meereshöhe; dadurch in hohen Lagen sogar Gletscherbildung möglich). Vor allem in den tieferen Lagen sind, wie bereits angedeutet, die jahreszeitlichen Unterschiede recht auffällig (Sommerregen, winterliche Schnee- und Eisbildung).

Überhaupt steht der Wasserhaushalt einer Landschaft, einschließlich ihrer Gewässer, in engstem Zusammenhang mit dem gesamten Witterungsgeschehen. Mehr noch, der Wasserhaushalt ist selbst als klimatischer Faktor oder Faktorenkomplex anzusehen. Alltägliche Begriffe wie Luftfeuchte, Verdunstung, Niederschlag, Schneeschmelze oder Hochwasser dokumentieren dies auch. Da das Witterungsgeschehen oder allgemein das Klima aufgrund der Luftströmungen weltweit verzahnt ist, bildet der festländische **Wasserkreislauf** lediglich einen, allerdings recht bedeutsamen Ausschnitt eines erdumspannenden, globalen Wasserkreislaufs. Das Meer stellt das Sammelbecken für das irdische Wasser dar. Zugleich ist es, zumindest indirekt, die Quelle für die Niederschläge auf der ganzen Erde (Verdunstung, Verdriftung der wasserangereicherten, feuchten Meeresluft durch Wind auch über das Festland und Niederschlagsfall). Das Festland bildet lediglich ein sekundäres Verdunstungsgebiet von wesentlich geringerer globaler Bedeutung als das Meer, zumal Quellen, Bäche und Flüsse (nicht verdunstetes) Wasser in großen Mengen in das Meer (zurück-)führen.

Das flüssige, ortsveränderliche Wasser bildet in der Landschaft ein Durchgangs- oder Fließsystem, das sich keinesfalls auf den Niederschlagsfall und einen oberirdischen Abfluß des Niederschlags beschränkt. Vielmehr stellt es ein komplexes Netz

Ökotopschicht	Ortsveränderliches flüssiges (fallendes, schießendes und fließendes) Wasser		
	Formen des Wassers	Herkunft	Verluste
(L) Vegetationsfreier Luftraum	(1) Niederschlagswasser	Regen, nässender Nebel, tauender fallender Schnee	Verdunstung und Gefrieren von fallendem Niederschlag
(Vl) Lufterfüllter Vegetationsraum	(2) Trauf	Unverändertes Niederschlagswasser (1), dazu Vegetationsabtropf u. -ablauf (einschließlich Schnee- u. Eisschmelzwasser von Pflanzen)	Verdunstung, pflanzliche Interzeption (einschließlich Schneerückhaltung u. Eisbildung auf Pflanzen)
(Bl) Porenlufthaltiger Boden	(3) Bodensickerwasser	(2) oder (1), dazu Schnee- u. Eisschmelzwasser vom Boden, u. U. oberirdischer Zulauf von (1) oder (2) u. Hochwasser	Verdunstung, Wasseraufnahme durch die transpirierenden Pflanzen, Schneerückhaltung u. Eisbildung vom Boden, u. U. oberirdischer Ablauf von (1) oder (2)
(Gl) Porenlufthaltiges Gestein	(4) Gesteinssinkwasser	Bodenbedecktes Gestein: (3); bloßgelegtes Gestein: (2) oder (1), dazu Schnee- u. Eisschmelzwasser vom obersten Gestein, u. U. oberirdischer Zulauf von (1) oder (2) u. Hochwasser	Bodenbedecktes Gestein: Wasseraufnahme durch tiefwurzelnde Pflanzen; bloßgelegtes Gestein: Wasseraufnahme auch durch lagernde u. flachwurzelnde Pflanzen, Verdunstung, Schneerückhaltung, Eisbildung, oberirdischer Ablauf von (1) oder (2)
(Gw) Grundwasserführendes Gestein	(5) fl. Gesteinsgrundwasser	Landbereich: (4) oder (3); Gewässerbereich: Zusickerung von Wasser aus oberirdischem Fließgewässer: (7) und (8) in Schotter-, Kies- u. Sandbänken und mittelbar über ausgebildeten Gewässerböden (5)	Landbereich: Wasseraufnahme durch tiefwurzelnde Pflanzen; Gewässerbereich: Wasseraufnahme durch tiefwurzelnde Pflanzen
(Bw) Grundwasserführender Boden	(6) fl. Bodengrundwasser	Landbereich: (5) in Sumpfquellen, (4) in ephemeren Hangsickerquellen, (3) in oben ausgetrocknetem Sumpfboden, u. U. Eisschmelzwasser; Gewässerbereich: Zusickerung von Wasser aus oberirdischem Fließgewässer: (7) oder (8) in ausgebildeten Gewässerböden	Landbereich: Wasseraufnahme durch wurzelnde Pflanzen, Verdunstung u. U. Gefrieren (Grundeis); Gewässerbereich: Wasseraufnahme durch wurzelnde, emerse Gewässerpflanzen (Röhrichtpflanzen), u. U. auch durch Büsche (Weidenarten) u. Bäume (Erle)
(Vw) Wassererfüllter Vegetationsraum	(7) fl. Vegetationsporenwasser	(2) oder (1), dazu (8), u. U. auch Sumpfquellwasser (6) oder Grundquellwasser (6 bzw. 5), Eis- u. Schneeschmelzwasser, auch vom Land	Verdunstung, Transpiration von Röhricht-, Schwimmblatt- u. Schwimmpflanzen, u. U. Versickerung, Gefrieren (Vegetationseis, Eisdecke, Eisschneedecke)
(W) Vegetationsfreier Wasserkörper	(8) frei fl. Wasser	(2) oder (1), dazu (7), u. U. auch Grundquellwasser (6 bzw. 5), Eis- u. Schneeschmelzwasser, auch vom Land	Verdunstung, u. U. Versickerung, Gefrieren (Grundeis, Eisdecke, Eisschneedecke)

Tab. 3: Ortsveränderliches flüssiges Wasser in einer Landschaft (vgl. Abb. 4); fl. = fließend.

von zum Teil recht verschiedenartigen Wasserwegen dar, die den Grund durch- und überziehen (s. Abb. 4 und Tab. 3). In den ariden Gebieten, deren Verdunstungsvermögen die fallende Niederschlagsmenge übersteigt, ist dieses Fließsystem vergleichsweise rudimentär. Hier treten an der Erdoberfläche – abgesehen von Fremdfließgewässern aus benachbarten Feuchtklimagebieten – allenfalls ephemere, quellenlose Niederschlagsgerinne auf. Obgleich diese sogar die Größenordnung von Flüssen (Wadis!) erreichen können, versiegen sie rasch. Daher sind die Trockengebiete (Wüsten) auch abflußlos. Bezeichnenderweise liegen diese niederschlagsarmen (keinesfalls immer heißen) Gebiete häufig weitab vom Meer im Festlandsinneren. Liegen sie in Meeresnähe, riegelt sie meist ein Gebirge (Windschattenlage!) vom Meer ab. Geradezu kennzeichnend für die humiden Gebiete, in denen umgekehrt der Niederschlag die Verdunstung übertrifft, sind dagegen die permanenten und auch die intermittierenden Fließgewässer, also die Quellen, Bäche und Flüsse.

Unter humidem Klima durchläuft das flüssige Wasser auf dem Festland bis zum Abfluß ins Meer nacheinander bis zu acht verschiedene Stufen. Auf dem Land (terrestrisches Einzugsgebiet der Fließgewässer) sind dies Niederschlag, Trauf sowie Bodensickerwasser und Gesteinssinkwasser, die schließlich das fließende Boden- und Gesteinsgrundwasser bilden (Grundwasserneubildung). An der Grenze von Land

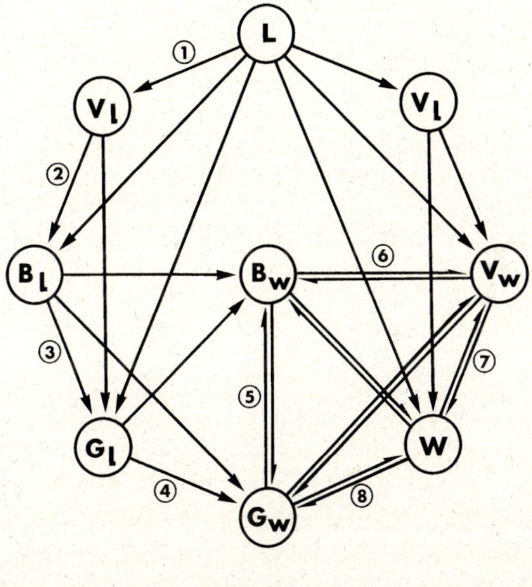

Abb. 4: Ökotopgliederung und Formen des flüssigen Wassers einer Landschaft (nach BREHM, 1980). L = freier Luftraum, V_l = lufterfüllter Vegetationsraum, B_l = lufthaltiger Boden, G_l = lufthaltiges Gestein, G_w = grundwasserführendes Gestein, B_w = grundwasserführender Boden, V_w = wassererfüllter Vegetationsraum und W = freier Wasserkörper; 1 = Niederschlag, 2 = Trauf, 3 = Boden-Sickerwasser, 4 = Gesteins-Sinkwasser, 5 = fließendes Gesteins-Grundwasser, 6 = fließendes Boden-Grundwasser, 7 = fließendes Vegetations-Porenwasser und 8 = fließendes freies Wasser.

Abb. 5: Überschwemmte Flußaue (Fuldatal bei Pfordt in Osthessen). Gehölzstreifen aus Schwarzerlen (*Alnus glutinosa*) und Bruchweiden (*Salix fragilis*) verraten noch die Ufer des Flußlaufes (Foto: J. BREHM).

und Oberflächengewässer (Quellgebiet) tritt das ziehende Grundwasser schließlich an die Oberfläche, und zwar Bodengrundwasser in den Sumpfquellen („Sickerquellen") und Gesteinsgrundwasser in den übrigen Quellen (mit gebündelt austretendem Wasser). In den oberirdischen Gewässerläufen folgen noch fließendes „Vegetationsporenwasser" (fließendes Wasser in Makrophytenbeständen) und frei fließendes Wasser. In der „**fließenden Welle**", also in der oberirdischen Fließstrecke, kann das frei abfließende Wasser erneut Pflanzenbestände passieren. Ebenso kann es wieder den Untergrund über kleinere oder größere Entfernungen durchströmen, so daß ein ständiger Wasseraustausch – und damit auch ein sonstiger Stoffaustausch – zwischen dem Oberflächengewässer und einem begleitenden Grundwasserstrom stattfinden kann.

Bei Hochwasser dringt das Oberflächenwasser der Fließgewässer auch in den Landbereich (genauer die Aue) vor. Teils drückt das Wasser seitlich durch die Gewässerbettwandungen unmittelbar in den Untergrund, teils überfließt es die Aue, um auch dort zu einem Teil in den Grund einzudringen und den Grundwasservorrat zu ergänzen.

Wie bereits angedeutet und auch aus Abb. 4 ersichtlich, kann sich auf der anderen Seite der Weg des Wassers in der Landschaft auch vereinfachen. So kann natürlich der Niederschlag auch direkt in die oberirdischen Gewässerläufe fallen, ohne den langwierigen Umweg über das Einzugsgebiet des Oberflächengewässers nehmen zu müssen. Häufig fehlen in rascher fließenden Gewässerabschnitten eigentliche Gewässerböden (statt dessen Erosionsflächen, frisch abgelagerte Schotter-, Kies- und Sandbänke).

Abgesehen von manchen permanenten Quellen, die während des ganzen Jahres bemerkenswert gleichmäßig schütten, weisen die Fließgewässer deutlich jahresperiodisch und (oder) episodisch schwankende Wasserstände auf. Nahezu rein jahresperiodisch ändert sich die **Schüttung** vom Gros der permanenten Quellen (s. Abb. 6). Hoch ist deren Abfluß im Winterhalbjahr. Zum Sommer geht die Schüttung stark zurück. Danach nimmt sie nur noch langsam ab, um im Spätsommer und Frühherbst den Jahrestiefstwert zu erreichen. Um die Monatswende Oktober/November schnellt die Quellschüttung wieder hoch. Ähnlich verhält sich ganz allgemein der Grundwasserstand, ein deutlicher Hinweis auf die enge Beziehung zwischen dem Grundwasserstand des Quelleinzugsgebietes und der Quellschüttung (zumal in den Quellen Grundwasser zutage tritt). Oft geht die Quellschüttung im Winter leicht zurück, so daß

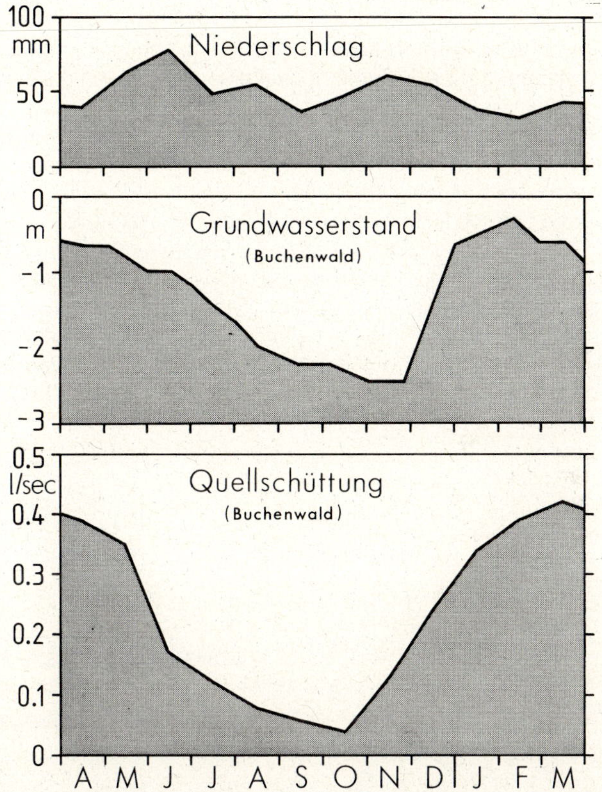

Abb. 6: Beziehung von Niederschlag, Grundwasserstand und Quellschüttung im Jahreslauf. Niederschlagshöhe: Fünfjähriges Mittel (1974/78) der Stadt Schlitz in Osthessen; Grundwasserstand: Einjährige Meßreihe in einem 75jährigen Buchenbestand in Bregentved in Dänemark (nach HOLSTENER-JØRGENSEN in MITSCHERLICH 1971); Quellschüttung: Fünfjähriges Mittel (1975/79) einer Buchenwaldquelle des Schlitzerlandes in Osthessen.

ein Herbst- und Frühjahresmaximum zu unterscheiden sind. In Anlehnung an die fast unvermittelt einsetzende volle Wasserführung der Fließgewässer um die Monatswende Oktober/November ist das sogenannte **hydrologische Jahr** gegenüber dem Kalenderjahr um zwei Monate vorverlegt und beginnt am 1. November (Hydrologie ist die Lehre vom Wasser, seinen Arten und Eigenschaften und seinem Haushalt in der Natur).

Der geschilderte Verlauf der Quellschüttung gilt für Gebiete mit annähernd ausgeglichenem Niederschlag während des ganzen Jahres (s. Abb. 6) oder mit winterlichem Niederschlagsmaximum. Die Abflußschwankungen erklären sich wie folgt. Im Winter wird ein Teil der Niederschläge als Schnee und Bodeneis (s. auch Tab. 3) vorübergehend zurückgehalten (**Retention**). Ihr Abschmelzen im Frühjahr führt, etwas verzögert, zu erhöhter Quellschüttung. Durch die jahreszeitlich bedingte weitere Erwärmung des Bodens nehmen dann die unmittelbare (physikalische) Verdunstung und vor allem die Transpiration (biologische Verdunstung) und die Interzeption (Abfangen von Niederschlag durch die Vegetation) stark zu. Parallel damit gehen Grundwasserstand und Quellschüttung spürbar zurück. Mit dem Spätsommer kehren sich die Verhältnisse um, da die Temperaturen wieder zurückgehen (Laubfall, Vergehen der oberirdischen Teile von Gräsern und vor allem Kräutern und Stauden). Nun füllen sich die Grundwasservorräte wieder auf, und die Quellen können wieder kräftig schütten. Intermittierende Quellen versiegen in der allgemein abflußarmen Sommer- und Frühherbstzeit gänzlich, und ephemere Quellen fließen oft nur im zeitigen Frühjahr („Märzquellen").

Die übrigen ephemeren Quellen schütten im Laufe des Jahres mehrmals oder („Stundenquellen") sogar häufig nach jedem kräftigeren Regenfall. Ihre episodischen Schüttungen sind kaum von den Jahreszeiten abhängig. Ähnlich verhalten sich die ephemeren Bäche und Flüsse. Aber auch die intermittierenden und permanenten Bäche und Flüsse ändern ihren Abfluß. Besonders auffällig sind die Hochwässer (s.

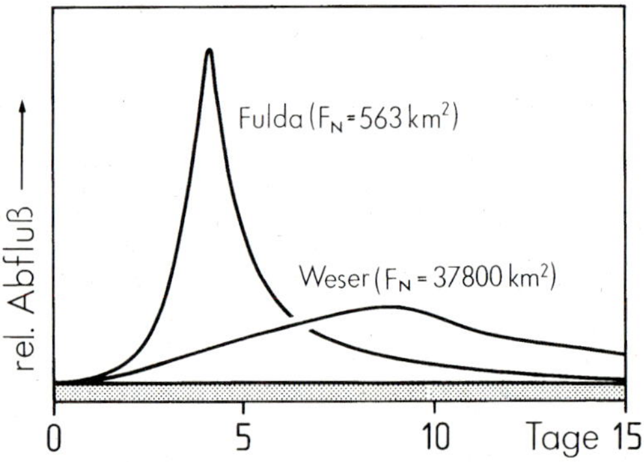

Abb. 7: Hochwasserabfluß der Fulda (Pegel Kämmerzell) und der Weser (Pegel Intschede) vom 19. Februar bis zum 6. März 1970 (nach Daten im Deutschen Gewässerkundlichen Jahrbuch, 1971). Gerasterte Fläche = Normalabfluß, F_N = Niederschlagsgebiet, oberirdisches Einzugsgebiet.

Abb. 7 und 10), die grundsätzlich in jeder Jahreszeit auftreten können, sich aber zu bestimmten Zeiten häufen: Regen- und Gewitterhochwässer im Herbst und Sommer, Schmelzhochwässer je nach Ursprungsgebiet im Frühjahr oder (Alpen) Frühsommer. In alpinen Flüssen wie dem Rhein sind die Frühsommerhochwässer (verzögerte, jedoch anhaltende Schnee- und Gletscherschmelze in den Hochlagen des Gebirges) so regelmäßig, daß sie nach dem Herbst- und Frühjahrsgipfel noch einen dritten Abflußgipfel im Jahreslauf bilden.

Die Abflußverhältnisse sind heute durch den Menschen zum Teil drastisch verändert: durch Begradigung von Gewässerläufen (Beschleunigung des Abflusses, Grundwasserabsenkung in der Umgebung), durch Dränung von Feuchtland und durch Überbauung des Untergrunds („Versiegelung" der Landschaft) und Kanalableitung von Niederschlägen in den Siedlungen und von den Verkehrswegen (Erhöhung und Beschleunigung des Abflusses), durch Grundwasserentnahme (teilweise oder gänzliche Austrocknung von Oberflächengewässern) oder durch Einstau in Talsperren (Abflußverzögerung und verstärkte Verdunstung). Auch das „Waldsterben" führt zunehmend zur Abflußerhöhung. Zu den Folgen gehören Hochwasserverschärfungen, die in den Auen zu großen Schäden führen können. Heute versucht man auch, durch Rückbaumaßnahmen an begradigten Fließgewässern das Retentionsvermögen der Landschaft wieder zu stärken.

2 Physikalische Faktoren der Fließgewässer

Das Wasser (H_2O oder OH_2, Molekulargewicht 18.02) besitzt im Gegensatz zum homologen Schwefelwasserstoff (H_2S oder SH_2, Molekulargewicht 34.08) mit gestreckten, unpolaren Molekülen (H-S-H) winklig gebaute, polare Moleküle mit einem negativen und einem positiven Ladungsschwerpunkt:

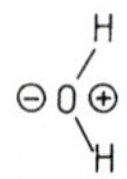

Aufgrund dieser ausgesprochenen **Dipolnatur** ziehen sich die Wassermoleküle gegenseitig stark an und bilden zum Teil, mit Hilfe von Wasserstoffbrückenbindungen, Molekülverbände oder Cluster. Mit steigender Temperatur zerfallen die Molekülverbände zunehmend in die Einzelmoleküle. Umgekehrt lagern sich die OH_2-Moleküle mit sinkender Temperatur in wachsender Zahl und Regelmäßigkeit zusammen, bis schließlich das Wasser in Form des Eises mit der Kristallstruktur des Tridymits kristallisiert. Aufgrund des Dipolcharakters verhält sich das Wasser physikalisch und auch chemisch in mancher Hinsicht außergewöhnlich. So ist das Wasser bei Zimmertemperatur nicht gasförmig wie der Schwefelwasserstoff, sondern flüssig. Ferner besitzt das flüssige Wasser nicht am Gefrierpunkt seine größte spezifische Dichte, sondern 4 °C

Eigenschaft	Zahlenwert	Dimension	Bedingungen
Gefrierpunkt	0.00	°C	Luft, 760 Torr
"	0.01	"	Tripelpunkt
Siedepunkt	100.00	"	Luft, 760 Torr
Molare Gefrierpunktserniedrigung	1.86	Grad · kg · mol^{-1}	
Molare Siedepunktserniedrigung	0.511	"	
Spezifische Wärme	4.1869	Joule · g^{-1} · $Grad^{-1}$	14.5/15.5 °C
Spezifische Dichte	0.9168	kg · l^{-1}	Eis; 0 °C
"	0.99987	"	Wasser; 0 °C
"	1.0000	"	" 4 °C
"	0.99973	"	" 10 °C
"	0.99923	"	" 20 °C
"	0.99568	"	" 30 °C
Kinematische Zähigkeit	1.771	cm^{-2} · sec^{-1}	0 °C
"	1.304	"	10 °C
"	1.004	"	20 °C
"	0.801	"	30 °C

Tab. 4: Physikalische Eigenschaften des Wassers.

darüber (**Dichteanomalie** des Wassers). Weitere physikalische Eigenschaften des Wassers sind Tab. 4 zu entnehmen.

Das Wasser bildet aufgrund seines Dipolcharakters ein ausgezeichnetes **Lösungsmittel** für ionisierbare Stoffe (Elektrolyte, also Salze, Säuren und Basen) wie für polarisierbare Verbindungen (z.B. Kohlenhydrate), deren Teilchen es hüllenartig umgibt (Hydratationshüllen). In der Natur kommt daher das Wasser niemals chemisch rein vor, nicht einmal in Form der Niederschläge oder des Eises. Die verbreitetsten gelösten Inhaltsstoffe des Wassers sind in der Natur außer den Gasen Stickstoff (N_2), Sauerstoff (O_2) und Kohlendioxid (CO_2) noch die Kationen des Calciums Ca^{2+}), Magnesiums (Mg^{2+}), Natriums (Na^+) und Kaliums (K^+), die Anionen der Kohlensäure (Hydrogencarbonat und Carbonat, HCO_3^- bzw. CO_3^{2-}), der Schwefelsäure (Sulfat, SO_4^{2-}) und der Salzsäure (Chlorid, Cl^-) sowie organische Kolloide (insbesondere Polysaccharide, s.S. 111 ff). In Tab. 5 sind die Löslichkeiten und die noch wichtigeren Löslichkeitsprodukte einiger Stoffe wiedergegeben. Die gelösten Wasserinhaltsstoffe verändern die physikalischen Eigenschaften des Wassers zum Teil erheblich (s. Tab. 4).

Gelöster Stoff	Löslichkeit (mg/l Wasser)	Löslichkeitsprodukt (mol/kg wäßrige Lösung)	
N_2 (Luft)	14.2		
O_2 (Luft)	8.9		
Co_2 (Luft)	0.51		
N_2 (N_2-Atmosphäre)	18.6		
O_2 (O_2-Atmosphäre)	43.3		
CO_2 (CO_2-Atmosphäre)	1690		
NaCl	359×10^3		
KCl	344×10^3		
$MgCl_2 \times 6\ OH_2$	543×10^3		
$CaCl_2 \times 6\ OH_2$	745×10^3		
$FeCl_3 \times 6\ OH_2$	919×10^3		
Ca (HCO_3)	166×10^3		
$CaCO_3$ (Kalzit)	14	$(Ca^{2+})\ (CO^{2-})$	4.82×10^{-9}
$CaSO_4 \times 2\ OH_2$	2040	$(Ca^{2+})\ (SO^{2-})$	6.1×10^{-5}
Mg $(OH)_2$		$(Mg^{2+})\ (OH^-)^2$	5.5×10^{-12}
Ca $(OH)_2$	1180	$(Ca^{2+})\ (OH^-)^2$	7.9×10^{-6}
Fe $(OH)_3$ (amorph, p_H7)	3.4×10^{-2} 25°C	$(Fe^{3+})\ (OH^-)^3$	4×10^{-38}
SiO_2 (amorph)	120		

Tab. 5: Löslichkeit (bei 20 °C und 760 Torr) und Löslichkeitsprodukt (bei 25 °C) einiger wichtiger Inhaltsstoffe des fließenden Wassers.

Das fließende Wasser transportiert auf seinem Weg neben den fein- und kolloiddispers gelösten Stoffen je nach Strömungsgeschwindigkeit und anderen äußeren Bedingungen noch Feststoffe, gelegentlich auch ungelöste Flüssigkeiten. Sogar Organismen verdriftet es. Vor allem aber ist das fließende Wasser der Quellen, Bäche und Flüsse einschließlich ihrer Mündungen Siedlungs- und Lebensraum der Organismen. Diese sind teils am oder im Substrat verankert (vor allem Makrophyten), teils passiv beweglich (Planktonorganismen), teils aktiv beweglich (insbesondere vielzellige Tiere). Die eigenbeweglichen Organismen können sich im übrigen auch gegen die Strömung gewässeraufwärts fortbewegen und ausbreiten.

Als wichtigste physikalische Fließgewässerfaktoren werden im folgenden die Strömung, der osmotische Druck, die Temperatur und das Licht näher besprochen.

2.1 Strömung

Kennzeichnend für die Fließgewässer ist ihre gerichtete Strömung, die dem Gefälle des Gewässerbettes folgt. Nur in Buchten und, zum Teil in großem Umfange, in den Ästuaren kann sich die Strömungsrichtung auch umkehren. Die Strömung der Fließgewässer ist weitgehend **turbulent**, so daß sich darin das Wasser über die gesamte Gewässertiefe vermengt. Nur unter Sonderbedingungen schichtet sich ein freier Fließwasserkörper, wie in Fluß- und Stauseen (thermische Schichtung) und in Ästuaren (Salzgehalts- und überlagernde Temperaturschichtung). Eine laminare Strömung, bei der die Stromfäden nicht zu Wirbeln geschlossen, sondern in der Strömungsrichtung ausgestreckt sind, tritt allenfalls im durchströmten Kapillarsystem von Gewässerbetten oder auch an glatten Oberflächen im freien Wasser auf. Die laminare Strömung kann sich nur halten, wenn die sogenannte REYNOLDSsche Zahl kleiner als etwa 2300 ist. Die REYNOLDSsche Zahl ist definiert als $v \cdot d \cdot v^{-1}$. Darin ist v die Strömungsgeschwindigkeit (in $cm \cdot sec^{-1}$), d der Durchmesser des Flüssigkeitsstroms (in cm) und v die kinematische Zähigkeit (in Stokes = $cm^2 \cdot sec^{-1}$). Die kinematische Zähigkeit des Wassers beträgt z.B. bei 18 °C 1.054 Stokes. Mit steigender Temperatur nimmt sie steil ab (s. Tab. 4).

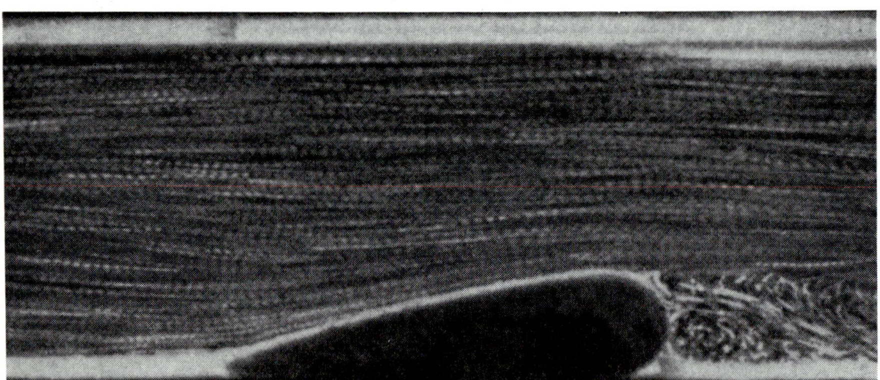

Abb. 8: Von links nach rechts strömender Wasserkörper an einem Hindernis. (Aus AMBÜHL 1959.)

In den Fließgewässern rufen darüber hinaus die verschiedensten Hindernisse, wie etwa Gerölle oder auch Makrophytenbestände, hinter denen sich sogar **Totwasserzonen** ausbilden können, Wirbel hervor. Im Gewässerquerschnitt verringert sich dementsprechend die Strömungsgeschwindigkeit von der Mitte des Fließwasserkörpers zu den Ufern und der Gewässersohle, und zwar zunächst nur langsam, dann aber in der Nähe der Strömungswiderstände sehr rasch. Hierbei entsteht ein besonders strömungsarmer Bereich, die **PRANDTLsche Grenzschicht**, in der Tiere mit abgeplattetem Körper fast keinen Strömungswiderstand finden (Abb. 8). Strömungsgeschwindigkeitsprofile lassen sich z.B. in Bächen mit einem kleinen OTT-Flügel oder einem einfachen PITOT-Rohr aufnehmen. Hinweise auf die Inhomogenität der Strömungsgeschwindigkeitsprofile geben auch die Salzungsversuche zur Feststellung der mittleren Strömungsgeschwindigkeit in bestimmten Gewässerabschnitten (s. Abb. 9). Am oberen Ende der Meßstrecke wird (zum Zeitpunkt 0) eine Salzlösung punktförmig in das Wasser gegeben. Am unteren Ende wird fortlaufend die elektrolytische Leitfähigkeit gemessen und so die Zeit ermittelt, in der die Hälfte des zugegebenen Salzes vorbeigeflossen ist. Je ungleichmäßiger das Strömungsgeschwindigkeitsprofil ist, umso asymmetrischer erscheint die Leitfähigkeitskurve. Im wiedergegebenen Beispiel wurden an derselben Bachstrecke in wenigen Tagen Abstand bei gleichem Abfluß und gleicher Wassertemperatur, jedoch unterschiedlicher Belastung mit Fallaub zwei Messungen durchgeführt. In Gegenwart von viel Fallaub, das fast den gesamten Bachquerschnitt ausfüllte, floß das Wasser wesentlich gleichmäßiger und natürlich auch langsamer ab. Im übrigen veranschaulichen die Salzungsversuche, wie stark punktförmige Abwasserstöße vom fließenden Wasser auseinandergezogen werden.

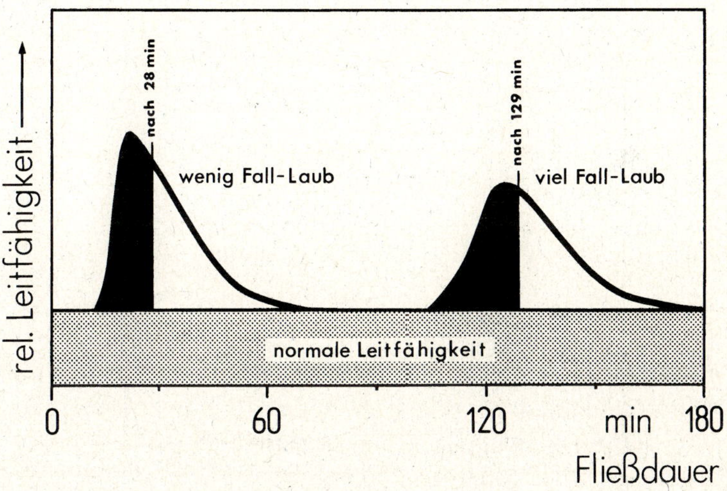

Abb. 9: Zur Messung der mittleren Strömungsgeschwindigkeit in einem Bach nach der Salzungsmethode. Erläuterung im Text.

Die Strömungsgeschwindigkeit wächst mit dem Gefälle des Gewässerbetts und im gleichen Gewässerabschnitt auch mit dem Abfluß. Umgekehrt verringert sich die Strömungsgeschwindigkeit, wenn sich der Gewässerquerschnitt bei gleichbleibendem Abfluß vergrößert. Auf diese Weise können lotische und lenitische, also schnell und langsam fließende Gewässerbereiche mosaikartig miteinander abwechseln, und zwar nicht nur im Gewässerlängsschnitt, sondern auch quer dazu (Prall- und Gleithänge

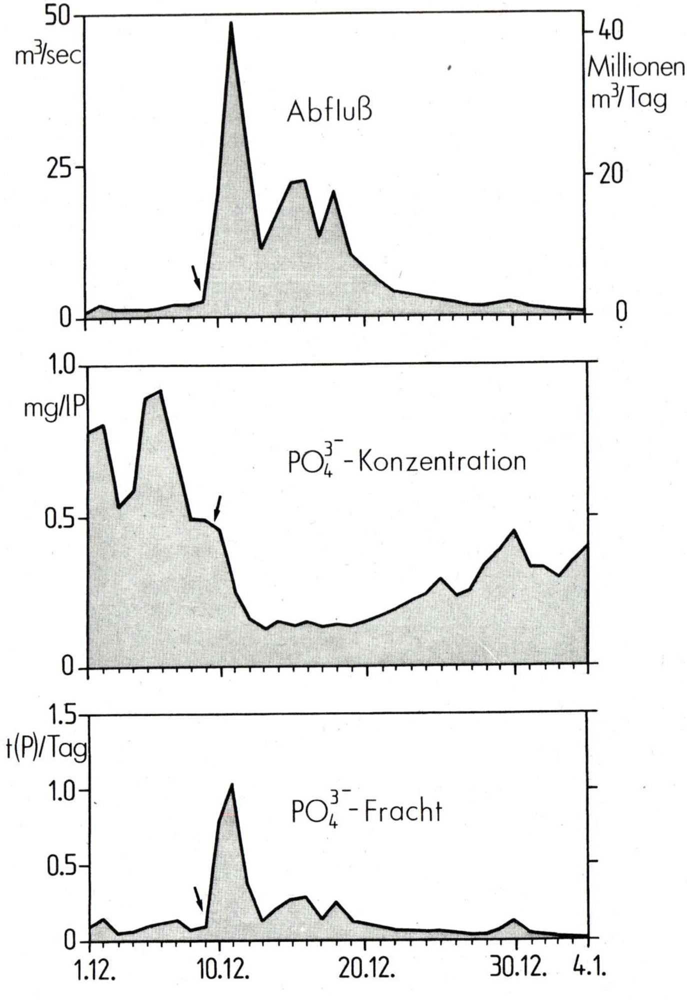

Abb. 10: Der Transport von Orthophosphat während einer Hochwasserwelle in einem stärker verunreinigten Fluß (Schlitz in Osthessen, Dezember 1979).

der Mäander, s. Abb. 12). Das Wasser kann mehr oder weniger ruhig fließen, in Stromschnellen schießen und in Wasserfällen in freiem Fall niederstürzen.

Heute sind die Strömungsverhältnisse in den Fließgewässern durch menschliche Eingriffe (Begradigung, Ausbaggern, Beseitigung der Uferwälder, die die Ufer stabilisieren und durch die Beschattung eine Verkrautung des Gewässerbetts verhindern, Ausmauerung von Ufer und Sohle, Aufstauen) zum Teil drastisch verändert. Überhaupt neu sind die künstlichen Gräben und Kanäle mit oft sehr geringer Strömung.

Das fließende Wasser verfrachtet unaufhörlich fein- und kolloiddispers gelöste Stoffe, daneben ungelöste Feststoffe, selten auch ungelöste Flüssigkeiten (z.B. bei Verunreinigung mit Öl, Benzin und anderen schwer löslichen organischen Flüssigkeiten), die jedoch mehr oder weniger emulgiert werden. Sogar Organismen werden abgetrieben, insbesondere planktische Formen, bei stärkerer Strömung auch größere Lebewesen (losgerissene Makrophyten, aufgescheuchte, aufgewirbelte oder verirrte Metazoen). Der Stofftransport des fließenden Wassers fällt besonders bei Hochwasserabfluß ins Gewicht (s. Abb. 10). So kann in einer einzigen Hochwasserwelle soviel Material fortgetragen werden wie bei Niedrigabfluß in Wochen und Monaten.

Zu Beginn einer Hochwasserwelle erhöht sich häufig die Konzentration der Wasserinhaltsstoffe. Dies gilt insbesondere für die gelösten organischen Stoffe und ungelösten organischen und anorganischen Trübstoffe. Sie sind überwiegend allochthon und werden von oberirdisch abfließenden Niederschlags- und Schmelzwässern in die Gewässerläufe gebracht. Anorganische Trübstoffe kommen vor allem aus vegetationsarmen Gebieten (Felslandschaften, Ackerbaugebieten), organische Trübstoffe aus

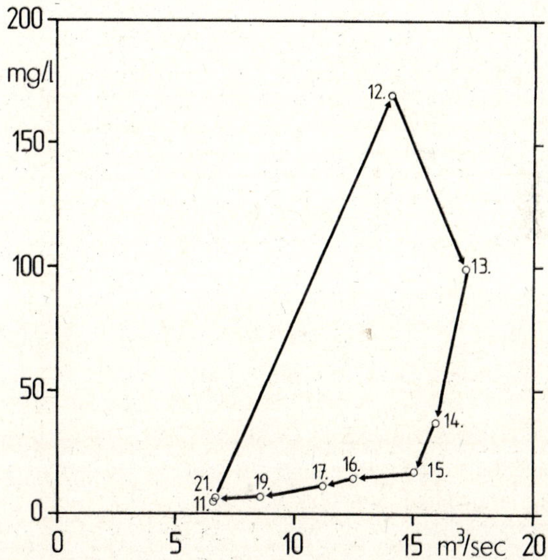

Abb. 11: Trübstoffkonzentration (mg/l) einer großen Karstquelle (Blautopf bei Blaubeuren in der Schwäbischen Alb) in Abhängigkeit von der Schüttung (m^3/sec) während einer Frühjahrs-Hochwasserwelle (11./21.3.1979). (Nach TESSENOW 1980, umgezeichnet.)

vegetationsreichen Gebieten (Wäldern, Sümpfen, Grünland). Das autochthone Material stammt aus den Gewässerbetten, die vor allem bei Hochwasserführung angegriffen werden. Bei starkem Gefälle und an den strömungsexponierten Prallhängen der Mäander erodiert das fließende Wasser auch sonst Ufer- und Sohlematerial der Gewässer. An die anfängliche Anreicherungsphase schließt sich in den Hochwasserwellen eine Ausdünnungsphase an, so daß der Stofftransport in einer Hochwasserwelle zyklisch verläuft (s. Abb. 11). Die Ausdünnung setzt jedoch bei vielen Stoffen, wie beim Orthophosphat (s. Abb. 10), sehr früh ein, ohne daß sie sich vorher auffällig anreichern.

Für den Transport der Feststoffe sind vor allem deren spezifische Dichte und Teilchengröße bedeutsam. Nach ihrer Dichte werden Schwimmstoffe, Trübstoffe (Schweb- und Sinkstoffe) und Geschiebe (Geröll) und nach ihrer Korngröße (s. Tab. 6) Blöcke, mehrere Kies-, Sand- und Schlufffraktionen und schließlich eine Tonfraktion unterschieden. Als Schwimmstoffe kommen vor allem pflanzliche Reste (Holz, Stengel, Blätter, Sämereien, bei Hochwässern auch ausgerissene Pflanzen), aber auch schwimmfähiger Müll (verschiedenste Kunststoffbehältnisse, Glasflaschen) in Betracht. Die Schwimmstoffe bleiben zum Teil an den Uferlinien in Form der **Spülsäume** zurück.

Teilchen	Korngröße (mm Ø)
Blöcke	> 60
Grobkies	60 – 20
Mittelkies	20 – 6
Feinkies	6 – 2
Grobsand	2 – 0.6
Mittelsand	0.6 – 0.2
Feinsand	0.2 – 0.06
Grobschluff	0.06 – 0.02
Mittelschluff	0.02 – 0.006
Feinschluff	0.006 – 0.002
Ton	< 0.002

Tab. 6: Korngrößen der Feststoffe im fließenden Wasser. (Nach RÖSSERT 1969.)

Zu den Trübstoffen zählen überwiegend kleinere anorganische und organische Partikel, die vor allem bei stärkerer Strömung leicht aufgewirbelt und fortgetragen werden. Bei verringerten Strömungsgeschwindigkeiten setzen sie sich meist wieder ab, etwa an den Gleithängen der Mäander, in Talsperren (die deshalb häufig mit Vorsperren versehen sind) und bei Hochwässern in den überschwemmten Auen. Hier sedimentieren in Ufernähe vor allem Sande, in uferferneren Bereichen mit weiter verringerter Strömung die noch feineren Trübstoffe („Auelehm"). Dagegen bleiben die Kiese im allgemeinen in den Gewässerbetten. Dies gilt noch mehr für die schweren Gesteinsblöcke,

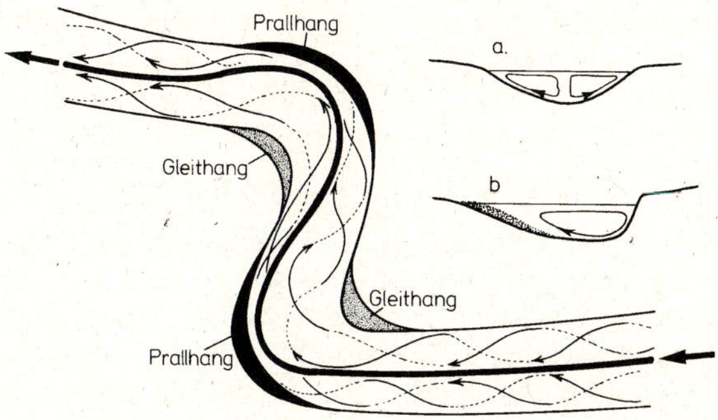

Abb. 12: Strömungsverhältnisse (schematisch) in einem mäandrierenden Flußlauf in Aufsicht und im Gewässerquerschnitt. a = gerade Strecke, b = Flußkrümmung. (Verändert nach BRINKMANN 1967).

die allenfalls am Gewässergrund oder dicht darüber fortbewegt werden. Feinsand von 0.2 mm Korngröße wird schon bei einer Strömungsgeschwindigkeit von 10 cm/sec fortgetragen, Grobsand von 1.3 mm Teilchendurchmesser bei 25 cm/sec, Kies von 20 mm Größe bei 100 cm/sec und Steine von 80 mm Durchmesser bei 200 cm/sec. Aufgrund des vorherrschenden Strömungs- und Transportverhaltens lassen sich in einem Gewässerlauf im typischen Falle drei **geomorphologische Fließgewässerzonen**

Abb. 13 (links): Larve der räuberischen Steinfliege *Perla marginata* (Foto: G. RICHTER).
Abb. 14 (rechts): Larve einer *Hydropsyche*-Art beim Spinnen eines Fangnetzes vor dem Eingang ihrer Wohnhöhle (Foto: W. SATTLER).

unterscheiden, eine obere, steil abfallende und meist gestreckte Eintiefungszone mit starker Strömung und überwiegender Erosion, eine weniger steile, schwach mäandrierende, indifferente Mittelzone mit geringerer Strömung und etwa ausgeglichener Erosion und Sedimentation und eine untere, kaum geneigte, stark gewundene Auflandungszone mit weiter verringerten Strömungsgeschwindigkeiten und überwiegender Sedimentation.

Formal gehören auch die im freien Wasser vorkommenden Organismen zu den Trübstoffen. Geradezu gefährdet ist in der Strömung das hilflos abtreibende Plankton, das auf diese Weise leicht in lebensfeindliche Bereiche (z.B. aus dem Süßwasser in Brack- und Meerwasser im Mündungsbereich der Flüsse) gelangt. Damit im Einklang steht auch die Feststellung, daß die Fließgewässer kein eigenständiges Plankton entwickelt haben. Das Plankton kommt überwiegend mit den Abflüssen aus stehenden Gewässern in die Gewässerläufe, in denen es sich aber unter Umständen noch vermehrt. Besonders reichlich findet sich Plankton in stark eutrophierten Talsperren, deren Wasser bei Algenmassenentwicklungen („Wasserblüten") gründlich verfärbt ist. Bekannt ist ferner das „Abwasserpilztreiben" stark organisch belasteter Fließgewässer

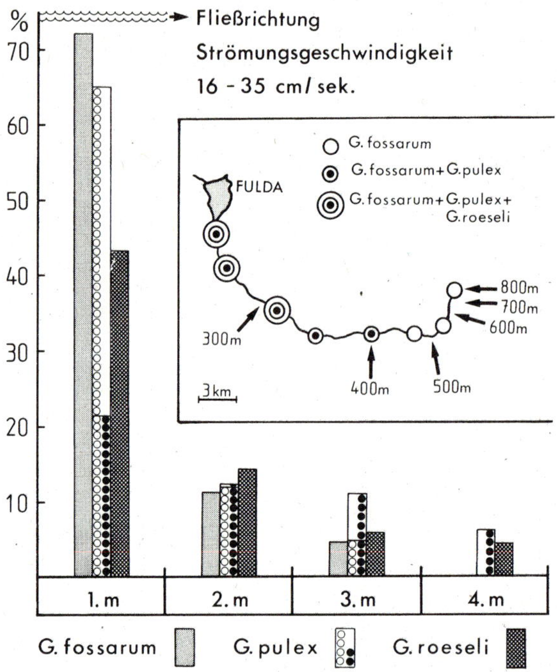

Abb. 15: Strömungsresistenz von drei *Gammarus*-Arten im Laborversuch (einstündige Exposition in künstlichem Gerinne) und im Freiland (natürliche Verbreitung in der oberen Fulda). G. *pulex* wurde der Strömung bei 12 °C (○) und bei 1,5 °C (●) ausgesetzt. Bei der höheren Temperatur driftete G. *pulex* nur wenig, dagegen auffällig stark bei der winterlich niedrigen Temperatur. Als besonders strömungsresistent erwies sich im Versuch G. *fossarum*, der bezeichnenderweise in der Hauptgefällstrecke der oberen Fulda alleine vorkommt. (Nach MEIJERING 1971 und 1972).

vor allem bei niedrigen Temperaturen (s.S. 150). Das Wasser ist dann ebenfalls auffällig trübe, jedoch charakteristisch schmutziggrau verfärbt.

Neben dem Plankton werden von der Strömung auch aktiv bewegliche Tiere verdriftet (s. Abb. 15). Jedoch können diese zum Teil das verlorene Gebiet durch Rückwanderung wiedererobern. Bei vielen Organismenarten, die hauptsächlich oder nur in Fließgewässern vorkommen, ist bis heute unbekannt, ob die Strömungsverhältnisse oder aber das Substrat – das damit auf das engste korreliert ist (s.o.) – und möglicherweise andere Fließgewässerfaktoren die Biotopwahl bedingen. Offensichtlich strömungsabhängig sind Organismenarten, die ihre Nahrung nur im fließenden Wasser in ausreichender Menge finden und dementsprechend auch **morphologische** und/oder **Verhaltensanpassungen** an die Strömung klar erkennen lassen. Auffällig an die Strömung angepaßt (vgl. PRANDTLsche Grenzschicht, S. 25) sind etwa die Larven einiger Steinfliegenarten (z.B. von *Perla marginata*, s. Abb. 13) mit abgeplattetem Körper, Kopf und Extremitäten, die ebenfalls zusammengedrückten und zusätzlich Bauchsaugnäpfe tragenden Larven der Lidmücken (*Liponeura*-Arten, s.S. 166) und die Larven der Kriebelmücken (z.B. der *Simulium*-Arten, s.S. 164). Letztere verfügen über einen Siebapparat, mit dem sie im Wasser schwebende Nahrungsteilchen zurückhalten. Besonders bemerkenswert sind die Larven mancher Köcherfliegenarten, die Fangnetze zum Nahrungserwerb spinnen (s. Abb. 14). Diese Netze sind nur bei

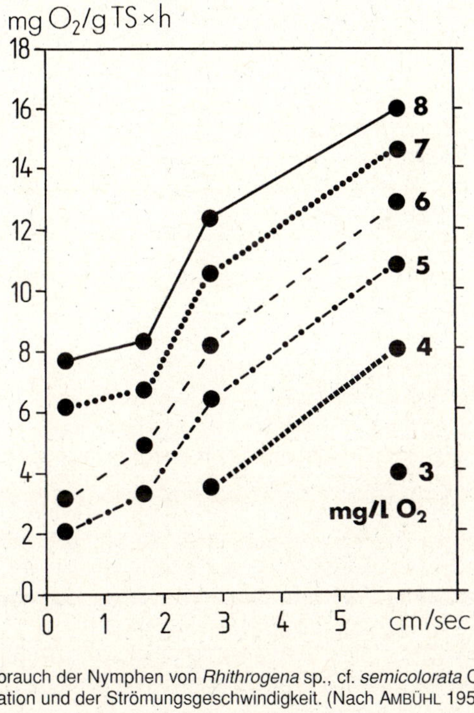

Abb. 16: Sauerstoffverbrauch der Nymphen von *Rhithrogena* sp., cf. *semicolorata* CURT., in Abhängigkeit von der Sauerstoffkonzentration und der Strömungsgeschwindigkeit. (Nach AMBÜHL 1959, umgezeichnet.).

bestimmten Anströmungsgeschwindigkeiten funktionsfähig. So fallen die Netze von *Plectrocnemia conspersa* bei Strömungsgeschwindigkeiten unter 13 cm/sec in sich zusammen, während sie oberhalb von 17 cm/sec bereits zerreißen. Im übrigen verlangen die Larven der berüchtigten Kriebelmücke *Odagmia ornata* (die blutsaugenden Imagines können Vieh töten!) Strömungsgeschwindigkeiten von 40–120 cm/sec. Das Optimum liegt bei 80–90 cm/sec. Die Larven der Lidmücke *Liponeura cinerascens* ertragen sogar Fließgeschwindigkeiten von mehr als 240 cm/sec. In der Natur wurden sie bis 220 cm/sec. gefunden.

Unter den Pflanzen sind die oft vollständig submersen flutenden Fließgewässerpflanzen (z.B. Flutender Hahnenfuß *Ranunculus fluitans*, Flutender Schwaden *Glyceria fluitans* und Igelkolben *Sparganium*, s. Abb. 26) mit ihren äußerst biegsamen, geschmeidigen Sprossen und fädigen oder riemenförmigen Blättern gut an die Strömung angepaßt. Sogar typische Auenpflanzen, die immerhin den Hochwässern ausgesetzt sind, können strömungsangepaßt sein, wie etwa die schlankgertigen und stockausschlagsfreudigen Büsche der Korbweide (*Salix viminalis*).

Nicht zu unterschätzen ist die **physiologische Wirkung** des strömenden Wassers (s. Abb. 16) auf den Stoffaustausch der Organismen mit ihrem Medium. Je höher die Strömungsgeschwindigkeit ist, desto mehr O_2 kann aufgenommen werden. Entsprechend kommen die Wasserorganismen in Fließgewässern, in denen ständig frisches Wasser mit Sauerstoff herangeführt wird, mit geringeren Sauerstoffkonzentrationen aus als in stehenden. Das Gleiche gilt für die Aufnahme von gelösten Nährstoffen durch Wasserpflanzen.

2.2 Osmotischer Druck

Der osmotische Druck ist der Überdruck, der in einem geschlossenen System bei der einseitigen Diffusion von Flüssigkeiten (Osmose) durch eine halbdurchlässige (semipermeable) Membran entsteht. Im Idealfall läßt die semipermeable Membran aufgrund ihrer geringen Porenweite nur das Lösungsmittel (z.B. das Wasser), nicht jedoch etwa darin gelöste Stoffe (Salze usw.) hindurch. Sind die Lösungen beiderseits der Membran verschieden konzentriert, diffundiert aufgrund des Verdünnungsbestrebens mehr Lösungsmittel zur konzentrierteren Lösung als umgekehrt. Schließlich stellt sich ein Gleichgewicht zwischen Hin- und Rückdiffusion ein. Der resultierende Überdruck der konzentrierteren Lösung entspricht dem osmotischen Druck oder osmostischen Wert. Danach ist die konzentriertere Lösung hypertonisch, die verdünntere hypotonisch. Sind beide Lösungen gleich konzentriert, so liegt Isotonie vor (Tonus = Spannung). Der osmotische Druck ist direkt proportional dem Konzentrationsunterschied der beiden Lösungen. Ist die eine Flüssigkeit reines Lösungsmittel, so ist der osmotische Druck (π) der Lösung auf der anderen Seite der halbdurchlässigen Membran direkt proportional der absoluten Konzentration (c) der gelösten Stoffe:

$$\pi = cRT.$$

Darin sind R die allgemeine Gaskonstante und T die absolute Temperatur. Die Dimension der Konzentration ist Mol/l, also die Anzahl Mole der gelösten Teilchen in einem Liter Lösung. Dies berücksichtigt die Tatsache, daß der osmotische Wert einer Lösung – außer von der allgemeinen Gaskonstanten und der absoluten Temperatur – nur von der Anzahl, nicht von der Art und Größe der gelösten Teilchen in einer vorgegebenen Flüssigkeitsmenge abhängt. So besitzt eine einmolare Lösung einer beliebigen Teilchensorte (z.B. der niedermolekularen Traubenzuckermoleküle, Na^+ -Ionen oder Cl^- -Ionen oder der hochmolekularen Kolloide) einen osmotischen Druck von 22.4 at bei 0 °C und von 24.0 at bei 20°C. Der osmotische Wert für 20 °C beträgt beim Meerwasser (bei einem mittleren Salzgehalt von 35 ‰) 24.8 at und beim Süßwasser etwa der Fließgewässer bis zu 0.36 at (definitionsgemäß mit Salzkonzentrationen bis zu 0,5 ‰, s. Tab. 7).

Stufe	Salzkonzentration (Salinität)
limnisch (Süßwasser)	< ± 0.5 ‰
mixohalin (Brackwasser)	± 0.5 – ± 30 (± 40) ‰
euhalin (Meerwasser)	± 30 – ± 40 ‰
hyperhalin (Salzwasser)	> ± 40 ‰

Tab. 7: Salzgehaltsstufen des Wassers („Venediger Brackwasser-System").

In den Oberflächengewässern kommen als osmotisch wirksame Stoffe vor allem anorganische Ionen in Betracht (vgl. Tab. 8). Obgleich auch organische Stoffe in beachtlichen Konzentrationen im Oberflächenwasser vorkommen (s. Abb. 17), spielen sie osmotisch kaum eine Rolle. Sie liegen fast ausschließlich als Kolloide vor, die aufgrund ihres hohen Teilchengewichts nur in vergleichsweise geringer Teilchenzahl – die allein entscheidend ist – vorhanden sind. Nach dem Gesamtelektrolytgehalt (Gesamtkonzentration von Salzen, Säuren und Basen) werden Süß-, Brack-, Meer- und Salzwässer unterschieden (s. Tab. 7). Im übrigen wächst mit dem Gesamtelektrolytgehalt auch die spezifische Dichte des Wassers.

Kationen			Anionen		
Ionenart	Süßwasser	Meerwasser	Ionenart	Süßwasser	Meerwasser
Ca^{2+} (S. 64)	63.5	3.4	HCO_3^- (S. 84)	73.9	0.39
Mg^{2+} (S. 64)	17.4	17.6	SO_4^{2-} (S. 92)	16.0	9.30
Na^+ (S. 63)	15.7	77.3	$C1^-$ (S. 61)	10.1	90.3
K^+ (S. 63)	3.4	1.64			

Tab. 8: Die mittlere Zusammensetzung (mval-%) der Inonenfraktion im Süßwasser (nach CLARKE 1916) und im Meerwasser (nach KALLE 1943); in Klammern Seitenverweise auf Einzelbeschreibungen.

Im Süß- wie im Meerwasser, das in den Ästuaren der Fließgewässer eine Rolle spielt, bilden nur vier Kationen- und drei Anionenarten (s. Tab. 8) das Gros der gelösten anorganischen Stoffe (mehr als 99 %). Nach dem quantitativ wichtigsten Ionenpaar können die süßen (nicht die seltenen brackigen oder sogar salzigen) Binnengewässer im allgemeinen als Calciumhydrogencarbonatgewässer und die Meere als Natriumchloridgewässer bezeichnet werden. Während die prozentuale Ionenzusammensetzung des Meerwassers trotz veränderlicher Gesamtelektrolytkonzentration (Verdunstung, Niederschläge!) weltweit bemerkenswert einheitlich ist, variiert die des Süßwassers örtlich und zum Teil auch zeitlich stark. So kommen in Wirklichkeit hydrogencarbonatreiche, -arme und -freie Fließgewässer oder Fließgewässerabschnitte neben- bzw. nacheinander vor (s. Abb. 39). Manche Gewässerstrecken sind dauernd oder vorübergehend sulfatreich (s.S. 92 ff).

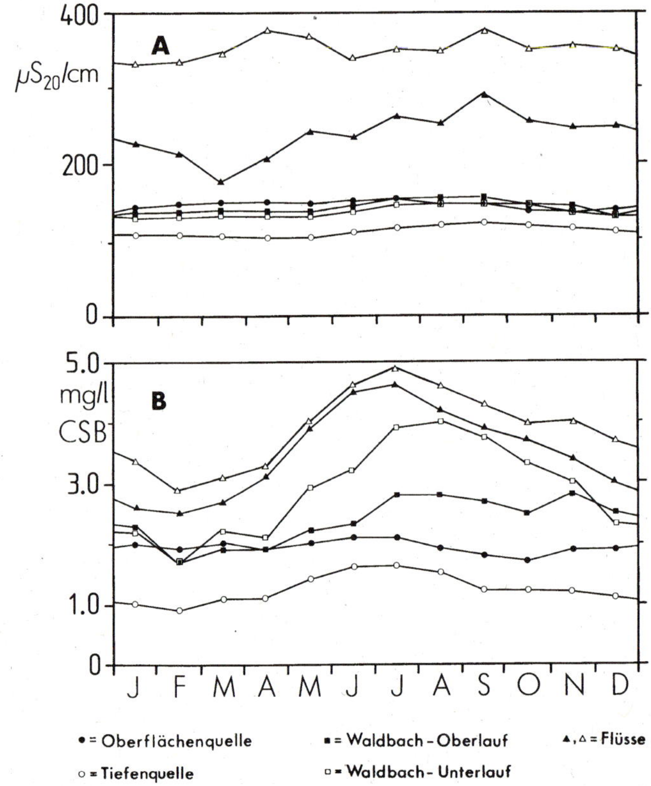

Abb. 17: Elektrolytische Leitfähigkeit (A) (als Maß für die Gesamtionen-Konzentration) und gelöste organische Stoffe (B) von Waldquellen, Waldbächen und zwei Flüssen (Schlitz und Fulda) in einer Buntsandsteinlandschaft (Schlitzerland in Osthessen) im Jahreslauf (übergreifende Dreimonatsmittel, 1980); CSB = chemischer Sauerstoffbedarf.

Die Gesamtionenkonzentration (s. Abb. 17) und die prozentualen Anteile der einzelnen Ionenarten spielen in den Fließgewässern bei physikalischen und chemischen Vorgängen (wie bei der Auflösung oder Ausfällung einzelner Stoffe oder beim Ionenaustausch, s.S. 66 u. 69) eine Rolle. Besonders bedeutsam ist indessen das Ionenmilieu für die darin lebenden Organismen, die ihr inneres Ionenmilieu im Zellplasma und dergleichen konstant halten müssen, weil sonst ihr Stoffwechsel behindert oder blokkiert werden kann. Eine Zellmembran trennt die Plasmaflüssigkeit vom umgebenden Medium, vom Wasser (bei Vielzellern auch von anderen Körperflüssigkeiten). Die Zellmembranen wirken weitgehend als halbdurchlässige Membranen („biologische Membranen"), die vor allem Wasser, in geringem Umfang aber auch gelöste Inhaltsstoffe hindurchlassen. Da das Ionenmilieu des Gewässers im allgemeinen vom Ionenmilieu der Zellen abweicht, findet ständig eine Osmose statt. Jedoch können die Organismen nicht zu große Veränderungen des inneren Ionenmilieus der Zellen ausgleichen **(Osmoregulation)**, indem sie einzelne Ionenarten oder Wasser aktiv ausscheiden oder aufnehmen („aktiver Transport", s.S. 136). Die Süßwasserorganismen sind gegenüber dem umgebenden Wasser meist hypertonisch, so daß sie andauernd in die Zellen hineindiffundierendes Wasser wieder ausscheiden müssen. Dies läßt sich z.B. bei Pantoffeltierchen unter dem Mikroskop leicht am Pulsieren ihrer „Exkretionsvakuolen" beobachten.

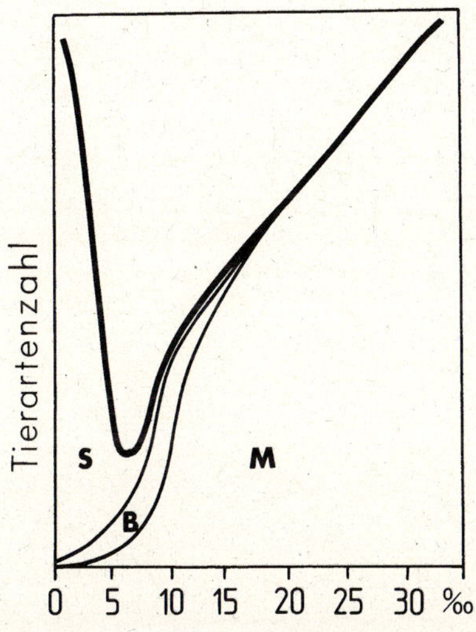

Abb. 18: Tierartenzahl in Abhängigkeit vom Salzgehalt des Wassers. (Nach REMANE, 1971, umgezeichnet). S = Anzahl der Süßwassertierarten, B = Anzahl der Brackwassertierarten und C = Anzahl der Meerwassertierarten.

Wie Abb. 18 zeigt, sind an die niedrigen Elektrolytkonzentrationen des Süßwassers und an die hohen Elektrolytkonzentrationen des Meerwassers viele Tierarten angepaßt, während die Brackwassertierarten spärlich sind. Offensichtlich bestehen im

Brackwasserbereich schwer überwindbare physiologische Schranken. Erschwerend kommen noch die oft beträchtlichen kurzfristigen Salinitätsänderungen (Salinität = Salzkonzentration) in den Brackwasserzonen hinzu, die besonders hohe Anforderungen an die Organismen stellen. Aus diesen Gründen kommen in den Ästuaren, in denen die Salzkonzentrationen im Gezeitenwechsel pendeln, und in den künstlich versalzten Flüssen (Werra und Weser beispielsweise) mit ungleichmäßiger Salzbelastung nur verhältnismäßig wenige Organismenarten vor. Jedoch vermehren sich diese Arten häufig massenhaft, wie etwa salzliebende (halophile) Diatomeen.

Nur wenige, euryhaline Organismenarten ertragen Süß-, Brack- und Meerwasser gleichermaßen, wie z.B. der Dreistachlige Stichling (s.S. 157) und einige Tierarten, die zwischen Meer und Süßwasser Laichwanderungen ausführen – und dabei bezeichnenderweise ihren Elektrolythaushalt umstellen (Osmoregulation). Aus dem Süßwasser ins Meer wandern Aal und Wollhandkrabbe (katadrome Wanderung), umgekehrt der Lachs (anadrome Wanderung).

2.3 Temperatur

Die Temperatur stellt ein Maß für die mittlere kinetische Energie (oder die mittlere Intensität der ungeordneten Bewegung) der Moleküle oder Atome dar. Als Maßeinheit dienen das Kelvin (K) der seit 1968 für die Praxis verbindlichen sog. Internationalen praktischen Temperaturskala und das Grad CELSIUS (°C) der immer noch gebräuchlichen CELSIUS-Temperaturskala. Wichtige Fundamental- oder Fixpunkte sind der absolute Nullpunkt (0 K oder –273.15 °C), der Tripelpunkt des Wassers (273.16 K oder 0.01 °C), der Eispunkt des reinen, jedoch luftgesättigten Wassers (273.15 K oder 0 °C) und der Dampf- oder Siedepunkt des Wassers (373.15 K oder 100 °C). Zwischen der absoluten Temperatur (T) und der relativen Temperatur in CELSIUS-Graden (t) besteht demnach die einfache Beziehung:

$$T = 273.15 + t$$

Die gewöhnlichen Temperaturen lassen sich leicht mit den bekannten Quecksilberthermometern messen.

Die **Wärme** oder Wärmemenge entspricht der Summe der kinetischen Energie aller Moleküle oder Atome. Ihre Maßeinheit war früher die Kalorie (cal). Heute ist das Joule (J) gesetzlich vorgeschrieben. 1 cal entspricht 4.1869 J und umgekehrt 1 J 0.2388 cal. Die Wärmekapazität ist diejenige Wärmemenge, die ein Stoff bei einer Temperaturerhöhung um 1 Grad aufnimmt. Die spezifische Wärme oder spezifische Wärmekapazität ist dementsprechend diejenige Wärmemenge, die 1 Gramm eines Stoffs bei einer Temperaturerhöhung um 1 Grad aufnimmt (vgl. Tab. 4). Besonders hoch ist die spezifische Wärme des Wassers mit 4.1869 Joule (früher definitionsgemäß 1.00 Kalorien) pro Gramm und Grad. Damit hängt auch das sehr langsame Erwärmen und Abkühlen der Fließgewässer (s. Abb. 20) zusammen.

Die Wassertemperatur ändert sich in den Fließgewässern gewöhnlich jahres- und tagesperiodisch. Hinzu kommen noch kurzfristige unregelmäßige Temperaturschwankungen. Im allgemeinen weisen die Quellen die geringsten Temperaturamplituden auf (s. Abb. 19). Tagesschwankungen sind oft gar nicht feststellbar. Während sich die kurzfristigen Temperaturschwankungen in den Bächen mit zunehmender Quellenentfernung verstärken und in den Flüssen wieder abschwächen, nimmt die Jahrestemperaturamplitude auch noch in den Flüssen zu. In den Quellen (s. Abb. 101) werden häu-

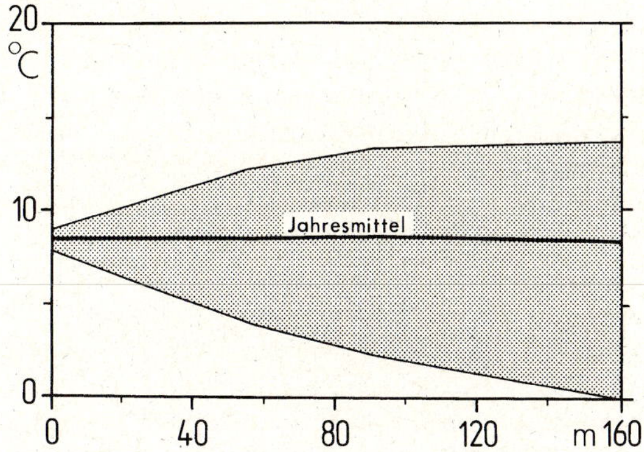

Abb. 19: Jahresschwankungsbreite und Jahresmittel der Wassertemperatur eines Waldbach-Oberlaufes (Kalkbach bei Schlitz in Osthessen, Februar 1971 bis Januar 1972).

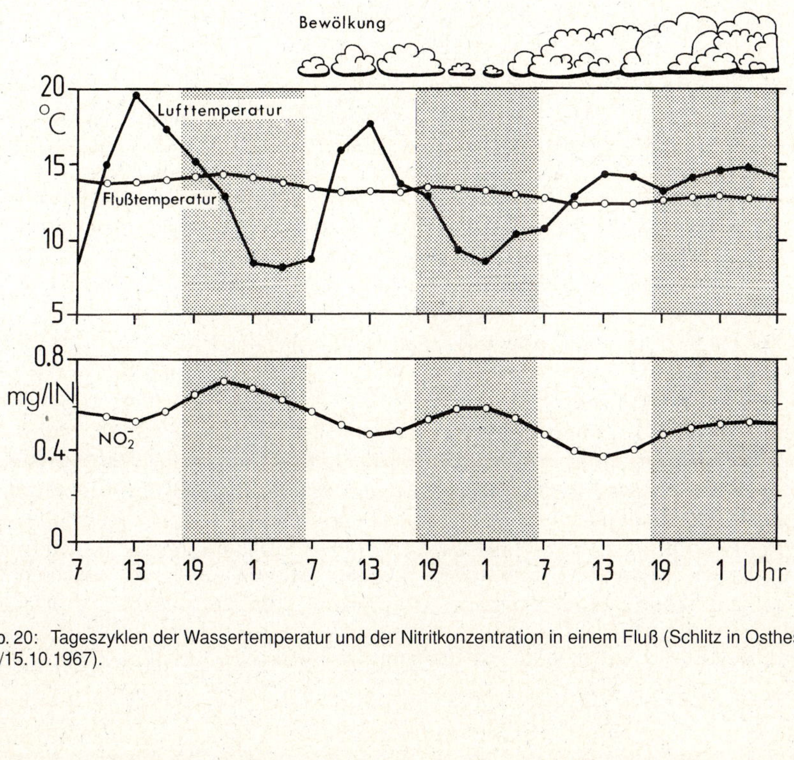

Abb. 20: Tageszyklen der Wassertemperatur und der Nitritkonzentration in einem Fluß (Schlitz in Osthessen, 12./15.10.1967).

fig im Frühherbst die höchsten Temperaturen während des Jahres beobachtet. In den Bächen und Flüssen verlagert sich das jährliche Temperaturmaximum allmählich auf den Hochsommer. Die tiefsten Jahrestemperaturen weisen die Quellen im allgemeinen im Frühjahr und die Bäche und Flüsse im Hochwinter auf. Im Tagesablauf erreichen die Wassertemperaturen in den Quellen wie in den Bächen und Flüssen im allgemeinen am Nachmittag ihren Höchst- und in den frühen Morgenstunden ihren Tiefstwert.

In den gewöhnlichen, nicht aufgestauten Fließgewässern sind die Wassertemperaturen im Gewässerquerschnitt im allgemeinen gleich. Nur an und unterhalb von Gewässereinmündungen treten horizontale oder auch vertikale Temperaturgradienten auf, bis sich die Wasserkörper völlig vermischt haben. Vertikale Temperaturgradienten finden sich dagegen häufig in aufgestauten Gewässerabschnitten, insbesondere in Stauseen (s. Abb. 36), aber auch in Buchten und in den mehr oder weniger abgeschnürten Altarmen. Die vertikale Temperaturschichtung hängt sehr stark von den Jahreszeiten ab. Geradezu typisch sind vertikale wie horizontale Temperaturgradienten für die Untergrundströme, die die oberirdischen Gewässerläufe begleiten.

Die wesentlichen Faktoren, die den Wärmehaushalt und damit auch die Temperaturen der Fließgewässer bestimmen, sind Lichteinstrahlung, Wärmeabstrahlung, Wärmeaustausch mit Luft, Gewässerbett und Zuläufen, Turbulenz im Gewässer (die auch durch Wind hervorgerufen sein kann), Gewässerbaumaßnahmen, Abholzung der Uferwälder, anthropogene Belastung mit Wärme („Abwärme"), die hohe spezifische Wärme und Dichte des Wassers und nicht zuletzt die vom fließenden Wasser mitgeführte Wärmemenge (die neben der Temperatur vor allem von der Menge des abfließenden Wassers abhängt). Bei den Quellen spielt noch die Erdwärme eine Rolle.

Die mittlere Jahrestemperatur der Quellen übertrifft meist etwas die des umgebenden Bodens und der bodennahen Luftschicht im Einzugsgebiet, bedingt durch die Erdwärme, der das Quellwasser zuvor im Gesteinsuntergrund ausgesetzt war. Mit zunehmender Gesteinstiefe wächst die Grund- und Grundwassertemperatur. Der Temperaturanstieg mit der Tiefe, die sogenannte **geothermische Tiefenstufe**, beträgt in Deutschland durchschnittlich 3 °C/100 m. In vulkanischen Gebieten ist dieser Gradient oft noch wesentlich steiler, so daß hier die Quelltemperatur je nach Aufstiegstiefe des Quellwassers außerordentlich hohe Werte annehmen kann. Unter Umständen erreichen diese Thermalquellen sogar die Siedetemperatur des Wassers. Als Thermalquellen werden gewöhnlich Quellen bezeichnet, deren mittlere Jahrestemperatur mehr als 20 °C beträgt.

Im übrigen beeinflussen noch die Höhenlage, die Hanglage und -neigung, die Bodenbedeckung und die Nutzungsart der Einzugsgebiete die Quelltemperaturen. So geht die Quelltemperatur mit zunehmender Höhenlage der Quelleinzugsgebiete zurück, sind die Quellen an Südhängen wärmer als nordexponierte und die Quellen mit bewaldeten Einzugsgebieten kühler als andere mit offenen, vegetationsarmen Einzugsgebieten. In der Hügel- und Berglandschaft des Schlitzerlandes in Osthessen beträgt die **geothermische Höhenstufe**, also der Temperaturabfall mit zunehmender Meereshöhe, in den Nordhangquellen –0.7 °C/100 m und in den südexponierten Quellen sogar –1.8 °C/100m. Der Vergleichswert für die Lufttemperatur (2 m über dem Boden) liegt bei –0.5 °C/100 m. Die Temperaturschwankungen in den Quellen gehen auf Temperaturänderungen im Boden ihrer Einzugsgebiete zurück. Je oberflächennäher und langsamer (Wärmeaustausch!) das Grundwasser zu den Quellen zieht und je geringer seine Menge ist, umso kürzer macht sich dieser Einfluß bemerkbar. Die Temperaturschwankungen sind im Oberboden am bedeutendsten, verringern sich darunter schnell und verlieren sich gänzlich in 15–20 m Tiefe (isotherme oder indifferente Zone). Da die Quelltemperatur meist nur wenig schwankt, sind die Quellen im Sommer zwar relativ kühl. So bleibt die Temperatur von Waldquellen auch im Sommer häufig unter 10 °C. Doch frieren sie, abgesehen von manchen Sickerquellen, auch in strengen Wintern nicht zu, so daß die meisten Quellen als sommerkühl und winterwarm bezeichnet werden können.

Von den Quellaustritten an ist das oberirdisch abfließende Wasser der Bäche und Flüsse unmittelbar den atmosphärischen Bedingungen unterworfen, zumal es (s.S. 24) turbulent strömt und so mit der Luft besonders innig in Berührung kommt. Die bei weitem wichtigste (natürliche) Wärmequelle der Fließgewässer ist letztlich das Sonnenlicht (s.S. 47). Es erwärmt die Gewässerläufe teils als direkte und indirekte Strahlung unmittelbar, teils über erwärmte gewässernahe Luft mittelbar. Das eingestrahlte Licht wird im Fließwasserkörper und in flacheren Gewässern auch am Gewässergrund in Wärme umgewandelt. So erwärmen sich im Sommer kaum oder gar nicht beschattete Bäche und Flüsse wesentlich stärker als Waldbäche und waldgesäumte Flüsse, die gerade in der warmen Jahreszeit vom Laubdach der sommergrünen Laub-Uferwälder beschattet werden (s. Abb. 25). Heute sind indessen die schattenspendenden und damit die Temperaturschwankungen dämpfenden Uferwälder vom Menschen größtenteils beseitigt worden, so daß sich insbesondere Bäche im Sommer unnatürlich stark erwärmen können (s.S. 210 f). Zum Teil erinnern noch Baumreihen oder Einzelbäume an den Ufern an die ehemaligen Uferwälder, die überwiegend Grünland gewichen sind. Im übrigen empfangen die Fließgewässer nicht nur die Strahlung. Vielmehr strahlen sie auch Energie ab, und zwar in Form von unsichtbarer Infrarotstrahlung (Wärmestrahlung).

Ebenso bedeutend wie das einfallende Licht und die abgestrahlte Wärme ist der Wärmeaustausch der Fließgewässer mit der umgebenden Luft. In den Waldgewässern überwiegt der Wärmeaustausch sogar eindeutig, da hier die überstehenden Bäume und Büsche das Licht unter Umständen fast vollständig abfangen. Der Wärmeaustausch zwischen den Fließgewässern und der Luft wächst bei gleichem Temperaturunterschied und gleichem Abfluß mit der Gewässerbreite, mit der Wasser- und Luftturbulenz und mit der Kontakt- oder Fließdauer. Doch ändert sich dabei die Wassertemperatur im Gegensatz zur Lufttemperatur nur wenig, da die spezifische Wärme des Wassers wesentlich höher ist. Sie beträgt beim Wasser 1.00 und bei der Luft nur 0.24 $cal \cdot K^{-1} \cdot g^{-1}$ (s. Tab. 4). Aus dem gleichen Grund hinkt die Wassertemperatur der Lufttemperatur nach (s. Abb. 20). Ferner schwächen sich in den Gewässern die Temperaturextreme ab. Und zwar gleicht sich die Wassertemperatur in den Gewässerläufen unter sonst übereinstimmenden Bedingungen umso stärker aus, je mehr Wasser sie führen. Auf der anderen Seite gleicht sich die Wassertemperatur der Lufttemperatur umso mehr an, je länger das Wasser mit der Luft in Berührung ist, also je länger es oberirdisch fließt. Aus diesen beiden Gradienten ergibt sich, daß die tägliche Temperaturamplitude im typischen Fließgewässerlängsschnitt von einer Quelle bis zur Flußmündung mit wachsender Quellenentfernung zunächst zu- und bald wieder, noch im Bachbereich, abnimmt. Dagegen vergrößert sich die jährliche Temperaturamplitude bis zur Mündung des Flusses weiter.

Die Wassertemperatur selbst sollte aufgrund des Wärmeaustauschs im Sommerhalbjahr von der Quelle bis zur Flußmündung ständig zu- und im Winterhalbjahr fortlaufend abnehmen. In Wirklichkeit verlaufen diese sommerlichen Temperaturgradienten aufgrund des verstärkt eingestrahlten Lichts noch steiler, während sich die winterlichen negativen Temperaturgradienten eher abschwächen; denn bei Erreichen des Gefrierpunkts bleibt die Wassertemperatur konstant (s.u.). Aufgrund ihrer starken Erwärmung in den Sommermonaten sind die Flüsse sommerwarm. Ihre sommerlichen Mitteltemperaturen übersteigen also die der umgebenden Luft. Dagegen sind die Bäche sommerkühl.

Die mittlere Jahrestemperatur nimmt im allgemeinen im Gewässerlängsschnitt zunächst leicht ab (s. Abb. 19), zumal die Quelltemperaturen durch den Einfluß der Erdwärme etwas erhöht sind. Nach einem Tiefstpunkt noch innerhalb des Bachbereichs nimmt dann die mittlere Jahrestemperatur bis zu den Flußmündungen langsam wieder zu.

Eis bildet sich in den gewöhnlichen Gewässerläufen erst bei starkem Frost; denn zuvor muß sich – anders als in stehenden oder auch sehr langsam fließenden Gewässern – das Wasser in den Bächen und Flüssen wegen der ständigen Verwirbelung bis zum Grund über die gesamte Gewässertiefe auf 0 °C abkühlen. Brackiges oder salziges Wasser, wie in Ästuaren und in anthropogen „versalzten“ oder natürlich „mineralisierten“ Bach- und Flußläufen, muß sich wegen der Gefrierpunktserniedrigung über die gesamte Gewässertiefe auf Temperaturen unter 0 °C abkühlen, bevor es gefrieren kann. Die molare Gefrierpunktserniedrigung des Wassers beträgt $-1.86\,° \cdot \text{kg mol}^{-1}$ (s. Tab. 4). Der Gefrierpunkt von Meerwasser liegt bei einem mittleren Salzgehalt von 35 ‰ bei –1.91 °C. In der (weitestgehend) künstlich versalzten Werra konnte der Gefrierpunkt zeitweilig auf –2 °C absinken.

Das Eis bildet sich in den Gewässerläufen an den Ufern (Randeis) und am Gewässergrund (Grundeis), bei anhaltendem schärferen Frost auch frei schwimmend an der Gewässeroberfläche (Eisbrei). Dieses schwimmende, ebenfalls aus kleinen Eisnadeln zusammengefrorene Eis kann sich an Hindernissen ansammeln und sich zu einer schwammigen, undurchsichtigen Eisdecke zusammenschließen. Alle Eisformen können bei Wasserstandsänderungen und Wellengang zerbrechen und als Schollen abtreiben (Treibeis). Bei Tauwetter bricht das gesamte Eis auf (Eisaufbruch) und treibt massenweise fort (Eisgang). Gelegentlich stauen sich diese Eismassen (Eisversetzung) und behindern den Abfluß des Wassers, so daß der Wasserstand extrem ansteigen kann.

Die Eisbildung ist heute in vielen Flüssen indirekt durch den Menschen zurückgedrängt. So werden, wie bereits erwähnt, in manchen Gewässerläufen große Mengen von gelösten Abfallstoffen, insbesondere von Salzen, abgeführt. Dadurch erniedrigt sich der Gefrierpunkt des Wassers, das damit nur noch schwer Eis bildet. Ungleich häufiger werden große Mengen von Abwärme in die Flüsse geleitet, die entsprechend „aufgeheizt“ werden. Die Abwärme gelangt vor allem mit verbrauchtem Kühlwasser aus Kraftwerken und Fabriken, aber auch mit häuslichen Abwässern in die Flüsse. Die

Abb. 21: Kleiner Mittelgebirgsbach (Schwarzbach im Vogelsberg), gesäumt von Schwarzerlen (*Alnus glutinosa*), im Winter (Foto: G. EURICH).

Wärmebelastung der Fließgewässer hat in den letzten Jahrzehnten stark zugenommen. So ist die mittlere Jahrestemperatur der Weser bei Intschede in den vergangenen 15 Jahren um rund 2 °C gestiegen.

Wir hatten herausgestellt, daß die gewöhnlichen, nicht aufgestauten Gewässerläufe aufgrund der Turbulenz vom Wasserspiegel bis zum Grund die gleiche Temperatur aufweisen. Anders verhalten sich nun die aufgestauten Gewässerstrecken und sonstigen nur äußerst träge strömenden Fließgewässerbereiche, die je nach Jahreszeit und augenblicklichen Witterungsbedingungen scharfe **vertikale Temperaturgradienten** aufweisen können. Ihr Wasserkörper kann sich also thermisch schichten. So verhalten sich die Stauseen auch thermisch ähnlich wie Seen, während manche Buchten und die mehr oder weniger abgeschnürten Altarme stark an Tümpel oder Weiher erinnern. Mit den vertikalen Temperaturgradienten gehen Dichteänderungen des Wassers einher. Und zwar rufen die unterschiedlichen Wassertemperaturen selbst diese vertikalen Dichtegradienten hervor, oder sie verstärken lediglich Dichtegradienten, die auf unterschiedliche Salzkonzentrationen (s.S. 33) zurückzuführen sind.

Bekanntlich nimmt die spezifische Dichte des Wassers vom Schmelzpunkt an mit steigender Temperatur zunächst zu (sog. Dichte-Anomalie des Wassers, s.S. 23), um sich erst ab 4 °C erwartungsgemäß zu verringern. Da Erwärmung und Abkühlung bevorzugt im oberflächennahen Wasser stattfinden, kann die Oberflächentemperatur mehr oder weniger stehender Gewässer im Winterhalbjahr bis auf 0 °C absinken und in der warmen Jahreszeit (s. Abb. 36) auf weit über 20 °C ansteigen, während die Tiefentemperatur ungefähr bei 4 °C stehenbleibt. Ähnlich wie in gewöhnlichen Seen können daher in Talsperren (und damit vergleichbaren natürlichen Flußseen wie dem Bodensee) im Sommer ein **Epi-, Meta-** und **Hypolimnion** unterschieden werden. Die wärmsten und spezifisch leichtesten und daher aufschwimmenden Wasserschichten bilden das Epilimnion. Darunter folgt das Metalimnion als eine Übergangszone mit einem mehr oder weniger steilen Temperaturabfall und Dichteanstieg („Sprungschicht"). Im Bereich des Hypolimnions ruht das kühle und spezifisch schwere Tiefenwasser. Im Winter schichtet sich der Wasserkörper invers (verkehrt). Die Temperatur nimmt jetzt vom Gewässergrund zur Wasseroberfläche – die auch von Eis bedeckt sein kann – nicht zu wie bei der sommerlichen Temperaturschichtung, sondern ab. In der Tiefe ruht das spezifisch schwerste Wasser mit einer Temperatur von höchstens 4 °C. Darüber befindet sich das spezifisch leichtere kalte Wasser mit Temperaturen bis zum Gefrierpunkt.

Da sich während der Schichtungsperioden, der Sommer- und der Winterstagnation, nur das oberflächennähere Wasser erwärmt oder abkühlt, kann die Oberflächentemperatur, wie bereits gesagt, im Sommer vergleichsweise sehr hohe Werte annehmen. Dabei spielt auch die Verweilzeit des Wassers im Stauraum eine große Rolle. Entsprechend bildet sich im Winter, wiederum anders als bei gewöhnlichen Gewässerläufen, auf den Stauseen sehr leicht Eis. Dabei wächst das Eis von den Gewässerrändern rasch über die gesamte Wasserfläche. Sofern kein Schnee mit einfriert, ist das Eis kompakt und durchsichtig. Die Eisdecken schmelzen bei Tauwetter von der Ober- und Unterseite ab.

Auch während der Schichtungsperioden – bei Tauwetter sogar unter Eis – wird zumindest das oberflächennächste Wasser von Konvektionsströmungen und, soweit eine Eisdecke fehlt, von windinduzierten Wirbeln durchmischt. Besonders bedeutsam sind dabei die vom Wind hervorgerufenen Turbulenzen, die den geschichteten Wasserkörper von oben her förmlich annagen. Innerhalb des Wasserkörpers entstehen in Stauseen Wirbel durch **„Seiches"** und durch unterschiedliche Strömungsgeschwindigkeiten des Oberflächen- und Tiefenwassers. Die durchmischende Wirkung von Seiches hat allenfalls während der Sommerstagnation Bedeutung. Unter Seiches sind periodische Schaukelbewegungen der Wasserschichten zu verstehen. Sie bilden sich nach dem Abflauen von starkem Wind, der die Wassermassen etwas aus der Gleichgewichtslage gebracht hatte. Wesentlich stärker vermischen sich Oberflächen- und Tiefenwasser bei unterschiedlicher Strömungsgeschwindigkeit. Dabei verbreitet sich die Sprungschicht gelegentlich bis zur Unkenntlichkeit (s. Abb. 36).

Je mehr sich die spezifische Dichte, also auch die Temperatur des Oberflächen- und Tiefenwassers unterscheidet, umso stabiler ist der Wasserkörper geschichtet. Die sommerliche Temperatur- und Dichteschichtung ist daher im Hochsommer auffallend beständig. Mit dem Temperaturrückgang zum Herbst hin schwächt sich dementsprechend die Sprungschicht fortlaufend ab. Gleichzeitig verlagert sie sich in die Tiefe.

Schließlich können Konvektion und Wind das Wasser bis zum Grund durchmischen **(Herbstvollzirkulation)**. Die winterliche Temperatur- und Dichteschichtung ist nur unter einer schützenden Eisdecke beständig, da die Dichteunterschiede gering bleiben. So wird das Wasser im Frühjahr bald nach der Eisschmelze wieder vollständig vermischt **(Frühjahrsvollzirkulation)**.

Die Temperatur beeinflußt neben den verschiedensten physikalischen Eigenschaften und Vorgängen auch die chemischen und biochemischen Reaktionen. Besonders bedeutsam ist ihr Einfluß auf die Geschwindigkeit dieser Umsetzungen. Sie nimmt mit steigender Temperatur exponentiell zu (s. Abb. 46). Und zwar verdoppelt bis vervierfacht sich die Reaktionsgeschwindigkeit bei einer Temperatursteigerung von 10° (VAN 'T HOFFsche Reaktionsgeschwindigkeit-Temperatur- oder **RGT-Regel**). Jedoch gilt diese Beziehung für die biochemischen Reaktionen, die grundsätzlich von eiweißartigen Enzymen katalysiert werden, nur innerhalb vergleichsweise enger Temperaturgrenzen. Oberhalb davon schwächt sich die Reaktionsgeschwindigkeitszunahme fortlaufend ab, da die Enzyme zu denaturieren beginnen. Mit weiter steigender Temperatur nimmt schließlich die Denaturierung überhand, so daß auch die Reaktionsgeschwindigkeit wieder abnimmt und die Reaktion schließlich zum Stillstand kommt. Demnach besitzt jede Enzymreaktion eine endliche Vorzugstemperatur (Temperaturoptimum), bei der die Stoffumsetzung am intensivsten erfolgt. Entsprechendes gilt für den gesamten Stoffwechsel eines Organismus. In den Fließgewässern beeinflußt daher die Wassertemperatur das Lebensgeschehen außerordentlich. Als Beispiel für die Temperaturabhängigkeit eines biologischen Prozesses sei hier für vier Wassermoose die Nettophotosyntheseleistung zwischen 3 und 36 °C vorgestellt (Abb. 22).

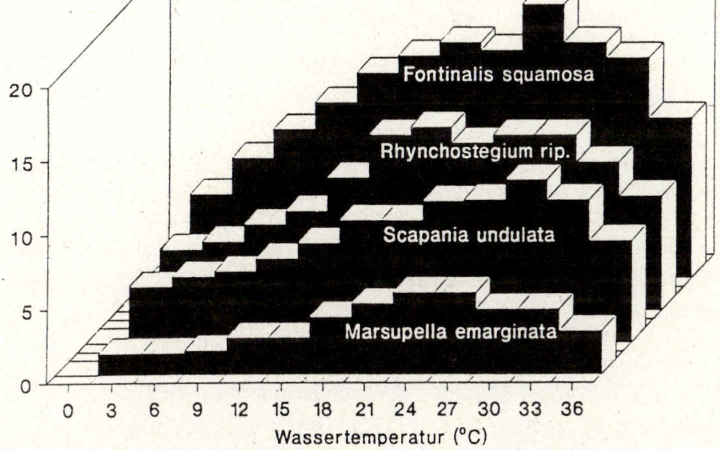

Abb. 22: Nettophotosyntheseleistung und Temperatur (Nach TREMP & KOHLER 1993.)

Nach ihrer Temperaturabhängigkeit können grundsätzlich drei Organismengruppen unterschieden werden: die kaltstenothermen Tiere, die an ständig kühle Gewässer angepaßt sind, die warmstenothermen, die nur in dauernd warmen Gewässern leben, sowie die eurythermen Formen, die zwar überwiegend bei mittleren Temperaturen leben, aber auch höhere und tiefere ertragen. Die kaltstenothermen Organismen kommen in Mitteleuropa hauptsächlich in den kalten Gewässern der Gebirge, aber auch in sommerkühlen Quellen anderer Landschaften vor. So ist der Strudelwurm *Crenobia alpina* zwar in Europa weit verbreitet, doch tritt er in wärmeren Gebieten nur in den ständig kühl bleibenden Quellen auf (wahrscheinlich als Eiszeitrelikt). Etwas weniger kühles Wasser liebt die ebenfalls kaltstenotherme, also an eine enge Temperaturspanne angepaßte Bachforelle (s.S. 158). Sie ist ein typischer Bewohner sommerkühler, waldgesäumter Bergbäche. Die warmstenothermen Organismen kommen in Mitteleuropa nur in Thermalquellen vor, darunter einige Blaualgenarten und Bakterienstämme. Dagegen bilden die überwiegend an mittlere Temperaturen angepaßten, jedoch größere Temperaturschwankungen ertragenden Formen bei uns das Gros der Fließgewässerorganismen.

Mit Ausnahme der wasserbewohnenden Säugetiere und Vögel sind alle Fließgewässerorganismen wechselwarm und daher von der Wassertemperatur in höchstem Maße abhängig. Bei niedrigen Temperaturen verlaufen die Stoffwechselvorgänge weniger intensiv, und die Bewegungen der Tiere sind langsamer. Häufig halten Wasserorganismen eine **Winterruhe** ein, wie viele Fische und Makrophyten. Bei vergleichsweise hohen Wassertemperaturen ist der Stoffwechsel dagegen sehr intensiv. So atmen die Organismen jetzt auch wesentlich stärker. Auf diese Weise kann der gelöste molekulare Sauerstoff bei höheren Temperaturen und gleichzeitiger Verunreinigung mit fäulnisfähigen Stoffen (verringerte Löslichkeit s.S. 78) zu einem begrenzenden Faktor werden. Bezeichnenderweise ereignen sich **Fischsterben**, die auf Erstikken zurückzuführen sind, bevorzugt in den wärmsten Monaten des Jahres (s. auch Abb. 27). Daß die Nitritbildung durch erhöhte Wassertemperaturen stark begünstigt wird, geht aus Abb. 20 hervor. Die Temperaturabhängigkeit der Virulenz von fischpathogenen Viren zeigt Abb. 51.

Steigt die Wassertemperatur zu stark, beginnen manche Tierarten zu wandern, z.B. die bereits erwähnte *Crenobia alpina* (s.S. 157). Crenobien wandern gewässeraufwärts, d.h. in die allgemein kühleren Gewässerregionen.

In langsamer strömenden und nahezu stehenden Fließgewässerabschnitten, wie Mühlenstaus und vor allem Talsperren, erlangt die Wassertemperatur über die sommerliche und (oder) winterliche thermische Schichtung dieser Wasserkörper indirekt eine überragende zusätzliche Bedeutung. Durch die Schichtung des Wasserkörpers verliert das Tiefenwasser den Kontakt zur Luft, unter einer Eisdecke sogar das gesamte Wasser. Während der Schichtungsperioden bleibt daher die Temperatur dieser Wasserschichten annähernd konstant niedrig. Ferner stockt der Gasaustausch mit der Atmosphäre, so daß aufgrund von Atmungsvorgängen die Sauerstoffkonzentration zurückgeht (s. Abb. 23 und 36) und die Kohlendioxidkonzentration ansteigt. Daneben nimmt auch die Ammonium- und Phosphatkonzentration merklich zu. In stark eutrophierten, also mit Pflanzennährstoffen hoch belasteten Talsperren (s. Abb. 35) kann der Sauerstoff gänzlich schwinden und statt dessen sehr giftiger Schwefelwasserstoff

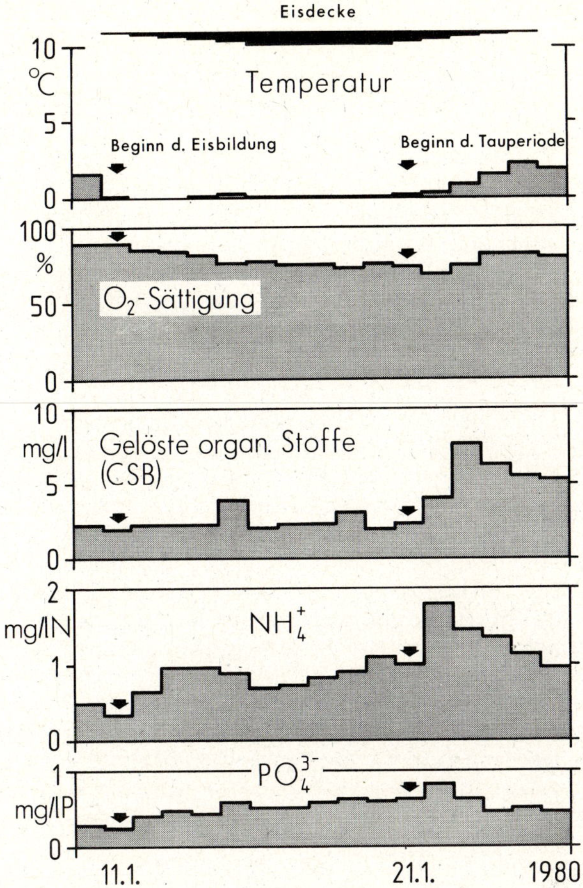

Abb. 23: Änderung chemischer Faktoren in einem Fluß (Schlitz in Osthessen) unter einer geschlossenen Eisdecke.

(s.S. 96) in großen Mengen entstehen. Parallel damit reichert sich auch das Ammonium beträchtlich an (s.S. 98), und in den (Faul-)Schlammablagerungen entwickelt sich stürmisch Methangas (s.S. 101), das zum Teil in Blasen aufsteigt. In diesem anaeroben Milieu können nur bestimmte Mikroorganismen überleben oder gedeihen. Sonst ist es verödet.

2.4 Licht

Als Licht wird oft nur der sichtbare Anteil der elektromagnetischen Strahlung bezeichnet. Gelegentlich werden die benachbarten unsichtbaren Spektralbereiche als unsichtbares Licht auch dazu gerechnet, d.h. Infrarotstrahlung (IR-Strahlung, IR-Licht, Wärmestrahlung) und Ultraviolettstrahlung (UV-Strahlung, UV-Licht). Auch im folgenden werden die Begriffe Licht und Strahlung in dem bezeichneten Rahmen als gleichbedeutend nebeneinander verwendet.

Das sichtbare Licht besitzt Wellenlängen zwischen etwa 360 und 780 nm, UV-Licht von 30–360 nm und das IR-Licht von 780 nm bis 0.5 mm. Mit wachsender Wellenlänge nimmt der Energieinhalt der Strahlung ab. Das UV-Licht ist also energiereich und das IR-LIcht energiearm. Im dazwischenliegenden sichtbaren Spektralbereich ist das violette LIcht energiereicher als das grüne oder gar rote. In den Gewässern ist das Licht von 300–3000 nm Wellenlänge bedeutsam.

Eine besonders wichtige Kenngröße ist die **Beleuchtungsstärke**. Ihre Einheit ist das Lux (lx). Ein Lux entspricht einem Lumen pro Quadratmeter ($lm \cdot m^{-2}$). Das Lumen ist die Einheit des Lichtstroms oder der Lichtleistung (Lichtenergie/Zeit). Die Helligkeit des Tageslichts liegt in der Größenordnung von 10^4 Lux. Die Beleuchtungsstärke ist mit Luxmetern, im wesentlichen Photozellen mit der spektralen Hellempfindlichkeit des menschlichen Auges, leicht zu messen. Jedoch dürfen die Messungen nicht in Teilbereichen des Spektrums durchgeführt werden, sondern nur über das gesamte Spektrum; denn die Hellempfindlichkeit des menschlichen Auges, die physiologische Bezugsgröße, variiert mit der Wellenlänge des Lichtes. Vorteilhaft sind Absolutmessungen, deren Ergebnisse auch dann untereinander vergleichbar sind, wenn bei unterschiedlichen Wellenlängen gemessen wurde. Bei diesen Messungen interes-

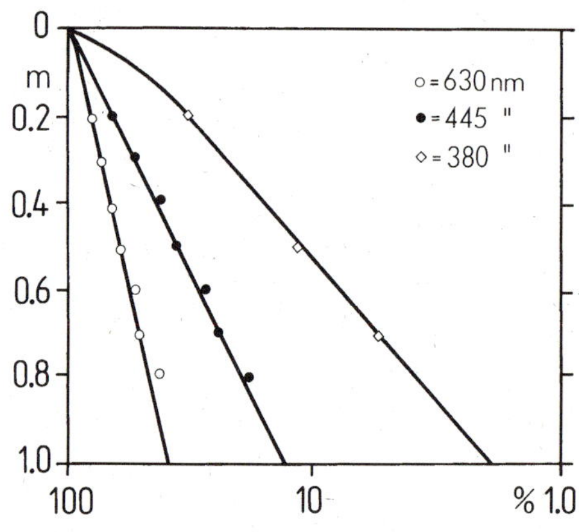

Abb. 24: Lichtdurchlässigkeit (%) von Flußwasser (River Frome, England) in Abhängigkeit von der Wassertiefe (m) und der Wellenlänge (nm) des Lichts. Rotes Licht (630 nm), blaues Licht (445 nm) und violettes LIcht (380 nm). (Nach WESTLAKE 1975).

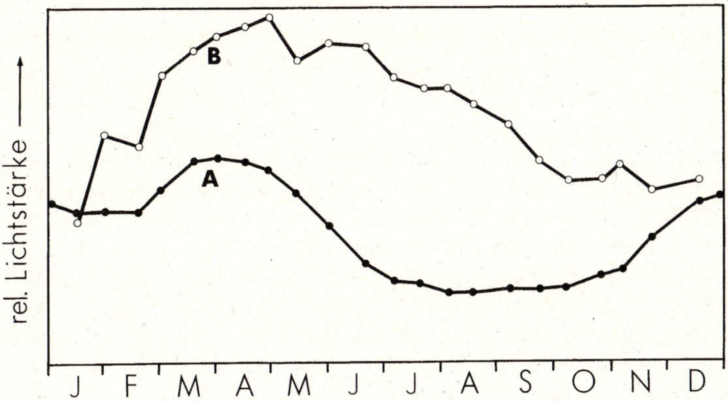

Abb. 25: Lichtstärke an der Wasseroberfläche eines sehr stark (A) und eines weniger stark (B) beschatteten Waldbachabschnittes (Doe Run in Kentucky) im Jahreslauf. (Verändert nach MINCKLEY in HYNES 1970).

siert nicht die Helligkeit, sondern die Energiemenge in Joule (J) oder Wattsekunden (W · sec), die in einer bestimmten Zeit eingestrahlt wird.

Ohne die Lufthülle, die durchschnittlich 47 % der einfallenden Sonnenstrahlung in den Weltraum reflektiert und streut oder absorbiert und als Wärmestrahlung wieder abgibt, würde die Erde 1.94 cal · cm^{-2} · min^{-1} bzw. 8.12 J · cm^{-2} · min^{-1} Sonnenenergie empfangen (**Solarkonstante**). Tatsächlich erhält sie in Meereshöhe in mittleren Breiten mittags bis etwa 1.3 cal · cm^{-2} · min^{-1}. Ein Teil wird direkt eingestrahlt (direktes Sonnenlicht), der andere indirekt (diffuse Himmelsstrahlung, diffuses Tageslicht). Je nach geographischer Breite schwankt die Globalstrahlung (direktes und indirektes Sonnenlicht zusammen) mehr oder weniger ausgeprägt tages- und jahresperiodisch.

Je nach Einfallswinkel werden vom Wasserspiegel der Fließgewässer 4–10 % des auftreffenden Lichts reflektiert oder von der obersten Wasserschicht in die Luft zurückgestreut. Das übrige, eindringende LIcht wird vom Wasser, den gelösten und partikulären Inhaltsstoffen einschließlich Organismen und nicht zuletzt vom Gewässergrund absorbiert und in Wärme oder auch in chemische Energie umgewandelt. Die Brechung des Lichtes an der Wasseroberfläche (steiler Lichteinfall) erhöht die Eindringtiefe der Strahlung, die Reflexion an größeren Teilchen und die Streuung und Beugung an kleineren Partikeln verringern sie (durch Ablenkung in verschiedenste Richtungen). Die Lichtdurchlässigkeit nimmt mit der Wassertiefe exponentiell ab (s. Abb. 24; man beachte den nichtlinearen Maßstab für die Lichtdurchlässigkeit). Demnach geht das meiste Licht schon in den obersten Wasserschichten verloren. Vom reinen Wasser werden UV- und R-Strahlung besonders stark absorbiert, am wenigsten das blaue Licht (blaue Farbe des reinen Wassers!). In Gegenwart von gelösten organischen Stoffen (s. Gelbstoffe S. 131) wird das Durchlässigkeitsmaximum zum grünen Licht verschoben, desgleichen unter Wasserpflanzendecken. Bei Anwesenheit von Trübstoffen verschiebt es sich eher zum Rotlicht.

Durch **Beschattung** können kleinen Fließgewässern bis zu 95 % des eingestrahlten Lichts verlorengehen. In Bächen, die in sommergrünen Laubwäldern verlaufen, kann daher das Beleuchtungsminimum im Sommer liegen (s. Abb. 25), nicht im Winter wie sonst zu erwarten. Unter Wasserpflanzendecken kann die Beleuchtungsstärke sogar auf 0.01 % absinken. Klares Eis ist verhältnismäßig gut lichtdurchlässig, im Gegensatz zu gefrorenem Eisbrei (s.S. 40), eingefrorenem Schnee und schneebedecktem Eis.

Das Licht bildet demnach die bei weitem wichtigste Wärmequelle der Fließgewässer, teils indirekt über die Erwärmung der umgebenden Luft, teils unmittelbar als einfallendes Licht, das erst im Gewässer in Wärme umgewandelt wird; nur in Quellen und ihren Abläufen kann auch die Erdwärme eine Rolle spielen (s.S. 38). In flachen Gewässern oder Gewässerabschnitten wird das Licht hauptsächlich vom Grund absorbiert und in Wärme umgesetzt. Bei Wassertemperaturen über 4 °C bilden sich über dem Grund Konvektionsströmungen, die allerdings im fließenden Wasser aufgrund der turbulenten Strömung (s.S. 24) verdeckt werden und daher nur in Stillwasserbezirken zum Tragen kommen.

In den tiefen und auch den trüben flacheren Gewässerbereichen erhält der Grund kaum noch Licht, so daß hier das freie Wasser selbst den größten Teil des Lichts absorbiert, und es sich dadurch unmittelbar erwärmt. Da die Absorption in den obersten Wasserschichten am stärksten ist, wird im Sommerhalbjahr in Stau- und sonstigen Stillwasserzonen (s.S. 41) eine thermische Schichtung des Wasserkörpers begünstigt. Das erwärmte Wasser bleibt an der Oberfläche, da es spezifisch leichter ist als das kühlere übrige Wasser. Die Ausgangstemperatur muß mindestens 4 °C betragen. Bei Wassertemperaturen unter 4 °C setzt aufgrund der Dichte-Anomalie des Wassers (s.S. 23) bei Erwärmung eine Konvektion ein, die von der Wasseroberfläche bis zum Gewässergrund reicht und so eher bestehende thermische Schichtungen destabilisiert. Beim Abbau der winterlichen Temperaturschichtung von Stauseen im Frühjahr spielt dieser Vorgang eine Rolle. Im übrigen strahlt das Wasser auch Energie ab, und zwar in Form der unsichtbaren IR- oder Wärmestrahlung.

Ein sehr geringer Anteil der eingestrahlten Lichtenergie wird in den Fließgewässern bei chemischen Reaktionen verbraucht, so bei der Bildung von Radikalen (s.S. 81), die die Autoxidation von reduzierten anorganischen Stoffen und organischen Verbindungen fördern.

Weitere Lichtenergie nutzen die photoautotrophen Pflanzen, um Kohlendioxid in körpereigene organische Substanz überzuführen (Photosynthese). Diese CO_2-Assimilation schließt eine Reduktion des Kohlenstoffs ein, für die Wasserstoff benötigt wird. Der Wasserstoff wird mit Hilfe des Lichts aus Wasser (Blütenpflanzen, Farne, Moose, Algen, s.S. 81) oder auch aus Schwefelwasserstoff (bestimmte Bakteriengruppen, s.S. 89) abgespalten. Obgleich nur ein geringer Prozentsatz des einfallenden Lichts auf diese Weise genutzt wird, besitzt die Photosynthese, also letztlich das Licht eine fundamentale Bedeutung für das gesamte Leben auf der Erde. Direkt abhängig sind die photoautotrophen **Primärproduzenten** organischer Stoffe, indirekt die heterotrophen Konsumenten und Destruenten (s.S. 141), die für ihre Ernährung vorgefertigte organische Stoffe benötigen. Selbst die chemoautotrophen Organismen (s. Tab. 23) sind letzten Endes von den phototrophen Pflanzen abhängig. Sie gewinnen die Energie für die CO_2-Assimilation durch Oxidation reduzierter anorganischer Stoffe. Sie benötigen dafür elementaren Sauerstoff, der in der Natur ausschließlich bei der pflanzlichen Wasserspaltung (Photolyse des Wassers) im Rahmen der Photosynthese als Nebenprodukt entsteht.

Abb. 26: Vegetation eines stärker besonnten Flußabschnitts (Fulda in Osthessen). Am Ufer Röhricht aus Rohrglanzgras (*Phalaris arundinacea*), im freien Wasser submerse Polster einer Wassersternart (*Callitriche*) und flutende Blätter (Riemenblätter) des Einfachen Igelkolbens (*Sparganium emersum*) (Foto: J. BREHM).

Im übrigen sind die photoautotrophen Organismen zum Teil an verschiedene Spektralbereiche angepaßt. Ferner können je nach Anspruch an die Beleuchtungsstärke Licht-, Halbschatten- und Schattenpflanzen unterschieden werden. Wasserpflanzen verlangen etwa 400 Lux als Existenzminimum, bei dem sich die Photosynthese und die gegenläufige Atmung die Waage halten **(Kompensationspunkt)**. Bei geringerer Beleuchtungsstärke würde die Atmung überwiegen, so daß die Pflanzen zugrundegehen müßten. Entsprechend besteht in Gewässern eine Kompensationszone, unterhalb derer festsitzende Pflanzen nicht mehr existieren können (dysphotische oder tropholytische Zone mit überwiegender Atmung). Darüber ist die Beleuchtungsstärke groß genug, um eine Nettoproduktion organischer Substanz zu ermöglichen (euphotische oder trophogene Zone). In den Fließgewässern sind planktische photoautotrophe Organismen, die pigmentführenden Planktonalgen, unabhängig von der Kompensationszone oder -tiefe, da sie mit dem fließenden Wasser ständig verwirbelt werden und immer in ausreichenden Lichtgenuß kommen. In thermisch geschichteten Stillwasserbereichen, insbesondere in Talsperren während der Sommerstagnation, gilt die Kompensationszone auch für diese winzigen schwebenden photoautotrophen Organismen, da hier zu dieser Zeit das oberflächenferne Wasser ständig in der lichtarmen Tiefe bleibt. Die Kompensationszone entspricht hier etwa der Sprungschicht.

Das Licht ist nicht nur in tieferem Wasser **begrenzender Faktor**, sondern zum Teil auch schon an der Gewässeroberfläche bei Beschattung durch dichten Uferwald (s. auch S. 84). So sind die natürlichen Waldbäche frei von Blütenpflanzen. Als Makrophyten gedeihen darin allenfalls Moose. Bei Entwaldung der Ufer würde sich das Bild grundlegend ändern, wie die Wiesenbäche mit ihrer üppigen Röhricht- und Wasservegetation heute fast überall demonstrieren (s. Tab. 32). In ufergehölzfreien, nicht zu tiefen Stillwasserzonen können Schwimmblattpflanzen (etwa Teichrosen) und auch

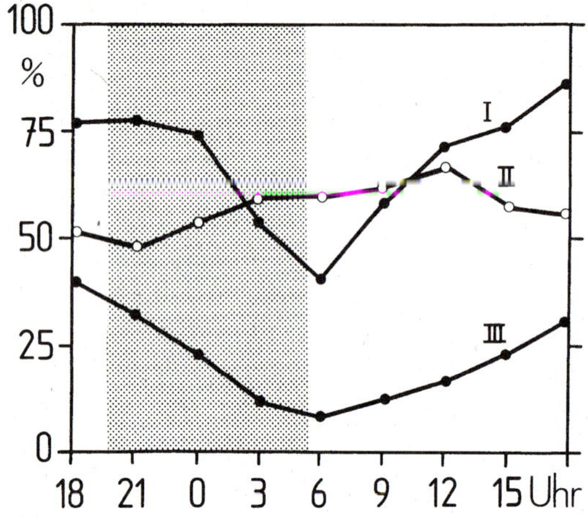

Abb. 27: Sauerstoffsättigung eines Flusses im Tag-Nachtwechsel (Schlitz in Osthessen, 15./16.8.1977). I–III: Drei aufeinanderfolgende Untersuchungsstellen. I: Unterhalb einer nur teilweise von Ufergehölz beschatteten, sonst wasserpflanzenreichen Gewässerstrecke (kritisch belastet mit häuslichen Abwässern); II: Unterhalb einer stark beschatteten, nahezu wasserpflanzenfreien Strecke (kritisch belastet); III: Unterhalb einer nur teilweise beschatteten, sonst mäßig wasserpflanzenreichen Strecke (sehr stark belastet). In wasserpflanzenreichen Fließgewässerabschnitten schwankt die Sauerstoffsättigung ausgesprochen tagesperiodisch. Tagestiefstwerte liegen um Sonnenaufgang. So erklärt sich auch die allgemeine Beobachtung, daß durch Sauerstoffmangel bedingte Fischsterben bevorzugt in den frühen Morgenstunden eintreten.

Schwimmpflanzen (Entenflott) die Lichteinstrahlung fast unterbinden. Ferner verringert dauernde Wassertrübe (wie in stärker abwasserbelasteten Gewässerläufen) die Kompensationstiefe zum Teil beträchtlich.

Darüber hinaus dienen den Organismen die tages- und jahresperiodischen Helligkeitsschwankungen des (direkten und indirekten) Sonnenlichtes als **Zeitgeber** für verschiedenste Aktivitäten, die ohnehin – aufgrund endogener Rhythmen – annähernd tages- oder jahreszyklisch verlaufen. Auf diese Weise werden die „circadianen" und „circannualen" Aktivitätsrhythmen bei den Individuen einer Organismenart synchronisiert. Besonders bedeutsam ist dies für das (jahreszyklische) Fortpflanzungsgeschehen. Viele Wasserinsekten schlüpfen ebenfalls in einem (tageslängenabhängigen) Jahresrhythmus. Auffällig tagesperiodisch (s. Abb. 27 und 37), aber auch jahreszyklisch erfolgt die Photosynthese, so daß die photoautotrophen Pflanzen als „tagaktiv" bezeichnet werden können. Demgegenüber können bei den Tieren aufgrund ihrer allgemeinen Lebensweise tag-, dämmerungs- und nachtaktive Arten unterschieden werden.

Von den Phasen des Monds hängt bemerkenswerterweise die Laichwanderung des Aales ab. Er erinnert in diesem Verhalten an Meerestiere, deren Fortpflanzung sich nach den Gezeiten richtet. Der Aal ist ursprünglich ein reines Meerestier, wie seine Verwandten heute noch.

3 Chemische Faktoren der Fließgewässer

Die chemischen Faktoren der Fließgewässer (Tab. 9) lassen sich nach ihrer Organisationsstufe in zwei Hauptgruppen einteilen, in einfache, chemische Stoffe und in hochorganisierte, durch genetische Information gesteuerte Lebewesen und Viren.

Die chemischen Stoffe werden hier nach ihrer Beständigkeit gegenüber oxidierenden und reduzierenden Vorgängen weiter unterteilt, und zwar in aerob wie anaerob beständige Stoffe, nur aerob beständige Stoffe, nur anaerob beständige Stoffe und aerob wie anaerob unbeständige Stoffe.

Innerhalb der eben definierten vier Gruppen von chemischen Stoffen werden nach ihrer Natur anorganische Stoffe (Elemente und anorganische Verbindungen) und organische Stoffe (organische Verbindungen) unterschieden.

Die anorganischen und organischen Stoffe werden nach ihrem Aggregatzustand bei gewöhnlichen Temperaturen (etwa 0–40 °C) in Gase, Flüssigkeiten und Feststoffe aufgetrennt.

Schließlich werden nach ihrem Lösungsverhalten im Wasser noch mehrere Untergruppen von Gasen, Flüssigkeiten und Feststoffen ausgeschieden. Sie ergeben sich aus Tab. 9 mit den wichtigsten chemischen Fließgewässerfaktoren, die im folgenden näher besprochen werden sollen.

Heute sind von den 92 natürlichen Elementen (s.Tab. 10) mehr als 300 000 anorganische und weit über eine Million organische Verbindungen bekannt, die jedoch großenteils künstlich sind und dann höchstens als Verunreinigungen in die Fließgewässer gelangen. Die meisten Elemente und viele ihrer Verbindungen sind oder wären im Wasser gar nicht existenzfähig, da sie sich mit dem Wasser sofort chemisch umsetzen würden. Dennoch dürften in einem „normalen“ Fluß – mit seinen Verunreinigungen – Zehntausende verschiedener chemischer Stoffe nebeneinander vorkommen. Im folgenden können daher nur einige repräsentative Stoffe der Fließgewässer besprochen werden.

Aus der umfangreichen Literatur zur **chemischen Wasseruntersuchung** seien hier stellvertretend vier Methodensammlungen genannt, die leicht zugänglich sind und sich auch für den Anfänger als Arbeitsanleitung für eigene chemische Wasseranalysen eignen, KLEE (1990), die Deutschen Einheitsverfahren zur Wasseruntersuchung (seit 1960), HÖLL (1979) und MERCK (ohne Jahresangabe). Weitere Methodensammlungen werden im Literaturverzeichnis zitiert. Hingewiesen sei ferner auf käufliche vollständige Reagenzsätze, die einfache und schnelle orientierende Untersuchungen unmittelbar am Gewässer gestatten, z.B. die Aquamerck-Reagenziensätze zur Wasseruntersuchung der Firma MERCK in Darmstadt.

3.1 Beständige Stoffe

Als beständige Stoffe gelten hier Elemente und Verbindungen, die in den Fließgewässern sowohl unter aeroben als auch unter anaeroben Bedingungen chemisch

Stoffgruppen		Medium Fließwasser	Inhaltsstoffe des Fließwassers						
		Chemische Stoffe							Organisierte Materie
		Beständig		Aerob beständig	Anaerob beständig		Unbeständig		
		anorgan.		anorgan.	anorgan.	organ.	anorgan.	organ.	
Gase	Mäßig löslich		elementarer Stickstoff	elementarer Sauerstoff	elementarer Wasserstoff	Methan			
	Leicht löslich		Chlorwasserstoff	Kohlendioxid	Ammoniak; Schwefelwasserstoff		elementares Chlor; Hypochlorit		
Flüssigkeiten	Vollkommen mischbar	Wasser		Salpetersäure; Schwefelsäure				niedere Fettsäuren	
	Beschränkt mischbar			(Kohlensäure)			(salpetrige Säure)	mittlere Fettsäuren	
	Nicht mischbar							fette Öle	
Feststoffe	Leicht löslich	Eis; H^+-Ionen; OH^--Ionen	Phosphorsäure; Natrium(I); Kalium(I); Calcium(II) Magnesium(II)	Carbonate; Nitrate; Sulfate	Ammonium; Sulfide		Nitrit; Eisen(II)/ Eisen(III)	Zucker; Aminosäuren	
	Mäßig löslich		Kieselsäure; Phosphate	Calcium-Sulfat (= Gips)			Eisen(II)/ Eisen(III)	Phenol; Aminosäuren	
	Schwer löslich		Phosphate	Calciumcarbonat (= Kalk)					
	Kolloid löslich		Tonminerale		Sulfide		Eisen(II)/ Eisen(III)	Huminsäuren; Proteine	Viren
	Unlöslich		Quarz; Silikate	Eisen(III)-Oxide	Quecksilbersulfid			Lignin	Organismen

Tab. 9: Chemische Faktoren der Fließgewässer; (...) = nicht isolierbare Verbindungen (z. B. salpetrige Säure).

● H 1																	He 2
Li 3	Be 4											○ B 5	● C 6	● N 7	● O 8	○ F 9	Ne 10
● Na 11	● Mg 12											○ Al 13	● Si 14	● P 15	● S 16	● Cl 17	Ar 18
● K 19	● Ca 20	SC 21	Ti 22	○ V 23	○ Cr 24	○ Mn 25	○ Fe 26	○ Co 27	○ Ni 28	○ Cu 29	○ Zn 30	Ga 31	Ge 32	○ As 33	○ Se 34	Br 35	Kr 36
Rb 37	○ Sr 38	Y 39	Zr 40	Nb 41	○ Mo 42	Tc 43	Ru 44	Rh 45	Pd 46	Ag 47	Cd 48	In 49	○ Sn 50	Sb 51	Te 52	○ J 53	Xe 54
Ca 55	Ba 56	La 57	Hf 72	Ta 73	W 74	Re 75	Os 76	Ir 77	Pt 78	Au 79	Hg 80	Tl 81	Pb 82	Bi 83	Po 84	At 85	Rn 86
Fr 87	Ra 88	Ac 89															
Lanthaniden			Ce 58	Pr 59	Nd 60	Pm 61	Sm 62	Eu 63	Gd 64	Tb 65	Dy 66	Ho 67	Er 68	Tm 69	Yb 70	Lu 71	
Aktiniden			Th 90	Pa 91	U 92	(Np)	(Pu)	(Am)	(Cm)	(Bk)	(Cf)	(Es)	(Fm)	(Md)	(No)	(Lr)	

Tab. 10: Das Periodensystem der Elemente; (...) = künstliche Elemente; ●= Makro- oder Hauptelemente der Organismen; ○= essentielle Mikro- oder Spurenelemente von Organismen.

beständig sind, also von anderen anwesenden chemischen Stoffen weder oxidiert noch reduziert werden. Biochemisch können sie dagegen sehr labil sein. Nichts damit zu tun hat die Ionenbildung, bei der Stoffe zwar – jederzeit reversibel – auch zerfallen können. Doch ändern dabei die Elemente nicht ihre formale Wertigkeit oder Oxidationsstufe.

Aerob und anaerob vollkommen beständig sind im wäßrigen Medium das einwertige Natrium und Kalium, das zweiwertige Calcium und Magnesium, das vierwertige Silicium und der fünfwertige Phosphor (s. Tab. 11), die in den Fließgewässern ausschließlich in der genannten Oxidationsstufe vorkommen. Dagegen treten Stickstoff, Wasserstoff, Sauerstoff und Chlor mehr oder weniger regelmäßig in mehreren Oxidationsstufen in den Fließgewässern auf; Stickstoff, Wasserstoff und Sauerstoff werden immerhin biochemisch oxidiert und reduziert. Das Chlor liegt in den Fließgewässern normalerweise – unter natürlichen oder naturnahen Verhältnisssen – nur in der einwertig negativen Stufe des Chlorids vor, das chemisch und auch biochemisch beständig ist. Jedoch gelangt es hin und wieder mit speziellen Abwässern in unterschiedlichen Oxidationsstufen in Fließgewässer, in denen es sich aber in der Folge quantitativ in das beständige Chlorid umsetzt. Alle beständigen Stoffe sind anorganisch. Das Wasser ist der hervorragendste Vertreter.

Elemente	Formale Wertigkeit in Wasser	Typische Verbindungen in wässriger Lösung
Stickstoff	0	N_2
Wasserstoff	1^+	OH_2; OH_3^+; OH^-
Sauerstoff	2^-	
Chlor	1^-	(HCl); Cl^-
Natrium, Kalium	1^+	Na^+; K^+
Calcium, Magnesium	2^+	Ca^{2+}; Mg^{2+}
Aluminium	3^+	(Al^{3+}); $[Al(OH)_3]_{x-}$
Silicium	4^+	H_4SiO_4; $H_3SiO_4^-$
Phosphor	5^+	(H_3PO_4); $H_2PO_4^-$; HPO_4^{2-}; (PO_4^{3-})

Tab. 11: Die wichtigsten aerob und anaerob beständigen chemischen Stoffe der Fließgewässer; (...) = nur bei extremen pH-Werten auftretende Bindungsformen.

Das Wasser dient in den Fließgewässern nicht nur als Medium für gelöste und ungelöste Gase, Flüssigkeiten und Feststoffe und als Lebensraum für Organismen. Vielmehr ist es auch an vielen chemischen Umsetzungen als Ausgangsstoff oder als Endprodukt beteiligt. In Tab. 12 sind die typischen Umsetzungen des Wassers zusammensgestellt. Auf Erläuterungen kann hier verzichtet werden.

Chemische Umsetzungen		
Bezeichnungen	**Reaktionsgleichungen**	**Beispiele**
Dissoziation	$OH_2 + OH_2 \rightarrow OH_3^+ + OH^-$	(S. 55)
Assoziation	$OH_2 + OH_2 \leftarrow OH_3^+ + OH^-$	(S. 55)
Hydratation (Wasseranlagerung)	$R + OH_2 \rightarrow$H-R-OH	Kohlensäurebildung (S. 85)
Dehydratation (Wasserabspaltung)	$R + OH_2 \leftarrow$H-R-OH	Kohlensäurezerfall (S. 85)
Hydrolyse (Wasseraufspaltung)	R_1-O-R_2 + $OH_2 \rightarrow R_1$-OH+HO-R_2	Proteinzersetzung (S. 124)
Kondensation (Zusammenlagerung)	R_1-O-R_2 + $OH_2 \leftarrow R_1$-OH+HO-R_2	Proteinaufbau (S. 124)
Lyse (Elementarzersetzung)	$OH_2 \rightarrow 1/2\ OH_2 + 2(H)$	Photolyse durch Pflanzen (S. 81)
Synthese (Elementaraufbau)	$OH_2 \leftarrow 1/2\ OH_2 + 2(H)$	Atmung der Organismen (S. 80)

Tab. 12: Die typischen chemischen Umsetzungen des Wassers; R = Molekülreste ganz allgemein; (H) = organisch gebundener Wasserstoff; in Klammern Seitenverweise auf nähere Beschreibungen.

3.1.1 Wasser und Wasserstoff-Ionen

Das chemisch reine Wasser, H_2O oder OH_2 (Molekulargewicht 18.01), bildet eine farb-, geruch- und geschmacklose Flüssigkeit, die definitionsgemäß unter einem Luftdruck von 760 Torr bei 0.0 °C erstarrt (Erstarrungs- bzw. Schmelzpunkt, der untere Fixpunkt der CELSIUS-Temperaturskala) und bei 100.0 °C siedet (Siede- bzw. Kondensationspunkt, entsprechend dem oberen Fixpunkt der CELSIUS-Temperatursskala). Aufgrund ihrer **Dipolnatur** (s.S. 22) ziehen sich die Wassermoleküle gegenseitig stark an und entreißen einander in allerdings sehr geringem Umfang Protonen, H^+. Dabei entstehen die einfach positiv geladenen Hydronium- oder Oxonium-Ionen, OH_3^+, und die einfach negativ geladenen Hydroxyl-Ionen, OH^-:

$$OH_2 + OH_2 \rightarrow OH_3^+ + OH^-$$ (Hinreaktion: Dissoziation des Wassers)

Diese „Hinreaktion" des Wassers ist umkehrbar; denn die gebildeten OH_3^+ -Ionen verlieren zum Teil wieder die Protonen an OH^- -Ionen, so daß sich wieder neutrale Wassermoleküle bilden:

$$OH_2 + OH_2 \leftarrow OH_3^+ + OH^-$$ (Rückreaktion: Assoziation der OH_3^+ und OH^- -Ionen oder Neutralisation)

So stellt sich zwischen der Hin- und der Rückreaktion ein Gleichgewicht ein:

$$OH_2 + OH_2 \leftrightarrows OH_3^+ + OH^-$$ (Reaktionsgleichgewicht: Dissoziationsgleichgewicht des Wassers)

Da ganz allgemein **Säuren** Stoffe sind, die H^+-Ionen abspalten können, und **Basen** Stoffe, die H^+-Ionen zu binden vermögen, ist das Wasser gleichzeitig Säure und Base. Jedoch bildet es aufgrund der sehr geringen Dissoziation nur eine sehr schwache Säure und Base. Starke Säuren, wie etwa die Salzsäure, spalten dagegen zumindest in verdünnten Lösungen vollständig auf, indem ihnen Wassermoleküle alle Wasserstoffatome als H^+-Ionen entreißen (HA = Säuren ganz allgemein):

$$HA + OH_2 \rightarrow OH_3^+ + A^-$$ (A^- = Säure-Anion oder Säurerest allgemein)

Bei den starken Säuren ist demnach das Dissoziationsgleichgewicht einseitig zugunsten der Aufspaltung (in der Reaktionsgleichung nach rechts) verschoben. Obgleich bei der Aufspaltung der Säuren nie freie Protonen in Lösung gehen, sondern nur Hydronium-Ionen entstehen, wird in folgenden – wie auch sonst üblich – aus Übersichtlichkeitsgründen an Stelle von Hydronium-Ionen nur von Protonen die Rede sein.

In reinem Wasser sind die H^+-Konzentration (c_{H+}) und OH^--Konzentration (c_{OH-}) gleich, so daß reines Wasser neutral erscheint oder reagiert. Bei 25 °C betragen sie jeweils 10^{-7} Mol/l. Daher liegt der pH-Wert von chemisch reinem Wasser bei 7.0 (Neutralpunkt). Der **pH-Wert** ist definiert als negativer dekadischer Logarithmus der Wasserstoff-Ionenkonzentration (in Mol/l):

$$pH = -\lg c_{H+} = -\lg c_{OH3^+}$$

Das Produkt der H^+- und OH^--Ionenkonzentration, das „Ionenprodukt des Wassers" (k_W), ist unabhängig von irgendwelchen Säure- oder Basezusätzen im Wasser bei gegebener Temperatur konstant:

$$k_W = c_{H+} \cdot c_{OH-} = \text{Konstante}$$

Demnach beträgt das Ionenprodukt des Wassers bei 25 °C 10^{-14} Mol^2/l^2. Wird nun etwa eine Säure im Wasser gelöst, so reagiert ein Teil der damit zugegebenen H^+-Ionen mit den bereits vorhandenen OH^--Ionen. Diese Neutralisation schreitet solange voran, bis das Ionenprodukt des Wassers wiedererreicht ist. Da OH^--Ionen mit verbraucht wurden, überwiegen auch im erreichten Gleichgewichtszustand die H^+-Ionen: Das Medium ist angesäuert oder es reagiert sauer; der pH-Wert liegt unter 7.0: Z.B. beträgt das pH einer tausendstel normalen starken Säure (1n = Mol/l x Säurewertigkeit) 3.0:

$$pH = -\lg 10^{-3} = 3.0$$

Entsprechend weisen Baselösungen pH-Werte über 7.0 auf, etwa eine tausendstel normale Base das pH 11.0, wie aus dem Ionenprodukt des Wassers folgt ($p_{kw} = -\lg k_w$; $p_{OH} = -\lg c_{OH-}$):

$$pH = p_{kw} - p_{OH} = 14.0 - 3.0 = 11.0$$

Auf die pH-Pufferung wird an anderer Stelle eingegangen (s.S. 85). Der pH-Wert des Wassers kann einfach mit („nichtblutenden") Indikatorpapieren, Indikatorlösungen oder noch zuverlässiger mit elektrischen pH-Messern bestimmt werden.

Den pH-Wert der Fließgewässer bedingen überwiegend Kohlensäure und Hydrogencarbonat (s.S. 85), in einzelnen Fällen auch Carbonat (s.S. 88), Humin- und andere organische Säuren und ihre Salze (s.S. 128), freie Schwefelsäure (s.S. 93) oder sogar freie Salpetersäure (s.S. 91). Nach der Säure- und Basestärke und der Art der pH-bestimmenden Stoffe können fünf Fließgewässertypen unterschieden werden: Karbonat-Fließgewässer, Hydrogenkarbonat-Fließgewässer, Kohlensäure-Fließgewässer, huminsaure Fließgewässer und stark mineralsaure Fließgewässer.

Die Karbonat-Fließgewässer stellen carbonatreiche, hydrogencarbonathaltige, aber kohlensäurefreie Fließgewässer mit pH-Werten zwischen 12 und 10 dar. Hierher gehören manche Kalk-Sickerquellen, die ihre Kohlensäure durch photosynthetisierende Wasserpflanzen und durch Verflüchtigung bei höheren Umgebungstemperaturen – in Form ihres Anhydrids, des Kohlendioxids – verloren haben.

Die Hydrogenkarbonat-Fließgewässer sind hydrogencarbonatreiche und -arme, oft ganz carbonatfreie und im Verhältnis zum Hydrogencarbonatgehalt kohlensäurearme Fließgewässer; ihr pH-Wert liegt zwischen 10 und 6. Hierzu zählen alle unsere Flüsse einschließlich der Stauseen, die meisten Bäche und ein Teil der Quellen. Vor allem in den nährstoffreichen Gewässern – etwa stark eutrophierten Talsperren – kann der pH-Wert jahres- und tageszyklisch, aber auch episodisch je nach der augenblicklichen Photosynthese- und Abbauleistung der Wasserorganismen (s. Abb. 35) erheblich schwanken.

Die Kohlensäurefließgewässer sind vergleichsweise kohlensäurereiche, hydrogencarbonathaltige, jedoch carbonatfreie Fließgewässer mit pH-Werten zwischen 6 und 4.5. Hierher gehören die meisten Quellen.

Den Kohlensäure-Fließgewässern schließen sich unmittelbar die beiden übrigen Fließgewässertypen an, also die huminsauren und stark mineralsauren Fließgewässer. Die huminsauren Fließgewässer weisen pH-Werte zwischen 4.5 und 3.5 auf. Verantwortlich für ihre hohe Wasserstoff-Ionenkonzentration sind einerseits Kationenaustauschvorgänge an kolloiden Huminsäuren und an den Zellwänden lebender und abgestorbener Torfmoose (*Sphagnum*-Arten) und andererseits echt gelöste niedermolekulare organische Säuren wie Fulvo-, Harz- und Gerbsäuren. Zu diesen sauren Gewässern gehören Hochmoorabläufe mit ihrem gelb- bis braungefärbten „Torfwasser", aber auch manche Quellen und Bäche in Fichtenforsten kalkfreier Standorte (z.B. Sandsteinuntergrund) mit meist ungefärbtem sauren Wasser.

Der pH-Wert der stark mineralsauren Fließgewässer variiert sogar zwischen 4.5 und 2 (und tiefer). Meist liegt freie Schwefelsäure vor, seltener freie Salpetersäure. Freie Schwefelsäure tritt außer in Braunkohle- und Pyrittagebauen noch in manchen Sumpf-

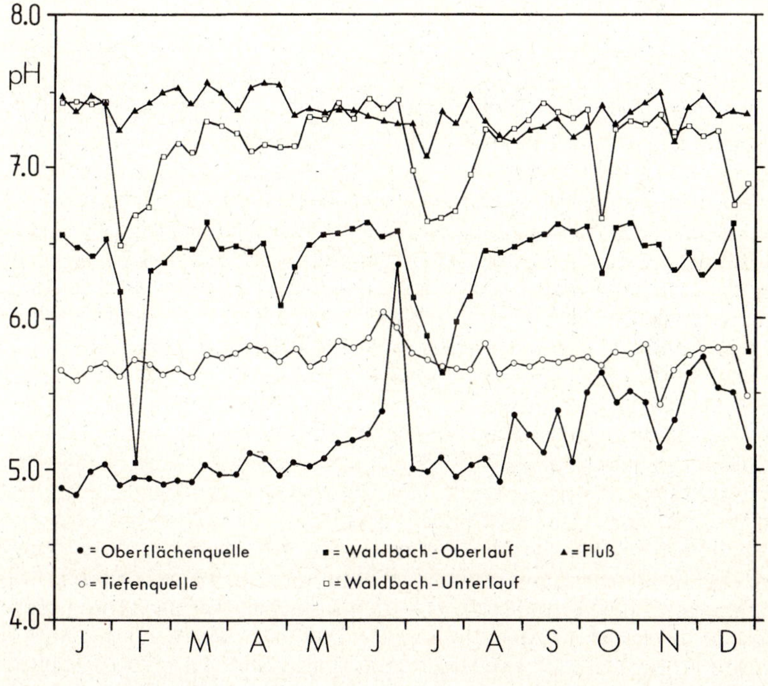

Abb. 28: pH-Wert von Waldquellen, Waldbächen und einem Fluß (Schlitz) in einer Buntsandsteinlandschaft (Schlitzerland in Osthessen) im Jahreslauf (1980). Die auffällig erniedrigten Bach-pH-Werte und erhöhten Quell-pH-Werte wurden bei Hochwasserführung gemessen (Einschwemmung von organischen Säuren aus Waldböden bzw. verstärkte Auswaschung von Basen aus dem Gesteinsuntergrund.

quellen auf, und zwar bevorzugt bei den ersten kräftigen Regenfällen nach anhaltenden Trockenperioden. Die Schwefelsäure entsteht bei der Oxidation von Sulfiden in den Sumpfböden (s.S. 93). Freie Salpetersäure kann in Feldquellen nach übermäßiger Ammoniumdüngung in ihrem engeren Einzugsbereich auftreten. Die Salpetersäure bildet sich bei der Oxidation von Ammoniumsalzen (und Ammoniak) im Ackerboden (s.S. 91).

Insgesamt decken die Fließgewässer den weiten pH-Bereich von 2 bis 12 ab. Die größten Unterschiede zeigen die Quellen untereinander, deren pH-Werte über den gesamten Bereich streuen. Dagegen reicht die pH-Spanne der Bäche nur etwa von 3.5 bis 9. Noch einheitlicher sind die Flußläufe, deren pH-Werte in unseren Breiten etwa zwischen 6.5 und 9 liegen. Nur in stark eutrophen, also sehr nährstoffreichen Talsperren kann der pH-Wert 10 erreichen (s. auch Abb. 35). Im Mittel liegt der Quell-pH-Wert im schwach sauren Bereich. Dabei sind die zeitlichen pH-Schwankungen in den meisten Quellen bemerkenswert gering (s. Abb. 28). Am größten sind diese in den Bächen, während sie in den Flüssen wieder spürbar abgeschwächt sind.

Von ausschlaggebender Bedeutung für den pH-Wert in den Fließgewässern ist der Kalkgesteinsanteil in ihren Einzugsgebieten. Und zwar steigt mit zunehmendem Kalkgehalt des Gesteins die Hydrogencarbonatkonzentration und damit auch der pH-Wert des Grund- und Quellwassers und erst recht des oberirdisch weiterfließenden Wassers, das nun die überschüssige Kohlensäure aus den Böden der Einzugsgebiete an die Luft wieder abgibt (s.S. 85). Außerdem können in den oberirdischen Wasserläufen Pflanzen photoassimilieren, wodurch der pH-Wert der hydrogencarbonatreichen Gewässer noch beträchtlich weiter steigen kann (s.S. 88).

Daher weisen die Fließgewässer in den kalkfreien und -armen Gebieten, wie den Buntsandsteinlandschaften, von vornherein niedrigere pH-Werte auf als in den kalkreicheren oder sogar kalkgeprägten Landschaften, wie den Muschel- und Jurakalkgebieten. Dieser pH-Gradient verschärft sich in der Natur noch; denn die Böden neigen auf kalkfreiem und -armem Untergrund sehr zur Versauerung (Ausbildung stark saurer Humusböden!), so daß sie den pH-Wert des hindurchsickernden Niederschlags- und späteren Grund- und Quellwassers besonders wirksam absenken. Auf der anderen Seite steigt der pH-Wert des Grund- und Quellwassers mit zunehmender Verweilzeit des Wassers im Untergrund, weil hier bei Verwitterungsvorgängen Wasserstoff-Ionen verbraucht werden (s. Kohlensäure-Verwitterung S.63 und 88).

Umgekehrt beeinflußt der pH-Wert die Löslichkeit, zum Teil auch die Beständigkeit der verschiedensten Stoffe. So nimmt die Löslichkeit von Calcium und Magnesium mit steigendem pH-Wert (zumindest bis 9) zu, während die des Eisens und Mangans zurückgeht. Kalium löst sich zwischen pH 7 und 8 am besten und das besonders schwer lösliche Phosphat bevorzugt bei pH 6–7. Da von der unterschiedlichen Löslichkeit auch die Pflanzennährstoffe betroffen sind, beeinflußt der pH-Wert auf diese Weise indirekt auch die Organismen, zunächst vor allem die Pflanzen. Auf der anderen Seite können bei bestimmten pH-Werten auch solche Stoffe verstärkt mobilisiert werden, die bereits in sehr geringen Konzentrationen auf Organismen hemmend oder giftig wirken. Zu nennen sind hier die Schwermetalle (wie z.B. Kupfer und Molybdän) und andere Spurenelemente, die von den Lebewesen zwar häufig in sehr geringen Mengen als „essentielle Mikronährstoffe“ benötigt werden, aber auch schon in Spuren hochwirksame Gifte darstellen können, wie die beiden genannten Metalle und vor allem das nicht essentielle Quecksilber.

Die H^+ -(und OH^- -)Ionen beeinflussen die Wasserorganismen auch unmittelbar (s.Abb. 29). Nur wenige Organismen, die euryionen Arten oder auch Unterarten, ertragen starke pH-Schwankungen im Medium, die meisten Lebewesen, die stenoionen Formen, sind an enge pH-Bereiche angepaßt. Von den ausgesprochen säurefliehenden oder azidophoben Formen bis zu den säureliebenden oder azidophilen Organismen bestehen alle Übergänge. Daher lassen sich für all pH-Teilbereiche Spezialisten finden, die in den Gewässern auch als pH-Anzeiger oder -Indikatoren dienen können. Bemerkenswert sind die Torfmoose (*Sphagnum*-Arten) etwa der Quellhangmoore, die zu den säuretoleranten Organismen zählen und ihr Medium mit Hilfe des Kationenaustausches an ihren Zellwänden noch selbst versauern. Sie können in diesem Milieu leben, während viele andere Pflanzen als Nährstoff- und Lichtkonkurrenten der Torfmoose zurück- oder ganz verdrängt werden, weil diese gegenüber niedrigen pH-Werten empfindlich sind.

Schließlich beeinflussen auch die Säure- und Basenreste die Wasserorganismen. So bildet das ungiftige Ammonium, NH_4^+, einen Pflanzennnährstoff. Dagegen stellt das Ammoniak, NH_3, das aus dem Ammonium in alkalischem Medium freigesetzt wird ($NH_4^+ + OH^- \rightarrow NH_3 + OH_2$), für alle Organismen ein starkes Gift dar.

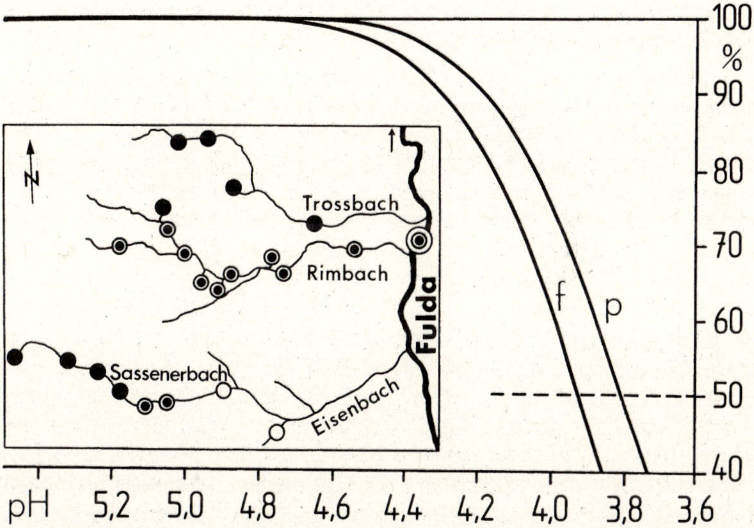

Abb. 29: Säure-Empfindlichkeit von *Gammarus fossarum* (f) und *Gammarus pulex* (p) im Laborversuch (in Prozent der Überlebenden nach 12stündiger Exposition bei verschiedenen pH-Werten, Ansäuerung mit Zitronensäure) und im Freiland (natürliche Verbreitung in mehr oder weniger zur Versauerung neigenden Waldbächen des Schlitzerlandes in Osthessen). Zeichenerklärung s. Abb. 15. Im Experiment erwies sich G. *pulex* als etwas säureresistenter, und in den leichter versauernden Waldbachoberläufen kommt höchstens diese *Gammarus*-Art(•) vor.

Dem Medium Wasser stehen die Wasserinhaltsstoffe gegenüber, also die gelösten und ungelösten Gase, Flüssigkeiten und Feststoffe einschließlich der Organismen in den Fließgewässern, die im folgenden zu besprechen sind.

3.1.2 Elementarer Stickstoff

Der elementare Stickstoff, N_2 (Molekulargewicht 28.01), bildet ein farb-, geruch- und geschmackloses, ungiftiges Gas (Kondensationspunkt –195.8 °C, Erstarrungspunkt –210.5 °C). Der Stickstoff ist mit 78.1 Volumenprozent oder 75.5 Gewichtsprozent wesentlichster Bestandteil der Luft. Im Wasser löst er sich nur etwa halb so gut wie Sauerstoff. So lösen sich im Gasaustausch mit der Atmosphäre unter einem Luftdruck von 760 Torr bei 0 °C 22.4 mg, bei 10 °C 17.5 mg und bei 20 °C noch 14.2 mg Stickstoff im Liter Wasser. Der Stickstoff ist bei gewöhnlichen Temperaturen chemisch sehr stark reaktionsträge. Aus diesem Grunde sind auch nur wenige Organismengruppen in der Lage, den elementaren Stickstoff zu binden (fixieren) und als N-Quelle zu nutzen. Ebenso schwierig ist der Stickstoff chemisch nachzuweisen und quantitativ zu bestimmen. Geeignet sind physikalische Untersuchungsmethoden, wie die (aufwendige) Gaschromatographie.

Elementarer Stickstoff kommt überall in den Fließgewässern vor. Die Konzentrationen bewegen sich eng um die jeweilige, temperaturabhängige Sättigungsgrenze. Bei höheren Wassertemperaturen werden demnach im allgemeinen niedrigere Stickstoffkonzentrationen gefunden, und umgekehrt.

Der elementare Stickstoff der Fließgewässer entstammt größtenteils der Atmosphäre. Ein Teil wird unmittelbar aus der Luft absorbiert, der andere gelangt aus der Luft indirekt mit Niederschlägen und Quellwässern in die Gewässerläufe. Die Quellwässer bringen auch mikrobiell neu gebildeten, bodenbürtigen Stickstoff mit. Er entsteht in den Böden bei der **Denitrifikation**, also der bakteriellen Veratmung von Nitrat und Nitrit zu elementarem Stickstoff ((H) = organisch gebundener Wasserstoff):

$$10(H) + 2\,H^+ + 2\,NO_3^- \rightarrow N_2 + 6\,OH_2$$

Der gleiche Vorgang spielt sich auch in den Gewässern ab. Voraussetzung sind auch hier anaerobe Verhältnisse. Zahlreiche fakultativ anaerobe Gewässerbakterien, die sonst in aerober Umgebung Sauerstoff veratmen, sind zur Denitrifikation befähigt. Diese **Nitrat-Atmung**, die auch zum Distickstoffoxid (N_2O) und Ammoniak bzw. Ammonium (NH_4^+) führen kann, erscheint als Notbehelf, um bei plötzlichem Sauerstoffschwund überleben zu können.

Umgekehrt vermögen einige Fließgewässerorganismen elementaren Stickstoff, der sich im Wasser chemisch nicht umsetzt, als Stickstoffquelle zu nutzen (**Stickstoff-Assimilation** oder **-Fixierung**). Hierzu zählen Bakterien, etwa *Azotobacter agile* und *A. chroococcum* in aerobem Milieu und *Clostridium pasteurianum* in anaeroben Sedimenten, sowie Blaualgen aus den Gattungen *Anabaena, Nostoc* und *Phormidium*, die hauptsächlich in Stauseen vorkommen (e^- = Elektronen aus dem Energiewechsel der N-Fixierer):

$$N_2\ 6\ e^- + 8\ H^+ \rightarrow 2\ NH_4^+$$

Obgleich auch biochemische Umsetzungen – die Denitrifikation vor allem am Gewässergrund, die Stickstoff-Fixierung am Grund und im freien Wasser – in den Fließgewässern stattfinden, wird der N_2-Haushalt dieser Gewässer weitgehend physikalisch, durch den N_2-Austausch mit der Atmosphäre, bestimmt. Daher liegen die N_2-Konzentrationen in den Fließgewässern meist nahe an der Sättigungsgrenze.

3.1.3 Chlorwasserstoff und Chlorid

Der Chlorwasserstoff, HCl (Molekulargewicht 36.46), bildet bei gewöhnlichen Temperaturen ein farbloses, stechend riechendes giftiges Gas (Kondensationspunkt –85 °C, Erstarrungspunkt –115 °C). Im Wasser ist es sehr leicht löslich; in einem Liter lösen sich bei 0 °C 825 g HCl-Gas. Die wäßrige HCl-Lösung, die Salzsäure, reagiert stark sauer, da der gelöste Chlorwasserstoff – zumindest in verdünnter Lösung – vollständig in Protonen und Chlor-Ionen (Cl^-, Chlorid) dissoziiert:

$$HCl \rightarrow H^+ + Cl^-$$

Chlor-Ionen lassen sich mit Silber-Ionen, mit denen sie einen schwer löslichen Niederschlag bilden, leicht chemisch nachweisen und quantitativ bestimmen.

Das einwertig negative Chlor tritt in den Fließgewässern fast ausschließlich in Form der Cl^--Ionen auf. Nur in verunreinigten Gewässern kann es auch in Molekülbindung vorliegen, vor allem in Form von organischen Chlorverbindungen, R-Cl (R = organischer Molekülrest). Das anorganische Chlorid kommt überall in den Fließgewässern vor. Im weltweiten Durchschnitt ist es darin nach Hydrogencarbonat und Sulfat das drittwichtigste Anion. Seine Konzentration bewegt sich bei uns – bei gemäßigt humidem Klima – im allgemeinen im mg/l-, also im Spurenbereich. Normalerweise erreicht bei uns das Chlorid lediglich in Ästuaren die Konzentration von Brack- oder sogar Meerwasser. Ähnlich hohe Cl^--Konzentrationen sind heute in einigen chloridbelasteten Fließgewässern anzutreffen, etwa in der Werra. Das Meerwasser enthält im weltweiten Mittel 35 ‰ Salze, darunter 19.35 ‰ Cl^-, das Süßwasser definitionsgemäß nur bis 0.5 ‰ Salze, entsprechend einer Chloridkonzentration von etwa 0.03 ‰ (s.Tab. 7).

Fast das gesamte Chlorid in den Fließgewässern (s.Abb. 30) ist allochthon. Etwas davon gelangt aus der Atmosphäre mit den Niederschlägen in die Gewässer. Es stammt aus der Meeresgischt und aus terrestrischem Staub, oder es rührt von Vulkanausbrüchen oder anthropogenen Luftverunreinigungen (Cl-haltige Abgase von Zementfabriken, Verbrennung von Cl-haltiger Kohle und PVC-Resten) her. Das meiste allochthone Chlorid kommt jedoch aus den Böden und dem Untergrundgestein der Einzugsgebiete, obgleich es auch dort im allgemeinen nur in Spuren auftritt. Lediglich in Gebieten mit unterirdischen Salzlagerstätten, die von zirkulierendem Grundwasser erreicht werden, können sich beträchtliche Mengen von Chlorid lösen und in (Mineral-) Quellen zutage treten. Das Chlorid liegt in den Salzlagern als Steinsalz oder Halit (NaCl), Sylvin (KCl), Karnallit $KCl \cdot MgCl_2 \cdot 6H_2O$) oder Kainit ($KCl \cdot MgSO_4 \cdot 3H_2O$) vor. Die unterirdische Salzauslaugung kann die Landschaftsoberfläche wesentlich mitformen, indem ausgewaschene Gesteinshohlräume einstürzen und an der Erdoberfläche zum Teil quadratkilometergroße Einsturzbecken oder Subrosionssenken und meist weniger als 100 m breite Einsturztrichter oder Erdfälle (vergleichbar mit den Dolinen der Karstgebiete) hinterlassen können. Im Fulda-Werra-Gebiet sind solche Hohlformen weit verbreitet.

Heutzutage gelangen außerdem größere Chloridmengen mit Abwässern in die Fließgewässer (Streusalz, Kochsalz aus Haushaltungen, chloridhaltige Ablaugungen der Kaliindustrie, ausgewaschene Düngesalze aus Kulturland). Besonders hoch chloridbelastet ist die Werra, in der die Cl^--Konzentration die des Meerwassers örtlich und zeitlich sogar noch überschreiten konnte.

In den Fließgewässern wird nur sehr wenig Chlorid freigesetzt, und zwar durch Ausscheidung (Exkretion) lebender Organismen und durch Abbau organismischer, insbesondere pflanzlicher Reste (allherbstlicher Zerfall von Blättern und Sprossen der Wasser- und Röhrichtpflanzen und von Fallaub der Ufergehölze). Chemisch bildet sich Chlorid in den Fließgewässern nur ausnahmsweise (s.S. 104).

Fast das gesamte Chlorid, das einmal in die Fließgewässer gelangt ist, bleibt in Lösung. Nur ein vergleichsweise winziger Teil wird von Organismen aufgenommen oder den Sedimenten absorbiert. Der Cl^--Haushalt der Fließgewässer wird demnach weitgehend von der geologischen Beschaffenheit der Einzugsgebiete und einer anthropogenen Cl^--Verunreinigung bestimmt.

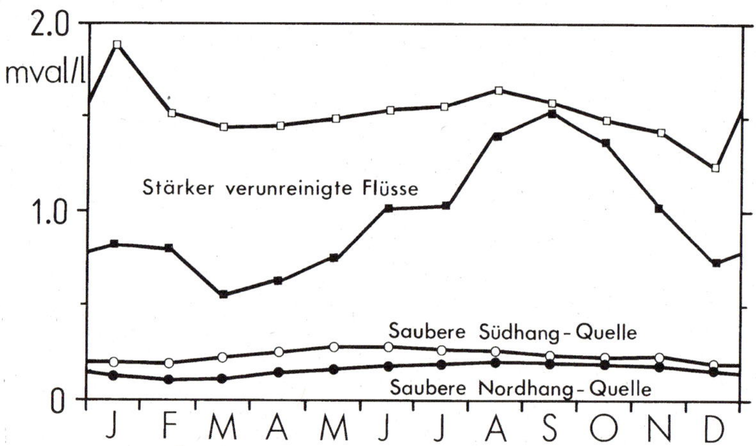

Abb. 30: Chloridkonzentration von zwei sauberen Waldquellen und zwei chloridbelasteten Flüssen (Fulda und Schlitz) in einer Buntsandsteinlandschaft (Schlitzerland in Osthessen) im Jahreslauf (fünfjährige Monatsmittel, 1975/1979). Quellen mit südexponierten Einzugsgebieten weisen unter sonst gleichen Bedingungen höhere Chloridkonzentrationen auf als Quellen entgegengesetzter Hanglage (verstärkte Verdunstung und pflanzliche Transpiration in Südexposition). Der deutliche Chloridgipfel im Januar in der Fulda geht auf eingewaschene Streusalze zurück.

3.1.4 Einwertiges Natrium und Kalium

Das Natrium, Na (Atomgewicht 22.99), und das Kalium, K (Atomgewicht 39.10), sind – ähnlich wie die übrigen, weit selteneren Alkalimetalle Lithium, Rubidium, Cäsium und das besonders seltene, radioaktive Francium – chemisch sehr reaktionsfähig. Daher kommen sie in der Natur niemals gediegen, sondern immer nur chemisch gebunden vor, und zwar in der einwertig positiven Form. Meist bilden sie leicht lösliche Salze, die in wäßriger Lösung praktisch vollständig in einwertig positive Alkali-Ionen und die zugehörigen Anionen (Säurereste) zerfallen, wie z.B. das Steinsalz (Kochsalz, Natriumchlorid):

$$NaCl \rightarrow Na^{+} + Cl^{-}$$

Natrium läßt sich etwa mit Uranylacetat und Kalium mit Perchlorat chemisch nachweisen und auch quantitativ bestimmen. Eleganter, jedoch apparativ wesentlich aufwendiger ist ihre Flammenphotometrie.

Natrium und Kalium kommen in den Fließgewässern ständig zumindest in Spuren vor. Im allgemeinen überwiegt von beiden Alkalimetallen das Natrium, dessen Konzentration hier gewöhnlich zwischen 1 und 20 mg/l liegt. Werte bis zur Meerwasserkonzentration treten örtlich und zeitlich in den Ästuaren auf. Ferner können Natrium und Kalium in mineralisierten Quellwässern erheblich angereichert sein. Zum Teil stark erhöhte Konzentrationen beider Alkalimetalle kommen auch in verschmutzten Gewässerläufen vor.

Natrium und Kalium sind in den Fließgewässern fast ausschließlich allochthon. Ein geringer Teil gelangt direkt oder indirekt mit den Niederschlägen in die Oberflächengewässer. Er stammt letztlich aus Meeresgischt und Festlandstaub. Der weitaus größte Teil kommt jedoch aus dem Gestein und den Böden der Gewässereinzugsgebiete. Besonders verbreitet sind hier alkalihaltige, allerdings schwer lösliche Silikate. Dazu gehören vor allem Feldspäte, die bei ihrer Verwitterung Natrium-Ionen (Natronfeldspat oder Albit) oder Kalium-Ionen (Kalifeldspat) abgeben. So verwittert Kalifeldspat in Gegenwart von Kohlensäure gemäß:

$$K(AlSi_3O_8) + H_2CO_3 \rightarrow K^{+} + H(AlSi_3O_8) + HCO_3^{-}$$

Regional besitzen Salzlagerstätten große Bedeutung als Alkalimetallquellen, indem sie an zirkulierendes Grundwasser reichlich Natrium- und Kalium-Ionen abgeben, das dann „mineralisiert" zutage treten kann (s.S. 62).Heute gelangt außerdem viel Natrium und Kalium als anthropogene Verunreinigung in Fließgewässer. In Betracht kommen aus Kulturland ausgewaschene Kalidünger, eingeschwemmte Streusalze, die vor allem Natrium enthalten, häusliche Abwässer und spezielle Industrieabwässer, wie Ablaugen der Kaliindustrie. Die Werra wird mit solchen Kaliabwässern förmlich versalzt.

In den Fließgewässern werden Natrium und Kalium nur in sehr geringen Mengen frei, so durch die Alkali-Exkretion der lebenden Organismen und durch den Abbau ihrer Überreste nach dem Absterben. Auf der anderen Seite sind auch die Verluste von Natrium und Kalium in den Fließgewässern unbedeutend. So werden diese Stoffe in geringen Mengen von Organismen resorbiert. Etwas Kalium geht auch durch Sorptionsprozesse vor allem an Tonmineralen am Gewässergrund verloren.

Demnach wird der Natrium- und Kaliumhaushalt der Fließgewässer vor allem von der geologischen Beschaffenheit der Einzugsgebiete, von der Art der Bodennutzung in den Einzugsbereichen und von speziellen Abwassereinleitungen bestimmt. Auffälligerweise sind die Kaliumkonzentrationen meist deutlich geringer als die Natriumkonzentrationen, obgleich die beiden Metalle im Gestein in etwa gleichen Anteilen vorkommen. Dies wird auf eine selektive Sorption des Kaliums insbesondere durch Tonminerale zurückgeführt, die das Kalium bevorzugt festhalten, und zwar durch Absorption oder Ionenaustausch und durch irreversiblen Einbau in die Ton-Mikrokristalle.

3.1.5 Zweiwertiges Calcium und Magnesium

Das Calcium, Ca (Atomgewicht 40.08), und das Magnesium, Mg (Atomgewicht 24.31), sind die hydrochemisch wichtigsten Erdalkalimetalle. Zu den Erdalkalimetallen gehören ferner Beryllium, Strontium, Barium und das sehr seltene, radioaktive Radium. Alle Erdalkalimetalle sind chemisch recht reaktionsfähig, so daß sie in der Natur nicht elementar, sondern nur chemisch gebunden vorkommen. Und zwar treten sie immer zweiwertig positiv auf. Die oft nur schwer löslichen Salze der Erdalkalimetalle zerfallen in nicht zu konzentrierten wäßrigen Lösungen vollständig in Ionen, so auch das nur gelöst vorkommende, nicht isolierbare Calciumhydrogencarbonat, $Ca(HCO_3)_2$:

$$CA(HCO_3)_2 \rightarrow Ca^{2+} + 2\ HCO_3^-$$

Schwer lösliche Calcium- und Magnesiumsalze sind die Silikate, das Calciumcarbonat (Calcit und Aragonit, $CaCO_3$) und der Dolomit ($CaCO_3 \cdot MgCo_3$). Weniger schwer löslich ist das Calciumsulfat (Gips und Anhydrit, $CaSO_4 \cdot 2H_2O$ bzw. $CaSO_4$). Leicht löslich sind z.B. Tachhydrit, Karnallit, Kainit und Kieserit.

Eine Reihe von organischen Verbindungen vermag Calcium- und Magnesium-Ionen in Form von oft sehr gut löslichen Metall-Chelaten komplex zu binden, wie etwa die Aminosäuren (R = organischer Molekülrest):

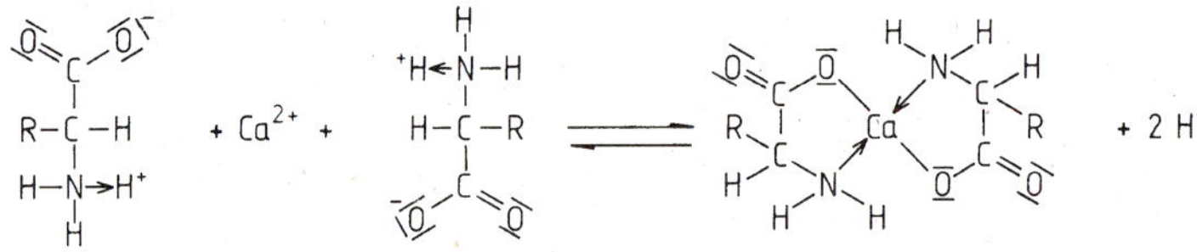

Dabei stellt sich ein Gleichgewicht zwischen komplex gebundenen und freien Erdalkali-Ionen ein. Je mehr das Gleichgewicht zugunsten des Komplexes verschoben ist, um so „stabiler" ist er. Durch Komplexbildung kann die Gesamtlöslichkeit von Calcium oder Magnesium beträchtlich erhöht werden, sofern die Komplexe auch löslich sind.

	°dH	mval/l
sehr weich	0– 4	0– 1.44
weich	4– 8	1.44– 2.88
mittelhart	8–12	2.88– 4.32
ziemlich hart	12–18	4.32– 6.48
hart	18–30	6.48–10.8
sehr hart	>30	>10.8

Tab. 13: Einteilung der Wässer nach der Calcium- und Magnesiumhärte (Gesamthärte).

Calcium läßt sich im Wasser mit Oxalsäure und Magnesium mit Titangelb chemisch nachweisen. Ihre quantitative Bestimmung erfolgt vorteilhafterweise titrimetrisch mit künstlichen Komplexbildnern (EDTA, Natriumsalz der Ethylendiamin-Tetraessigsäure): Die bei Wasseruntersuchungen häufig mitbestimmte Calcium- und Magnesiumhärte ist ein Maß für die Konzentration der beiden Ionenarten, ausgedrückt in Calciumoxid-Äquivalenten. Ein Grad deutscher Härte (1° dH) entspricht 10 mg CaO/l. Vorteilhafter sind indessen die modernen Konzentrationsangaben in mval/l (s.Tab. 13)

Calcium und Magnesium kommen überall in den Fließgewässern vor. Im weltweiten Durchschnitt sind darin etwa 65% der Kationen (in mval/l) Calcium-Ionen und weitere 17% Magnesium-Ionen. Calcium und Magnesium sind damit die beiden bedeutendsten Kationenarten in den Fließgewässern. Bemerkenswerterweise überwiegt dagegen im Meerwasser die Magnesiumkonzentration; sie übertrifft hier die Calciumkonzentration um das Vierfache. In nicht mineralisierten (nicht salzangereicherten) Fließgewässern bewegen sich im allgemeinen die Konzentrationen des Calciums um 100 mg/l und die des Magnesiums um 20 mg/l. In hydrogencarbonatreichen Quellen der Kalk- und Dolomitlandschaften, aber auch von Vulkangebieten kann der Calciumgehalt des Wassers auf 300 mg/l ansteigen. In Gipsregionen werden sogar bis zu 600 mg/l Ca^{2+} beobachtet. Die Magnesiumkonzentrationen können in Dolomitbächen 50 mg/l übersteigen, desgleichen in Bächen von Salzauslaugungsgebieten, in denen gelegentlich speziell magnesiumsulfatreiche Quellwässer („Bitterwässer") zutage treten.

Fast das gesamte gelöste Calcium und Magnesium ist in den Fließgewässern allochthon. Beide Ionenarten gelangen zu einem geringen Teil mit den Niederschlägen in die Gewässer; diese Anteile stammen aus der Meeresgischt, dem Festlandsstaub und industriellen Luftverunreinigungen. Der weitaus größte Teil des Calciums und Magnesiums kommt aus den Böden und dem Gestein der Gewässereinzugsgebiete. Dort werden sie bei der Verwitterung von allgemeiner verbreiteten, erdalkalihaltigen Silikaten und Carbonaten als Ionen freigesetzt. Besonders große Mengen von Calcium und gegebenenfalls Magnesium lösen sich aus dem Kalk- und Dolomitgestein der Kalk- und Dolomitlandschaften, die entsprechend verkarsten. Die sonst verhältnismäßig schwer löslichen Erdalkalicarbonate werden von überschüssiger Kohlensäure (aus den Niederschlägen und den Böden) als Hydrogencarbonate leicht gelöst, so auch Calcit, $CaCO_3$ (Kalkstein, Kreide, Marmor):

$$CaCO_3 + H_2CO_3 \rightarrow Ca^{2+} + 2\,HCO_3^-$$

Ähnlich verkarsten Gipslandschaften, in denen große Mengen Calciumsulfat ausgewaschen werden. Ferner lösen sich in Salzauslaugungsgebieten (s.S. 62) neben Alkalisalzen beträchtliche Mengen von Erdalkalisalzen, die hier häufig in Form von Mischsalzen vorliegen (z.B. Karnallit und Kieserit). Außerdem gelangen Calcium und Magnesium noch mit Abwässern in viele Gewässerläufe. In den Fließgewässern selbst werden nur vergleichsweise sehr geringe Mengen frei. So werden Calcium- und Magnesium-Ionen von Organismen ausgeschieden, oder sie gehen beim Abbau von organismischen Überresten, wie Kalkschalen und -skeletten, in Lösung.

Auf der anderen Seite spielt in den Fließgewässern auch die Aufnahme von Calcium und Magnesium durch die Organismen nur eine untergeordnete Rolle. Weitere Verluste von Erdalkalimetallen treten durch Sorptionsvorgänge an Sedimenten, aufgeschwemmten Partikeln und gelösten Kolloiden ein, wobei Absorptions-, Kationenaustausch- und Komplexbildungsprozesse eine Rolle spielen. Auch durch niedermolekulare organische Stoffe können die Erdalkali-Ionen durch eine Komplexbildung „maskiert" werden. Viel Calcium geht in den Abläufen von hydrogenkarbonatreichen Quellen durch eine physikalisch-chemische **Kalkausfällung** (Kalksinterung) verloren, indem überschüssiges Kohlendioxid in die Luft entweicht, Gleichgewichtskohlensäure (s.S. 85) unter Bildung von neuem CO_2 zerfällt, sich Hydrogencarbonat in Kohlensäure und Carbonat umsetzt, und das Carbonat Calcium bindet und niederschlägt:

$$CO_2\uparrow \leftarrow CO_2 \leftarrow H_2CO_3 \leftarrow 2\ HCO_3^- \rightarrow CO_3^{2-} \rightarrow CaCO_3\downarrow$$

Vergleichbar damit ist die biogene Kalkausfällung in den hydrogencarbonatreicheren Fließgewässern durch photosynthetisierende Pflanzen, die CO_2 oder HCO_3^--Ionen aus dem Wasser aufnehmen und mit dem dabei ausgefällten Kalk verkrusten. Auf der anderen Seite kann in magnesiumreichen, stärker alkalischen Fließgewässern Magnesium als schwer lösliches Magnesiumhydroxid ausfallen:

$$MG^{2+} + 2\ OH^- \rightarrow Mg(OH)_2\downarrow$$

Den Calcium- und Magnesiumhaushalt der Fließgewässer bestimmen demnach im wesentlichen die geologische Beschaffenheit der Einzugsgebiete, physikalisch-chemische und biogene Umsetzungen in den Gewässern und nicht zuletzt Verunreinigungen. Zusammen mit Kohlensäure und Hydrogencarbonat reguliert Calcium den pH-Wert der meisten Fließgewässer (s.S. 85). Calciumhydrogencarbonat kann auch wachstumsbegrenzender Faktor sein.

3.1.6 Dreiwertiges Aluminium

Das Aluminium, Al (Atomgewicht 26.98), stellt nach Sauerstoff und dem Silicium das dritthäufigste Element der Erdkruste dar. Chemisch vermittelt es zwischen dem Nichtmetall Bor und den Metallen Gallium, Indium und Thallium in der Gruppe IIIb des Periodensystems der Elemente. Das Aluminium ist sehr reaktionsfähig, so daß es in der Natur ausschließlich gebunden auftritt, und zwar immer dreiwertig positiv. Es bildet unter natürlichen Verhältnissen nur feste und großenteils sehr schwer wasserlösliche Verbindungen. Daher kommt es in den Gewässern allenfalls in Spuren gelöst vor.

Zumindest für einen Teil der höheren Pflanzen (Farne, Schachtelhalme) gilt das Aluminium als essentielles Mikroelement, obgleich seine spezifischen biochemischen Funktionen bisher unerforscht sind. Wesentlich bekannter ist dagegen seine Giftwirkung auf die Pflanzenwurzeln, die mit der Landschaftsversauerung durch die Niederschläge einhergeht und Hauptauslöser für das Phänomen des Waldsterbens (vergl. etwa ULRICH 1982) und vielleicht auch für die Verödung der mitversauerten Waldquellen und -bäche ist. Dies legen die Ergebnisse von toxikologischen Experimenten mit Aluminium an ausgewählten Wassertierarten nahe.

In den Primärgesteinen liegt das Aluminium ausschließlich in Form von Silikaten vor, die die Salze der Kieselsäure, H_2SiO_3, darstellen (vergl. unten und Umkehrung der nachfolgenden Reaktionsgleichung (a)).

Bei der chemischen Verwitterung der aluminiumhaltigen Primärgesteine wird unter Hydrolyse Aluminiumhydroxid, sowohl monomeres $Al(OH)_3$ als auch polymeres $[Al(OH)_3]_x$, abgespalten. So gilt summarisch für die Feldspat-Verwitterung:

$$KAlSi_3O_8 + 5\ OH_2 \rightarrow Al(OH)_3 + 3\ H_2SiO_3 + KOH \qquad (a)$$

In der Folge setzt sich das Aluminiumhydroxid, je nach pH-Wert der Bodenlösung oder des Gewässers und je nach der Anwesenheit von möglichen Reaktionspartnern, in kolloide oder kristalline Tonminerale, in lösliche freie Aluminium-Ionen oder in meist ebenfalls lösliche organische Komplexverbindungen um.

Das einfachste und zumindest in den Böden zugleich verbreitetste Tonmineral bildet der Gibbsit, ein hochpolymeres reines Aluminiumhydroxid:

$$x\ Al(OH)_3 \rightarrow [Al(OH)_3]_x \qquad (b)$$

Viele andere Tonminerale enthalten außerdem Eisen und Kieselsäure. Allen gemeinsam ist das Vermögen zum Ionenaustausch, insbesondere zum Kationenaustausch (vergl. S. 69), der in der Bodenlösung, aber auch in den Oberflächengewässern ökophysiologisch äußerst bedeutsam ist oder werden kann. Dies beruht auf der pH-Pufferung (wirksam im pH-Bereich von 5,0 bis 4,2), auf der Anreicherung pflanzenverfügbarer Stoffe (etwa von Calcium-, Magnesium - und Ammonium-Ionen) und auf einem gewissen Konzentrationsausgleich aller Ionenarten.

Freie Aluminium-Ionen sind nur in saurem Medium, etwa von pH 5,0 abwärts, nachweisbar. Sie wirken hoch toxisch (s.o.). So sind bei dem pH-Wert 5,0 bereits 200 μg Al^{3+}/l für die Regenbogenforelle (*Trutta gairdneri*) tödlich giftig. Sofern zugleich Komplexbildner vorkommen, im wesentlichen organische Säuren wie Fulvosäuren (und andere saure Humifizierungsprodukte in den Böden; vergl. S. 131), werden die freien Aluminium-Ionen mehr oder weniger vollständig gebunden oder maskiert und damit auch entgiftet.

Bei der oben angesprochenen starken Bodenversauerung werden insbesondere aus Tonmineralen große Mengen der hoch giftigen freien Aluminium-Ionen mobilisiert, die schließlich über das Grundwasser in die Quellen und Bäche gelangen können. Die Freisetzung der Aluminium-Ionen erfolgt etwa nach der Gleichung:

$$[Al(OH)_3]_x + 3\ xH^+ \rightarrow xAl^{3+} + 3xOH_2$$

Umgekehrt sollten sich die Aluminium-Ionen durch die Erhöhung des pH-Wertes wieder als Al^{3+}-Hydroxid festlegen lassen, was heute mit Waldkalkung in großem Umfang auch versucht wird:

$$xAl^{3+} + 3xOH^- \rightarrow [Al(OH)_3]_x\downarrow$$

Die ökophysiologisch besonders bedeutsamen freien Aluminium-Ionen lassen sich im Wasser beispielsweise mit Phenanthrolin und Catecholviolett bei pH 6,1 bis 6,2 nachweisen (STEINBERG 1986 briefl.).

3.1.7 Kieselsäure und Silikate

Die Kieselsäure, H_4SiO_4 oder $Si(OH)_4$ (Molekulargewicht 96.12), existiert nur in der wäßrigen Lösung. Sie kondensiert leicht zu Polykieselsäuren. Die einfachste kondensierte Kieselsäure ist die Pyro- oder Dikieselsäure, $H_6Si_2O_7$:

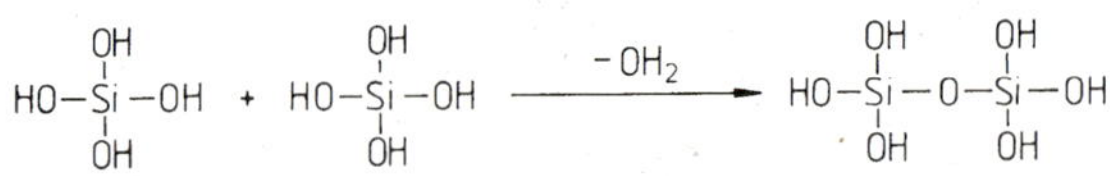

Die Moleküle der Polykieselsäure sind ketten- oder ringförmig. Die ringförmigen Polykieselsäuren haben genau und die kettigen mehr oder weniger angenähert die Bruttozusammensetzung H_2SiO_3 (Metakieselsäure). Die einfache Kieselsäure wird im Gegensatz dazu auch als Orthokieselsäure bezeichnet.

Die Polykieselsäuren bilden aufgrund ihres hohen Molukulargewichts kolloide Lösungen. Die kettigen Metakieselsäuren können sich unter weiterem Wasseraustritt zu band- und blattförmigen Riesenmolekülen zusammenlagern. Durch vollständige Wasserabspaltung bilden sie schließlich die räumlich vernetzten Riesenmoleküle des Kieselsäure-Anhydrids SiO_2, des Siliciumdioxids. Es tritt in der Natur in mehreren Modifikationen auf, kristallin als Quarz, Tridymit und Cristobalit und amorph als wasserhaltiger Opal und erdige Kieselgur.

Das Siliciumdioxid ist im Gegensatz zum analogen, gasförmigen Kohlendioxid, CO_2, fest und im Wasser nahezu unlöslich. Im Quarz, einem der häufigsten Minerale der 16 km dicken Erdkruste, werden die Siliciumatome jeweils von vier Sauerstoffatomen umgeben, und jedes Sauerstoffatom bildet eine Brücke zwischen zwei Siliciumatomen. Nur die randständigen Kieselsäurereste besitzen noch OH-Gruppen. Bei der Auflösung im Wasser werden die Si-O-Si-Brücken nach und nach unter Aufnahme von Wasser aufgebrochen (Hydrolyse). Vorwiegend wird Orthokieselsäure abgespalten:

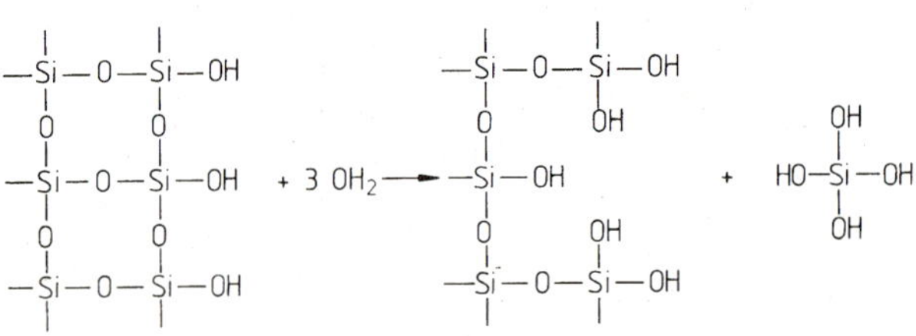

Im Gegensatz zu amorphem SiO_2 löst sich Quarz sogar in Gegenwart von Säuren und Basen kaum, weshalb er vor allem in Sedimenten (umlagerten Verwitterungsrückständen) angereichert ist. Für seine Stabilität spricht auch seine sekundäre Bildung etwa in Böden. Hier entsteht Quarz neu durch Alterung (Kondensation) von Kieselsäuren, die bei der Verwitterung von Silikaten (s.u.) freigesetzt wurden.

Die Kieselsäuren sind ganz allgemein äußerst schwache Säuren, deren SiOH-Gruppen erst in stärker alkalischem Medium H^+-Ionen abspalten:

$$H_4SiO_4 + OH^- \rightleftarrows H_3SiO_4^- + OH_2$$

Erst ab pH 9 dissoziieren die SiOH-Gruppen merklich, so daß in den Gewässern gewöhnlich keine Kieselsäure-Anionen, $H_3SiO_4^-$, sondern nur ungeladene Kieselsäuremoleküle vorliegen. Die Metallverbindungen der Kieselsäuren, die Silikate, haben kaum etwas mit Salzen gemein. So lösen sie sich meist sehr schwer. Nur in Gegenwart von Säuren, z.B. von Kohlensäure (s. Kohlensäureverwitterung S. 63) sind sie etwas besser löslich. Nach ihrem Kristallaufbau werden Inselsilikate (z.B. Olivin), Kettensilikate oder Pyroxene (z.B. Enstatit), Schichtsilikate (z.B. Kaolinit und andere Tonminerale) und Gerüstsilikate (Feldspäte, z.B. Kalifeldspat) unterschieden. Besonders verbreitet und häufig sind in der Natur die Feldspäte als wichtigste Ausgangsstoffe der Silikatverwitterung und die Tonminerale als wichtige Produkte der Silikatverwitterung. So entsteht bei der Verwitterung von Kalifeldspat (s. auch S. 63) neben anderen Stoffen Kaolinit, $Al_2Si_2O_5(OH)_4$:

$$2\ KAlSi_3O_8 + 7\ OH_2 \rightarrow Al_2Si_2O_5(OH)_4 + 4\ H_2SiO_3 + 2KOH$$

Die kolloiden Tonminerale (vergl. auch Tab. 6) sind zum **Kationenaustausch** befähigt. Sie können H^+-Ionen abgeben und an ihre Stelle andere Kationen (ganz allgemein B^+), z.B. Metall- und Ammonium-Ionen, aus der Lösung aufnehmen. Austauschaktiv sind OH-Gruppen, die sowohl an Silicium- als auch an Aluminiumatome gebunden sein können:

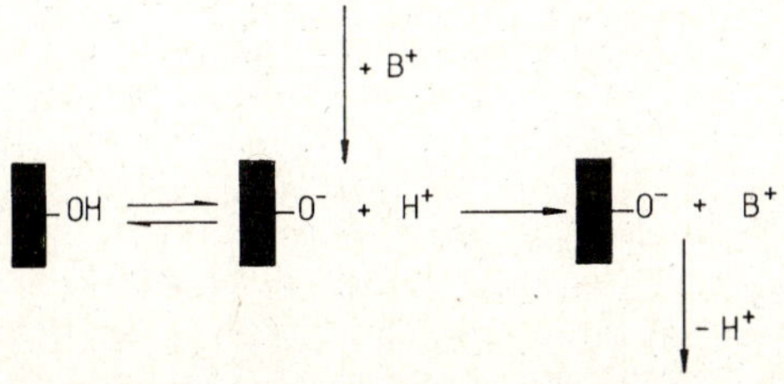

Teils erfolgt der Kationenaustausch nur in stärker alkalischem Medium (bei den SiOH- und einem Teil der AlOH-Gruppen: pH-abhängiges Austauschvermögen), teils unabhängig von der Reaktion (bei einem anderen Tei der AlOH-Gruppen: permanentes Austauschvermögen). Daneben vermögen die Tonminerale auch Anionen, insbesondere Phosphat-Ionen (s.S. 74) auszutauschen.

Die im Wasser echt (molekulardispers) gelöste Orthokieselsäure läßt sich chemisch mit Molybdänsäure nachweisen und quantitativ bestimmen.

Das Silicium ist – nach dem Sauerstoff, der 46.5 Gewichtsprozent der Erdkruste ausmacht – mit einem Gewichtsanteil von 27.7 % das zweithäufigste Element der Erdrinde. Es kommt in der Natur ausschließlich chemisch gebunden vor, und zwar vollständig oxidiert in der Form der Kieselsäure(n), des Siliciumdioxids und der Silikate. In den Fließgewässern kommen, abgesehen von gelegentlich mitverfrachteten ungelösten Silikatmineralen und Quarzkristallen, echt gelöste (freie) Orthokieselsäure und Tonkolloide vor. Sogar organische Si-Verbindungen (Kieselsäure-Ester, $R\text{-}O\text{-}Si(OH)_3$; R = organischer Molekülrest) können in den Gewässern auftreten. In den Fließgewässern überschreitet die Konzentration der freien Kieselsäure selten 20 mg/l Si. Im allgemeinen pendelt sie hier um 10 mg/l. Etwas über dem Durchschnitt liegt die Si-Konzentration in den Quellen und ihren Abläufen. In den Thermalquellen kann sie außerordentlich erhöht sein. Niedrigere Werte werden in den Bächen, Flüssen und Talsperren vor allem im Frühjahr, bei Hochwässern zu allen Jahreszeiten gleichermaßen beobachtet.

Die Kieselsäure ist in den Fließgewässern weitestgehend allochthon. Sie stammt fast ausschließlich aus den Böden und Gesteinen der Einzugsgebiete. Sie wird vorwiegend bei der Verwitterung von Silikatmineralen frei. Die SiO_2-Verwitterung ist unbedeutend. Die Sicker-, Sink- und Grundwässer reichern sich umso eher mit Kieselsäure an, je höher die Temperaturen sind und je länger das Wasser im Untergrund verweilt. So wurden im ostholsteinischen Hügelland in oberirdisch abfließenden Niederschlagswässern häufig nicht einmal 4 mg/l Si gefunden. In Dränagewässern schwankten die Si-Konzentrationen im allgemeinen zwischen 4 und 6 mg/l. So erklären sich teilweise auch die außergewöhnlich hohen Si-Konzentrationen mancher Thermalquellen, die mehrere hundert Milligramm pro Liter betragen können. In den Fließgewässern wird Kieselsäure fast nur aus Kieselschalenresten von Diatomeen freigesetzt, und zwar überwiegend in den Sedimenten. In das freie Wasser gelangt sie vor allem durch grabende und strudelnde Tiere (z.B. Chironomidenlarven) in der Sedimentoberfläche, bei Faulschlämmen auch durch hervorbrechende Sumpfgasblasen.

Höchst selten fällt Kieselsäure in Fließgewässern aus (Kieselsinter heißer Quellen), da sie im allgemeinen ihre Sättigungskonzentration bei weitem nicht erreicht. Außerdem würde die Kieselsäure bei Übersättigung zunächst Kolloide bilden. Dagegen wird sie leicht von Aluminium- und Eisen(III)-Oxidhydraten, Tonteilchen und anderen am Gewässergrund abgesetzten oder im freien Wasser schwebenden Stoffen adsorbiert und zum Teil auch niedergeschlagen. Noch wesentlich bedeutsamer erscheint in den Fließgewässern die Si-Aufnahme durch Organismen. Die Hauptrolle spielen dabei die Diatomeen oder Kieselalgen, die die Kieselsäure zum Bau ihrer charakteristischen Schalen aus amorphen SiO_2 benötigen. Auch für viele höhere Pflanzen ist Kieselsäure essentiell, wie für die Riedgräser (Cyperaceae) und Schachtelhalme (Equisetaceae). Unter den Tieren sind die Süßwasserschwämme (Spongillidae) Si-abhängig. Im übrigen sind Gewässerbakterien zum Teil in der Lage, in gewissem Umfang Kieselsäure anstelle von Phosphorsäure im normalen Stoffwechsel zu verwenden, abweichend vom LIEBIGschen Minimumgesetz, wonach jeweils derjenige Faktor das Wachstum begrenzt, der in der relativ geringsten Menge vorliegt. So können diese Organismen einen vorübergehenden Phosphatmangel im Gewässer überbrücken.

Am auffälligsten tritt die biogene Kieselsäurezehrung in unseren Bächen, Flüssen und Stauseen im Frühjahr in Erscheinung, und zwar bezeichnenderweise während der Hauptentwicklungszeit der Kieselalgen (s.Abb. 31). In Bächen konnte sogar ein Tag-Nacht-Rhythmus bei der Si-Aufnahme von Diatomeen nachgewiesen werden. Vom Menschen wird der Kieselsäuregehalt der Fließgewässer nur indirekt beeinflußt, da keine speziellen kieselsäurehaltigen Abwässer eingeleitet werden. Vielmehr führt die anthropogene Anreicherung der Bäche und Flüsse mit allgemein verwertbaren Nährstoffen (Phosphat, Nitrat) zu einem verstärkten Wachstum von Kieselalgen, die unter Umständen den gesamten Si-Vorrat aufzehren (Kieselsäure als Minimumfaktor). In stark eutrophierten Stauseen ist dies häufiger der Fall.

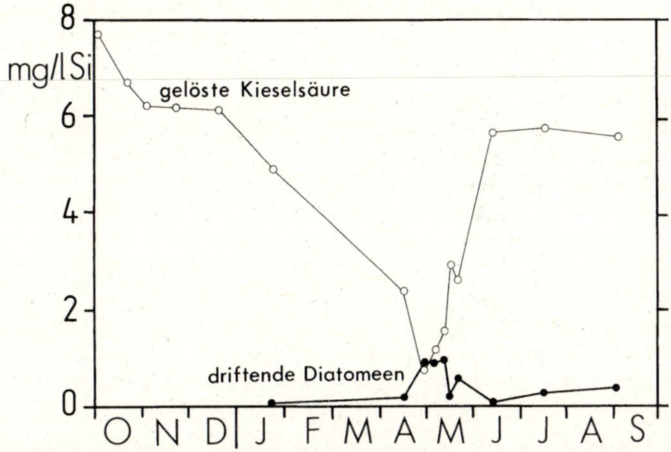

Abb. 31: Gelöste Kieselsäure und driftende Diatomeen („suspendierte Kieselsäure") in einem Bachlauf im Jahresgang. (Nach TESSENOW 1966, umgezeichnet.)

Ökochemisch bedeutsam sind ferner die kolloiden Tonminerale, die aufgrund ihres Sorptionsvermögens insbesondere den Kalium-, Ammonium- und Phophathaushalt der Fließgewässer mitprägen. Ferner binden sie mehr oder weniger selektiv Schwermetalle, darunter auch hochgiftiges Blei und Quecksilber, die dadurch ebenfalls zumindest vorübergehend dem Stoffkreislauf entzogen werden. Dagegen sind die grobkristallinen Silikatminerale und Quarzteilchen, die vor allem bei Hochwässern mitgerissen werden, aufgrund ihrer Schwerlöslichkeit in den Fließgewässern chemisch unwirksam. Umso bedeutender sind sie geomorphologisch, zumal sie als niedergehende Sinkstoffe die Auen mit aufschichten und charakteristisch einebnen.

3.1.8. Phosporsäure und Phosphate

Die Phosphorsäure, H_3PO_4 (Molekulargewicht 98.00), bildet in reinem Zustand bei gewöhnlicher Temperatur farb- und geruchlose, ungiftige Kristalle (Schmelzpunkt 42.3 °C); sie sind hygroskopisch und zerfließen dementsprechend in feuchter Luft. Die

Phosphorsäure mischt sich mit dem Wasser in jedem Verhältnis. Die wäßrigen Lösungen reagieren verhältnismäßig stark sauer, da die Phosphorsäure Protonen in größerem Umfang abspaltet.

$$H_3PO_4 \rightleftarrows H^+ + H_2PO_4^-$$

Bei Zugabe von starken Basen spaltet das entstandene Dihydrogenphosphat nacheinander auch die beiden anderen Wasserstoffatome als H^+-Ionen ab:

$$H_2PO_4^- \xrightarrow{+ OH^- - OH_2} HPO_4^{2-} \xrightarrow{+ OH^- - OH_2} PO_4^{3-}$$

Bei Zugabe einer starken Säure kehrt sich dieser Vorgang um. Auf diese Weise wird aus den Phosphorsäure-Anionen die Phosphorsäure wieder freigesetzt. Die Phosphorsäure bildet, da sie insgesamt drei Protonen pro Molekül abspalten kann, drei Reihen von Salzen, die primären oder Dihydrogenphophate (ganz allgemein BH_2PO_4), die sekundären oder Hydrogenphosphate (B_2HPO_4) und die tertiären oder normalen Phophate (B_3PO_4). Alle primären Phophate sind im Wasser gut löslich, während sich von den sekundären und tertiären Phosphaten nur die Alkaliverbindungen leicht lösen. Die Phophorsäure und ihre drei Anionenarten kommen in den folgenden pH-Bereichen vor:

H_3PO_4	$H_2PO_4^-$	HPO_4^{2-}	PO_4^{3-}
bis pH 4.5	pH 0 – 9.5	pH 4.5 – 14.5	ab pH 9.5

Die Phosphorsäure läßt sich zu Polyphosphorsäuren kondensieren. Die einfachste Polyphosphorsäure ist die Pyro- oder Diphosphorsäure, $H_4P_2O_7$:

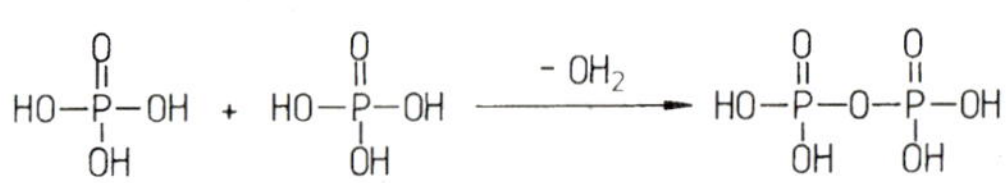

Die Polyphosphorsäure bilden ketten- und ringförmige Moleküle, in denen Phosphorsäure-Reste über P-O-P-Bindungen aneinandergereiht sind. Die hochmolekularen offenkettigen und alle ringförmigen Polyphosphorsäuren haben die Bruttozusammensetzung HPO_3 (= $H_3PO_4 - OH_2$). Diese dehydratisierte („entwässerte") Phosphorsäure wird im Unterschied zur gewöhnlichen Orthophosphorsäure als Metaphosphorsäure bezeichnet. In der wäßrigen Lösung zerfallen die Polyphosphorsäuren unter Wasseraufnahme wieder in Orthophosphorsäure.

In der Natur werden Polyphosphorsäuren und ihre Salze, die Polyphosphate, ausschließlich von Organismen gebildet. Sie können die hierfür erforderliche Energie bereitstellen. So bauen viele Bakterien und Grünalgen anorganische Polyphosphate als P-Speicherstoffe auf und lagern sie in Form der Volutin-Granula in den Zellen ab. Auf diese Weise können einzelne Planktonalgen das Phosphat aus dem Medium in ihrem Körper auf die hunderttausendfache Konzentration anreichern. Ferner kommen in allen Lebewesen in größerer Menge organische Polyphosphate vor, die im Stoff- und Energiewechsel eine überragende Rolle spielen. Eine dieser Schlüsselsubstanzen (Nukleotide) ist das Adenosintriphosphat oder abgekürzt ATP. Das ATP ist zusammengesetzt aus einer organischen Base (Adenin), einem Zucker (Ribose) und einer Kette aus drei Phosphatresten (Triphosphat), die esterartig an den Zucker gebunden ist. Im Wasser läßt sich freies Phosphat unmittelbar und kondensiertes (anorganisch und organisch gebundenes) Phosphat nach Aufschluß (Kochen mit einer starken Mineralsäure) als Molybdänblau nachweisen und quantitativ bestimmen.

Der Phosphor kommt in der Natur ausschließlich in der fünfwertigen positiven, vollständig oxidierten Form des Phoshats vor, das im aeroben wie anaeroben Milieu beständig ist. Phosphat gehört zu den Makronährstoffen der Organismen. In den Gewässerläufen treten freies und gebundenes Phosphat nebeneinander auf. Meist überwiegt das gebundene. Dies scheint aber auch für die Quellen zu gelten, die daraufhin bisher nur wenig untersucht worden sind. Das gebundene Phosphat liegt je nach Molekulargewicht echt oder kolloid gelöst vor. Die Konzentrationen des gelösten freien und gebundenen Phophats bewegen sich in sauberen Fließgewässern im µ/l-Bereich, in den verunreinigten oft auch im mg/l-Bereich (s.Abb. 32). Im allgemeinen sind die Konzentrationen im Herbst höher als während der übrigen Jahreszeiten.

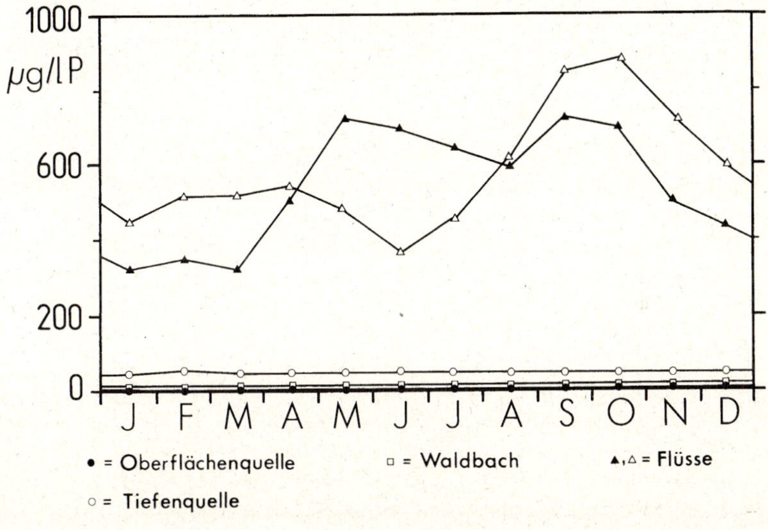

Abb. 32: Orthophosphatkonzentration von Waldquellen, einem Waldbach und zwei Flüssen (Schlitz und Fulda) in einer Buntsandsteinlandschaft (Schlitzerland in Osthessen) im Jahreslauf (übergreifende Dreimonatsmittel, 1980). Die Schlitz ist gehölzgesäumt und wasserpflanzenarm, die Fulda kaum beschattet und wasserpflanzenreich.

Unter natürlichen oder naturnahen Verhältnissen gelangt demnach nur sehr wenig freies und wenig gebundenes Phosphat in die Gewässerläufe. So wurden in den Waldquellen einer Buntsandsteinlandschaft (Schlitzerland in Osthessen) 2 bis höchstens 130 µg/l Orthophosphat-P ermittelt. Meist lagen jedoch die Werte unter 30 µg/l. Das Orthophosphat kommt auch in den Böden und Gesteinen nur in sehr geringen Konzentrationen vor. Darüber hinaus wird es vor allem in den Böden – eine Ausnahme bilden die Sandböden – durch Adsorption oder **Anionenaustausch** und durch Ausfällung festgehalten. Die Phosphat-Anionen werden – von Tonmineralen (s.S. 69) – nach folgendem Schema eingetauscht und dadurch festgelegt:

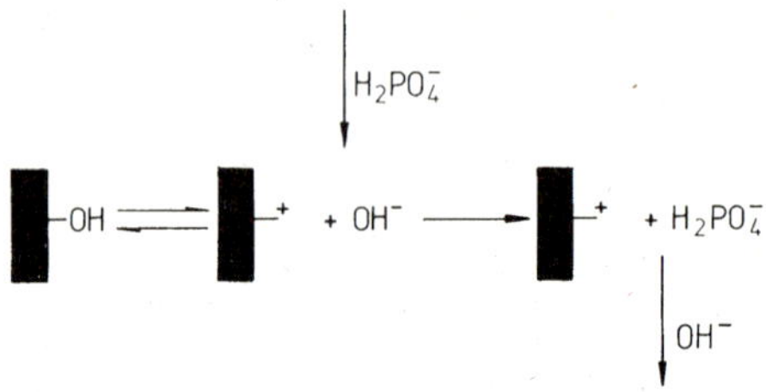

Das Rückhaltevermögen der Böden für Phosphat ist häufig so groß, daß in den Quellen die Phosphatkonzentration selbst bei Düngungsmaßnahmen im engeren Einzugsbereich kaum ansteigt. Phosphat gelangt auf natürliche Weise auch mit dem Fallaub der Ufergehölze (Erlen und Weiden) in die Fließgewässer (s.Abb. 32).

Heute werden unsere Flüsse, zum Teil auch die Bäche mit Phosphaten stark verunreinigt. Teilweise rührt dieses Phosphat von der Landwirtschaft her. Eine große Rolle spielt dabei die Erosion von Äckerböden bei stärkeren Niederschlägen und bei der Schneeschmelze. Dagegen ist die Auswaschung unbedeutend. Weiteres Phosphat kommt mit industriellen Abwässern in die Gewässerläufe. Indessen werden häufig die Hauptphosphatmengen mit Siedlungsabwässern eingeleitet, die P-haltige Nahrungsreste und Detergentien mitführen. Selbst nach mechanischer und biologischer Reinigung dieser Abwässer in Kläranlagen gelangt noch viel Phosphat in die Fließgewässer. In den mechanisch und biologisch reinigenden Kläranlagen werden zwar die organischen Phosphate weitgehend abgebaut oder mineralisiert. Jedoch reichert sich dabei freigesetztes Orthophosphat als eine **Sekundärverunreinigung** im Wasser an, das schließlich in den Vorfluter geleitet wird.

In den Fließgewässern wird Phosphat beim Abbau organismischer Überreste frei, die teils autochthon sind, teils mit Abwässern zugeführt werden. Vor allem organische Phosphate (Nukleinsäuren und Nukleotide) werden bei der Autolyse gerade abgestorbener Organismen freigsetzt, z.B. beim Zusammenbruch von Blaualgenmassenentwicklungen in stark eutrophierten Stauseen. Im Herbst werden normalerweise in allen Fließgewässern größere Phosphatmengen frei, wenn der Jahreszeit entsprechend die Blätter und Sprosse der Wasser- und Röhrichtpflanzen absterben. In das freie Wasser gelangt noch Phosphat aus den Sedimenten, insbesondere aus Schlammablagerungen, in denen es beträchtlich angereichert sein kann. An der Phosphatrückführung sind Diffusionsprozesse, grabende und strudelnde Tiere, aufsteigende Fäulnisgasblasen und nicht zuletzt die Hochwässer, die den gesamten Schlamm und andere Sedimente wegräumen können, beteiligt.

Auf der anderen Seite wird gelöstes freies und gebundenes Phosphat von Tonmineralen, Aluminium-, Mangan- und Eisen-Oxidhydraten sowie von kolloiden und partikulären organischen Stoffen adsorbiert oder durch Anionenaustausch gebunden, so daß sich das Phosphat letztlich in den Sedimenten ansammelt. Dreiwertiges Eisen kann Phosphat auch als klar definiertes Eisen(III)-Phosphat, $FePO_4$, niederschlagen. Ferner nehmen Pflanzen Phosphat als Nährstoff auf. Viele Bakterien, Grünalgen und wahrscheinlich auch höhere Pflanzen vermögen Phosphat sogar zu speichern, offensichtlich eine Anpassung an die oft sehr geringen Phosphatkonzentrationen – zumindest unter natürlichen Bedingungen – in den Oberflächengewässern überhaupt. In der

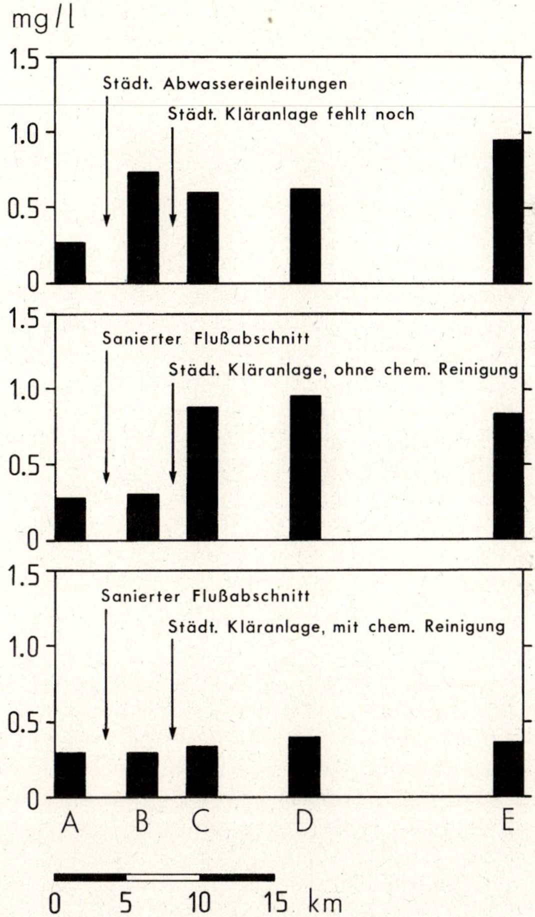

Abb. 33: Orthophosphat in einem Flußlauf (Fulda) vor und nach dem Bau einer neuen Kläranlage unterhalb einer Stadt (Fulda), ohne und mit versuchsweiser Phosphatfällung (Simultanfällung, s.S. 76).

Tat spielt das Phosphat in den Fließgewässern unter natürlichen Verhältnissen häufig die Rolle eines Minimumfaktors, der das Pflanzenwachstum (fast) unabhängig vom sonstigen Nährstoffangebot begrenzt. Dadurch erhält das Phosphat in vielen Gewässern eine Schlüsselstellung; eine Zufuhr allein von Phosphat würde genügen, um das Pflanzenwachstum zu fördern. Dies geschieht heute vielfach in großem Umfang durch die anthropogene Belastung der Fließgewässer mit phosphathaltigen Stoffen (Phosphat-Eutrophierung).

Bei übermäßiger Phosphatbelastung verkrauten die Bäche und Flüsse unnatürlich stark, insbesondere wenn außerdem noch die Ufergehölze beseitigt sind und dadurch viel Licht einfallen kann. In den beträchtlich eutrophierten Talsperren entwickeln sich massenhaft Blau- und Kieselalgen („Wasserblüten"). Bedenklich werden die Pflanzenmassen vor allem bei einem gleichzeitigen Absterben, also beim herbstlichen Vergehen der Blätter und Sprosse der Wasser- und Röhrichtpflanzen und beim Zusammenbruch von Planktonmassenentwicklungen. Dabei gehen auf einmal große Mengen organischer Stoffe in Zersetzung über. Damit tritt eine starke Sauerstoffzehrung ein, und zum Teil sehr giftige Abbaustoffe, wie Ammoniak und – bei völligem Sauerstoffschwund – Schwefelwasserstoff, häufen sich im Wasser und in den Sedimenten (Faulschlammablagerungen) an. Die Folge sind nicht nur Fisch-, sondern auch sonstige Tiersterben. Letztere werden oft übersehen.

Der Phosphathaushalt der Fließgewässer wird demnach weitgehend von anthropogenen Verunreinigungen bestimmt, und die geologischen Einflüsse der Einzugsgebiete treten oft ganz in den Hintergrund. Eine obligate Phosphatabscheidung bei der Abwasserbehandlung in den Kläranlagen würde wesentlich zur Sanierung der Fließgewässer beitragen (s.Abb. 33). Eine Möglichkeit dazu bietet die chemische Phosphatfällung mit Eisen, die gemeinsam mit der biologischen Abwasserbehandlung als Simultanfällung oder in einem gesonderten Vorgang nach der biologischen Abwasserreinigung als Nachfällung erfolgen kann.

3.2 Nur aerob beständige Stoffe

Unter nur aerob beständigen Stoffen werden hier Elemente und Verbindungen verstanden, die in den Fließgewässern nur in Gegenwart von viel freiem Sauerstoff und gleichzeitig wenig oxidierbarer organischer und anorganischer Stoffe chemisch (keineswegs biochemisch!) beständig sind. Diese Bedingungen sind im allgemeinen im freifließenden Wasser und zum Teil auch im strömenden Porenwasser der Schotter- und Kiesbetten der sauberen oder nur wenig organisch verunreinigten Fließgewässer erfüllt.

Zu den nur aerob beständigen Stoffen zählt an erster Stelle definitionsgemäß der elementare Sauerstoff. Zu ihm gesellen sich Kohlendioxid, Nitrat und Sulfat (s.Tab. 14), die einerseits Reduktionsprodukte von elementarem Sauerstoff und andererseits Oxidationsprodukte des Kohlenstoffs, Stickstoffs und Schwefels darstellen. Im elementaren Sauerstoff liegt der Sauerstoff, im Kohlendioxid der Kohlenstoff, im Nitrat der Stickstoff und im Sulfat der Schwefel jeweils in seiner höchsten Oxidationsstufe vor.

Elemente	Formale Wertigkeit in Wasser	Typische Verbindungen in wäßriger Lösung
Sauerstoff	0	O_2
Kohlenstoff	4+	CO_2 ; H_2CO_3 ; HCO_3^-; (CO_3^{2-})
Stickstoff	5+	(HNO_3) ; NO_3^-
Schwefel	6+	(H_2SO_4) ; (HSO_4^-) ; SO_4^{2-}

Tab. 14: Die wichtigsten nur aerob beständigen chemischen Stoffe der Fließgewässer; (...) = nur bei extremen pH-Werten auftretende Bindungsformen.

Die vier endoxidierenden Stoffe sind biochemisch recht unbeständig. So wird elementarer Sauerstoff von allen aeroben Organismen veratmet, und Kohlendioxid, Nitrat und Sulfat werden von den autotrophen Pflanzen als Nährstoffe resorbiert und dann assimiliert, also in reduzierte organische Verbindungen überführt. Umgekehrt wird elementarer Sauerstoff bei der pflanzlichen Photosynthese – durch Photolyse von Wasser – freigesetzt, und Kohlendioxid, Nitrat und Sulfat entstehen als Endprodukte beim aeroben Abbau organischer Stoffe (Mineralisation). Alle aerob beständigen Stoffe sind anorganischer Natur.

3.2.1 Elementarer Sauerstoff

Der elementare Sauerstoff, O_2 (Molekulargewicht 32.00), bildet bei gewöhnlichen Temperaturen ein farb-, geruch- und geschmackloses, die Atmung unterhaltendes Gas (Kondensationspunkt –182.97 °C, Erstarrungspunkt –218.4 °C). Der elementare Sauerstoff ist mit 46.5 Gleichgewichtsprozent das bei weitem häufigste Element der 16 km dicken Erdkruste. In der Luft ist Sauerstoff nach dem elementaren Stickstoff (78.1 Volumenprozent bzw. Gewichtsprozent) mit 20.95 Volumenprozent oder 23.1 Gewichtsprozent der zweitbedeutendste Bestandteil. Im Wasser löst sich der elementare Sauerstoff 2.4mal besser als der elementare Stickstoff. So lösen sich im Gasaustausch mit der Atmosphäre bei einem Luftdruck von 760 Torr bei 0 °C 14.2 mg, bei 10 °C 10.9 mg und bei 20 °C noch 8.8 mg im Liter Wasser (s.Tab. 15).

Da der elementare Sauerstoff sehr reaktiosfähig ist und sich nahezu mit jedem Element chemisch verbinden kann, dürfte er in der Natur nicht frei vorkommen. Daß er dennoch reichlich in der Atmosphäre, auch im Wasser im freien Zustand auftritt, läßt sich auf die Photosynthese der Pflanzen zurückführen, bei der laufend Sauerstoff freigesetzt wird (s.u.).

Der elementare Sauerstoff kommt außer in der zweiatomigen Form des Disauerstoffs (O_2) auch als Trisauerstoff (O_3 = Ozon) und als besonders kurzlebiger, reaktiver Monosauerstoff (O-Radikal) vor. Der Sauerstoff zählt zu den reaktionsfähigsten Elementen und ist nach Fluor das zweitstärkste Oxidationsmittel, das mit Ausnahme des Fluors jedem Element (E) Elektronen (e^-) zu entziehen vermag (Oxidation):

$$E^{\pm 0} \rightarrow E^{2+} + 2e^- \text{ (Elektronenabgabe = Oxidation)}$$

$$O^{\pm 0} + 2e^- \rightarrow O^{2-} \text{ (Elektronenaufnahme = Reduktion)}$$

$$E^{\pm 0} + O^{\pm 0} \rightarrow E^{2+} + O^{2-} \text{ (= EO)}$$

t°C	0,0°	0,1°	0,2°	0,3°	0,4°	0,5°	0,6°	0,7°	0,8°	0,9°
0°	14,16	14,12	14,08	14,04	14,00	13,97	13,93	13,89	13,85	13,81
1°	13,77	13,74	13,70	13,66	13,63	13,59	13,55	13,51	13,48	13,44
2°	13,40	13,37	13,33	13,30	13,26	13,22	13,19	13,15	13,12	13,08
3°	13,05	13,01	12,98	12,94	12,91	12,87	12,84	12,81	12,77	12,74
4°	12,70	12,67	12,64	12,60	12,57	12,54	12,51	12,47	12,44	12,41
5°	12,37	12,34	12,31	12,28	12,25	12,22	12,18	12,15	12,12	12,09
6°	12,06	12,03	12,00	11,97	11,94	11,91	11,88	11,85	11,82	11,79
7°	11,76	11,73	11,70	11,67	11,64	11,61	11,58	11,55	11,52	11,50
8°	11,47	11,44	11,41	11,38	11,36	11,33	11,30	11,27	11,25	11,22
9°	11,19	11,16	11,14	11,11	11,08	11,06	11,03	11,00	10,98	10,95
10°	10,92	10,90	10,87	10,85	10,82	10,80	10,77	10,75	10,72	10,70
11°	10,67	10,65	10,62	10,60	10,57	10,55	10,53	10,50	10,48	10,45
12°	10,43	10,40	10,38	10,36	10,34	10,31	10,29	10,27	10,27	10,22
13°	10,20	10,17	10,15	10,13	10,11	10,09	10,06	10,04	10,02	10,00
14°	9,98	9,95	9,93	9,91	9,89	9,87	9,85	9,83	9,81	9,78
15°	9,76	9,74	9,72	9,70	9,68	9,66	9,64	9,62	9,60	9,58
16°	9,56	9,54	9,52	9,50	9,48	9,46	9,45	9,43	9,41	9,39
17°	9,37	9,35	9,33	9,31	9,30	9,28	9,26	9,24	9,22	9,20
18°	9,18	9,17	9,15	9,13	9,12	9,10	9,08	9,06	9,04	9,03
19°	9,01	8,99	8,98	8,96	8,94	8,93	8,91	8,89	8,88	8,86
20°	8,84	8,83	8,81	8,79	8,78	8,76	8,75	8,73	8,71	8,70
21°	8,68	8,67	8,65	8,64	8,62	8,61	8,59	8,58	8,56	8,55
22°	8,53	8,52	8,50	8,49	8,47	8,46	8,44	8,43	8,41	8,40
23°	8,38	8,37	8,36	8,34	8,33	8,32	8,30	8,29	8,27	8,26
24°	8,25	8,23	8,22	8,21	8,19	8,18	8,17	8,15	8,14	8,13
25°	8,11	8,10	8,09	8,07	8,06	8,05	8,04	8,02	8,01	8,00
26°	7,99	7,97	7,95	7,95	7,94	7,92	7,91	7,90	7,89	7,88
27°	7,86	7,85	7,84	7,83	7,82	7,81	7,79	7,78	7,77	7,76
28°	7,75	7,74	7,72	7,71	7,70	7,69	7,68	7,67	7,66	7,65
29°	7,64	7,62	7,61	7,60	7,59	7,58	7,57	7,56	7,55	7,54
30°	7,53	7,52	7,51	7,50	7,48	7,47	7,46	7,45	7,44	7,43

Tab. 15: Die Löslichkeit des Sauerstoffs in Abhängigkeit von der Temperatur in Wasser bei 760 Torr (nach TRUESDALE, DOWNING und LOWDEN in „Deutsche Einheitsverfahren zur Wasser-, Abwasser-, und Schlamm-Untersuchung", seit 1960).

Durch die Elektronenaufnahme wird der Sauerstoff (Elektronenakzeptor) selbst reduziert. Er geht dabei in einen elektronegativen Bindungszustand über, da Elektronen definitionsgemäß negativ geladene Elementarteilchen darstellen. Entsprechend wird das Reduktionsmittel (Elektronenspender oder Elektronendonator) positiv. Der Sauerstoff ist bestrebt, pro Atom zwei Elektronen aufzunehmen, also in den zweiwertig negativen Bindungszustand überzugehen.

Bei gewöhnlichen Temperaturen reagiert der elementare Sauerstoff zwar mit den meisten potentiellen Reduktionsmitteln verhältnismäßig langsam, zum Teil sogar unmeßbar langsam. Jedoch beschleunigen sich diese Reaktionen stark mit zunehmender Temperatur, in Gegenwart von Katalysatoren schon bei gewöhnlicher, gleichbleibender Temperatur. Mit Wasser reagiert der Sauerstoff nicht, bildet also weder Säure noch Base. Der im Wasser gelöste molekulare Sauerstoff läßt sich mit Mangan(II-)Salzen und Thiosulfat (WINKLER-Methode) leicht quantitativ bestimmen.

In der Praxis wird neben der Sauerstoffkonzentration häufig noch die **Sauerstoffsättigung** angegeben. Die Sauerstoffsättigung ist das prozentuale Verhältnis der tatsächlich gemessenen Sauerstoffkonzentration (O_2 gem.) und der theoretischen Sauerstoff-Sättigungskonzentration (O_2 theor.) bei der jeweiligen Wassertemperatur:

$$O_2\text{-Sättigung} = \frac{O_2 \text{ gem.}}{O_2 \text{ theor.}} \times 100\ (\%)$$

Die Sauerstoffkonzentrationen pendeln in sauberen Gewässerläufen meist zwischen 8 und 14 mg/l. Im Winter und Frühjahr werden die höheren und im Sommer und Herbst die tieferen Werte gemessen. O_2-Untersättigungen und O_2-Übersättigungen sind meist gering. Nur in laubholzgesäumten Bächen können im Herbst größere O_2-Defizite auftreten (s.Abb. 90). Im übrigen ändern sich die Sauerstoffwerte in den Gewässerläufen auch tageszyklisch (s.Abb. 27). In den Quellaustritten schwanken die Sauerstoffkonzentrationen im Laufe des Jahres nur wenig (s.Abb. 102), im Tag-Nachtwechsel gar nicht.

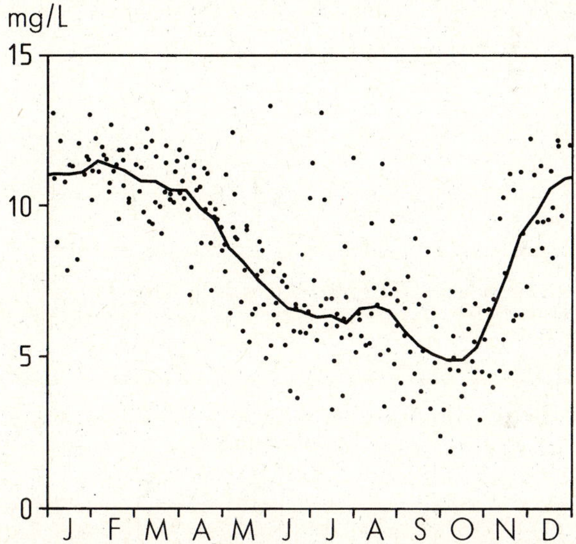

Abb. 34: Sauerstoffkonzentrationen eines Flusses (Fulda im Schlitzerland in Osthessen) im Jahreslauf (wöchentliche Messungen von fünf Jahren, 1975/79).

Selbst in den sauberen Quellen ist immer ein Sauerstoffdefizit festzustellen. In Sumpfquellen kann gelöster molekularer Sauerstoff sogar gänzlich fehlen. Verunreinigte Flüsse und Bäche weisen zum Teil beständig niedrige oder sehr niedrige O_2-Sättigungen auf (s.Abb. 34 und 37). In anderen verschmutzten Fließgewässern oder Fließgewässerabschnitten schwanken die Sauerstoffwerte im Lauf des Jahres, teilweise auch tagesperiodisch außerordentlich. Dies trifft insbesondere für verunreinigte Mühlenstaus und Stauseen (s.Abb. 35) zu, in denen zeitweilig nicht nur erhebliche O_2-

Defizite, sondern auch auffällige O_2-Übersättigungen auftreten. Im Tiefenwasser solcher Talsperren kann der Sauerstoff vorübergehend gänzlich schwinden, wie im übrigen in Stillwasserzonen sauberer Flüsse auch.

Die O_2-Defizite gehen auf biochemische und chemische O_2-Zehrungsvorgänge in den Böden, weniger im Gestein ihrer Einzugsgebiete zurück. Der chemischen Sauerstoffzehrung liegt die chemische oder Autoxidation zugrunde. Sowohl organische als auch anorganische Stoffe autoxidieren. Dabei spielen Radikalmechanismen eine große Rolle, auf die hier jedoch nicht näher eingegangen werden kann. Zumindest in den Böden ist die biochemische O_2-Zehrung, die Atmung, meist bedeutender als die chemische Oxidation. An der Veratmung organischer Stoffe mit Hilfe des elementaren Sauerstoffs sind in den Böden alle Tiere, viele Bakterien und Pilze, sowie die Wurzeln

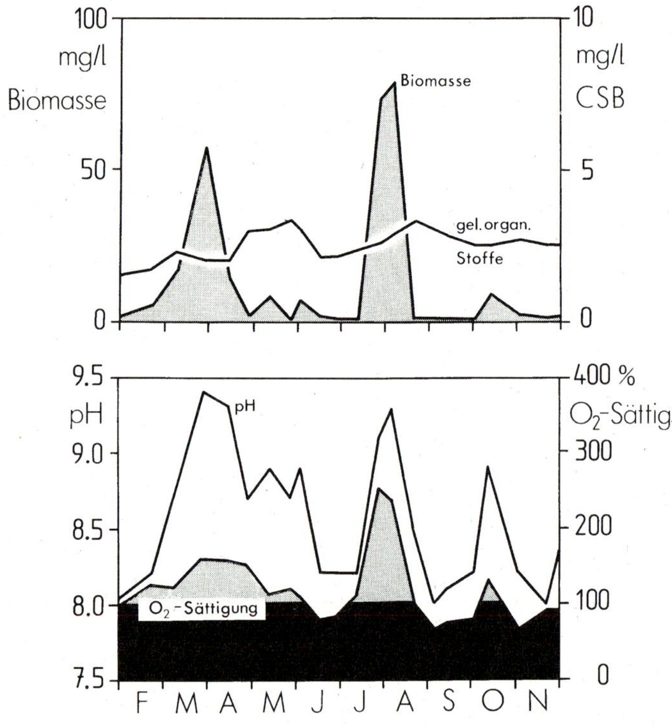

Abb. 35: Phytoplankton-Biomasse, gelöste organische Stoffe, pH-Wert und Sauerstoffsättigung des Oberflächenwassers einer stark eutrophierten Talsperre (Twiste-Stausee in Nordhessen) in einem annähernd vollständigen Jahresgang (Februar bis November 1978).(Nach BREHM und SCHÖCKE 1980, umgezeichnet.)

der höheren Pflanzen beteiligt ((H) = organisch, also energiereich gebundener Wasserstoff):

$$2\,(H) + 1/2O_2 \rightarrow OH_2$$

Sie gewinnen damit die Energie für ihren Betriebs- und Aufbaustoffwechsel (Heterotrophie). Anorganische Stoffe werden von vielen Bakterien, zum Teil auch Pilzen oxidiert. Sie verwenden die freiwerdende Energie zur Assimilation von Kohlendioxid (chemolithotrophie, eine besondere Form der Autotrophie). Als oxidierbare Substrate kommen in Betracht: Ammonium und Nitrit, die zu Nitrat oxidiert werden (Nitrifikation; s.S. 91), Schwefelwasserstoff, der zu Sulfat oxidiert wird (Sulfurikation; s.S. 93), sowie zweiwertiges Eisen und Mangan (s.S. 109), die mikrobiell zur drei- bzw. vierwertigen Stufe oxidiert werden. Bei der Nitrifikation wie bei der Sulfurikation entstehen zum Teil freie starke Mineralsäuren – Salpeter- und Schwefelsäure –, die den pH-Wert von Quellen und Bachoberläufen beträchtlich senken können.

Obgleich die Sauerstoffzehrung insbesondere in den Böden der Einzugsgebiete beachtlich ist, gelangt mit den Quellwässern meist noch genügend Sauerstoff in die Quellbäche, um darin ein reiches Tierleben zu ermöglichen. Im übrigen werden hier die O_2-Defizite durch eine Absorption von Luftsauerstoff rasch annähernd ausgeglichen. Der Luftsauerstoff bildet demnach die zweite allochthone O_2-Quelle für die oberirdischen Fließgewässer. Sie stellt für viele natürliche, nicht verunreinigte Gewässerläufe die bedeutendste Sauerstoffquelle dar, zumal sie überall gegenwärtig ist. Die überragende Bedeutung des Luftsauerstoffs für die Bäche und Flüsse wird oft erst wahrgenommen, wenn das Wasser durch besondere Umstände den Kontakt mit der Atmosphäre verloren hat und unaufhaltsam an Sauerstoff verarmt. Dies trifft z.B. zu für stark abwasserbelastetes Fluß- oder Bachwasser unter einer geschlossenen Eisdecke oder für das Tiefenwasser in einer stark eutrophierten, thermisch geschichteten Talsperre (s.Abb. 23 und 36).

In den Fließgewässern selbst wird Sauerstoff bei der Kohlendioxid- und Hydrogencarbonatassimilation der Wasserpflanzen frei (Photosynthese):

$$6\,CO_2 + 12\,OH_2 \rightarrow C_6H_{12}O_6 + 6\,OH_2 + 6\,O_2$$

Der elementare Sauerstoff, der bei der C-Assimilation als Nebenprodukt entsteht, stammt aus dem Wasser, das mit Hilfe des Sonnenlichts zersetzt wird (Photolyse):

$$OH_2 \rightarrow 2\,(H) + 1/2O_2 \text{ („HILL-Reaktion")}$$

In langsam strömenden vegetationsreichen Fließgewässerabschnitten, wie in eutrophierten Mühlenstaus und vor allem in Oberflächenwasser nährstoffreicher Talsperren, können sich auf diese Weise erhebliche O_2-Überschüsse bilden (s.Abb. 35). In den normalen Gewässerläufen ist dies weniger der Fall, weil sie aufgrund ihrer stärkeren Turbulenz den überschüssigen Sauerstoff schneller an die Luft verlieren. Da die Assimilationsleistung mit zunehmender Lichtintensität, Wassertemperatur und Vegetationsdichte wächst, erreicht die Sauerstoffentwicklung in wenig oder gar nicht beschatteten Fließgewässern im Hochsommer ihre höchsten Werte. In erlen-, auch

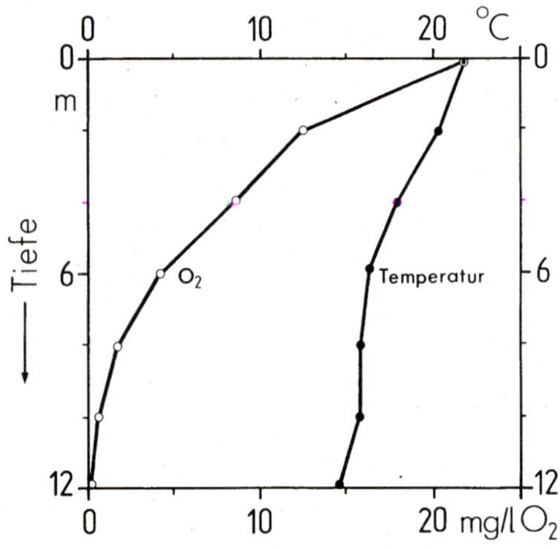

Abb. 36: Sauerstoffgradient in einer thermisch geschichteten, stark eutrophierten Talsperre (Twiste-Stausee in Nordhessen, 28.7.1978) (nach Daten von BREHM und SCHÖCKE, 1980). Obgleich die Talsperre mit einem Grundablaß ausgestattet ist, schwand der Sauerstoff über dem Grund zeitweilig vollständig. Statt dessen reicherte sich hier Schwefelwasserstoff an.

weidengesäumten Bächen fällt dieses sommerliche O_2-Bildungsmaximum fort, da die Ufergehölze während dieser Zeit voll belaubt sind und die Bäche dementsprechend stark beschatten. An die Stelle des Sommermaximums treten in diesen Gewässern zwei kleinere Maxima im Frühjahr und Herbst, also vor und nach der Belaubungsperiode der Ufergehölze. Hauptverantwortlich für die zwei O_2-Bildungsgipfel sind Diatomeen, die sich zumindest in Laubwaldbächen vorwiegend im Frühjahr und Herbst entwickeln. Die Sauerstoffbildung findet natürlich immer tagsüber statt (s. auch Abb. 7).

Verloren geht Sauerstoff in den Fließgewässern durch physikalische, chemische und vor allem biochemische Vorgänge. Physikalisch bedingte Verluste treten nur bei O_2-Übersättigungen ein. Diese Verluste sind biologisch durchaus vorteilhaft. Z.B. wird dadurch die Gasblasenkrankheit der Fische verhindert. Der Umfang der chemischen oder Autoxidation innerhalb der Gewässer ist bisher nicht genau bekannt. Mit Sicherheit überwiegt jedoch die **biogene Sauerstoffzehrung** durch die Wasserorganismen. Eine besonders große Rolle spielt die Veratmung organischer Stoffe, und zwar nicht nur in organisch verschmutzten, sondern auch sauberen Fließgewässern. Allerdings ist das absolute Ausmaß der biochemischen Sauerstoffzehrung in den verunreinigten Gewässern nicht selten so erheblich, daß Fisch- und sonstige Tiersterben stattfinden können. Dies trifft insbesondere für Gewässerabschnitte zu, die außerdem noch aufgestaut sind. In der Randzone von anaeroben Stillwasserbezirken und in Abwasserfahnen kann auch die biochemische Oxidation von anorganischen Stoffen sehr bedeutsam werden. Allgemein verbreitet ist die mikrobielle Oxidation von Ammonium und Nitrit zu Nitrat. Diese Nitrifikation kann in Staustufen, in die Kläranlagenabläufe mit hohen Ammoniumkonzentrationen eingeleitet werden, zu einer kritischen Sauerstoffverarmung führen. Örtlich erlangt die Oxidation von Eisen und Mangan (unterhalb eisen- und manganreicher Quellen), Schwefelwasserstoff und anderen reduzierten Schwefelverbindungen (s.S. 93), Methan (s.S. 102), elementarem Wasserstoff (s.S. 96) und sogar Kohlenmonoxid Bedeutung. Mit steigender Wassertemperatur beschleunigt sich die O_2-Zehrung außerordentlich, weshalb die Temperaturanstiege in den Gewässerstaus und in den Abwärmefahnen der Atom- und anderen Kraftwerke leicht kritisch werden können.

Direkt wird demnach der Sauerstoffhaushalt der Fließgewässer von biologischen Vorgängen (der jeweiligen Assimilations- und Atmungsrate) und vom Gasaustausch mit der Atmosphäre bestimmt. Indirekt beeinflussen den Sauerstoffhaushalt Wasserbaumaßnahmen und vor allem die organischen, aber auch anorganischen Verunreinigungen (abbaubare organische Substanzen und anorganische Pflanzennährstoffe). Da sich die Sauerstoffsättigung vorzüglich als Zeiger oder Indikator für den aktuellen Sauerstoffumsatz in den Fließgewässern eignet, sind aufgrund ihrer O_2-Sättigung vier Fließgewässertypen (s auch Abb. 37) unterschieden worden:

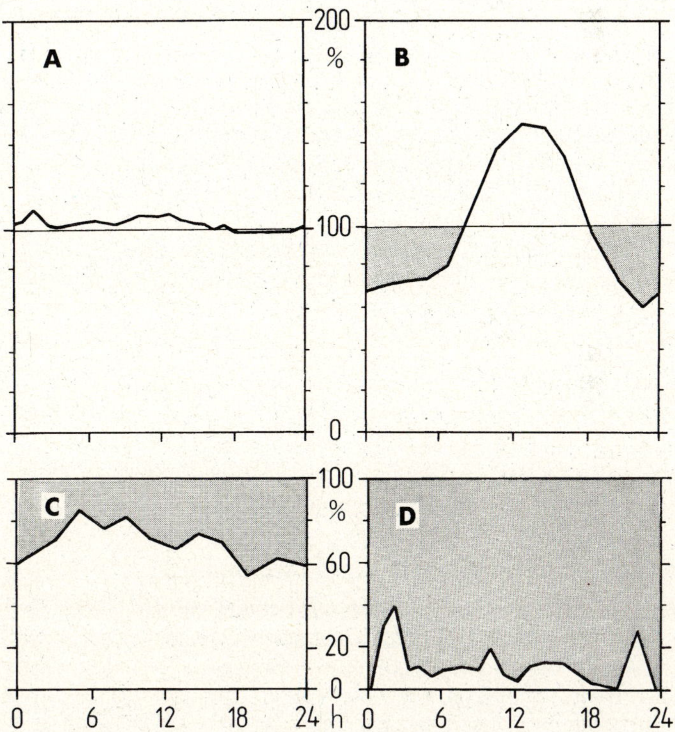

Abb. 37: Fließgewässertypen nach dem Tagesgang der Sauerstoffsättigung. (Nach SCHMASSMANN 1951, umgezeichnet.) Erläuterungen im Text.

A. Saubere, meist nährstoff- und organismenarme Fließgewässer mit ausgeglichenem O_2-Haushalt (O_2-Sättigung während des ganzen Tages eng um 100 % schwankend).

B. Nährstoff- und organismenreiche Fließgewässer (Nährstoffe können auch anthropogenen Ursprungs sein), die nicht oder wenig mit organischen Verunreinigungen belastet sind, mit ausgeprägtem Tageszyklus in der O_2-Sättigung (beträchtliche Übersättigungen bei Tage und Untersättigungen bei Nacht).

C. Mit organischen Stoffen stärker belastete Fließgewässer, in denen die Photosynthese noch Bedeutung hat (ganztägig mäßig starkes O_2-Defizit).

D. Mit organischen Stoffen hochbelastete Fließgewässer ohne nennenswerte Photosynthese (während des ganzen Tages sehr starkes O_2-Defizit).

Ein Fließgewässer kann seinen Typus in der „fließenden Welle" je nach der örtlichen Belastung mit organischen, fäulnisfähigen Substanzen und mit Nährstoffen wechseln. Bezeichnend ist die Typensequenz D-C-B von Abwasserfahnen, zumal beim Abbau der organischen Verunreinigungen in großen Mengen Pflanzennährstoffe freigesetzt werden. Im Kopf einer solchen **Selbstreinigungsstrecke** bauen Massen von heterotrophen Bakterien, Pilzen und anderen Mikroorganismen (z.B. Wimpertierchen) größtenteils die organischen Stoffe ab. Im Schweif der Abwasserfahne machen sich dagegen assimilierende Pflanzen auffällig breit. Sie filtern nicht nur die oberhalb freigesetzten Nährstoffe aus dem Wasser, sondern sie reichern das sauerstoffverarmte Wasser auch wieder mit Sauerstoff an. Bedeutung besitzt allerdings dieser Selbstreinigungsprozeß nur in der Hauptvegetationsperiode. Im Herbst tritt sogar ein gegenteiliger Effekt ein: Die Blätter und Sprosse der Pflanzen sterben in Massen ab und zehren nun bei ihrem Abbau ebenfalls Sauerstoff (s.Abb. 34), so daß die O_2-Zehrung wieder kritisch werden kann.

Ähnlich kann sich auch das Abholzen von Uferwäldern auf nährstoffreiche Bäche und kleine Flüsse auswirken; das Licht kann nun ungeschmälert in das Wasser dringen und so eine üppige Vegetation mit den geschilderten Vorzügen und Nachteilen aufkommen lassen. Bemerkenswerterweise sind die natürlichen (Eschen-Erlen-) Waldbäche meist etwas O_2-untersättigt (s.Abb. 73). Nur im Frühjahr überschreitet darin die Sauerstoffkonzentration geringfügig die Sättigungsgrenze, und zwar überwiegend durch die Assimilationstätigkeit von Kieselalgen. Ein zweites O_2-Bildungsmaximum im Herbst, das ebenfalls haupsächlich auf Diatomeen zurückzuführen ist, tritt nur selten in Erscheinung, weil sich während dieser Zeit frisch gefallenes Laub der Ufergehöze in den Bächen zersetzt und entsprechend viel Sauerstoff zehrt.

3.2.2 Kohlendioxid, Kohlensäure und Carbonate

Das Kohlendioxid, CO_2 (Molekulargewicht 44.01), bildet bei gewöhnlichen Temperaturen ein farb- und geruchloses, leicht säuerlich schmeckendes und in höheren Konzentrationen erstickend wirkendes Gas (Sublimationspunkt –78.5 °C). Im Wasser ist es leicht löslich; in einem Liter lösen sich unter 760 Torr CO_2-Druck bei 0 °C 3340 mg und bei 20 °C 1690 mg, im Absorptionsgleichgewicht mit Luftkohlendioxid 1.005 bzw. 0.51 mg. Das CO_2 ist recht reaktionsträge. Doch reagieren seine wäßrigen Lösungen schwach sauer, da es mit Wasser bis zu einem Gleichgewicht Kohlensäure, H_2CO_3, bildet, die in geringem Umfang Protonen abspaltet:

$CO_2 + OH_2 \rightleftarrows H_2CO_3$ (Bildungs- oder Hydrationsgleichgewicht der Kohlensäure)

$H_2CO_3 \rightleftarrows HCO_3^- + H^+$ (Dissoziationsgleichgewicht der Kohlensäure)

Die Kohlensäure besteht bei gewöhnlichen Temperaturen nur in Lösung. Beim Versuch sie zu isolieren, zerfällt sie wieder in Wasser und ihr Anhydrid CO_2. In der Natur zerfällt sie bei Verflüchtigung von überschüssigem CO_2 (z.B. in den Quellabläufen) solange, bis sich das (physikalische) Absorptionsgleichgewicht des CO_2 zwischen Luft und Wasser eingestellt hat:

CO_2 in Wasser $\rightleftarrows$ CO_2 in Luft (Absorptionsgleichgewicht des Kohlendioxids)

Bei Zugabe einer starken Base spaltet das Hydrogencarbonat-Ion, HCO_3^-, das zweite Wasserstoffatom als Proton ab:

$$HCO_3^- + OH^- \rightarrow CO_3^{2-} + OH_2$$

Dabei entstehen Carbonat-Ionen, CO_3^{2-}. Die Kohlensäure bildet also zwei Reihen von Salzen, die Hydrogencarbonate (ganz allgemein $BHCO_3$) und die Carbonate (B_2CO_3). Mit Ausnahme des Natriumhydrogencarbonats sind alle Hydrogencarbonate, von den Carbonaten jedoch nur die Alkaliverbindungen gut löslich. In Gegenwart von überschüssiger („aggressiver") Kohlensäure werden auch schwer lösliche Carbonate wie Kalk (Calcium-Carbonat, $CaCO_3$) leicht als Hydrogencarbonate gelöst:

$$CaCO_3 + H_2CO_3 \rightarrow Ca^{2+} + 2\,HCO_3^-$$

In Abwesenheit von Kohlensäure lösen sich in einem Liter Wasser bei 20 °C nur 0.15 mg Kalk. Dabei lagert sich ein Teil der gelösten Carbonat-Ionen unter Wasseraufspaltung (Hydrolyse) in Hydrogencarbonat-Ionen um:

$CaCO_3$ ungelöst $\rightleftarrows$ $Ca^{2+} + CO_3^{2-}$ gelöst (Lösungsgleichgewicht des Kalks)

$CO_3^{2-} + OH_2 \rightleftarrows HCO_3^- + OH^-$ (Hydrolysegleichgewicht des Carbonat-Ions oder Dissoziationsgleichgewicht des Hydrogencarbonat-Ions)

Kalklösungen reagieren demnach alkalisch. Aus Abb. 38 geht hervor, in welchen pH-Bereichen die einzelnen Dissoziationsstufen der Kohlensäure vorliegen. Danach kommen im pH-Bereich 7-9 alle Stufen nebeneinander vor, ferner nicht ionisiertes CO_2 und, in Gegenwart von genügend Carbonat- und Calcium-Ionen, ein Bodenkörper von festem Kalk (Kohlensäure-Carbonat-System).

Eine ökochemisch besonders bedeutsame Rolle spielt das Hydrogencarbonat als **pH-Puffer**. So fängt das Hydrogencarbonat die bei einer Ansäuerung zugeführten H^+-Ionen zum Teil ab unter Bildung von neutralen Kohlensäure- und Kohlendioxidmolekülen, so daß der pH-Wert nicht so stark abfällt wie sonst zu erwarten. Entsprechend

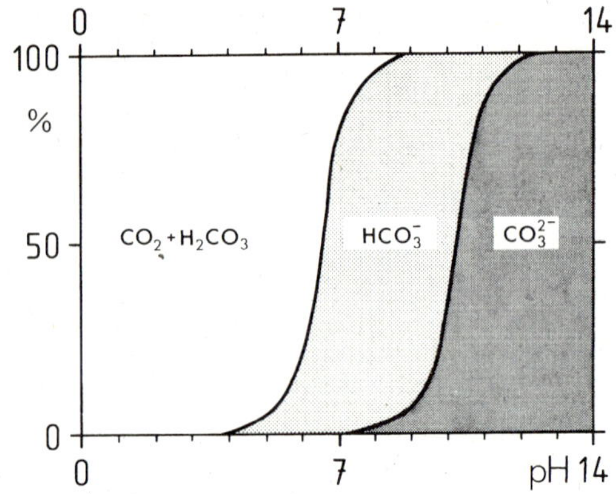

Abb. 38: Dissoziation der Kohlensäure in Abhängigkeit vom pH-Wert. (Nach FAURHOLT in GESSNER 1959, umgezeichnet.)

neutralisiert das Hydrocarbonat etwa zugegebene OH^--Ionen teilweise. Diese pH-stabilisierende Wirkung des Hydrogencarbonats ist im pH-Bereich 7-9 am ausgeprägtesten und steigt natürlich mit der Hydrogencarbonatkonzentration (s.Abb. 39).

Die anorganischen Kohlenstoffverbindungen CO_2, H_2CO_3 usw. werden im Wasser im allgemeinen titrimetrisch mit verdünnter Natronlauge und Salzsäure über das Base- und Säurebindungsvermögen bestimmt. Mit dem Basebindungsvermögen werden außer Wasserstoff-Ionen, die meist nicht ins Gewicht fallen, vor allem das Kohlendioxid, die undissoziierte Kohlensäure und das Hydrogencarbonat erfaßt. Mit dem Säurebindungsvermögen werden neben den meist vernachlässigbar geringen Konzentrationen von Hydroxyl-Ionen insbesondere das Hydrogencarbonat und Carbonat, aber auch die Salze anderer schwacher Säuren (von Humin-, Fulvo- und anderen organischen Säuren und von Schwefelwasserstoff) und die Oxidhydrate von Eisen, Mangan und Aluminium bestimmt. Die bei der Wasser- und Abwasseruntersuchung häufig mit bestimmte **Karbonathärte** stellt ein Maß für die Hydrogencarbonat- und Carbonatkonzentration dar, ausgedrückt in Calciumoxid-Äquivalenten. Danach entspricht ein Grad deutscher Härte (1° dH) 10 mg CaO/l (vgl. auch die Calcium- und Magnesiumhärte S. 65).

Reich an Kohlendioxid und Kohlensäure sind Quellen, insbesondere die seltenen Mineralquellen. Weniger mit diesen endoxidierten Kohlenstoffverbindungen angereichert sind die gewöhnlichen Quellabläufe, die Fließgewässersedimente und die tieferen Wasserschichten der Stauseen. CO_2– und H_2CO_3–arm sind stark strömende Gewässerstrecken, vor allem bei höheren Wassertemperaturen und fern von Quellen und Abwassereinleitstellen. Gewässerabschnitte mit fäulnisfähigen organischen Verunreinigungen weisen allgemein höhere CO_2– und H_2CO_3-Konzentrationen auf als unbelastete.

Viel Hydrogencarbonat findet sich in den Fließgewässern der Kalk- und Dolomitlandschaften (s.S. 65), sehr wenig dagegen in den Gewässern primär kalkfreier Buntsandstein- und Urgesteinslandschaften (s.Abb. 39 und 40). Vergleichweise hohe

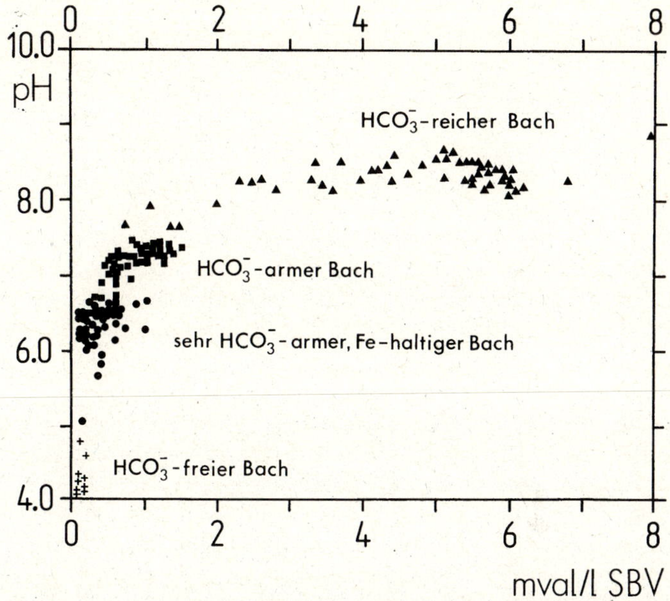

Abb. 39: Die Beziehung von pH-Wert und Säurebindungsvermögen (SBV) in vier ausgewählten Waldbächen des Schlitzerlandes in Osthessen und des Kaufunger Waldes in Nordhessen (Meßwerte jeweils gleichmäßig über ein Jahr verteilt). Bei dem hydrogencarbonatfreien Bach handelt es sich um einen stark sauren Fichtenforstbach über Sandsteinuntergrund.

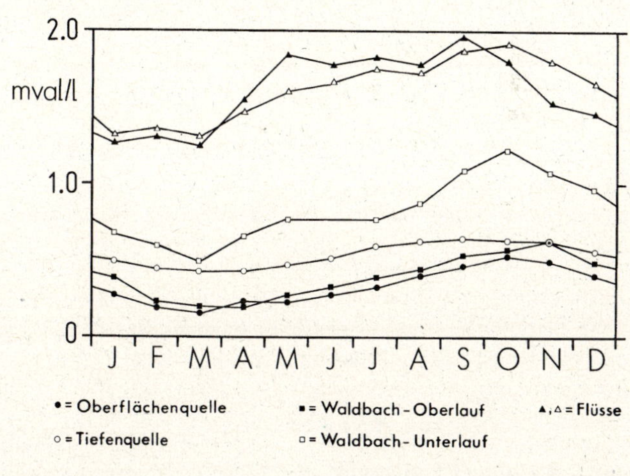

Abb. 40: Säurebindungsvermögen von Waldquellen, Waldbächen und Flüssen (Schlitz und Fulda) in einer Buntsandsteinlandschaft (Schlitzerland in Osthessen) im Jahreslauf (übergreifende Dreimonatsmittel, 1980).

Konzentrationen von Carbonat kommen lediglich in Kalksinterstrecken unterhalb von stark hydrogencarbonatführenden Quellen vor. Jedoch liegt dieses Carbonat sogar im freien Wasser – als frisch ausgefällter Kalk – weitestgehend ungelöst vor. Gänzlich carbonat- und hydrogencarbonatfrei sind die verhältnismäßig seltenen stark sauren Fließgewässer, und zwar Hochmoorabzugsgräben, die Abläufe mancher Quellhang-Anmoore, manche Fichtenforstbäche in kalkfreien oder kalkarmen Landschaften (z.B. im Kaufunger Wald bei Kassel und im Schlitzerland in Osthessen), ferner episodisch schwefelsaure Sumpfquellen.

Die anorganischen Kohlenstoffverbindungen sind in den Fließgewässern überwiegend allochthon. Kohlendioxid und Kohlensäure kommen vor allem aus den Böden der Gewässereinzugsgebiete, in denen sie bei der Mineralisation organischer Stoffe freigesetzt werden. So liefert der vollständige biochemische Abbau von Glucose:

$$C_6H_{12}O_6 + 6\ O_2 \rightarrow 6\ CO_2 + 6\ OH_2$$

Ein geringer Teil CO_2 und H_2CO_3 der versickernden Niederschlagswässer stammt aus der Atmosphäre, die durchschnittlich 0.034 % CO_2 enthält. Die Verbindungen gelangen ferner zusammen mit organischen Verunreinigungen, die bereits in Zersetzung übergegangen sind, insbesondere mit häuslichen Abwässern in die Flüsse und Bäche.

Allochthones Hydrogencarbonat kommt besonders reichlich in Kalk- und Dolomitgebieten aus carbonathaltigen Böden und Gesteinen in die Fließgewässer. Die sonst schwer löslichen Erdalkalicarbonate Kalk und Dolomit werden von überschüssiger Kohlensäure in den Bodensicker- und Gesteinssinkwässern als Hydrogencarbonat fortgelöst. Auf diese Weise entstehen aus Gesteinsspalten häufig (Tropfstein-)Höhlen, die schließlich einstürzen können und die für Karstgebiete so charakeristischen Einsturztrichter oder Dolinen hinterlassen. Ferner entsteht in Gegenwart von Kohlensäure etwas Hydrogencarbonat bei der chemischen Verwitterung von Silikaten und anderen nichtcarbonatischen Gesteinen (s.S. 69). Da diese **Kohlensäureverwitterung** sehr langsam verläuft, sind die Fließgewässer in den primär carbonatfreien Landschaften zwar nicht unbedingt hydrogencarbonatfrei, jedoch ausgesprochen hydrogencarbonatarm. Hydrogencarbonat kann in den Fließgewässern auch als anthropogene Verunreinigung auftreten, z.B. bei Kalkdüngung in den Einzugsgebieten. Carbonat gelangt höchstens als ungelöster Gesteinsschutt von außen in Fließgewässer.

In den Fließgewässern entstehen CO_2 und H_2CO_3 hauptsächlich bei der aeroben Mineralisation organischer Stoffe, weniger bei anaeroben Gärungsvorgängen, die sich auf Stillwasserzonen beschränken und CO_2 eher als Nebenprodukt – neben organischen Säuren, Alkoholen und Methan (Methangärung; s.S. 102) – liefern. Carbonat bildet sich in Fließgewässern bei Verlust von Kohlendioxid, Kohlensäure und Hydrogencarbonat. Aus ursprünglich hydrogencarbonatreichem Wasser fällt schließlich in Gegenwart von viel Calcium schwer lösliches Calciumcarbonat oder Kalk aus **(chemische Kalkfällung)**, in Form des Travertins. Da mit steigender Wassertemperatur die Löslichkeit des Calciumcarbonats und Kohlendioxids abnimmt, fördern hohe Temperaturen die Kalkausfällung sehr. Biogen wird Kalk von photosynthetisierenden Wasserpflanzen ausgefällt **(biogene Kalkfällung)**, die dabei förmlich verkrusten können. Parallel mit der Kalkausfällung steigt der pH-Wert. In Ausnahmefällen kann er bis etwa 12 hochklettern, so in sonnenexponierten, warmen Kalksickerquellen.

Kohlendioxid geht demnach dem oberirdisch abfließenden Wasser durch Verflüchtigung in die Atmosphäre und durch biogenen Entzug verloren. Insbesondere die photoautotrophen Pflanzen resorbieren CO_2, aber auch HCO_3^--Ionen, um daraus organische Substanz zu erzeugen (Primäproduktion). Quellmoos (*Fontinalis antipyretica*) und andere Wassermoose, Wasserstern (*Callitriche*-Arten) und einige andere höhere Wasserpflanzen verwenden nur CO_2 als Kohlenstoffquelle:

$$6\ CO_2 + 12\ OH_2 \rightarrow C_6H_{12}O_6 + 6\ O_2 + 6\ OH_2$$

Wasserpest (*Elodea canadensis*), Krauses Laichkraut (*Potamogeton crispus*) und verwandte Gewächse, Wasserhahnenfuß (*Ranunculus aquatilis*) und viele andere submerse Blütenpflanzen verwenden auch oder ausschließlich Hydrogencarbonat:

$$6\ HCO_3^- + 12\ OH_2 \rightarrow C_6H_{12}O_6 + 6\ OH_2 + 6\ OH^-$$

Da bei der HCO_3^--Assimilation OH^--Ionen freigesetzt werden, kann dabei der pH-Wert im Medium auf 10 ansteigen (s.auch Abb. 35), in stehendem Wasser sogar auf 11. Beim CO_2-Entzug kann der pH-Wert immerhin fast 9 erreichen. Die streng anaeroben photoautotrophen Gewässerbakterien aus den Familien der Thiorhodaceae und Chlorobacteriaceae verwenden bezeichenderweise bei ihrer CO_2-Assimilation anstelle von Wasser Schwefelwasserstoff als Wasserstoffspender:

$$6\ CO_2 + 12\ SH_2 \rightarrow C_6H_{12}O_6 + 12\ S + 6\ OH_2$$

Die chemolithotrophen Bakterien verwerten ebenfalls CO_2 in großen Mengen. Sie gewinnen bekanntlich die Assimilationsenergie durch Oxidation von reduzierten anorganischen Stoffen wie Ammoniak, Nitrit, Schwefelwasserstoff und Schwefel. In anaeroben Stillwasserbezirken vergären Homoacetatgärer CO_2 zu Essigsäure und Methangärer (s.S. 102) das CO_2 zu Methan.

Der Kohlenstoffhaushalt der Fließgewässer wird demnach im wesentlichen von der geologischen Beschaffenheit der Einzugsgebiete, der Belastung der Gewässer mit organischer Substanz und anorganischen Pflanzennährstoffen, den Jahreszeiten und den von allen genannten Faktoren abhängigen Wasserorganismen bestimmt. In der warmen Jahreszeit ist das **Kohlensäure-Karbonat-System** etwas zugunsten des Carbonats verschoben. Indessen bestimmen die anorganischen Kohlenstoffverbindungen nicht nur die Höhe der pH-Werte der meisten Fließgewässer, sondern auch deren pH-Pufferungsvermögen. Besonders verbreitet und bedeutsam ist das Hydrogencarbonat, das den pH-Wert im Neutralbereich stabilisiert (s. auch S. 85).

3.2.3 Salpetersäure und Nitrat

Die Salpetersäure, HNO_3 (Molekulargewicht 63.00), ist in reiner, wasserfreier Form flüssig (Erstarrungspunkt –41.4 °C, Siedepunkt 84 °C). Sie ist mit Wasser in jedem Verhältnis mischbar. Als sehr starke Säure dissoziiert sie in der wäßrigen Lösung vollständig:

$$HNO_3 \rightarrow H^+ + NO_3^-$$

Mit Basen bildet die Salpetersäure die im Wasser auch sehr leicht löslichen Nitrate, die in der wäßrigen Lösung ebenfalls vollständig aufspalten (B = Baserest ganz allgemein):

$$BNO_3 \rightarrow B^+ + NO_3^-$$

Das Nitrat-Ion, NO_3^-, existiert demnach im gesamten natürlichen pH-Bereich. Das Nitrat wirkt auf Tiere viel weniger giftig als Ammoniak oder salpetrige Säure. Es wird im Wasser meist indirekt chemisch nachgewiesen und quantitativ bestimmt, indem es beispielsweise zunächst zu Nitrit reduziert und erst in dieser Form erfaßt wird (s.S. 106).

In den sauberen Fließgewässern, insbesondere in Quellen, ist Nitrat im allgemeinen mengenmäßig die bei weitem wichtigste Stickstoffverbindung. Die Nitrat-N-Konzentration liegt hier überwiegend im mg/l-Bereich (s.Abb. 41). Ausnahmen bilden gelegentlich Sumpfquellen und Stillwasserbezirke der Gewässerläufe, in denen das Nitrat auch unter naürlichen Verhältnissen gänzlich fehlen kann. In den erheblicher verunreinigten Gewässerabschnitten kann die Nitratkonzentration kräftig erhöht oder auch – unter Umständen bis zum Nullwert – verringert sein (s.Abb. 42).

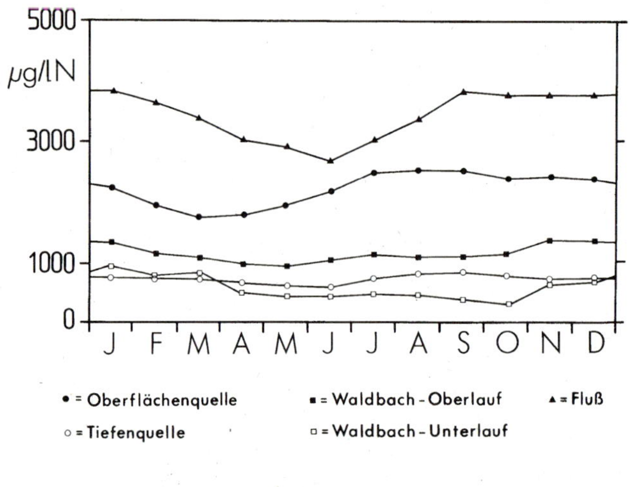

Abb. 41: Nitratkonzentration von Waldquellen, Waldbächen und einem Fluß (Schlitz) in einer Buntsandsteinlandschaft (Schlitzerland in Osthessen) im Jahreslauf (übergreifende Dreimonatsmittel, 1980).

Selbst unter natürlichen oder naturnahen Bedingungen ist das Nitrat in den Fließgewässern teils allochthon, teils autochthon. Das allochthone Nitrat entsteht in den Böden der Gewässereinzugsgebiete großenteils durch bakterielle Oxidation von Ammoniak oder Ammonium, das aus abgebauten organischen Stickstoffverbindungen (Proteine, Peptiden, Aminosäuren) herrührt. Die Oxidation des Ammoniums erfolgt in zwei voneinander trennbaren Schritten. Im ersten Schritt oxidiert *Nitrosomonas* das Ammonium zu Nitrit, und in dem zweiten *Nitrobacter* das Nitrit zu Nitrat:

$$NH_4^+ + 1 1/2\ O_2 \rightarrow NO_2^- + H^+ + OH_2 \text{ (Nitritation)}$$

$$NO_2^- + 1/2O_2 \rightarrow NO_3^- \text{(Nitratation)}$$

$$NH_4^+ + 2\ O_2 \rightarrow NO_3^- + 2\ H^+ + OH_2 \text{ (Nitrifikation)}$$

Dabei entsteht genau genommen Salpetersäure. Bei reichlicher Düngung der Felder mit Ammoniumsalzen oder Harnstoff bildet sich auf diese Weise soviel freie Salpetersäure, daß bei schlecht pH-gepufferten Böden das Grundwasser und dementsprechend auch die Quellwässer beträchtlich versauern können. Weiteres Nitrat gelangt mit Bodenabschwemmungen bei Niederschlägen, durch Auswaschung von Nitratdünger aus Ackerland, mit industriellen Abwässern und nicht zuletzt mit den Abläufen von Kläranlagen, als „Sekundärverunreinigung", in die Fließgewässer. In den Bächen und Flüssen findet ebenfalls eine Nitritifizierung statt. Ins Auge fällt sie in Abwasserfahnen unterhalb von Kommunen und vor allem Schlachthöfen. Hier folgen bezeichnenderweise ein Ammonium-, Nitrit- und Nitratgipfel aufeinander, wie in Abb. 42 exemplarisch gezeigt wird. In den Fließgewässern setzten sich Ammonium (s.S. 100) und Nitrit (s.S. 106) auch rein chemisch in Nitrat um (Autoxidation).

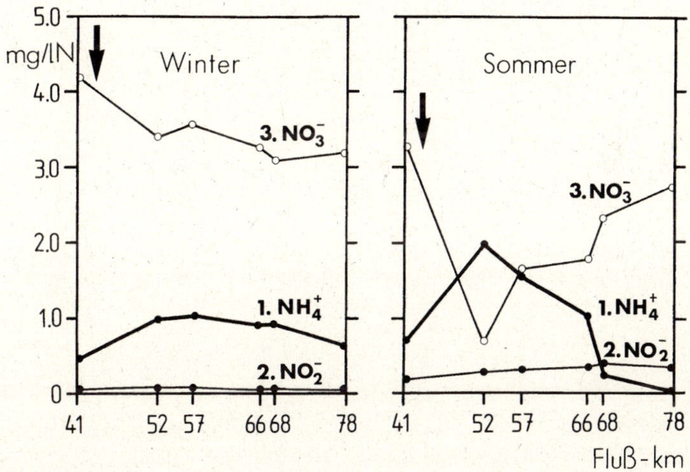

Abb. 42: Die Ammonium-, Nitrit- und Nitratkonzentration in einer Abwasserfahne (in der Fulda unterhalb der gleichnamigen Stadt, vor dem Bau einer neuen Kläranlage; vgl.Abb. 33) im Winter (6.3.1969, Wassertemperatur um 2 °C) und im Sommer (24.7.1969, um 23 °C). Der Pfeil markiert die Abwassereinleitstelle.

Nitrat ist mengenmäßig der wichtigste N-Nährstoff der autotrophen Wasser- und Röhrichtpflanzen, die das Nitrat bis zur Stufe des Ammoniums reduzieren und dann in körpereigene organische Substanz einbauen **(Nitrat-Assimilation)**. In sauerstofffreiem oder -armen Milieu veratmen *Escherichia coli*, verschiedene *Bacillus*-Arten und andere Bakterien Nitrat (**Nitrat-Atmung** oder heterotrophe Nitratreduktion). Als Zwischenprodukt kann sich im Medium Nitrit anreichern. Endprodukte sind Distickstoffoxid, elementarer Stickstoff (s.S. 60) oder Ammonium bzw. Ammoniak (s.S. 99). Diese Vorgänge scheinen in geringem Umfang überall am Fließgewässergrund abzulaufen. Über das Ausmaß einer chemischen Reduktion von Nitrat ist in den Fließgewässern bisher nichts bekannt.

Der Nitrathaushalt der Fließgewässer wird also hauptsächlich von der Bodennutzungsart in den Einzugsgebieten, einer Einleitung von stickstoffhaltigen Abwässern und den Organismen in den Gewässern bestimmt. So sind die Nitratkonzentrationen während der Vegetationsperiode verringert, obgleich auch die Wasserführung der Gewässer herabgesetzt ist. Das Nitrat wird weder von den terrestrischen Böden noch in den Gewässersedimenten nennenswert adsorbiert.

3.2.4 Schwefelsäure und Sulfate

Die Schwefelsäure, H_2SO_4 (Molekulargewicht 98.08), ist in wasserfreiem Zustand eine schwerflüchtige ölige, farb- und geruchlose, daher stark hygroskopische Flüssigkeit (Siedepunkt 338 °C, Erstarrungspunkt 10.4 °C). Sie mischt sich mit Wasser – unter außerordentlicher Wärmeentwicklung – in jedem Verhältnis. Sie stellt eine starke Säure dar und dissoziiert in zwei Stufen, gibt also nacheinander zwei Protonen ab:

$$H_2SO_4 \rightarrow H^+ + HSO_4^-$$

$$HSO_4^- \rightleftarrows H^+ + SO_4^{2-}$$

Jedoch spaltet sie das zweite Proton nur in alkalischem Medium vollständig ab. Die Schwefelsäure bildet demnach zwei Reihen von Salzen, die Hydrogensulfate (ganz allgemein $BHSO_4$) und die normalen Sulfate (B_2SO_4). Die Sulfate sind überwiegend leicht löslich. Schwer löslich ist das Bariumsulfat, worauf sich auch ein verbreitetes Nachweis- und Bestimmungsverfahren für Sulfat gründet (Sulfatausfällung mit Barium-Ionen). Calciumsulfat (Gips und Anhydrit) ist im Wasser mäßig löslich. In Lösung sind die Sulfate bei gewöhnlichen pH-Werten und nicht zu hohen Konzentrationen vollständig dissoziiert:

$$B_2SO_4 \rightarrow 2\,B^+ + SO_4^{2-}$$

Sonst sind in merklichem Umfang HSO_4^--Ionen beigemengt. Im weltweiten Durchschnitt ist das Sulfat nach dem Hydrogencarbonat mengengemäß (s.Tab. 8) das zweitwichtigste Anion der Fließgewässer. Es fehlt normalerweise höchstens in Sumpfquellen und in Stillwasserbereichen von Gewässerläufen. Vergleichsweise niedrige Konzentrationen um 0.5 mval/L treten z.B. in Buntsandsteinlandschaften auf, besonders hohe dagegen in Gebieten mit anstehendem Anhydrit oder Gips, von denen sich

21 mval/l lösen können. In abwasserbelasteten Gewässern sind die Sulfatkonzentrationen meist erhöht, gelegentlich auffällig vermindert.

Allochthone Sulfatquellen der Fließgewässer sind die Niederschläge, die immer Spuren von Sulfaten, oft auch von freier Schwefelsäure anthropogener und natürlicher Herkunft enthalten, ferner die Böden, zum Teil auch die Gesteine der Einzugsgebiete und nicht zuletzt sufathaltige Industrieabwässer. Episodisch sulfatreich und zugleich sehr sauer sind manche Sumpfquellen, in deren Einzugsbereich bei Grundwasserstandsschwankungen Sulfide mit gelöstem oder Luftsauerstoff in Berührung kommen und zu Sulfat und freier Schwefelsäure oxidiert werden. Ähnliche, zum Teil noch stärkere Versauerungen sind in Wässern von Braunkohletagebauen zu beobachten. Hauptverantwortlich für die Sulfidoxidation sind Mikroben, und zwar Bakterien aus der Gattung *Thiobacillus*. Schwefelwasserstoff wird von ihnen folgendermaßen umgesetzt:

$$SH_2 + 2\,O_2 \rightarrow 2\,H^+ + SO_4^{2-} \text{ (Sulfurikation)}$$

Da hierbei Schwefelsäure freigesetzt wird, kann der pH-Wert im Medium auf 3 und tiefer absinken. Im übrigen werden dadurch die Sulfidoxdierer nicht geschädigt. Sie sind an die niedrigen pH-Werte speziell angepaßt. *Thiobacillus ferrooxidans*, der außerdem noch Eisen oxidiert (Name!), erträgt sogar pH-Werte unter 1 (s.S. 108). Die Versauerungen sind bei den ersten kräftigen Regenfällen nach anhaltenden Trockenperioden besonders auffällig (s.Abb.43). Der normale pH-Wert der Sumpfquellen liegt etwa bei 6.

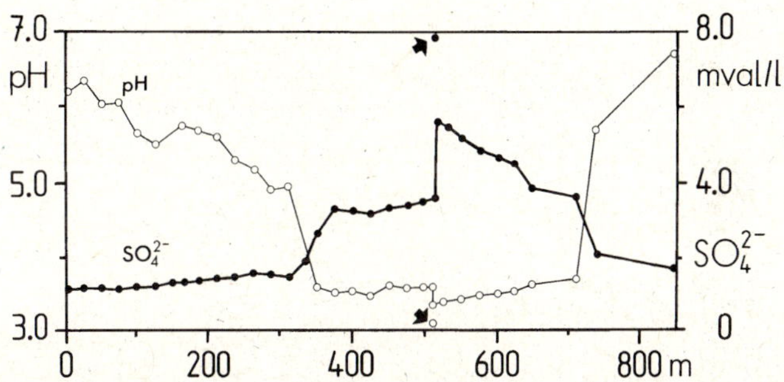

Abb. 43: Sulfatkonzentration und pH-Wert eines Bachabschnitts in einem Wald-Wiesensumpftal bei den ersten starken Regenfällen nach einer anhaltenden Trockenperiode (mittlerer und unterer Krätersbach im Schlitzerland in Osthessen, am 9. und 10.11.1976). Die Pfeile weisen auf die Meßwerte einer ausgeprägten Sumpfquelle hin.

Auch in den Fließgewässern selbst entsteht Sulfat, und zwar überwiegend in der Kontaktzone von aerobem und anaerobem Milieu in Stillwasserbereichen und in Abwasserfahnen von Siedlungen. Auch hier entsteht das Sulfat überwiegend mikrobiell, kaum rein chemisch (autoxidativ). Ausgangsstoffe sind Schwefelwasserstoff, Sulfide, Polysulfide, elementarer Schwefel und Thiosulfat. Diese stellen teils aerobe wie anaerobe Mineralisationsprodukte organischer Schwefelverbindungen (insbesondere schwefelhaltiger Aminosäuren) dar, teils anaerobe Reduktionsprodukte von gelöstem Sulfat. Die biochemische Oxidation von der am stärksten reduzierten Form des Sulfids bis zum endoxidierten Sulfat verläuft in zwei Hauptschritten. Der erste Schritt führt überwiegend zu elementarem Schwefel, der dann von zum Teil anderen Mikroorganismen weiteroxidiert wird.

$$SH_2 + 1/2O_2 \rightarrow S + OH_2$$

$$S + OH_2 + 1 1/2\ OH_2 \rightarrow 3H^+ + SO_4^{2-}$$

In den Fließgewässern sind an der Sulfidoxidation drei Gruppen von Mikroorganismen beteiligt, chemolithotrophe Formen wie die *Thiobacillus*-, *Beggiatoa*- und *Thiothrix*-Arten, die mit der gewonnenen Oxidationsenergie CO_2 assimilieren, eine Reihe von heterotrophen Bakterien und Pilzen und die in anaerobem Milieu lebenden phototrophen Athiorhodaceae, Thiorhodaceae und Chlorobiaceae. Bemerkenswert erscheint der fakulativ anaerobe *Thiobacillus denitrificans*, der Schwefelwasserstoff nicht nur aerob, mit elementarem Sauerstoff, oxidieren kann, sondern auch anaerob, und zwar mit nitritgebundenem Sauerstoff (Name!).

Sulfat dient den autotrophen Pflanzen und den heterotrophen Bakterien und Pilzen als Schwefelnährstoff, der nach Reduktion zur Stufe des Schwefelwasserstoffs in die körpereigene organische Substanz eingebaut wird (**Sulfat-Assimilation**). Ferner veratmen heterotrophe Mikroorganismen unter anaeroben Bedingungen teilweise Sulfat (**Sulfat-Atmung** oder Desulfurikation, s.S. 97). Eine chemische Reduktion von Sulfat ohne Beteiligung von Organismen ist am ehesten in stark saurem Milieu zu erwarten.

Der Sulfathaushalt der Fließgewässer wird demnach vor allem von der geologischen Beschaffenheit der Gewässereinzugsgebiete, von Gewässerverunreinigungen und nicht zuletzt von den Niederschlägen direkt und über die davon abhängigen Wasserorganismen indirekt bestimmt.

3.3 Nur anaerob beständige Stoffe

Als nur anaerob beständige Stoffe werden hier Elemente und Verbindungen angesehen, die nur in Abwesenheit von elementarem Sauerstoff chemisch (und daneben auch biochemisch) beständig sind. Anaerobe Verhältnisse treten in den Fließgewässern am ehesten in Sumpfquellen und in den Schlämmen von Stillwasserzonen vor allem von organisch verunreinigten Gewässerläufen auf, ferner in den Sedimenten und zum Teil auch im freien Tiefenwasser (Hypolimnion) stark eutrophierter, also pflanzennährstoffreicher Stauseen.

Die wichtigsten nur anaerob beständigen Stoffe sind elementarer Wasserstoff, Schwefelwasserstoff, Ammoniak und Methan (s. Tab. 16). Im elementaren Wasserstoff liegt der Wasserstoff, im Schwefelwasserstoff der Schwefel, im Ammoniak der Stickstoff und im Methan der Kohlenstoff jeweils in seiner stärkst reduzierten Form vor.

Die nur anaerob beständigen Stoffe sind nicht nur chemisch, sondern auch biochemisch beständig, weshalb sie sich in dem anaeroben Milieu stark anreichern können. Sie entstehen beim anaeroben Abbau organischer Verbindungen und bei der Reduktion anorganischer Ausgangsstoffe. Elementarer Wasserstoff entsteht bei Gärungsvorgängen, Schwefelwasserstoff beim anaeroben Proteinabbau und bei der bakteriellen Sulfatreduktion (Sulfat-Atmung), Ammoniak ebenfalls beim Proteinabbau im anaeroben Milieu und bei der bakteriellen Nitratreduktion (Nitrat-Atmung) und Methan wiederum bei Gärungsvorgängen (Methangärung). Die nur anaerob beständigen Stoffe sind teils anorganischer, teils organischer Natur (s. auch S. 101).

Elemente	Formale Wertigkeit in Wasser	Typische Verbindungen in wäßriger Lösung
Wasserstoff	0	H_2
Schwefel	2-	SH_2 ; SH^- ; (S^{2-})
Stickstoff	3-	NH_3 ; NH_4^+
Kohlenstoff	4-	CH_4

Tab. 16: Die wichtigsten nur anaerob beständigen chemischen Stoffe; (...) = nur bei extremen pH-Werten auftretende Bindungsformen.

3.3.1 Elementarer Wasserstoff

Der elementare Wasserstoff, H_2 (Molekulargewicht 2.02), bildet bei gewöhnlichen Temperaturen ein farb-, geruch- und geschmackloses, ungiftiges Gas (Kondensationspunkt –252.8 °C, Erstarrungspunkt –259.2 °C). Er löst sich im Wasser schwer; unter einem Gesamtdruck von 760 Torr lösen sich bei 0 °C nur 1.92 mg und bei 20 °C noch 1.50 mg Wasserstoff in einem Liter Wasser. Der molekulare ist – im Gegensatz zum atomaren Wasserstoff, der nur vorübergehend beim Freiwerden von Wasserstoff existiert – bei normalen Temperaturen recht reaktionsträge. Dennoch bildet der Wasserstoff mit allen Elementen Verbindungen, die Hydride. In der Natur sind jedoch nur die Hydride von Nichtmetallen bedeutsam, wie das Wasser (OH_2), das Ammoniak (NH_3), der Schwefelwasserstoff (SH_2), das Methan (CH_4) und der Chlorwasserstoff (HCl). Elementarer Wasserstoff dissoziiert nicht, bildet also weder eine Säure noch eine Base. Elementarer Wasserstoff läßt sich qualitativ zum Beispiel mit der Knallgasprobe nachweisen; quantitativ wird er meist mit physikalischen Methoden, vor allem mit Hilfe der Gaschromatographie bestimmt.

Unter natürlichen Verhältnissen kann elementarer Wasserstoff in Sumpfquellen und in Stillwasserzonen der Gewässerläufe vorkommen. Wesentlich verbreiteter ist er in den Sedimenten anthropogen verunreinigter Fließgewässer, insbesondere von Talsperren und Mühlenstaus.

Nur ausnahmsweise ist der molekulare Wasserstoff in Fließgewässern allochthon, wie in manchen Sumpfquellen und in Bächen und Flüssen unterhalb von Abwassereinleitungen. Da der elementare Wasserstoff nur unter anaeroben Bedingungen entbunden werden kann, entsteht der weit überwiegende autochthone Wasserstoff in den Fließgewässern in Faulschlämmen, bevorzugt bei höheren Temperaturen. Hauptentstehungsorte sind daher nährstoffreiche Talsperren und mit fäulnisfähigen Stoffen hoch belastete Mühlenstaus. Viele Fäulnisbakterien, darunter fakultative Darmbakterien und Clostridien, vergären Kohlenhydrate und andere organische Verbindungen zu Wasserstoff und weiteren niedermolekularen Produkten. Z.B. zerlegen viele Bakterien Ameisensäure (HCOOH) in Kohlendioxid und Wasserstoff:

$$HCOOH \rightarrow CO_2 + H_2$$

Ein Teil des elementaren Wasserstoffs gelangt aus den Sedimenten in das freie Wasser oder sogar in die Atmosphäre, begünstigt vor allem durch aufsteigende Fäulnisgasblasen, die immer etwas Wasserstoffgas mitreißen. Ein großer Teil des freien Wasserstoffs wird bereits im Schlamm von Gewässermikroben weiter umgesetzt. So vergären manche *Methanobacter*-Arten Kohlendioxid mit Wasserstoff zu Methan (s.S. 102). Elementarer Wasserstoff, der einmal in sauerstoffhaltiges Wasser gelangt ist, wird hier von „Knallgasbakterien", etwa von *Hydrogenomonas*-Arten und *Micrococcus denitrificans* oxidiert. Bemerkenswerterweise vermag *Micrococcus denitrificans*, wie der Name bereits andeutet, den freien Wasserstoff außer mit elementarem Sauerstoff auch mit Nitrat, Nitrit oder Distickstoffoxid zu oxidieren. Dabei wird der Stickstoff freigesetzt (Denitrifizierung; s.S. 60), z.B.:

$$2\,NO_3^- + 5\,H_2 + 2\,H^+ \rightarrow N_2 + 6\,OH_2$$

Chemische Umsetzungen des elementaren Wasserstoffs ohne Beteiligung von Organismen könnten – bei katalytischer Wirkung unbekannter Begleitstoffe – im aeroben und anaeroben Milieu stattfinden. Im Überschuß ist er jedoch unter anaeroben Verhältnissen beständig. Demnach ist der H_2-Haushalt der Fließgewässer eng mit der organischen Belastung und dem Sauerstoffhaushalt korreliert. Die Organismen spielen eine entscheidende Mittlerrolle.

3.3.2 Schwefelwasserstoff und Sulfide

Der Schwefelwasserstoff, SH_2 (Molekulargewicht 34.08), bildet bei normalen Temperaturen ein farbloses, nach faulen Eiern riechendes, stark giftiges Gas (Kondensationspunkt –60.3 °C, Erstarrungspunkt –85.5 °C). Bei einem Gesamtdruck von 760 Torr lösen sich bei 0 °C 7.02 g und bei 20 °C 3.83 g Schwefelwasserstoff im Liter Wasser. Der Schwefelwasserstoff verhält sich in der wäßrigen Lösung wie eine sehr schwache Säure, die teilweise ein Proton abspaltet:

$$SH_2 \rightleftarrows H^+ + SH^-$$

Das entstandene Hydrogensulfid-Ion SH^-, spaltet in alkalischer Lösung ein zweites Proton ab:

$$SH^- + OH^- \rightleftarrows S^{2-} + OH_2$$

Daher bildet der Schwefelwasserstoff zwei Reihen von Salzen, die Hydrogensulfide (allgemein BHS) und die normalen Sulfide (B_2S). Bei Ansäuerung wird aus den Sulfiden der Schwefelwasserstoff wieder freigesetzt:

$$B_2S + 2\,H^+ \rightarrow 2B^+ + SH_2$$

In der wäßrigen Lösung liegen unterhalb pH 5 nur freier Schwefelwasserstoff, zwischen pH 5 und 9 auch und zwischen pH 9 und 11 nur Hydrogensulfide vor. Erst oberhalb pH 11 kommen Sulfid-Ionen hinzu. Alle Hydrogensulfide sind im Wasser leicht löslich. Von den normalen Sulfiden sind nur die Alkalisulfide leicht, die Erdalkalisulfide dagegen mäßig und die Sulfide der meisten übrigen Metalle, insbesondere der Übergangsmetalle, sogar schwer oder gar nicht löslich. Schwefelwasserstoff und der übrige Sulfidschwefel lassen sich im Wasser chemisch mit Bleiacetat nachweisen und mit Dimethyl-p-Phenylendiamin und Eisen(III)-Salzen indirekt als Methylenblau quantitativ bestimmen.

Sulfidschwefel kommt in den Fließgewässern ursprünglich nur in Sumpfquellen und Stillwasserzonen vor. Bei der heute verbreiteten Gewässerverschmutzung tritt er auch sonst gelegentlich in Flüssen und Bächen auf, und zwar unterhalb von Fäkalieneinleitungen, aber auch in stärker eutrophierten Talsperren. Die reduzierten Schwefelverbindungen liegen im Wasser teils echt gelöst, teils kolloid vor. Die Konzentrationen des Sulfidschwefels können hoch in den mg/l-Bereich steigen.

Der Sulfidschwefel ist unter natürlichen oder naturnahen Bedingungen nur in Sumpfquellen und ihren Abläufen, in zivilisatorisch beeinflußten Gewässerläufen außerdem unterhalb von Einleitstellen für organische, bereits in Fäulnis übergegangene Abwässer allochthon. In den Fließgewässern entsteht zwar überall Schwefelwasserstoff, auch unter den vorherrschenden aeroben Bedingungen. Doch ist er unter aeroben Verhältnissen nur in der Übergangszone zu anaerobem Milieu nachweisbar. In sauerstoffreicherem Wasser wird er lediglich bei der Mineralisation organischer Schwefelverbindungen wie Cystein freigesetzt und dann sofort von freiem Sauerstoff zumindest zu elementarem Schwefel oxidiert (R = organischer Molekülrest und -SH = Sulfhydrylgruppe):

$$R\text{-}SH + OH_2 \rightarrow R\text{-}OH + SH_2 \text{ (Desulfuration)}$$

$$SH_2 + 1/2O_2 \rightarrow S + OH_2 \text{ (Sulfid-Autoxidation)}$$

Unter anaeroben Bedingungen kann sich dagegen der Schwefelwasserstoff anreichern. Aber auch hier stammt nur wenig Schwefelwasserstoff aus organischen Schwefelverbindungen. Der weitaus überwiegende Teil entsteht hier durch eine Reduktion von gelöstem Sulfat, und zwar hauptsächlich im Gewässerschlamm, in nährstoffreichen Talsperren während der Sommerstagnation auch im Wasser darüber. Verantwortlich für die Sulfat-Reduktion sind die obligat anaeroben *Desulfovibrio*- und *Desulfotomaculum*-Arten, Bakterien, die das Sulfat veratmen (Sulfat-Atmung, Desulfurikation; (H) = organisch gebundener Wasserstoff):

$$SH_4^{2-} + 8\,(H) \rightarrow SH_2 + 2\,OH^- + 2\,OH_2$$

Mit Hilfe des Sulfatsauerstoffs oxidieren die genannten Bakterien vor allem organische Säuren und Alkohole, die im anaeroben Milieu als Gärungsprodukte von anderen Gewässermikroben vorkommen. Eine rein chemische Reduktion des Sulfats bis zur Stufe des Sulfids scheint in Gewässern kaum (oder gar nicht?) aufzutreten.

Bei Luftkontakt entweicht Schwefelwasserstoff aus dem Gewässer in die Atmosphäre (wo er in den Aerosolen zu Schwefelsäure oxidiert). Durch Ausfällung mit Übergangsmetallen, insbesondere mit Eisen (s.S. 109), geht weiter Sulfidschwefel zumindest vorübergehend dem Schwefelkreislauf im Fließgewässer verloren. Da der Schwefelwasserstoff ein verhältnismäßig starkes Reduktionsmittel darstellt, reduziert er nicht nur elementaren Sauerstoff, sondern auch dreiwertiges Eisen, salpetrige Säure und andere oxidierte anorganische Stoffe und verschiedene organische Verbindungen. Er selbst wird dabei zu Disulfid (S_2H_2) oder zu elementarem Schwefel oxidiert. Noch bedeutsamer als die chemische oder Autoxidation.des Sulfidschwefels ist seine biochemische Oxidation durch Gewässermikroben. Sie führt meist über den elementaren Schwefel hinaus bis zum Sulfat oder zur freien Schwefelsäure (Sulfurikation; s.S. 93). Schließlich verwenden die immer sauerstofffrei lebenden phototrophen Thiorhodaceae (*Chromatium, Thiospirillum*) und Chlorobiaceae (*Chlorobium, Chlorochromatium*) Schwefelwasserstoff als Reduktionsmittel bei der CO_2-Assimilation (s.S. 89).

Der Sulfidschwefel-Haushalt der Fließgewässer steht demnach in engster Beziehung zu ihrer Belastung mit organischen, abbaubaren Stoffen und dem Sauerstoffhaushalt, zumal elementarer Sauerstoff und reduzierte Schwefelverbindungen leicht miteinander reagieren und sich daher gegenseitig nahezu ausschließen. Das Auftreten von Schwefelwasserstoff in Fließgewässern ist meist ein Zeichen für eine anthropogene Gewässerverunreinigung. Besonders sinnfällig wird dies etwa in Mühlenstaus unterhalb von Einleitstellen für häusliche und andere organische Abwässer bei plötzlich erhöhten Abflüssen und damit verstärkter Strömung. Zuvor abgesetzte Faulschlämme werden dann aufgewirbelt und über das Wasser verteilt. Die Folge sind oft Fisch- und andere Tiersterben durch Schwefelwasserstoffvergiftung, Ammoniakvergiftung und (oder) Ersticken.

3.3.3 Ammoniak und Ammonium

Das Ammoniak, NH_3 (Molekulargewicht 17.03), bildet bei normalen Temperaturen ein farbloses, stechend und erstickend riechendes, giftiges Gas (Kondensationspunkt –33.4 °C, Erstarrungspunkt –77.7 °C). Im Wasser ist es aufgrund der engen chemischen Verwandtschaft sehr leicht löslich. Unter einem Druck von 760 Torr lösen sich bei 0 °C 895 g und bei 20 °C noch 531 g Ammoniak im Liter Wasser. Ammoniak setzt sich im Wasser bis zu einem Gleichgewicht in Ammonium, NH_4^+, um. Dabei wird Wasser aufgespalten:

$$NH_3 + OH_2 \rightleftarrows NH_4^+ + OH^-$$

Da neben Ammonium-Ionen auch Hydroxyl-Ionen entstehen, reagieren wäßrige Ammoniaklösungen alkalisch. NH_3 stellt demnach eine schwache Base dar. Mit Säuren bildet sie die Ammoniumsalze (ganz allgemein NH_4A; A = Säurerest). In alkalischem Medium wird aus den Ammonium-Ionen das Ammoniak wieder freigesetzt, wie auch aus der ersten Reaktionsgleichung folgt:

$$NH_4^+ + OH^- \rightarrow NH_3 + OH_2$$

Demnach liegt in stärker saurer Lösung nur Ammonium und in stärker alkalischem Medium allein freies Ammoniak vor. Lediglich um den Neutralpunkt kommen beide Formen nebeneinander vor. Während das Ammonium-Ion ungiftig ist und sogar einen wichtigen Pflanzennährstoff darstellt, bildet das Ammoniak ein starkes Gift. Schon ein Milligramm im Liter Wasser tötet Fische. Ammoniak und Ammonium lassen sich im Wasser, z.B. mit NESSLERs Reagenz nachweisen und quantitativ bestimmen.

Unter natürlichen und naturnahen Verhältnissen treten in den Fließgewässern Ammoniak und (oder) Ammonium nur in Spuren auf. Im allgemeinen pendeln ihre Konzentrationen um 30 µg/l. Besonders niedrige Gehalte weisen Quellwässer auf (s. Abb. 44), abgesehen von manchen Sumpfquellen, deren Werte stark erhöht sein können. Natürliche Konzentrationsanstiege bis etwa 100 µg/l können im Herbst in Bächen beobachtet werden (s. Abb. 44). Zum Teil drastisch erhöhte Konzentrationen sind in verunreinigten Fließgewässern zu finden. Hier liegen sie oft im mg/l-Bereich.

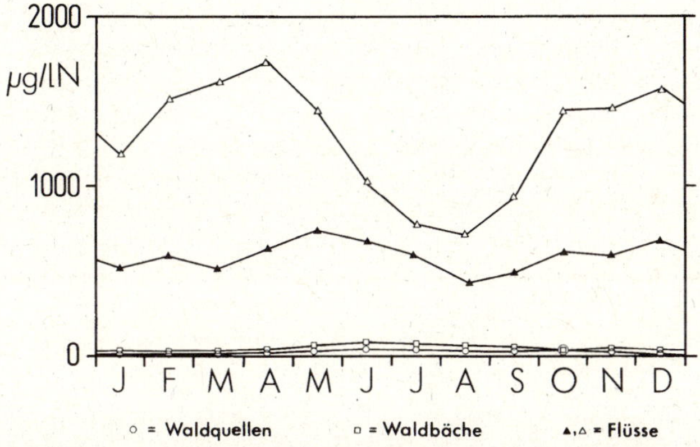

Abb. 44: Ammoniumkonzentration in Waldquellen, Waldbächen und zwei Flüssen (Schlitz und Fulda) in einer Buntsandsteinlandschaft (Schlitzerland in Osthessen) im Jahreslauf (übergreifende Dreimonatsmittel, 1980).

Ammonium und Ammoniak gelangen vor allem mit häuslichen Abwässern, aber auch mit Abläufen von Kläranlagen (als sogenannte Sekundärverunreinigungen), Miststellen und Futtersilos und mit Quellwässern von frisch gedüngten Feldern in Bäche und Flüsse. Bei Niederschlägen geraten die beiden Stickstoffverbindungen außerdem mit Bodenabschwemmungen, mit dem Trauf der Vegetation und dem Niederschlag selbst in die Gewässerläufe. Der Niederschlag enthält nicht selten mehr als ein Milligramm Ammoniumstickstoff im Liter. In den Fließgewässern entstehen Ammonium und Ammoniak beim Abbau autochthoner wie allochthoner organischer Stickstoffverbindungen (**Ammonifikation**; R = organischer Molekülrest):

$$R\text{-}NH_2 + OH_2 \rightarrow R\text{-}OH + NH_3$$

Der Vorgang entspricht einer Desaminierung (Abspaltung einer Aminogruppe, $-NH_2$). So wird Harnstoff aus ungeklärt eingeleiteten häuslichen Abwässern mikrobiell rasch in Kohlensäure und Ammoniak zerlegt:

$$H_2N\text{-}CO\text{-}NH_2 + 2\ OH_2 \rightarrow H_2CO_3 + 2\ NH_3$$

Ammoniak wird ferner von vielen Wassertieren als stickstoffhaltiges Stoffwechselendprodukt ausgeschieden, wie etwa von Krebsen, Fischen und Kaulquappen. In stark mit fäulnisfähigen Stoffen belasteten Fließgewässerstrecken kann darüber hinaus, überwiegend unter anaeroben Bedingungen, eine Nitrat-Reduktion eintreten, die ebenfalls bis zum freien Ammoniak führen kann (**Nitrat-Ammonifikation**; (H) = organisch gebundener Wasserstoff):

$$NO_3^- + 8\ (H) \rightarrow NH_3 + OH^- + 2\ OH_2$$

Ammonium wird vor allem von Makrophyten, sessilen und planktischen Kleinalgen, aber auch von Bakterien und Pilzen als Nährstoff verwertet (**Ammonium-Assimilation**). Kolloide und aufgeschwemmte oder sedimentierte Partikel, insbesondere Tonminerale und organische Teilchen , adsorbieren oder binden durch Kationenaustausch zum Teil begierig gelöstes Ammonium und entziehen es so dem Stoffkreislauf im Gewässer vorübergehend oder auch auf Dauer. Ferner verflüchtigt sich bei Luftkontakt Ammoniak aus dem Wasser. Ammonium und Ammoniak können in den Fließgewässern bei den meist herrschenden aeroben Verhältnissen zu Nitrat oxidieren. Die Oxidation erfolgt zum Teil selbsttätig (Autoxidation), also rein chemisch ohne Beteiligung von Organismen. Viel bedeutsamer ist jedoch die mikrobielle Oxidation (Nitrifikation; s.S. 91).

Der Ammonium- und Ammoniakhaushalt der Fließgewässer wird demnach ähnlich wie der Sulfidschwefelhaushalt (s.S. 98) vor allem von ihrer Belastung mit organischen, fäulnisfähigen Stoffen und ihrem O_2-Haushalt geprägt. Wie der Schwefelwasserstoff eignen sich Ammonium und Ammoniak gut als Indikatoren für eine Gewässerverschmutzung mit häuslichen und anderen organischen Abwässern. Im übrigen verlangsamt sich die Oxidation der reduzierten Stickstoffverbindungen mit fallenden Wassertemperaturen stärker als ihre Freisetzung, so daß sich ihre Konzentrationen im Winterhalbjahr im freien Wasser erhöhen (s. Abb. 44). In anaerobem Milieu reichern sich die reduzierten Stickstoffverbindungen – in Faulschlämmen und in stark eutrophierten Stauseen auch im Wasser darüber – vorwiegend in der warmen Jahreszeit an, zumal hier eine Oxidation ausgeschlossen ist. Diese Anhäufung von Ammonium und Ammoniak ist vor allem in Mühlenstaus und anderen langsam strömenden Gewässerabschnitten bedenklich (s.S 99).

3.3.4 Methan

Im Gegensatz zum bisher besprochenen anorganischen elementaren Wasserstoff, Schwefelwasserstoff und Ammoniak bildet das Methan einen organischen Stoff. Organische Stoffe stellen wasserstoffhaltige Kohlenstoffverbindungen dar, in denen mindestens ein H-Atom unmittelbar an ein C-Atom gebunden ist. Das Methan bildet demnach die ausgeprägteste organische Verbindung überhaupt. Das andere Extrem stellt die rein anorganische Kohlensäure dar, die zwar auch Wasserstoff enthält. Doch sind ihre Wasserstoffatome an Sauerstoffatome gebunden, wie auch aus der folgenden Reihe der C_1-Verbindungen (Verbindungen mit einem C-Atom) hervorgeht. Mit angeführt ist jeweils die formale Wertigkeit des Kohlenstoffs:

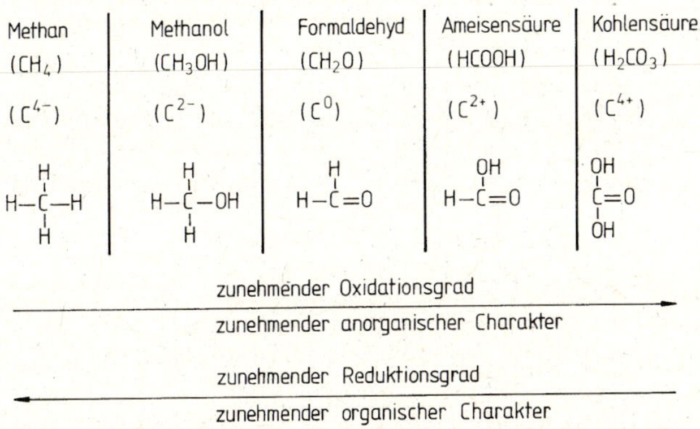

Die bereits erwähnte außerordentliche Vielfalt der organischen Stoffe geht auf die Eigenschaft der Kohlenstoffatome zurück, auch miteinander feste Bindungen zu knüpfen. Auf diese Weise können die C-Atome recht beständige Ketten, Ringe und zum Teil hochkomplizierte Ringsysteme (s.S. 130) bilden, wie auch die folgenden Beispiele von Kohlenwasserstoff zeigen:

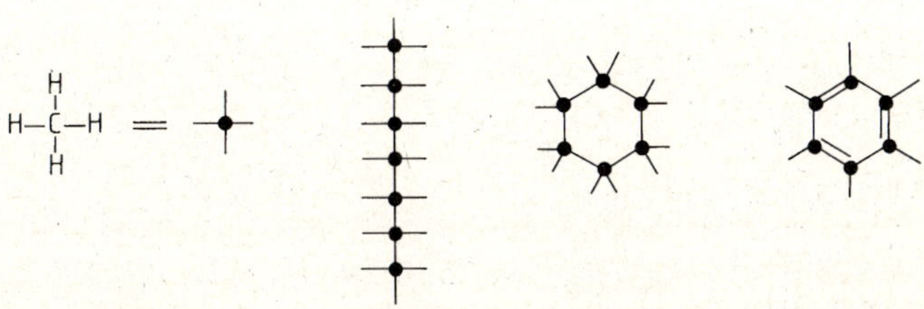

Methan (CH_4) Heptan (C_7H_{16}) Zyklohexan (C_6H_{12}) Benzol (C_6H_6)

Das Methan ist der einfachste Kohlenwasserstoff und zugleich die beständigste organische Verbindung überhaupt.

Das Methan, CH_4 (Molekulargewicht 16.04), bildet bei gewöhnlichen Temperaturen ein farb-, geruch- und geschmackloses, ungiftiges Gas (Kondensationspunkt –161.7 °C, Erstarrungspunkt –182.6 °C). Es ist im Wasser nur mäßig löslich. So lösen sich unter einem Druck von 760 Torr bei 0 °C 39.6 mg und bei 20 °C noch 23.2 mg im Liter Wasser. Methan ist chemisch verhältnismäßig reaktionsträge, weshalb es auch in der Atmosphäre ständig in Spuren vorkommt. Es dissoziiert nicht im Wasser, bildet also weder eine Säure noch eine Base. Nachweisen läßt sich Methan mit der Brennprobe. Quantitativ wird es gaschromatographisch bestimmt.

Methan kommt als Hauptbestandteil des Sumpfgases ursprünglich nur in Sumpfquellen und in Stillwasserzonen von Gewässerläufen vor. Aufgrund der fast allgemeinen Gewässerverschmutzung ist es heute jedoch in den Flüssen und Bächen, vor allem aber in ihren aufgestauten Abschnitten, den Talsperren und kleinen Staustufen, wesentlich häufiger anzutreffen. Hier wird es ausschließlich mikrobiell und unter anaeroben Bedingungen gebildet. Diese **Methangärung** findet vorwiegend in Faulschlammablagerungen, weniger in sauerstofffreiem Wasser darüber (im Hypolimnion stark eutrophierter Stauseen) statt. Ausgangsstoffe sind niedere organische Säuren, andere niedermolekulare organische Verbindungen und sogar Kohlendioxid. So vergärt *Methanosarcina barkeri* z.B. die Essigsäure zu Methan und Kohlendioxid:

$$CH_3\text{-}COOH \rightarrow CH_4 + CO_2$$

Verschiedene *Methanobacterium*-Arten vergären Kohlendioxid mit organisch gebundenem Wasserstoff, (H), oder auch mit elementarem Wasserstoff:

$$CO_2 + 8\,(H) \rightarrow CH_4 + 2\,OH_2 \text{ bzw. } CO_2 + 4\,H_2 \rightarrow CH_4 + 2\,OH_2$$

Das Methan entweicht in größeren Mengen in Form von **Gasblasen** aus dem Faulschlamm in das freie Wasser und zum Teil noch in die Luft. Das Methan, das sich beim Aufsteigen in sauerstoffhaltigem Wasser gelöst haben sollte, wird hier von speziellen Gewässermikroben, von *Methanomonas methanica* und anderen Pseudomonaden und von verschiedenen Actinomyceten mit elementarem Sauerstoff zu Kohlendioxid oxidiert:

$$CH_4 + 2\,O_2 \rightarrow CO_2 + 2\,OH_2$$

In welchem Umfang Methan möglicherweise im Wasser autoxidiert, ist unbekannt.

Der Methanhaushalt der Fließgewässer steht in engster Beziehung zum Sauerstoffhaushalt. Methan zeigt in den Gewässerläufen und kleinen Staustufen fast immer eine anthropogene Verschmutzung mit organischen, fäulnisfähigen Stoffen und in Talsperren eine stärkere Eutrophierung an.

3.4 Unbeständige Stoffe

Als unbeständige Stoffe werden hier Elemente und Verbindungen bezeichnet, die in den Fließgewässern weder unter aeroben noch unter anaeroben Bedingungen chemisch beständig sind. Am häufigsten treten die chemisch unbeständigen Stoffe in der

Kontaktzone von aerobem und anaerobem Milieu auf, ohne zwangsläufig darauf beschränkt zu sein..

Elemente	Formale Wertigkeit in Wasser	Typische Verbindungen in wäßriger Lösung
Chlor Sauerstoff Schwefel Stickstoff kohlenstoff	0 bis 1+ 1- 1– bis 4+ 1– bis 3+ 2–	[Cl_2 ; HClO ; ClO^-] [O_2H_2] S_2H_2 ; S ; $S_2O_3^{2-}$ NH_2OH ; HNO_2 ; NO_2^-
Eisen Quecksilber	2+ ⇔3+ 0 ⇔1+ ⇔2++	Fe^{2+} ⇔Fe^{3+} Hg ⇔Hg^+ ⇔Hg^{2+}

Tab. 17: Die wichtigten anorganischen unbeständigen Stoffe der Fließgewässer; (...) = möglicherweise chemisch beständig (keinesfalls stabil); [...] = nur in speziellen Abwässern.

Chemisch unbeständig sind Stickstoff, Schwefel und andere für alle Organismen lebenswichtige oder essentielle Nichtmetalle (s. Tab. 17) in ihren mittleren Oxidationsstufen, während sie vollkommen oxidiert oder auch reduziert je nach den Milieubedingungen chemisch, zum Teil sogar biochemisch beständig sein können. Chemisch unbeständig sind ferner viele Metall-Ionen, deren Wertigkeit ebenfalls veränderlich ist und sogar förmlich pendeln kann (Übergangsmetalle wie Eisen und Quecksilber, aber auch Lanthaniden und die radioaktiven Aktiniden; s. Tab. 10). Die meisten chemisch unbeständigen Stoffe werden biochemisch geradezu stürmisch umgesetzt. Dies gilt nicht nur für die bisher besprochenen anorganischen Stoffe, sondern vor allem auch für die organischen unbeständigen Verbindungen (s.S. 111), die häufig von vielen Organismenarten, nicht nur von Spezialisten verwertet werden.

3.4.1 Elementares Chlor

Elementares Chlor, Cl_2 (Molekulargewicht 70.91), bildet bei normalen Temperaturen ein schwach gelbgrünes, erstickend riechendes, ätzendes, sehr giftiges Gas (Kondensationspunkt –34.0 °C, Erstarrungspunkt –102.4 °C). Im Wasser ist es gut löslich. So lösen sich unter einem Druck von 760 Torr bei 0 °C 14.38 g und bei 20 °C noch 7.24 g Chlorgas. Das freie Chlor ist chemisch sehr reaktionsfähig, so daß Chlor in der Natur normalerweise nur in Vulkandämpfen elementar vorkommt. Mit dem Wasser reagiert es unter Bildung von Salzsäure und unterchloriger Säure (HClO), die zu den stärksten Oxidationsmitteln zählt:

$$Cl_2 + OH_2 \Leftrightarrow HCl + HClO$$

Demnach disproportioniert das elementare, nullwertige Chlor in der wäßrigen Lösung in einwertig negativ und einwertig positiv gebundenes Chlor. Das hohe Oxidationsvermögen der unterchlorigen Säure beruht auf ihrer besonderen Instabilität. Vor allem im

Licht spaltet sie leicht elementaren Sauerstoff ab, der bekanntlich im Entstehen (im „statu nascendi") als zunächst einatomiger Sauerstoff (vgl. auch S. 77) besonders reaktionsfähig ist:

$$HClO \rightarrow HCl + 1/2O_2$$

Das Oxidationsvermögen des Chlorgases selbst ist etwas geringer, obgleich es ebenfalls Sauerstoff, und zwar aus Wasser, freisetzt; es ist demnach chemisch etwas beständiger als die unterchlorige Säure:

$$Cl_2 + OH_2 \rightarrow 2\ HCl + 1/2O_2$$

Elementares Chlor läßt sich im Wasser beispielsweise mit Benzidin und Pyridin nachweisen und auch quantitativ bestimmen.

Elementares Chlor und unterchlorige Säure und ihre Salze, die Hypochlorite (ganz allgemein BClO), kommen in unseren Fließgewässern höchstens als anthropogene Verunreinigungen (Desinfektions- und Bleichmittel) vor. Da ein Teil des freien Chlors aus dem Wasser in die Luft entweicht, und das freie Chlor sowie die unterchlorige Säure und ihre Salze chemisch recht unbeständig sind, zeigen diese Stoffe immer eine frische Abwassereinleitung an.

3.4.2 Salpetrige Säure und Nitrit

Die salpetrige Säure, HNO_2 (Molekulargewicht 47.02), ist nur in kalten, verdünnten wäßrigen Lösungen beständig. In der Natur muß sie daher als unbeständig gelten, zumal hier immer Begleitstoffe vorkommen, die sie entweder oxidieren oder reduzieren können. Die salpetrige Säure stellt eine schwache bis mäßig starke Säure dar, die in der reinen wäßrigen Lösung nur zum Teil Protonen abspaltet:

$$HNO_2 \Leftrightarrow H^+ + NO_2^-$$

Ihre Salze sind die leicht löslichen Nitrite (ganz allgemein BNO_2). Wäßrige Nitritlösungen reagieren alkalisch, weil das Nitrit-Ion, NO_2^-, bis zu einem Gleichgewicht mit Wasser unter Rückbildung von unzersetzter, undissoziierter salpetriger Säure reagiert:

$$NO_2^- + OH_2 \Leftrightarrow HNO_2 + OH^- \text{ (Hydrolyse des Nitrits)}$$

Bei Zugabe einer starken Säure wird Nitrit vollständig in undissoziierte salpetrige Säure zurückverwandelt:

$$NO_2^- + H^+ \rightarrow HNO_2$$

Demnach kommen im schwach sauren und schwach alkalischen pH-Bereich freie salpetrige Säure und Nitrit-Ionen nebeneinander vor. In stark saurem Medium tritt allenfalls die freie salpetrige Säure und in stark alkalischen Wässern ausschließlich das Nitrit-Ion auf. Die salpetrige Säure und ihre Salze sind giftig. Sie lassen sich chemisch mit Sulfanilsäure und α-Naphthylamin bequem nachweisen und auch quantitativ bestimmen.

In sauberen Gewässerläufen kommen salpetrige Säure und Nitrit nur in Spuren vor. In Quellwässern fehlen beide meist gänzlich. Unter natürlichen oder naturnahen Verhältnissen liegen ihre Konzentrationen fast immer unter 10 µg/l NO_2-Stickstoff. Im Sommer und Herbst sind die Werte etwas höher als im Winter und Frühjahr (s. Abb. 45). Stark erhöhte Konzentrationen treten zeitweilig und örtlich in abwasserbelasteten Gewässerläufen und in temperaturgeschichteten Stauseen auf. Sie können hier die Größenordnung eines Milligramms im Liter Wasser erreichen.

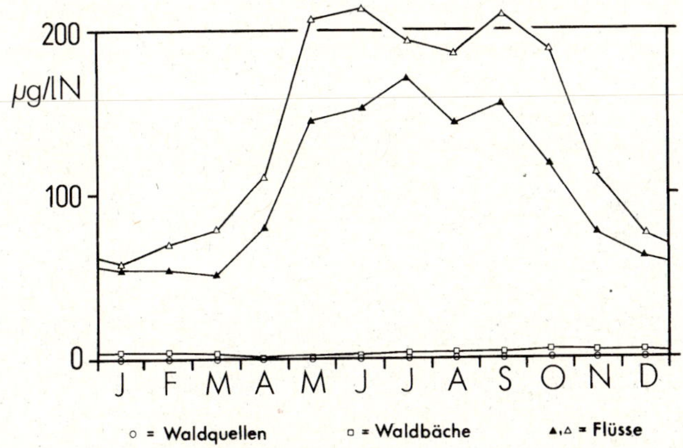

Abb. 45: Nitritkonzentration in Waldquellen, Waldbächen und zwei Flüssen (Schlitz und Fulda) in einer Buntsandsteinlandschaft (Schlitzerland in Osthessen) im Jahreslauf (übergreifende Dreimonatsmittel, 1980).

Salpetrige Säure und Nitrit sind in den Fließgewässern nur zu einem geringen Teil allochthon (Einschwemmungen bei Niederschlägen und organische Abwässer). Der weitaus größte Teil bildet sich in den Bächen und Flüssen selbst. Verantwortlich für die Nitritbildung sind hier Bakterien. So oxidiert *Nitrosomonas* Ammonium zum Nitrit:

$$NH_4^+ + 1 1/2\ O_2 \rightarrow NO_2^- + 2\ H^+ + OH_2 \text{ (Nitritation)}$$

Ebenso können Nitrat veratmende Bakterien Nitrit bilden [(H) = organisch gebundener Wasserstoff]:

$$NO_3^- + 2\ (H) \rightarrow NO_2^- + OH_2 \text{ (Nitrat-Atmung)}$$

Nitrit-Stickstoffverluste treten in den Fließgewässern biochemisch und chemisch ein. So dient Nitrit Pflanzen als Nährstoff, der nach Resorption zunächst zur Stufe des

Ammoniums reduziert und dann in körpereigene organische Stoffe eingebaut wird (**Nitrit-Assimilation**). Ferner wird Nitrit bakteriell zu Nitrat oxidiert (Nitrifikation; s.S. 91), zu elementarem Stickstoff veratmet (Denitrifikation; s.S. 60) oder sogar bis zum Ammonium reduziert (Nitrat-Ammonifikation; s.S. 100). Chemisch setzt sich Nitrit-Stickstoff mit anorganischen und organischen Oxidations- und Reduktionsmitteln um. Besonders bedeutsam erscheint die chemische Oxidation mit freiem Sauerstoff, die Autoxidation. Dabei wird in einem Kreisprozeß schließlich der gesamte Nitrit-Stickstoff zu Nitrat oxidiert:

$3\ NO_2^- + 3\ H^+ \rightarrow 3\ HNO_2$ (Bildung von salpetriger Säure aus Nitrit)

$3\ HNO_2 \rightarrow HNO_3 + 2\ NO + OH_2$ (Disproportionierung der salpetrigen Säure in Salpetersäure und Stickoxid)

$2\ NO + O_2 \rightarrow 2\ NO_2$ (Autoxidation von Stickoxid zu Stickstoffdioxid)

$2\ NO_2 + OH_2 \rightarrow HNO_3 + HNO_2$ (Disproportionierung von Stickstoffdioxid in Salpetersäure und salpetrige Säure)

Die schließlich zurückgebildete salpetrige Säure setzt sich dann nach dem gleichen Schema um usw.

Der Nitritstickstoff-Haushalt der Fließgewässer steht demnach biochemisch und chemisch in engster Beziehung zu ihrem Sauerstoffhaushalt. Im übrigen schwanken die Nitritkonzentrationen jahres- und auch tageszyklisch, und zwar parallel mit der Wassertemperatur (s. Abb. 20 und 46).

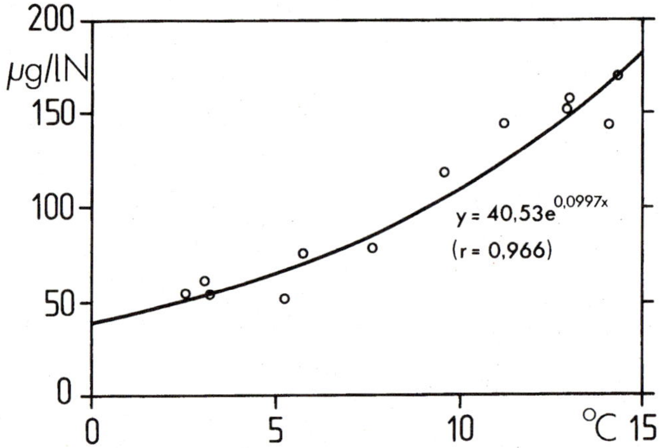

Abb. 46: Die Nitritkonzentration eines verunreinigten Flusses (Schlitz in Osthessen) in Abhängigkeit von der Wassertemperatur (Monatsmittel, 1980). Die Nitritkonzentration wuchs exponentiell mit der Wassertemperatur (Korrelationskoeffizient r = 0,966).

3.4.3 Zwei- und dreiwertiges Eisen

Das Eisen, Fe (Atomgewicht 55,85), ist ein unedles Metall, das in der Natur selten elementar (geringe Anteile des Eisens in Basalten) und überwiegend (in Silikaten, Oxiden, Sulfiden, auch organischen Stoffen) gebunden auftritt. In seinen Verbindungen ist das Eisen normalerweise zwei- oder dreiwertig positiv. Es bildet demnach zwei Reihen von Salzen, die Eisen(II)-Salze (ganz allgemein FeA_2) und die Eisen(III)-Salze (FeA_3). Außerdem bildet das Eisen gern organische Verbindungen, die Eisen-Chelate oder organischen Eisen-Komplexverbindungen.

Die Eisensalze hydrolysieren in der wäßrigen Lösung:

$$FeA_2 + OH_2 \rightleftarrows FeOH^+ + H^+ + 2\,A^- \text{ bzw.}$$

$$FeA_3 + 3\,OH_2 \rightleftarrows Fe\,(OH)_3 + 3\,H^+ + 3\,A^-$$

Dabei werden Wasserstoff-Ionen frei, so daß Eisen(II)-Salzlösungen schwach sauer und Eisen(III)-Salzlösungen recht stark sauer reagieren. Das Eisen(III)-Hydroxid bildet **kolloide Lösungen**. Zum Teil fällt es auch aus als rostbrauner gelartiger Niederschlag. Das ausgefällte Eisen(III)-Hydroxid „altert" unter sukzessiver Abspaltung von Wasser und wird damit selbst in Gegenwart von Säuren immer schwerer löslich:

$$\underset{\text{Eisen(III)-hydroxid}}{2Fe\,(OH)_3} \xrightarrow{-2\,OH_2} \underset{\text{Eisen (III)-oxidhydrat}}{2\,Fe\,OOH} \xrightarrow{-OH_2} \underset{\text{Eisen(III)-oxid}}{Fe_2O_3}$$

Freie Eisen(III)-Ionen, Fe^{3+}, kommen nur in stärker saurem Medium in nennenswertem Umfang vor, Fe^{2+}-Ionen auch noch in schwach sauren Wässern. Eisen(II) und Eisen(III) sind in Gegenwart von oxidierenden und reduzierenden Stoffen leicht ineinander umwandelbar (e^- = Elektron):

$$Fe^{2+} \rightleftarrows Fe^{3+} + 1\,e^-$$

Danach bilden Eisen(II) und Eisen(III) ein empfindlich reagierendes **Redoxpaar**. Eisen(II) stellt das – selbst oxidierbare – Reduktionsmittel dar und Eisen(III) entsprechend das – selbst reduzierbare – Oxidationsmittel.

Wegen ihrer leichten Umwandelbarkeit steht ihr Konzentrationsverhältnis in engster Beziehung zum jeweiligen Redoxpotential oder Reduktions- und Oxidationsvermögen des Milieus. In den Fließgewässern wird das Redoxpotential im wesentlichen von ständig anwesenden oxidierbaren organischen Stoffen und von elementarem, oxidierendem Sauerstoff bestimmt. Daher tritt auch das Eisen in den Gewässerläufen immer in der zwei- und dreiwertigen Form nebeneinander auf. Bei höheren Sauerstoffkonzentrationen oder höherem Redoxpotential überwiegt das dreiwertige Eisen, bei einem Überangebot von organischen Stoffen entsprechend das zweiwertige Eisen. Das Eisen ist daher in den Fließgewässern definitionsgemäß (s.S. 51) weder in der zweiwertigen noch der dreiwertigen Oxidationsstufe beständig. Fe^{2+}-Ionen lassen sich z.B. mit o-Phenanthrolin und Fe^{3+}-Ionen mit Brenzkatechin-3.5-Disulfosäure nachweisen und quantitativ bestimmen.

Obgleich das Eisen auf dem Land überall – etwa in Form von eisenhaltigen Silikaten – häufig vorkommt, tritt es in den Fließgewässern im allgemeinen nur in Spuren auf. In Quellen erreichen die Konzentrationen des gelösten Eisens immerhin noch 1–10 mg/l. Ähnlich hohe Fe-Konzentrationen treten gelegentlich im Hypolimnion von Talsperren auf. In den normalen Gewässerläufen betragen sie jedoch oft nur einige µg/l. Zum Teil extrem eisenreich sind die seltenen Eisen-Mineralquellen (Vitriol- und Carbonat- oder Stahlquellen). Aufgrund der örtlichen Sauerstoff- und pH-Verhältnisse überwiegen in den Quellen im allgemeinen die zweiwertigen Formen des Eisens und in den freien Gewässerläufen die dreiwertigen. Das dreiwertige Eisen liegt im Wasser fast ausschließlich als kolloides Hydroxid oder auch echt gelöst in Form von organischen Komplexen vor. Freie Fe^{3+}-Ionen spielen meist keine Rolle. Dagegen tritt Eisen(II) häufig auch in Ionenform auf.

Fast das gesamte Eisen ist in den Fließgewässern allochthon. Es gelangt vorwiegend als Eisen(II)-Hydrogencarbonat in die Gewässer, das ähnlich wie Calciumhydrogencarbonat leicht löslich ist (s.S. 65). Jedoch oxidiert hier das Eisen(II) rasch, zumal sich Hydrogencarbonat durch Verflüchtigung von Kohlendioxid zersetzt. Das Eisen fällt daher zum großen Teil in den Quellabläufen als rostbraunes Eisen(III)-Hydroxid aus. Zunächst hydrolysiert das Eisen(II):

$$2\,Fe^{2+} + 2\,OH_2 \rightarrow 2\,FeOH^+ + 2\,H^+$$

$$2\,FeOH^+ + 1/2O_2 + 2\,OH^- + OH_2 \rightarrow 2\,Fe(OH)_3$$

In manchen Sumpfquellen tritt zeitweilig stark eisenhaltiges Wasser zutage, das zugleich sulfatreich und sehr sauer ist (vgl. auch S. 93). Dieses Eisen rührt von Eisensulfiden in den semiterrestrischen Sumpfböden her, die hier unter anaeroben Bedingungen ausgefallen, aber später mit Sauerstoff in Kontakt gekommen sind. Und zwar werden von Mikroorganismen mit Hilfe des Sauerstoffs die Sulfide zu Sulfat und freier Schwefelsäure und teilweise das darin gebundene zweiwertige Eisen zum dreiwertigen oxidiert. *Thiobacillus thiooxidans* oxidiert lediglich den Sulfidschwefel, während *Thiobacillus ferrooxidans* außerdem noch das Eisen oxidiert. Diese Bakterien oxidieren den verbreiteten Pyrit (FeS_2) folgendermaßen:

$$2\,FeS_2 + 2\,OH_2 + 7\,O_2 \rightarrow 2\,Fe^{2+} + 4\,H^+ + 4\,SO_4^{2-} \text{ bzw.}$$

$$2\,FeS_2 + OH_2 + 71/2O_2 \rightarrow 2\,Fe^{3+} + 2\,H^+ + 4\,SO_4^{2-}$$

Da außer Sulfat noch freie Schwefelsäure gebildet wird, kann das Milieu erheblich versauern, zumal die Eisen-Ionen noch hydrolysieren können, wodurch weitere Wasserstoff-Ionen freiwerden. So können die pH-Werte von etwa 6 vorübergehend auf 3 und darunter abfallen (s. Abb. 43). Die Versauerung von Wässern in Braunkohletagebauen beruht ebenfalls auf einer mikrobiellen Sulfidoxidation. Die genannten Thiobacillen sind speziell an niedrige pH-Werte angepaßt. Im übrigen sind sie obligat chemoautotroph, verwenden also die Energie, die sei bei der Oxidation der anorganischen Stoffe gewinnen, zur CO_2-Assimilation.

In den Fließgewässern wird Eisen nur unter besonderen Bedingungen frei. Und zwar stammt dieses Eisen weitestgehend aus den Sedimenten, insbesondere aus Schlammablagerungen. Unter den aeroben Verhältnissen in den normalen Gewässerläufen gelangt Eisen nur durch Störungen in der Sedimentoberfläche in das freie Wasser (wühlende Tiere, durchbrechende Fäulnisgasblasen, erodierendes Hochwasser). Unter anaeroben Bedingungen, wie im Tiefenwasser stärker eutrophierter Stauseen oder auch kleiner Staustufen, ist auch die Diffusion bedeutsam.

Eisenverluste treten in den Fließgewässern vor allem in Quellabläufen ein, wenn einerseits Gleichgewichtskohlensäure verlorengeht und andererseits Sauerstoff aus der Luft zutritt. Dadurch wird Eisen(III)-Hydroxid ausgefällt (s.o.). An der Eisenausfällung sind auch Organismen beteiligt, die das in Quellen mit zutage tretende zweiwertige Eisen ähnlich wie *Thiobacillus ferrooxidans* oxidieren und mit der dabei gewonnenen Energie CO_2 assimilieren, jedoch höhere pH-Werte bevorzugen. So häufen sich in den Abläufen eisenreicher Quellen Bakterien wie *Gallionella ferruginea, Leptothrix ochracea* oder *Crenothrix polyspora* auffällig an. In ihren Hüllen sammeln sie Eisen(III)-Hydroxid und Eisen(III)-Oxidhydrat und auch entsprechende Manganverbindungen an. Zusammen mit chemisch ausgefälltem Eisen und Mangan bilden sie flokkige, rostfarbene Überzüge auf dem Gewässergrund und auf den Pflanzen im Wasser. Aus solchen Ablagerungen dürfte der Raseneisenstein, auch Sumpf- oder Wiesenerz genannt, entstanden sein und weiter entstehen. Eine Ausfällung von Eisen durch Schwefelwasserstoff als Sulfid spielt allenfalls in anaeroben Stillwasserzonen eine Rolle. Überdies bleibt Eisensulfid gern kolloid in Lösung, so daß es sich unter anaeroben Bedingungen im freien Wasser deutlich anreichern kann, z.B. im Tiefenwasser von stärker eutrophierten Stauseen während der Sommerstagnation:

$$FeOH^+ + SH^- \rightarrow FeS + OH_2$$

Gelöstes Eisen wird ferner von anorganischen Kolloiden (Tonmineralen) und Partikeln adsorbiert oder durch Ionenaustausch gebunden. Organische Stoffe können es außerdem komplex binden („Eisenchelate"). Demnach neigt das Eisen nicht nur auf dem Land, sondern auch in den Fließgewässern sehr zur Immobilisation oder Festlegung. Der Eisenhaushalt der Fließgewässer ist aufs engste mit dem Sauerstoffhaushalt verknüpft.

3.4.4 Elementares, einwertiges und zweiwertiges Quecksilber

Das Quecksilber, Hg (Atomgewicht 200.59), stellt ein Edelmetall dar, das in der Natur auch gediegen – in Tröpfchen im Gestein eingeschlossen – vorkommt. Sonst liegt es zwei- oder einwertig positiv gebunden vor. Das Quecksilber zählt zu den wenigen Elementen, die bei gewöhnlichen Temperaturen flüssig sind (Erstarrungspunkt –38.84 °C, Siedepunkt 356.95 °C). Die Verbindungen des einwertigen Quecksilbers disproportionieren in wäßriger Lösung leicht. So zerfällt das Quecksilber(I)-Chlorid oder Kalomel (Hg_2Cl_2) am Licht zu Quecksilber(II)-Chlorid und elementarem Quecksilber:

$$Hg_2Cl_2 \rightleftarrows HgCl_2 + Hg$$

Das kaum salzartige Kalomel ist sehr schwer löslich und dissoziiert auch nur sehr schwach, wobei im übrigen nicht Hg^+-Ionen, sondern Hg_2^{2+}-Ionen entstehen:

$$Hg_2Cl_2 \rightarrow Hg_2^{2+} + 2\,Cl^-$$

Besser löslich und auch sonst etwas salzartiger sind Quecksilber(I)-Sulfat und vor allem Quecksilber(I)-Nitrat. Die Verbindungen des zweiwertigen Quecksilbers lösen sich im Wasser im allgemeinen besser als die des einwertigen. So beträgt die Löslichkeit des Quecksilber(II)-Chlorids bei 0 °C 0.16 Mol/l, aber die des Quecksilber(I)-Chlorids nur 3×10^{-6} Mol/l. Auch im sonstigen Verhalten sind die Quecksilber(II)-Verbindungen salzartiger als die entsprechenden Quecksilber(I)-Verbindungen. Auf der anderen Seite ist jedoch das Quecksilber(II)-Sulfid extrem schwer löslich. Es fällt in Gegenwart von Schwefelwasserstoff sogar aus sauren Hg(II)-Salzlösungen aus:

$$Hg^{2+} + SH_2 \rightarrow HgS + 2\,H^+$$

Zweiwertiges Quecksilber bildet auch leicht organische Komplexverbindungen („Quecksilber-Chelate"). Sogar **metallorganische Verbindungen** des Quecksilbers der allgemeinen Zusammensetzung R-Hg-R (R = organische Molekülreste) sind in der Natur verhältnismäßig weit verbreitet. Sie sind im übrigen noch giftiger als die anderen Quecksilberverbindungen und das elementare Quecksilber selbst. Bekannt ist vor allem Dimethylquecksilber ($H_3C\text{-}Hg\text{-}CH_3$), das in der Natur von manchen Bakterien synthetisiert, aber auch vom Menschen (als Saatbeizmittel, s.u.) künstlich in die Umwelt eingebracht wird. Quecksilber(II)-Ionen können im Wasser z.B. mit Dithizon quantitativ bestimmt werden.

Obgleich das Quecksilber zu den seltensten Elementen auf der Erde zählt – in der 16 km mächtigen Erdkruste ist es nur mit 8×10^{-6} Gewichtsprozent vertreten – und es geochemisch sehr unbeweglich ist, kommt es in allen Fließgewässern spurenweise vor. Unter natürlichen Verhältnissen schwanken hier die Quecksilberkonzentrationen um 0.05 µg/l, also um annähernd 0.05 ppb oder 5×10^{-9} Gewichtsprozent. Bei der gegenwärtigen fast allgemeinen Gewässerverschmutzung sind die Konzentrationen des Quecksilbers zumindest in den Flüssen beträchtlich erhöht. So wurden im Rhein zwischen Wiesbaden und Duisburg durchschnittlich 0.5 µg Quecksilber pro Liter Flußwasser gefunden. Örtlich und zeitlich erreichten die Konzentrationen sogar ein Vielfaches davon. Im Trinkwasser darf die Hg-Konzentration 1 µg/l nicht überschreiten.

Das Quecksilber der Fließgewässer stammt zum Teil aus dem Gestein und den Böden der Einzugsgebiete, in denen es in Spuren überall natürlich vorkommt. Jedoch gelangt heute in viele Fließgewässer wesentlich mehr Quecksilber durch anthropogene Verschmutzung. Bereits die Niederschläge enthalten etwas Quecksilber (industrielle Emissionen). Ferner können aus Ackerböden Hg-Verbindungen ausgewaschen werden, die ursprünglich zum Beizen von Saatgut verwendet wurden (wie das schon erwähnte Dimethylquecksilber). Indessen gelangt wohl das meiste Quecksilber mit speziellen Industrieabwässern (insbesondere aus Alkali-Elektrolysierbetrieben) in die Flüsse.

Nicht nur auf dem Land, sondern auch in den Fließgewässern neigt das Quecksilber stark dazu, schwer lösliche Verbindungen zu bilden. Es fällt dementsprechend leicht

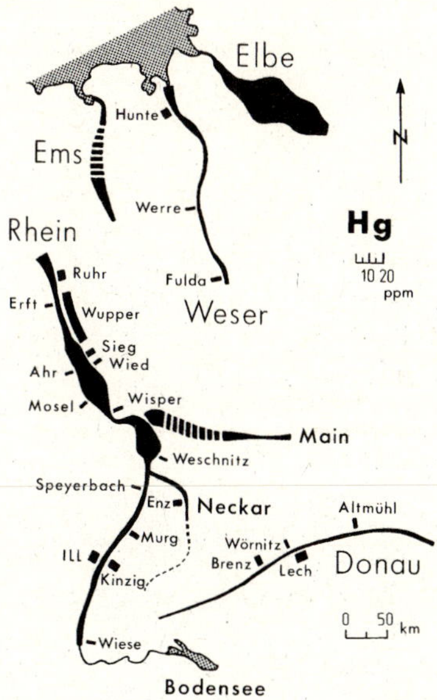

Abb. 47: Quecksilbergehalte der Tonfraktion von Flußsedimenten in der Bundesrepublik. (Nach FÖRSTNER und MÜLLER 1974, umgezeichnet.)

aus und kann sich daher in den Gewässersedimenten erheblich anreichern (s. Abb. 47). Besonders begierig legen Tonminerale das Quecksilber fest. Daneben wird es auch von den Organismen „unfreiwillig" aufgenommen. Quecksilber ist im Gegensatz zu vielen anderen Übergangsmetallen (z.B. Eisen, Mangan, Kupfer und Zink) kein (Mikro-)Nährstoff und wirkt wie Cadmium und Blei schon in sehr geringen Konzentrationen hoch giftig. Da auf der anderen Seite einmal aufgenommenes Quecksilber von den Lebewesen nur langsam wieder abgegeben wird, reichert es sich in ihnen im Laufe der Zeit an. Diese Anreicherung schreitet in den Nahrungsketten von Glied zu Glied weiter. Daher sind vor allem die in den Nahrungsketten und -netzen hochstehenden Organismen von Quecksilbervergiftungen bedroht, darunter möglicherweise auch semiterrestrische und terrestrische Organismen einschließlich des Menschen.

Insgesamt wird der Quecksilberhaushalt der Fließgewässer gegenwärtig stärker von anthropogenen Verunreinigungen als von der geologischen Beschaffenheit der Gewässereinzugsgebiete bestimmt. Die Wertigkeit des Quecksilbers dürfte in den Gewässern ähnlich wechseln wie die des Eisens und anderer Übergangsmetalle.

3.4.5 Einfache Zucker, Oligosaccharide und Polysaccharide

Unvergleichlich zahlreicher als die anorganischen sind die organischen unbeständigen Stoffe. Zu ihnen ist der weitaus größte Teil aller organischen Verbindungen zu rechnen. Ausnahmen bilden im wesentlichen die Kohlenwasserstoffe (s.S. 101) und

Elemente	Formale Wertigkeit in Wasser	Typische Verbindungen in wäßriger Lösung
Kohlenstoff	2– bis 2+	s. u.
Wasserstoff	1+	s. u.
Sauerstoff	2–	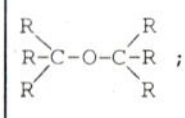 ; 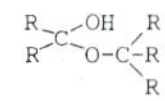 ; 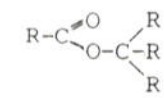 Äther Azetale Ester
Schwefel	1–	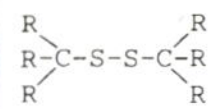 Disulfide
Stickstoff	3–	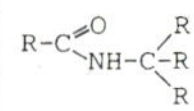 Peptide
Silicium	4+	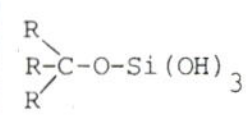 Kieselsäure-Ester
Phosphor	5+	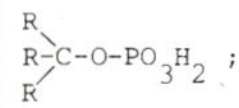 ; 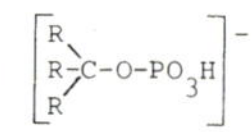 Phosphorsäure-Ester
Quecksilber	2+	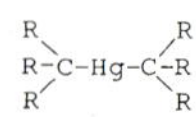 organische Quecksilberverbindungen

Tab. 18: Die wichtigsten organischen unbeständigen Stoffe der Fließgewässer. A. Zusammengesetzte organische Verbindungen; R = Molekülreste: H-Atome und beliebige organische Reste.

die ebenfalls beständigen Heterozyklen (ohne freie funktionelle Gruppen; vgl. S. 130). Zu den chemisch (und erst recht biochemisch) unbeständigen organischen Stoffen zählen die „zusammengesetzten" organischen Verbindungen (z.B. Peptide, Proteine, Fette und Phosphorsäure- und Kieselsäure-Ester) und unabhängig davon alle organischen Stoffe, die freie funktionelle oder reaktive Gruppen aufweisen.

Die zusammengesetzten organischen Verbindungen (vgl. Tab. 18) besitzen ein unterbrochenes Kohlenstoffskelett, das von Heteroatomen – also von O-, N- oder S-Atomen – verklammert wird, aber an diesen Heteroatomen verhältnismäßig leicht auseinanderbricht. Dabei zerfällt die Verbindung unter Wasseraufspaltung und -anlagerung in ihre Bausteine (Hydrolyse oder Verseifung, die Umkehrung der Kondensation):

$$\text{Zusammengesetze Verbindungen} + (x-1)\ OH_2 \underset{\text{Kondensation}}{\overset{\text{Hydrolyse}}{\rightleftarrows}} x\ \text{Baustein}$$

Für den Aufbau zusammengesetzter organischer Verbindungen benutzen die Organismen Umwege, um den (freiwilligen) Zerfall der Syntheseprodukte in Grenzen zu halten. Bei einer direkten Kondensation wäre das Reaktionsgleichgewicht von Kondensation und Zerfall sehr stark zugunsten des Zerfalls (in der Reaktionsgleichung nach rechts) verschoben. Bei der Hydrolyse eines Äthers, R-O-R (R = organischer Molekülrest), entsteht Alkohol, R-OH:

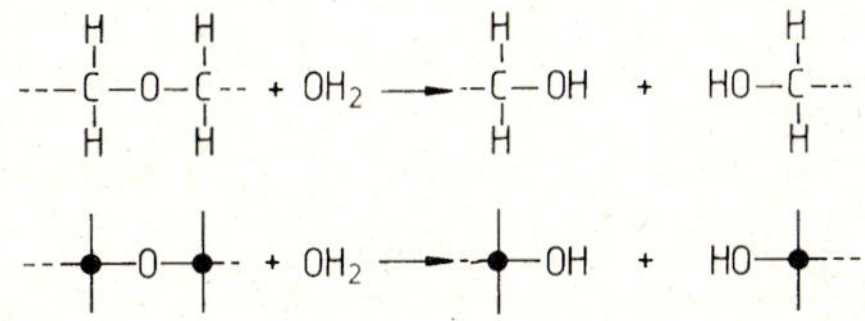

Entsprechend zerfallen Phosphorsäure-Ester in Alkohole und Phosphorsäure und Kieselsäure-Ester in Alkohole und Kieselsäure, Fette in Glycerin (dreiwertiger Alkohol; s.S. 120) und höhere Fettsäuren, Peptide und Proteine in Aminosäuren usw. Die zusammengesetzten organischen Verbindungen sind teils niedermolekular (Oligopeptide, manche Phosphorsäure-Ester), teils mittelmolekular (Fette, Glycerinphosphatide), teils hochmolekular (Proteine, Polysaccharide, Lignin).

Biochemisch stellen die niedermolekularen zusammengesetzten Verbindungen überwiegend Zwischenprodukte, untergeordnet auch Endprodukte im Stoffwechsel der Organismen dar. Sie gelangen daher meist nur passiv in das Wasser, etwa bei der Autolyse oder dem Selbstzerfall gerade abgestorbener Organismen oder beim extrazellulären Abbau von mittel- und hochmolekularen (zusammengesetzten) organischen Verbindungen. In geringem Umfang werden sie als Exkrete aktiv ausgeschieden. Umgekehrt dienen sie als organische Nährstoffe für heterotrophe Organismen (viele Algenarten). Zum Teil besitzen sie Wirkstoffeigenschaften (Vitamine, Pheromone, Antibiotika). Hochgiftig sind die organischen Quecksilberverbindungen. Ferner spielen die niedermolekularen zusammengesetzten Verbindungen bei der biochemischen und chemischen Humifizierung eine Rolle.

Die mittel- und hochmolekularen zusammengesetzten Verbindungen dienen den Organismen als Speicherstoffe (Fette, Stärke, Glykogen), als intrazelluläre Strukturbildner und Stoffwechsel-Katalysatoren (Muskel- und Enzymproteine), als Hormone (Peptidhormone) und als extrazelluläre Strukturbildner und Schutzstoffe (Zellulose, Chitin, Lignin). Extraorganismische Ausscheidungsstoffe sind die Gallerte- und Schleimhüllen von Mikroorganismen, die die Kleinlebewesen stützen und schützen, sowie verschiedene Wirkstoffe (zum Teil hochspezifische Exoenzyme und Pheromone). Demnach gelangen auch die mittel- und hochmolekularen zusammengesetzten Verbindungen größtenteils passiv mit dem Absterben von Organismen in das Medium, weniger in Form von Exkretionsprodukten. Jedoch liegen sie meist nicht echt gelöst, sondern kolloid und vor allem partikulär vor. Hinzu kommen ihre Humifizierungsprodukte mit ähnlich hohen Molekulargewichten.

Die mittel- und hochmolekularen zusammengesetzten Stoffe werden im Laufe der Zeit unter aeroben Bedingungen vollständig, in anaerobem Milieu dagegen nur teilweise von heterotrophen Organismen abgebaut und verwertet. Die Organismen können sie jedoch nicht unmittelbar aufnehmen, sondern müssen sie vorher mit Hilfe von Exoenzymen extrazellulär „verdauen", also in niedermolekulare, resorbierbare Bruchstücke zerlegen. Da der biochemische Abbau im aeroben Milieu der Fließgewässer rasch verläuft, spielt hier ein chemischer Abbau kaum eine Rolle. Dagegen erlahmt unter anaeroben Bedingungen der biochemische Abbau vorzeitig, so daß hier eine chemische Humifizierung die Oberhand gewinnt (s. auch die Torf-, Kohle- und Erdölbildung!).

Unabhängig davon, ob sie einfach oder zusammengesetzt sind, können alle organischen Verbindungen als chemisch unbeständig gelten, die freie funktionelle Gruppen aufweisen (s. Tab. 19). Häufig besitzen sogar niedermolekulare, einfache organische Verbindungen mehrere reaktive Gruppen. Sie können gleich sein. So bildet Glycerin einen dreiwertigen Alkohol, also eine organische Verbindung mit drei alkoholischen OH-Gruppen. Verschiedene funktionelle Gruppen, mindestens eine Amino- und eine Carboxylgruppe, tragen die Aminosäuren.

Die funktionellen Gruppen können elektroneutral, basisch oder sauer sein. Dementsprechend bilden die unbeständigen organischen Stoffe zum Teil Salz- und Komplex-

Elemente	Formale Wertigkeit in Wasser	Typische Verbindungen in wäßriger Lösung
Kohlenstoff	2– bis 2+	s. u.
Wasserstoff	1+	s. u.
Sauerstoff	2–	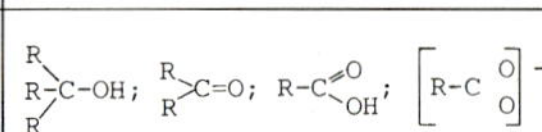 Alkohole u. Phenole; Aldehyde u. Ketone; Karbonsäuren
Schwefel	1–	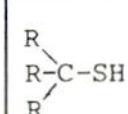 Thiole
Stickstoff	3–	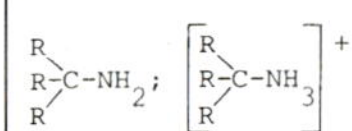 Amine
Chlor	1–	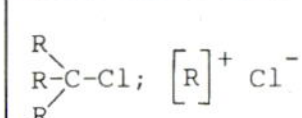
Natrium; Kalium	1+	$[R]^-Na^+$; $[R]^-K^+$
Calcium, Magnesium	2+	$[R]^{2-}Ca^{2+}$; $[R]^{2-}Mg^{2+}$; (R)Ca; (R)Mg
Eisen	2+ <—> 3+	(R)Fe
Quecksilber	1+ <—> 2+	(R)Hg

Tab. 19: Die wichtigsten organischen unbeständigen Stoffe der Fließgewässer. B. Organische Verbindungen mit freien funktionellen Gruppen; R = Molekülreste: H-Atome und beliebige organische Reste; [R] = organische Ionen; (R) = organische Komplexbildner.

verbindungen (Chelate; s.S. 64). Hochmolekulare Stoffe können als Ionenaustauscher wirken. Gegenüber oxidierenden Substanzen wie dreiwertigem Eisen und freiem Sauerstoff sind die reaktiven Gruppen teilweise sehr empfindlich (Autoxidation; s.S. 80). Unter Umständen werden sie sogar abgespalten, wie etwa Carboxylgruppen als CO_2. Die freien funktionellen Gruppen bewirken weitgehend die chemische Humifizierung.

Indessen werden insbesondere die niedermolekularen Verbindungen mit freien reaktiven Gruppen biochemisch noch wesentlich rascher umgesetzt, zumal sie qualitativ überwiegend Zwischen-, seltener Endprodukte des organismischen Stoffwechsels darstellen und daher meist von vielen Organismenarten verwertet werden können. Die niedermolekularen Verbindungen (z.B. Aminosäuren und Zucker) können unmittelbar aus dem Medium resorbiert werden. Dabei spielt ein „aktiver Transport" eine überragende Rolle. Diese niedermolekularen Stoffe werden vornehmlich von den Organismen selbst mit Hilfe von Exoenzymen aus höhermolekularen zusammengesetzten Naturstoffen abgespalten.

Die einfachen Zucker und Monosaccharide tragen an einem kettigen Kohlenstoffgerüst verteilt eine Carbonylgruppe, C=O, und mindestens zwei Hydroxylgruppen. Je nach der Stellung der C=O-Gruppe werden Aldehydzucker oder Aldosen und Ketozukker oder Ketosen unterschieden. Die Zucker besitzen drei bis sieben C-Atome und werden danach als Triosen, Tetrosen, Pentosen, Hexosen und Heptosen bezeichnet. Meist tragen sie an jedem C-Atom ein O-Atom. Die einfachste Ketose ist das Dihydroxiazeton und die einfachste Aldose der damit strukturisomere Glycerinaldehyd. Beide entstehen durch Wasserstoffabspaltung aus Glycerin, besitzen die gleiche Summenformel, aber eine verschiedene Molekularstruktur, wie sich aus der jeweiligen Stellung der C=O-Gruppe in der C-Atomkette ergibt:

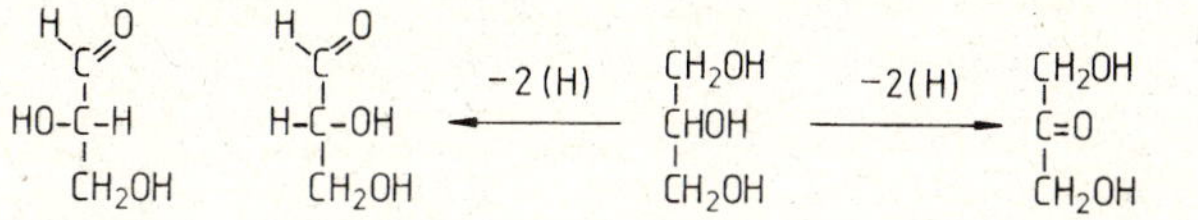

Bemerkenswerterweise tritt der Glycerinaldehyd noch in zwei (stereoisomeren) Formen auf, die sich im Molekülaufbau wie Spiegelbilder zueinander verhalten. Übereinstimmend weisen sie ein „asymmetrisches C-Atom" auf, das tetraederförmig von vier verschiedenen Bindungspartnern – einer CHO-, OH-, H- und CH_2OH-Gruppe – umgeben ist. Lediglich in der Anordnung dieser vier Bindungspartner um das asymmetrische C-Atom unterscheiden sie sich. Die beiden Formen werden mit L und D gekennzeichnet. In der Natur überwiegen bei weitem die D-Zucker, und die Glukose, der häufigste Zucker überhaupt, kommt nur in der D-Form vor.

Gewöhnlich sind die Zucker nicht offenkettig. Vielmehr bilden sie überwiegend sauerstoffhaltige Ringe. In perspektivischer Schreibweise ergibt sich für die D-Glukose (eine Hexose bzw. Aldose):

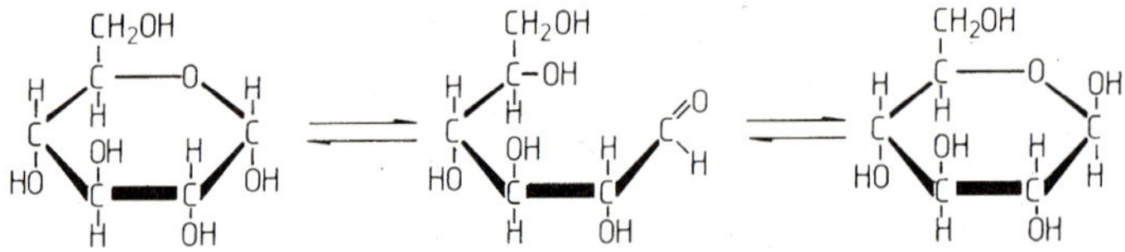

α-D-Glukose | D-Glukose Aldehydform | β-D-Glukose

Da bei dem Ringschluß aus dem Carbonyl-C-Atom ein weiteres Asymmetriezentrum – mit einer H- und OH-Gruppe anstelle der C=O-Doppelbindung – entsteht, tritt die ringförmige D-Glukose in zwei stereoisomeren Formen auf. Sie werden allgemein mit α und β gekennzeichnet.

Wichtige Abkömmlinge der Zucker sind die Aminozucker und die Zucker- oder Uronsäuren. Bei den Aminozuckern (z.B. dem von der Glukose abgeleiteten Glukosamin) ist eine OH-Gruppe formal durch eine NH_2-Gruppe ersetzt, und bei den Zuckersäuren (z.B. Glukuronsäure) ist die endständige CH_2OH-Gruppe zur COOH-Gruppe oxidiert.

Die ringförmigen Zucker können miteinander oder auch mit anderen organischen Naturstoffen, die OH-Gruppen tragen, zusammengesetzte Verbindungen nach folgendem Muster bilden:

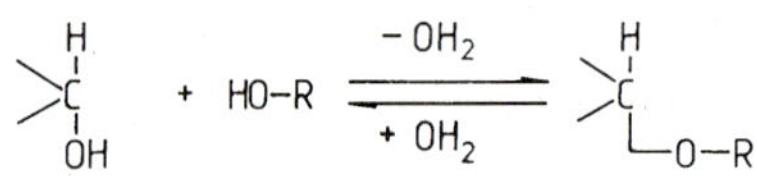

Die entstandenen Glykoside besitzen nun je nach Ausgangszucker α- oder β-Glykosidstruktur. Im vorstehenden Beispiel liegt ein α-Glykosid vor. Während die beiden Ringformen eines freien oder einfachen Zuckers über die vermittelnde Aldehyd- (bzw. Keto-)form frei ineinander umwandelbar sind, können sich die beiden Glykosidformen nicht mehr ineinander umwandeln; sie sind starr gebaut. α- und β-Glykoside stellen demnach wohldefinierte, voneinander trennbare Verbindungen dar, die sich außerdem noch biochemisch verschieden verhalten – eine außerordentlich bedeutsame Tatsache.

Nur aus Zuckern zusammengesetzte Glykoside sind die Oligo- und Polysaccharide. Zusammengesetzte Zucker aus zwei bis acht Zuckereinheiten werden als Oligosaccharide bezeichnet, die längerkettigen als Polysaccacharide. Von der α-D-Glukose leiten sich die hochmolekularen Speicherkohlenhydrate Stärke und Glykogen ab. Hier ein Molekülausschnitt dieser Verbindungen:

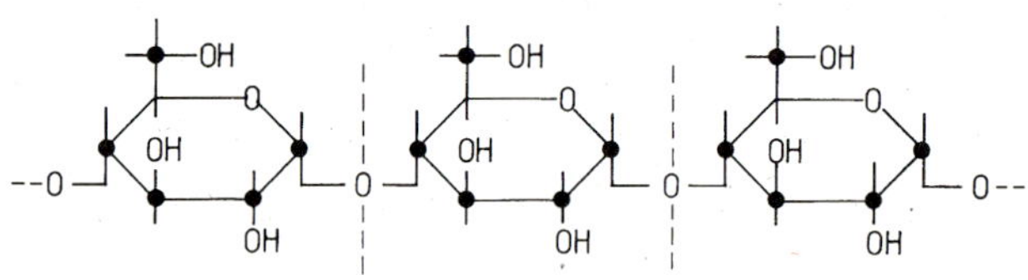

Die Stärke läßt sich chemisch in zwei verschiedene Stoffe zerlegen, in Amylose und Amylopektin. Während die Moleküle der Amylose schraubenförmig aufgewickelte Ketten darstellen, sind die Moleküle des Amylopektins mehr oder weniger verzweigt und geknäuelt. Das Glykogen ähnelt im Molekülaufbau dem Amylopektin, jedoch ist es noch stärker verzweigt. Die Stärke ist Hauptreservesubstanz der Pflanzen einschließlich vieler Bakterien und Pilze. Das Glykogen ist Speicherstoff der Tiere, zum Teil auch der Pilze und Bakterien.

Von der β-D-Glukose leitet sich das Gerüstkohlenhydrat Zellulose ab, eine hochmolekulare Substanz, deren Moleküle unverzweigte Ketten bilden und sich unter Ausbildung von Wasserstoffbrückenbindungen zu Elementar- oder Mikrofibrillen zusammenlagern. Die verhältnismäßig starre Struktur der Zellulose-Kettenmoleküle ergibt sich aus der besonderen Anordnung der Glukosereste. Und zwar sind aufgrund der β-Glykosidbindungen die Glukoseeinheiten jeweils um 180 °C gegeneinander verdreht:

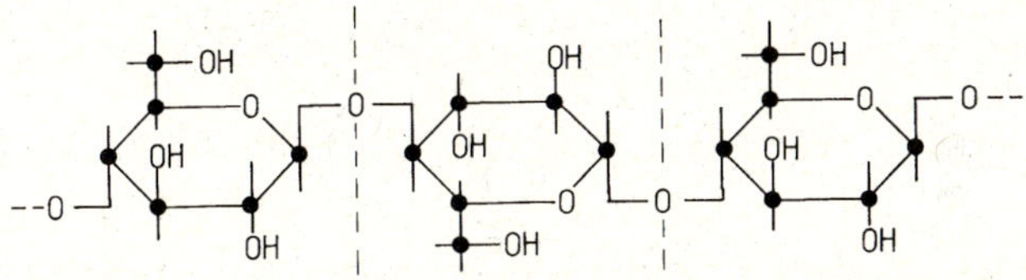

Die Zellulose ist nicht nur das häufigste Polysaccharid, sondern überhaupt mengenmäßig der bedeutendste organische Stoff in der Biosphäre. Sie soll mehr als die Hälfte der gesamten organischen Substanz ausmachen. Die Zellulose bildet das Grundgerüst der pflanzlichen Zellen. Eine Ausnahme machen nur die Bakterien und Pilze, die anstelle der Zellulosewände einen Murein-Sacculus bzw. Chitinzellwände aufweisen. Murein und Chitin leiten sich von Glukosamin ab, enthalten aber daneben noch seltene D-Aminosäuren und andere Stoffe gebunden. Hochmolekulare Glukosaminverbindungen stellen auch die Gallerte und die zum Teil löslichen Schleimstoffe von Bakterien und Algen dar. Die Schleime dienen offenbar unter anderem dem chemischen Schutz der Organismen. So vermögen sie etwa im Wasser gelöste giftige Schwermetalle chemisch zu binden und auf diese Weise unwirksam zu machen, so daß sogar andere Organismenarten mit geschützt werden.

Obgleich Zucker wenigstens in gebundener Form die Hauptmenge der organischen Substanz stellen, kommen freie Zucker in der Natur höchstens in Spuren vor. So sind einfache Zucker in den Gewässern häufig garnicht nachzuweisen, obwohl sie dort dauernd vorkommen sollten, etwa als Autolyseprodukte frisch abgestorbener Organismen oder als extrazelluläre Abbaustoffe von Polysacchariden. Offenbar werden die gelösten einfachen Zucker – und auch die niederen Oligosaccharide – sehr schnell wieder aufgenommen, so daß nur ganz unbedeutende Restmengen im Medium verbleiben. In der Tat kommen sogar im freien Wasser unverschmutzter Bäche Bakterien und andere Mikroorganismen vor, die begierig gelöste Glukose aufnehmen. Im übrigen schwankt deren Aufnahmekapazität für diesen Naturstoff jahresperiodisch (s. Abb. 48). In Sedimenten können sich einfache Zucker etwas anreichern, da sie hier von Tonmineralen und hochmolekularen organischen Stoffen adsorbiert werden.

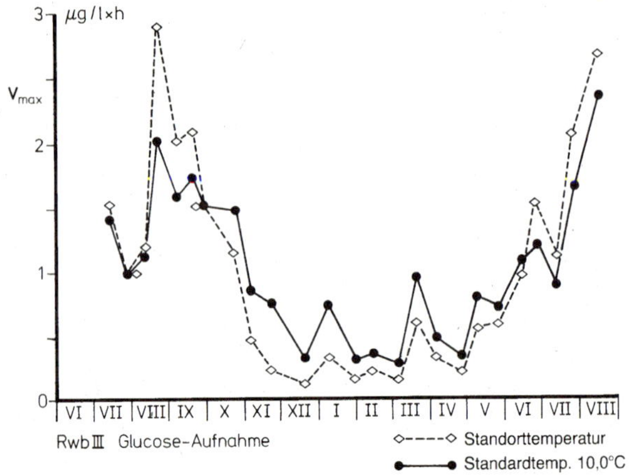

Abb. 48: Mikrobielle Glukoseaufnahme in einem Waldbach (Juni 1973 bis August 1974) im Schlitzerland in Osthessen. (Nach MARXSEN 1980.) V_{max} = maximale Aufnahmerate.

Im Gegensatz zu den freien, einfachen Zuckern sind gelöste Polysaccharide in den Gewässern regelmäßig nachzuweisen. Diese Stoffgruppe ist offensichtlich sehr heterogen zusammengesetzt. So wurden in holsteinischen Seen in der Polysaccharidfraktion Galaktose, Glukose und Mannose, Arabinose und Xylose, Rhamnose und Fukose, aber auch Desoxiribose und Ribose, Fruktose, Glukosamin und Uronsäuren gefunden. Die gelösten Polysaccharide dürften hier wie auch in den Fließgewässern im wesentlichen Abbau- und Ausscheidungsstoffe (Schleimstoffe!) von Organismen darstellen. Vor allem in Bächen, aber auch in Flüssen können sich gelöste Polysaccharide vorübergehend im Wasser anreichern, etwa beim herbstlichen Absterben von Wasser- und Röhrichtpflanzen(-teilen) und Laubfall der Ufergehölze oder bei Hochwässern (Aufwirbelung von organischen Sedimenten, oberirdische Niederschlag- und Schmelzwasserzuläufe). Außerdem gelangen Polysaccharide als anthropogene Verunreinigungen in viele Flüsse und Bäche (aus Haushaltungen, Nahrungsmittelwerken, Zellstoff verarbeitenden Betrieben usw.).

Der Hauptabbau von Polysacchariden erfolgt in den Sedimenten der Gewässer, in denen sich die mehr oder weniger kohlenhydratreichen Überreste von toten Organismen zunächst ansammeln. Teils werden sie von Partikeln fressenden Tieren direkt aufgenommen, teils werden sie von Mikroorganismen erst extrazellulär in Disaccharide und einfache Zucker zerlegt und in dieser Form resorbiert. Stärke und Glykogen werden sehr leicht und daher rasch von vielen Organismenarten abgebaut und verwertet. Schwierigkeiten macht dagegen die Zellulose. Von Tieren kann sie höchstens mit Hilfe von symbiontischen Zellulose zersetzenden Mikroben als Nahrungsquelle ausgenutzt werden. Sogar unter den Mikroorganismen vermögen fast nur Spezialisten dieses Polysaccharid abzubauen. Besonders schwer angreifbar ist die Zellulose in Holz, da sie hierin stark mit dem außerordentlich abbauresistenten Lignin inkrustiert ist. Diese Holzzellulose wird im allgemeinen nur von (höheren) Pilzen verwertet, die auch das Lignin abzubauen vermögen. Auch sonst spielen Pilze meist eine große Rolle beim Zelluloseabbau. Nur in Flüssen scheinen Bakterien bedeutsamer als die Pilze zu sein (s. Abb. 49). Die wichtigsten Zellulose zersetzenden Gewässerbakterien zählen zu den Myxobacteriales (*Cytophaga*- und *Sporocytophaga*-Arten), die das Kohlenhydrat aerob abbauen, und zu den Eubacteriales (*Clostridium*-Arten), die die Zellulose anaerob verwerten, also vergären.

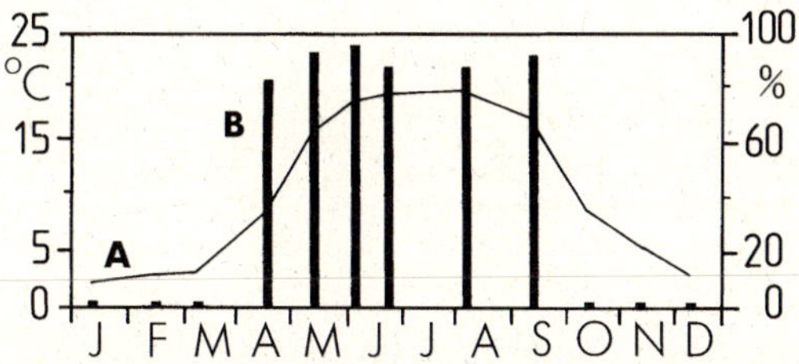

Abb. 49: Mikrobieller Zelluloseabbau in der Elbe (Zollenspieker, Flußkilometer 598) in prozentualer Abnahme der Zerreißfestigkeit von Baumwollfäden nach 7tägiger Exposition im Wasser. (Nach RHEINHEIMER 1975, umgezeichnet.) A = Wassertemperatur (jeweils 10 Tagedurchschnitt) und B = Zerreißfestigkeiten.

Im Gegensatz zu Stärke und Glykogen, die leicht abbaubar sind, kann sich Zellulose als schwer verwertbarer Stoff in den Gewässersedimenten neben Lignin und seinen Humifizierungsprodukten unter Umständen beträchtlich anreichern.

3.4.6 Fettsäuren, Fette und Glyzerinphosphatide

Die Fettsäuren sind die einfachsten Carbonsäuren. An einem kettigen Kohlenwasserstoff tragen sie als einzige funktionelle Gruppe die Carboxylgruppe, – COOH. Die Carboxylgruppen sind stark polar und dissoziieren sogar:

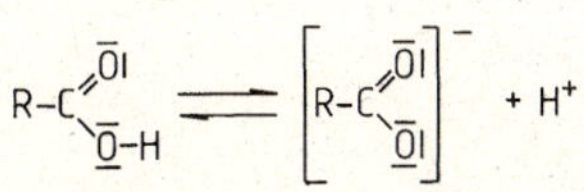

Sie spalten leicht Protonen ab, weshalb ihre wäßrigen Lösungen verhältnismäßig stark sauer reagieren. Die Fettsäuren sind demnach verhältnismäßig starke Säuren, etwa im Gegensatz zur Kohlensäure, H_2CO_3, oder auch verglichen mit den (organischen) Phenolen (s.S. 128). Aufgrund der starken Polarität sind die niederen Fettsäuren im Wasser unbeschränkt löslich, und zwar die Ameisensäure (HCOOH), die Essigsäure (CH_3-COOH), die Propionsäure (CH_3-CH_2-COOH) und die beiden Formen der Buttersäure (CH_3-CH_2-CH_2-COOH und $(CH_3)_2$-CH-COOH). Die eigentlichen Fettsäuren, die von den Organismen zur Synthese der Fette (Name!), Glyzerinphosphatide und verwandten Naturstoffe verwendet werden und meist 16 oder 18 C-Atome besitzen, sind aufgrund ihrer langen, wasserabweisenden (unpolaren) Kohlenwasserstoffketten schwer löslich, **emulgieren** aber leicht. Diese höheren Fettsäuren weisen zum Teil auch ungesättigte C=C-Bindungen auf. Zu den häufigsten echten Fettsäuren zählen die Palmitinsäure ($C_{15}H_{31}$-COOH, zweifach gesättigt) und die Linolensäure ($C_{17}H_{29}$-COOH, dreifach gesättigt).

Die Fettsäuren stellen chemisch Oxidationsprodukte von Carbonylverbindungen, also von Aldehyden und Ketonen dar:

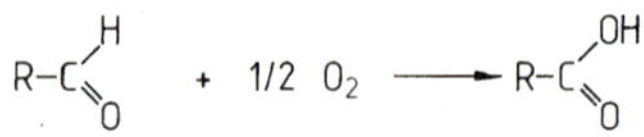

Aldehyd

Biochemisch verläuft diese Reaktion ganz anders, gleichsam schonend, indem zunächst ein Wassermolekül an die Carbonylverbindung angelagert und dann Wasserstoff abgespalten wird:

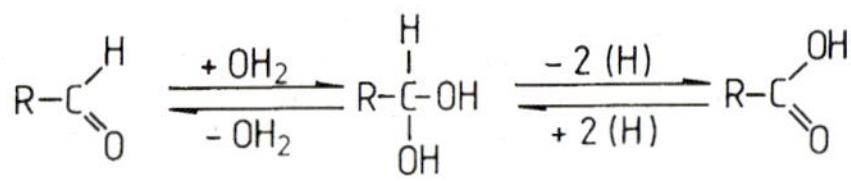

Der Wasserstoff wird dabei nicht frei, sondern er wird von einem Wasserstoffüberträger (einem Nukleotid, s.S. 73) aufgenommen, chemisch gebunden. Wie die Pfeile in den Reaktionsgleichungen bereits andeuten, ist die Oxidation von Aldehyden zu Carbonsäuren umkehrbar. Andererseits können die Carbonsäuren weiter oxidiert werden, wobei CO_2 abgespalten wird.

Die Fette und fetten Ölen stellen Ester des dreiwertigen Alkohols Glycerin (CH_2OH-CHOH-CH_2OH) mit höheren Fettsäuren dar. Die Veresterung entspricht grundsätzlich einer Kondensation (Zusammenlagerung von Molekülen unter Wasserabspaltung) von organischen OH-Verbindungen (Alkoholen, Phenolen, auch Zuckern) und Sauerstoffsäuren (Carbonsäuren, Phosphorsäure):

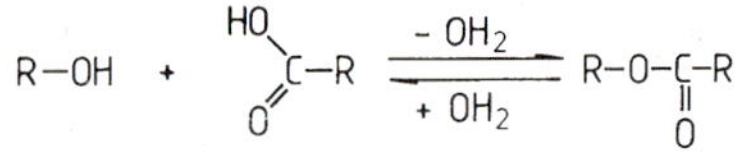

Ester

Die Umkehrung ist die Hydrolyse oder Verseifung, also die Aufspaltung des Esters in die Bausteine unter Wasseraufnahme. Bei den sogenannten Neutralfetten, den im gesamten Organismenreich verbreiteten Speicherstoffen, sind alle drei Gruppen des Glycerins verestert (Triglyzeride). Meist sind zwei oder drei verschiedene Fettsäuren im gleichen Fettmolekül vertreten, wie auch das Beispiel zeigt:

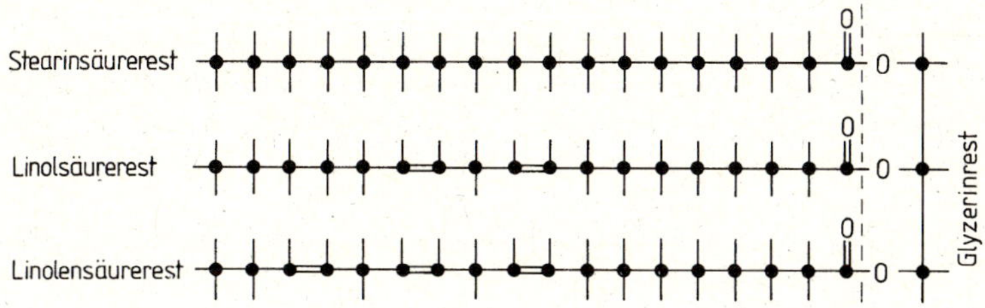

Wie bereits angedeutet, kommen Fette und Öle (diese enthalten einen höheren Anteil an ungesättigten Fettsäuren) als C-, H- und Energiespeicherstoffe bei allen Organismen vor. Dabei sind sie als Energiereserve besonders bedeutsam, wie aus ihrem hohen Gehalt an oxidierbaren CH_2-Gruppen hervorgeht. So beträgt der **respiratorische Quotient** (RQ) für Fette nur 0.7, für Proteine schon 0.8, für Kohlenhydrate 1.0 und für die fast vollständig oxidierte Oxalsäure (HOOC-COOH) sogar 4.0. Der Respirationsquotient ist definiert als

$$RQ = \frac{\text{ausgeatmeter } CO_2\text{-Sauerstoff}}{\text{eingeatmeter Sauerstoff}}$$

Ähnlich wie die Fette und fetten Öle sind die Glyzerinphosphatide aufgebaut. Sie tragen lediglich anstelle eines Fettsäurerestes einen Phosphorsäurerest, der gleichzeitig noch mit einem weiteren Alkohol im weitesten Sinne verestert ist, z.B. mit dem Aminoalkohol Colamin oder der OH-Aminosäure Serin (Colamin- bzw. Serin-Cephaline) oder dem Cholin (Lecithine). Diese fettähnlichen Stoffe oder Lipoide kommen in allen organismischen Zellen als Strukturbildner vor. Sie bauen die wasserabweisenden Lipoidmembranen der Zellorganellen (Mitochondrien, Plastiden usw.) einschließlich der Zellmembran mit auf. Die Fette, fetten Öle und Lipoide bilden zusammen die Lipide.

Freie Fettsäuren sollten zumindest in Spuren überall in den Fließgewässern vorkommen, obgleich dies bisher noch nicht bestätigt worden ist. Sie können – abgesehen von einer anthropogenen Verunreinigung – durch Autolyse (Selbstzerfall) von abgestorbenen Organismen, durch extrazellulären Fett- und Lipoidabbau vor allem im Gewässergrund, durch Gärungsvorgänge in anaeroben Stillwasserbereichen und vielleicht als Ausscheidungen lebender Organismen in das Wasser gelangen. Während bei den Gärungsprozessen (neben Kohlenwasserstoffen, Alkoholen, Carbonylverbindungen und Hydroxi-Carbonsäuren) nur niedere Fettsäuren freiwerden, werden beim extrazellulären Abbau von Fetten und Lipoiden zunächst nur höhere Fettsäuren – durch Hydrolyse – freigesetzt.

Nur in anaerobem Milieu von Sedimenten können sich freie Fettsäuren in bescheidenem Umfang anreichern. Sonst werden sie im Wasser von Bakterien, Pilzen und anderen Organismen, darunter auch sessilen und planktischen Algen, bis auf verschwindende Restkonzentrationen rasch aufgezehrt. So kommen selbst im freien Wasser der sauberen Bäche ständig Mikroorganismen vor, die begierig Essigsäure (bzw. Acetat) aufnehmen und darin sogar einen Jahresrhythmus erkennen lassen.

Die begehrte Essigsäure wird von allen Organismen in großen Mengen zum Aufbau zahlreicher Verbindungen verwendet. So liefert sie das Kohlenstoffskelett der höheren Fettsäuren, der Terpene (darunter der pflanzlichen Karotinoide) und der Steroide. Doch können die Organismen im allgemeinen ihren Essigsäurebedarf mit ihrem Intermediärstoffwechsel (durch Abbau von Kohlenhydraten und anderen Stoffen) selbst decken. Auf der anderen Seite kommen aber auch – unter den heterotrophen Mikroorganismen – Ernährungsspezialisten vor, die die Fettsäuren allgemein als einzige Kohlenstoffquelle nutzen können. In den Fließgewässern sind wohl hauptsächlich Mikroorganismen anzutreffen, die die Fettsäuren eher beiläufig, je nach Angebot, aufnehmen.

Fette, fette Öle und mit ihnen verwandte Lipoide finden sich in den Gewässern nicht frei gelöst, da sie schwer löslich sind. Vielmehr sind sie in Partikeln festgelegt, die teils im Wasser schweben, teils am Gewässergrund lagern. Sie sind als Überreste von abgestorbenen Organismen anzusehen. Da Mikroorganismen die Fette und verwandten komplexen Verbindungen nicht direkt aufnehmen können, scheiden sie spezielle Exoenzyme (extrazelluläre Lipasen) aus, um die Verbindungen extrazellulär zu „verdauen", also in die Komponenten – hydrolytisch – zu zerlegen. Erst die Zersetzungsprodukte werden resorbiert. Der Hauptabbau der Fette und Lipoide erfolgt gleich nach dem Absterben der Lebewesen. Dies gilt vor allem auch für die Planktonorganismen (s. Tab. 20), deren niedersinkende Überreste wie die übrigen Sinkstoffe nur noch wenig Lipide enthalten. Noch lipidärmer sind schließlich die Sedimente. Partikuläre Fettstoffe dienen auch Tieren als Nahrung, insbesondere den Geschwebefressern (Filtrierern, Strudlern).

	Netzplankton		Sinkstoffe		Sediment (Großer Plöner See)	
	Ø	Bereich	Ø	Bereich	Ø	Bereich
OS/TS	83.1	66.5 – 95.5	36.7	27.0 – 53.1	16.0	10.7 – 18.8
Lip/OS	22.3	14.1 – 32.1	9.0	5.3 – 14.3	6.8	4.1 – 11.7
TG/OS	6.9		0.72		0.12	
Lip/OS	15.4		8.28		6.68	

Tab. 20: Mittlere Zusammensetzung der Trockensubstanz von Plankton, Sinkstoffen und Sedimenten (in Gewichtsprozent, mit Schwankungsbereich; nach Daten von POLITZ 1972). OS = organische Substanz; TS = Trockensubstanz; Lip = Lipide; TG = Triglyzeride (Fette); and. Lip. = andere Lipide (Lip – TG)

3.4.7 Aminosäuren, Peptide, Proteine und Proteide

Die Aminosäuren besitzen neben ein oder zwei Aminogruppen, $-NH_2$, ebensoviele Carboxylgruppen, –COOH, und häufig noch andere funktionelle Gruppen, z.B. OH-Gruppen (Serin und Threonin), SH-Gruppen (Cystein) oder Thioäthergruppen, $-S\text{-}CH_3$ (Methionin). Die Aminosäuren, $H_2N\text{-}R\text{-}COOH$, sind Base und Säure zugleich. Die Aminogruppe fungiert als Base:

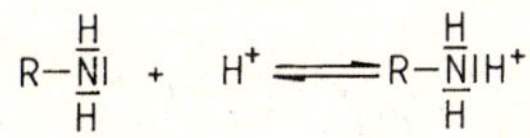

und die Carboxylgruppe als Säure:

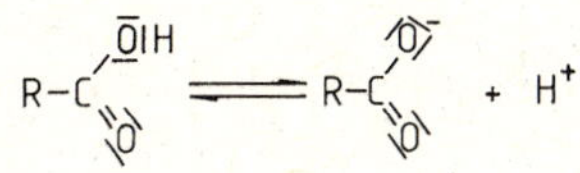

Da sich Base und Säure im gleichen Molekül befinden, neutralisieren sie sich intramolekular. Die Aminosäuren bilden daher „intramolekulare“ oder „innere Salze“ („Zwitter-Ionen“):

$$H_3N\text{–}R\text{–}COOH \underset{+H^+}{\overset{-H^+}{\rightleftharpoons}} {}^+H_3N\text{–}R\text{–}COO^- \underset{-OH^-\ +OH_2}{\overset{+OH^-\ -OH_2}{\rightleftharpoons}} H_2N\text{–}R\text{–}COO^-$$

Kation:	Zwitter-Ion:	Anion:
In stark saurer Lösung	In neutraler Lösung	In stark alkalischer Lösung

Wie auch aus den vorstehenden Reaktionsgleichungen hervorgeht, stellen die Aminosäuren nur mäßig starke Basen und Säuren dar. Aminosäuren mit der gleichen Anzahl von Amino- und Carboxylgruppen erscheinen nach außen hin elektroneutral (neutrale Aminosäuren, z.B. Glyzin und Alanin). Bei überzähliger Basenfunktion liegen entsprechend basische Aminosäuren vor (z.B. Lysin) und umgekehrt bei Carboxylgruppenüberschuß saure Aminosäuren (Asparagin- und Glutaminsäure).

Bei den Eiweißaminosäuren, die ihrer Bezeichnung entsprechend zum Aufbau der Proteine oder Eiweiße verwendet werden, und bei einem Teil der meist selteneren übrigen Aminosäuren („seltene Aminosäuren“) steht jeweils eine Aminogruppe am Nachbar-C-Atom (mindestens) einer Carboxylgruppe (α-Stellung der Aminogruppe). Die danach als α-Aminosäuren bezeichneten Verbindungen besitzen mit Ausnahme des Glyzins in dem NH_2-tragenden C-Atom ein Asymmetriezentrum (s. die D- und L-Zucker S. 115), das von vier verschiedenen Bindungspartnern umgeben ist. Daraus ergeben sich wie bei den Zuckern zwei Reihen von Verbindungen, die sich in ihrer Molekularstruktur wie Spiegelbilder zueinander verhalten. Entsprechend werden die beiden stereoisomeren Aminosäureformen auch als L- und A-Aminosäuren bezeichnet. Bemerkenswerterweise werden die in allen Organismenzellen vorkommenden Proteine ausschließlich aus L-Aminosäure-Molekülen aufgebaut. Die D-Aminosäuren finden sich dagegen nur in ganz speziellen Naturstoffen gebunden. So enthält das Murein der Bakterienzellwände neben anderen Bausteinen D-Alanin und D-Glutamisäure.

Den α-Aminosäuren stehen die Ω-Aminosäuren gegenüber, deren Aminogruppe oder -gruppen entfernt von den Carboxylgruppen stehen. Der einfachste Vertreter dieser Stoffe ist das β-Alanin, das mit den beiden α-Alaninformen L- und D-Alanin strukturisomer (s.S. 115) ist. Das Vitamin Pantothensäure enthält β-Alanin gebunden.

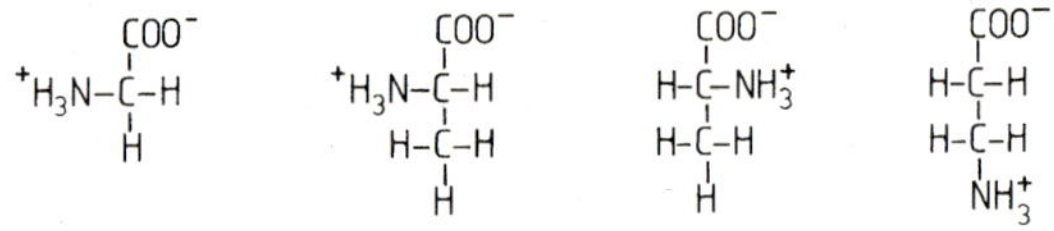

Glyzin L-Alanin D-Alanin β-Alanin

Die Aminosäuren werden im Intermediärstoffwechsel der Organismen auf vielfältige Weise gebildet und weiter umgesetzt. Z.B. kann die Aminogruppe von Carbonsäure zu Carbonsäure übertragen werden (Transaminierung) oder die Carboxylgruppe abgespalten werden (Decarboxylierung). Im letzteren Fall entstehen intrazellulär Amine, die zum Teil Hormonfunktion besitzen (z.B. Histamin, abgeleitet von Histidin). Jedoch vermögen nur die autotrophen Organismen sämtliche Aminosäuren selbst zu synthetisieren. Heterotrophe müssen einige Aminosäuren mit ihrer Nahrung aufnehmen (essentielle Aminosäuren). So können Tiere die beiden aromatischen Eiweißaminosäuren Phenylalanin und Tryptophan nicht herstellen. Das Tyrosin, eine weitere aromatische Aminosäure, bauen sie dagegen – aus dem Phenylalanin – selbst auf.

Die Aminosäuren werden zum Teil in großen Mengen für die Synthese von zusammengesetzten Aminosäureverbindungen, den Oligopeptiden, Polypeptiden, Proteinen und Proteiden, verwendet. In diesen Verbindungen sind die Aminosäuren esterartig (s.u.) mit NH-Brücken aneinandergekettet. Diese Peptidbindungen entstehen demnach durch einen Kondensationsvorgang, allerdings nur formal (wie auch bei den Fetten und anderen Kondensationsprodukten des organischen Stoffwechsels). Die Organismen benutzen einen Umweg, weil sonst die Ausbeute bei weitem zu gering wäre. Aber die Zersetzung, die Hydrolyse, erfolgt direkt:

$$H_2N{-}R{-}COOH + H_2N{-}R{-}COOH \underset{+\,OH_2}{\overset{-\,OH_2}{\rightleftharpoons}} H_2N{-}R{-}CO{-}NH{-}R{-}COOH$$

Zwei Aminosäurereste bilden ein Dipeptid, wie im vorangegangenen Beispiel, drei ein Tripeptid usw. (Oligopeptide). Polypeptide bestehen definitionsgemäß aus mehr als 10

Aminosäuren/Proben	1	2	3	4	5
Serin	7.0	0,5	6.6	14.4	132.
Glyzin	6.2	1.1	5.5	10.5	105
Alanin	3.6	0.8	3.1	6.7	229.
Asparaginsäure	2.0	0.5	1.5	3.8	84.
Threonin	1.4	0.6	1.5	3.2	59.
Glutaminsäure	1.4	0.4	1.0	1.7	169

Tab. 21: Konzentrationen gelöster freier Aminosäuren (in µg/l Aminostickstoff). (Nach BREHM 1967 und unveröffentlicht.)
Probe 1: Seewasser (Pluß-See in Holstein – Oberflächenwasser; 12.11.1964),
Probe 2: Flußwasser (Schlitzfluß in Osthessen; 20.8.1967);
Probe 3: überstehendes Wasser von aufbewahrtem Schlamm (Heiden-See in Holstein);
Probe 4: Interstitialwasser von aufbewahrtem Schlamm (vgl. Probe 3);
Probe 5: Adsorbierte Aminosäuren von aufbewahrtem Schlamm (vgl. Proben 3/4).

Aminosäureresten, Eiweiße oder Proteine aus über 100 Aminosäureeinheiten. Proteide enthalten außer einer Eiweißkomponente noch eine Verbindung aus einer anderen Stoffklasse, z.B. Nukleinsäuren (Nukleoproteide) oder einen Pflanzen- oder Blutfarbstoff (Chromoproteide). Ein beliebiger Peptidausschnitt:

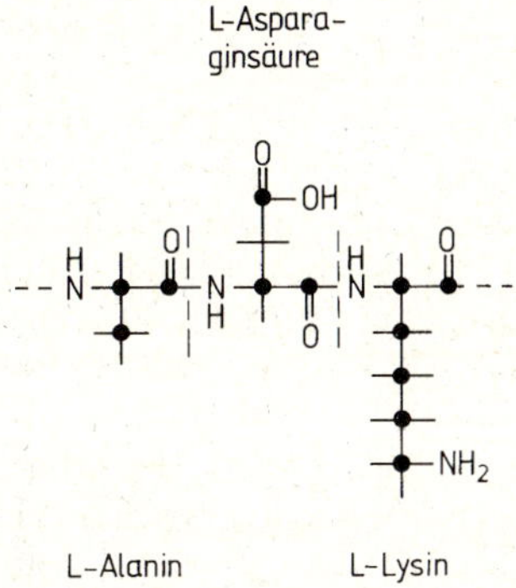

Bestimmte Peptide und Proteine fungieren im Organismus als Hormone. Viele Proteine und vor allem Proteide (mit nichtpeptidischen Koenzymen) stellen Enzyme dar, die zum Teil auch in das Medium abgegeben werden, um extrazelluläre hochmolekulare Stoffe abzubauen. Andere Proteine haben Stützfunktion oder Schutzfunktion. Kontraktile Faserproteine dienen der aktiven Bewegung.

Gelöste freie Aminosäuren treten in den Gewässern einschließlich der Flüsse, Bäche und wahrscheinlich auch der Quellaustritte ständig auf. Indessen haben nähere Untersuchungen gezeigt, daß sie immer nur teilweise frei gelöst vorliegen: Bis zu bestimmten Gleichgewichtslagen werden sie von gelösten und ungelösten hochmolekularen organischen Stoffen adsorbiert. Als Adsorbentien kommen überwiegend Schleimsubstanzen von Mikroorganismen, wie Bakterien und einzelligen Algen, in Betracht. In den Sedimenten kann die Adsorption von Aminosäuren sehr beträchtlich sein (s. Tab. 21). Im freien Wasser spielt sie jedoch nur im Sommerhalbjahr bei stärkerer Entwicklung von Aufwuchs- und Planktonalgen eine bedeutendere Rolle. Im folgenden soll daher die Bezeichnung freie Aminosäuren als Sammelbegriff für die wirklich freien und die mit ihnen im Gleichgewicht stehenden adsorbierten einfachen Aminosäuren beibehalten werden.

Die freien Aminosäuren kommen in den Gewässern immer nur in Spuren vor; ihre Konzentrationen bewegen sich im µg/l-Bereich. Vertreten sind qualitativ alle 18 (mit Asparagin und Glutamin 20) Eiweißaminosäuren. Hinzu kommen noch einige seltene Aminosäuren, darunter β-Alanin und γ-Aminobuttersäure, sowie die Amide Asparagin und Glutamin (abgeleitet von der Asparagin- und Glutaminsäure). Die vergleichsweise höchsten Konzentrationen (in Amino-N-Gewichtseinheiten) weisen im allgemeinen Serin, Glyzin, Alanin, Asparagin- und Glutaminsäure und Threonin auf (s. Abb. 50).

In den Gewässern werden Aminosäuren frei beim Freßvorgang von Tieren (insbesondere bei der Zerkleinerung von Beutetieren und lebenden Pflanzenzellen), außerdem bei der Autolyse frisch abgestorbener Organismen und beim extrazellulären

Abbau von Proteinen und Peptiden, die unter Umständen in großen Mengen mit Abwässern zugeführt werden. Ferner gelangen freie Aminosäuren mit dem Kot und den Exkreten der Tiere in das Wasser. Niedere Pflanzen, darunter vor allem Bakterien und Pilze, weniger die Algen, scheiden ebenfalls aktiv Aminosäuren aus. Passiv dürften alle Organismen in gewissem Umfang Aminosäuren ausscheiden und verlieren, so durch Diffusion oder bei Zellteilungen und Enzystierungen (bei einzelligen Organismen und anderen Kleinlebewesen). In das frei fließende Wasser gelangen außerdem noch Aminosäuren aus den etwas aminosäurereicheren Sedimenten, insbesondere aus den Schlämmen. Dabei spielen die Diffusion und die Sedimentaufwirbelung (durch grabende Tiere, aufsteigende Fäulnisgasblasen und buchstäblich reißende Hochwässer) eine Rolle. Aus der Umgebung kommen freie Aminosäuren auf natürliche Weise mit Fallaub der Ufergehölze und künstlich mit organischen Abwässern (vor allem aus Haushaltungen, Nahrungsmittelfabriken und landwirtschaftlichen Betrieben) in manches Fließgewässer. Sogar mit dem Trauf der Ufervegetation bei Regen und nässendem Nebel werden Aminosäuren in die Oberflächengewässer eingetragen.

Auf der anderen Seite werden freie Aminosäuren laufend von Mikroorganismen, also Bakterien, Pilzen und vielen Algenarten (darunter sessilen und planktischen Kiesel- und Blaualgen), aus dem Wasser aufgenommen. Ein geringer weiterer Teil wird irreversibel in Humussubstanzen und sogar Tonkolloide eingebaut. Nur vorübergehend festgelegt werden sie dagegen durch die bereits erwähnte Adsorption an Schleimsub-

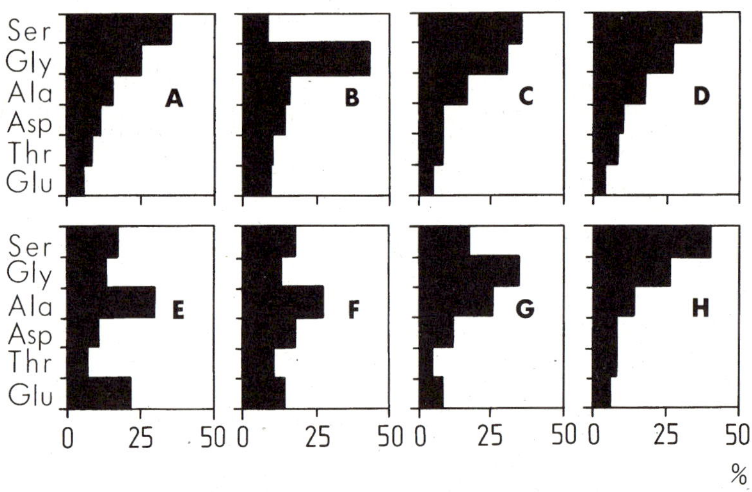

Abb. 50: Muster „freier" Aminosäuren (Serin und Glyzin, die biochemisch leicht ineinander umwandelbar sind. Alanin, Asparaginsäure, Threonin und Glutaminsäure). Mengenangaben in Prozent ihres Gesamt-N-Gehaltes. A = Seewasser-Ø; B = Flußwasser-Ø (Schlitz in Osthessen); C = Wasser über Schlamm; D = Schlammwasser; E = ammoniakalischer Schlammextrakt; F = methanolischer Planktonextrakt; G = methanolischer Seekolloidextrakt; H = methanolischer Extrakt von Gallerte der Blaualge *Nostoc pruniforme*. (Nach Brehm 1967 und unveröffentlicht, umgezeichnet.)

stanzen von Mikroorganismen. Sinkt nämlich die Konzentration der echt gelösten freien Aminosäuren, so lösen sich adsorbierte Aminosäuren, bis sich ein neues Adsorptionsgleichgewicht eingestellt hat.

Die Konzentration der echt gelösten freien Aminosäuren wird offenbar letztlich von heterotrophen Mikroorganismen bestimmt, die diese organischen Verbindungen bis auf die geringen feststellbaren Restkonzentrationen aus dem Medium aufnehmen. Hierfür spricht auch das recht einheitliche Muster der freien Aminosäuren von See-, Fluß- und Schlammwasser (s. Abb. 50). Danach befinden sich die freien Aminosäuren im Wasser in einem annähernd stationären Fließgleichgewicht von Aminosäuren liefernden und zehrenden Vorgängen. Beachtlich ist dabei die Akkumulationsleistung der Gewässermikroben für die freien Aminosäuren. Mit Hilfe des (Energie verbrauchenden) „aktiven Transports" vermögen sie diese Substanzen in ihren Zellen gegenüber dem Medium auf etwa das Zehntausendfache anzureichern. Die Transportleistungen sind für die einzelnen Aminosäuren etwas verschieden; für Serin und Glyzin sind sie etwas geringer als für die anderen Eiweißaminosäuren (s. die Aminosäuremuster A–D und F in Abb. 50).

Proteine und Peptide gelangen bei Ruhigabflüssen vor allem durch Abbauvorgänge an organismischen Überresten in das Wasser und die Sedimente der Gewässer. Viel größere Mengen dürften indessen bei entsprechenden Wetterlagen mit oberirdisch zufließenden Niederschlags- und Schmelzwässern aus der Umgebung, bei Hochwässern vor allem auch aus den Auen in die Fließgewässer eingewaschen werden. Die größten Mengen an Eiweißstoffen (und ihren Abbauprodukten) gelangen nicht selten mit organischen Abwässern in die Flüsse und Bäche, die dann ständig trüb sind, Faulschlamm absetzen und (fast) nur noch von heterotrophen Mikroorganismen bewohnt werden. Besonders auffällig ist in solchen Fließgewässern im Winterhalbjahr der „Abwasserpilz" (*Sphaerotilus*), der in dieser Jahreszeit auf allen möglichen Unterlagen charakteristische lange graue Zotten bildet (s.S. 149). Die ursprüngliche vielfältige Lebewelt von Fließgewässertieren und -pflanzen ist verschwunden. Die zunehmende Verödung von Fließgewässern mit steigender Abwasserbelastung macht auch das Saprobiensystem deutlich (s. auch S. 141), mit dessen Hilfe die Gewässergüte bestimmt werden kann.

Partikuläre Eiweißstoffe werden von filtrierenden und strudelnden Tieren aus dem Wasser als Nahrung aufgenommen. Bakterien und Pilze zerlegen Fremdproteine zunächst extrazellulär mit Hilfe von ausgeschiedenen eiweißspaltenden Enzymen (extrazellulären Proteasen) in Poly- und Oligopeptide. Diese Verbindungen resorbieren sie dann und spalten sie intrazellulär mit Peptidasen in die benötigten freien Aminosäuren weiter auf. Unter anaeroben Bedingungen, wie etwa in Faulschlamm von übermäßig organisch verschmutzten Gewässerläufen, können sich bei der Eiweißzersetzung (Eiweißfäulnis) neben ungiftigem Methan und Kohlendioxid auch giftige Abbauprodukte anhäufen. Zu nennen sind Schwefelwasserstoff (aus schwefelhaltigen Aminosäuren, aber auch von mikrobieller Sulfatreduktion), Ammoniak und Amine (z.B. Putreszin uind Kadaverin), die zusammen ein tierisches Leben im Sediment unmöglich machen und beim Entweichen auch das darüber hinwegfließende Wasser vergiften. Besonders gefährlich sind einsetzende Hochwässer, bei denen der Faulschlamm aufgewirbelt und über den gesamten Fließgewässerquerschnitt verteilt wird.

Über gelöste Peptide und Proteine insbesondere von sauberen Fließgewässern scheint bisher nichts bekannt zu sein. Jedoch sollten sie darin ebenso vorkommen wie in Seewasser, das im übrigen mehr peptid- und proteingebundene als freie Aminosäuren gelöst enthält. Sogar funktionsfähige Enzyme – die auch Proteine oder Proteide darstellen – wurden im Seewasser nachgewiesen.

3.4.8 Freie Phenole und Chinone, Lignine und Huminstoffe

Die freien oder einfachen Phenole stellen aromatische Verbindungen dar, die an Ring-C-Atomen Hydroxylgruppen, –OH, tragen. In wäßriger Lösung spalten sie Protonen von den OH-Gruppen ab (als Beispiel das gewöhnliche Phenol, C_6H_5OH):

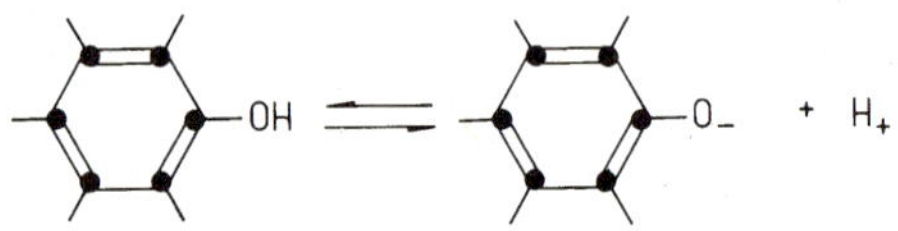

Die Phenole bilden demnach Säuren, anders als die ebenfalls OH-Gruppen tragenden aber neutralen Alkohole und Zucker. Jedoch ist ihre Säurestärke gering; Carbonsäuren und erst recht (starke) Mineralsäuren sind erheblich stärker. Freie Phenole sind chemisch sehr reaktionsfähig. Dies gilt vor allem für Hydrochinone mit zwei einander gegenüberstehenden OH-Gruppen am gleichen Molekülring. So oxidieren die Hydrochinone sehr leicht zu Chinonen ((H) = organisch gebundener Wasserstoff):

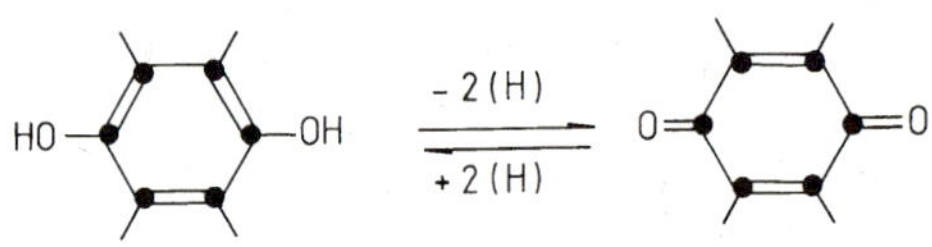

Umgekehrt werden die Chinone leicht wieder zu den Hydrochinonen reduziert. Ähnlich wie das zwei- und dreiwertige Eisen bilden also die Hydrochinone mit den entsprechenden Chinonen Redoxpaare (s.S. 107), die andere organische oder auch anorganische Stoffe reduzieren oder oxidieren können. Die Hydrochinone wirken als Reduktionsmittel und die Chinone entsprechend als Oxidationsmittel. Auf der anderen Seite werden jedoch die Chinone von elementarem Sauerstoff leicht weiter oxidiert, ein Vorgang, der bei der Huminstoffbildung eine große Rolle spielt.

Heterotrophe Organismen können zwar Phenole aus anderen einfachen aromatischen Verbindungen herstellen, müssen jedoch diese Vorstufen mit ihrer Nahrung aufnehmen (z.B. „essentielles" Phenylalanin, s.S. 124). Nur die Autotrophen vermögen Phenole vollständig aus einfachen Intermediärstoffwechselprodukten aufzubauen. Daher sind auch Phenole in den Pflanzen, insbesondere den höheren, ausgesprochen häufig. Freie Phenole finden sich als Gerbstoffe in Holzgewächsen. Die in allen Organismen vorkommende Eiweißaminosäure Tyrosin gehört ebenfalls zu den Phenolen. Die Hauptmasse der Phenole (und Chinone) liegt in der Natur jedoch chemisch gebunden vor, auch in den Pflanzen.

Niedermolekulare Phenolverbindungen sind die sogenannten hydrolysierbaren oder zusammengesetzten Gerbstoffe, die jeweils aus einem Phenolrest (z.B. Gallussäure) und einem Zuckerrest (vornehmlich β-D-Glukose) bestehen (vgl. auch S. 116).

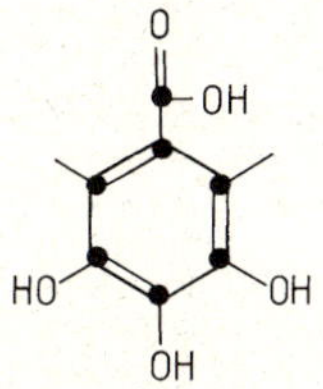

Gallussäure

Aus vielen Phenolbausteinen aufgebaut sind die verbreiteten und zum Teil sehr häufigen Polyphenole, und zwar die pflanzlichen Lignine und die extraorganismischen Huminstoffe, also Humin- und Fulvosäuren.

Lignin, das nach Zellulose mengenmäßig den zweitwichtigsten organischen Stoff in der Biosphäre darstellt, bildet Riesenmoleküle fast beliebiger Größe. Diese bestehen aus Cumaryl-, Sinapyl- und Coniferylalkoholresten, die über C-C- und C-O-C-Bindungen miteinander räumlich vernetzt sind. Ihr starrer, gerüstartiger Aufbau bedingt die hohe Druckfestigkeit oder Härte des Holzes. Physiologisch stellen die Lignine differenzierte organische Ausscheidungsstoffe der Pflanzen dar (**sekundäre Pflanzenstoffe**), die wichtige biologische Sekundärfunktionen besitzen. So bilden die Lignine aufgrund ihrer Härte eine hervorragende Stützsubstanz. Ferner schützen sie aufgrund ihrer außergewöhnlichen Abbauresistenz die Zellulosefasern der Zellwände vor mikrobieller Zersetzung. Die Zellulosefasern sorgen für die Elastizität oder Zugfestigkeit des Holzes. Im übrigen sind verholzte Zellwände keineswegs auf die Holzgewächse beschränkt. Vielmehr ist das Lignin geradezu kennzeichnend für die Kormophyten oder Sproßpflanzen überhaupt, also für die Samenpflanzen, Farne und auch Moose ganz allgemein.

Koniferylalkohol

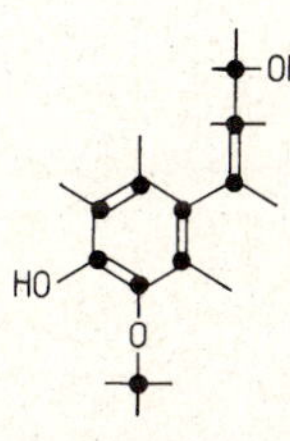

Lingnin (Ausschnitt)

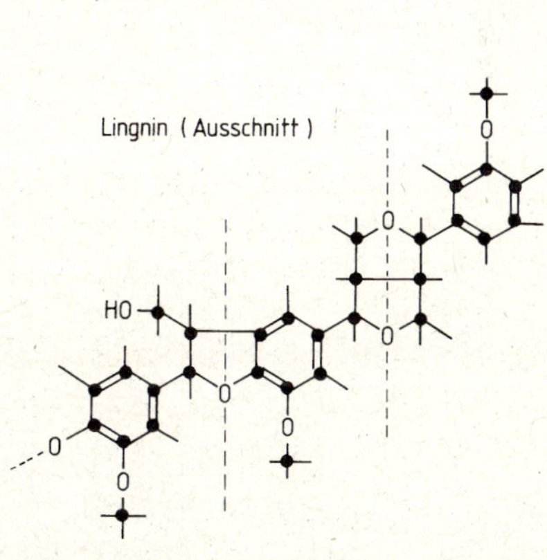

Im Gegensatz zu den verhältnismäßig einheitlichen Ligninen sind die überwiegend bodenbürtigen Huminstoffe, darunter zumindest die kolloiden Huminsäuren, recht heterogen zusammengesetzte Polyphenole. Schon in der Elementarzusammensetzung heben sich die **Huminstoffe** von den Ligninen ab – obgleich sie hauptsächlich aus Ligninen entstehen –; denn sie enthalten neben Kohlen-, Wasser- und Sauerstoff noch Stickstoff und etwas Schwefel. Ferner bestehen die aromatischen Ringe nicht immer aus sechs, sondern häufig nur aus fünf Atomen. Außerdem sind in den aromatischen Sechserringen oft und in den aromatischen Fünferringen (zwangsläufig) immer ein oder zwei C-Atome durch N-, O- oder S-Atome ersetzt. Zu diesen Grundkörpern der Huminstoffe zählen z.B.:

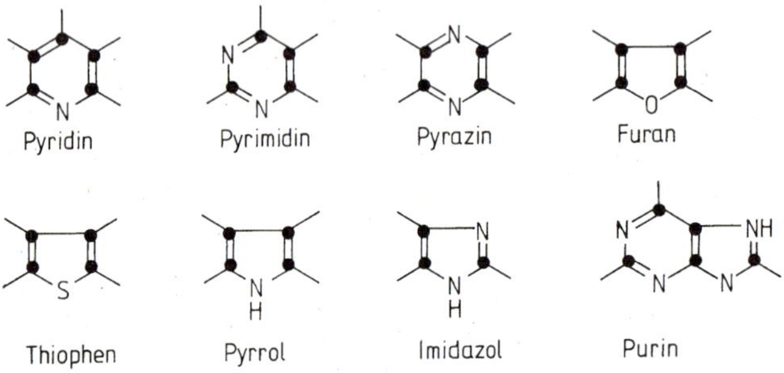

Die N-, O- und S-Atome sind in den aromatischen Ringen fest eingebunden. Daher sind diese Ringe (Heterozyklen) ähnlich beständig wie die reinen Kohlenstoffringe (Isozyklen). Andere N-, O- und vielleicht auch S-Atome bilden Brücken zwischen den aromatischen Kernen und vernetzen sie so miteinander räumlich. Allerdings tragen auch C-C-Brückenbindungen zur Vernetzung in den Huminstoffmolekülen bei, die im Gegensatz zu den C-O-C- und ähnlichen Brückenverbindungen im allgemeinen sehr beständig sind. Letztere lösen sich verhältnismäßig leicht hydrolytisch nach folgendem Muster (R = aromatische Ringe):

$$R_2\text{-O-}R_2 + OH_2 \rightarrow R_1\text{-OH} + \text{HO-}R_2 \text{ (Freisetzung von Phenol-OH-Gruppen)}$$

Entsprechend zerfällt eine Verbindung R-NH-R in ein Phenol und ein aromatisches Amin (R-NH_2). Weitere O-, N- und S-Atome bilden in den Huminstoffmolekülen schließlich die freien funktionellen Gruppen, wie etwa phenolische und alkoholische OH-Gruppen, COOH- oder Carboxylgruppen und Aminogruppen. Eine Baueinheit der Huminstoffe könnte daher z.B. folgendermaßen aussehen:

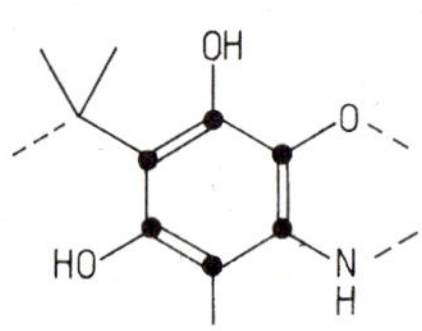

Die vor allem in Böden, aber auch in Gewässern verbreiteten kolloiden Huminsäuren können aufgrund ihrer sauren Phenol- und Karbonsäurefunktionen als Kationenaustauscher wirken; sie können freie, echt gelöste Kationen (z.B. Metall- oder Ammonium-Kationen) aufnehmen und an ihrer Stelle die gleiche Anzahl von Protonen an das Medium abgeben (K^+ = Kation ganz allgemein):

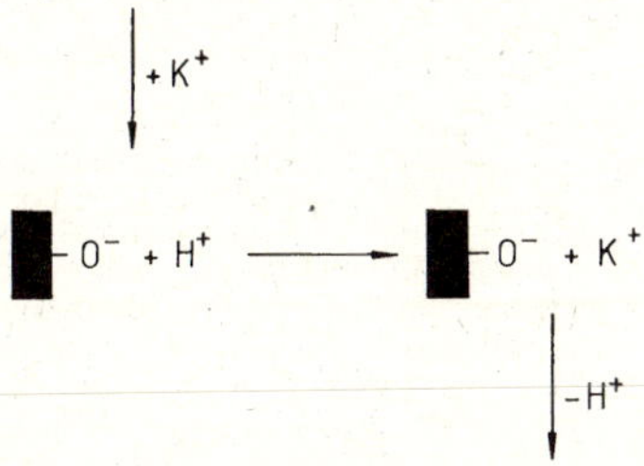

Die kolloiden Huminsäuren und die eng mit ihnen verwandten niedermolekularen Fulvosäuren (in den Gewässern offenbar die „Gelbstoffe") gehen vor allem aus Lignin und daneben aus Kohlenhydraten, Aminosäuren, Fetten und Ölen, Harzen und Gerbstoffen und anderen, überwiegend pflanzlichen organischen Stoffen hervor. Beteiligt sind an diesen äußerst verwickelten Humifizierungsprozessen biochemische wie chemische (Aufbau-)Vorgänge, die hier nicht näher erörtert werden können.

Die Phenole (und Chinone) sind insgesamt verhältnismäßig schwer abbaubar. Dies trifft vor allem für die hochmolekularen Polyphenole zu, die nur von wenigen Spezialisten, Pilzen, auch Bakterien, abgebaut werden können. Tiere spielen hierbei gar keine Rolle. Am widerstandsfähigsten sind die Lignine, die sich daher in Böden und Gewässersedimenten besonders stark anreichern können, zumal sie unter anaeroben Verhältnissen auch von den Mikroben nicht mehr angegriffen werden. Unter anaeroben Bedingungen geht der Ligninabbau nur noch chemisch langsam weiter, wie im wasserdurchtränkten Hochmoortorf (chemische oder abiogene Humifizierung, die einer weitergehenden Inkohlung entspricht). Der mikrobielle Abbau der Polyphenole erfolgt extrazellulär mit Hilfe von ausgeschiedenen (Exo-)Enzymen bis zu den niedermolekularen phenolischen Bausteinen, die dann resorbiert und im Intermediärstoffwechsel weiter umgesetzt werden. Die Hauptschwierigkeit beim Polyphenolabbau liegt darin, daß neben (leicht aufzubrechenden) C-O-C- und anderen Heteroatom-Brückenbindungen noch (widerstandsfähige) C-C-Bindungen gelöst werden müssen. Diese Schwierigkeit meistern nur einige Mikroben.

Die Polyphenole sind in den Fließgewässern überwiegend allochthon. So kommen die meisten Huminstoffe aus den terrestrischen Böden der Gewässereinzugsgebiete, insbesondere aus Nadelwäldern und -forsten bei oberirdischen Niederschlags- und Schmelzwasserabflüssen. Das Lignin rührt hauptsächlich von den Ufergehölzen her (Streu), weniger von eigentlichen Gewässerpflanzen (Röhrichtpflanzenreste). Außerdem gelangt Lignin mit manchen industriellen Abwässern (aus Zellulosefabriken) in Flüsse.

Freie Phenole (und Chinone) sowie niedermolekulare Phenolverbindungen, Phenolglykoside, kommen normalerweise in den Fließgewässern nur sporadisch und ausschließlich in Spuren vor, zumal sie chemisch sehr reaktionsfähig sind und sich rasch umsetzen (Bildung von „Wasserhumus"). Sie sind weitestgehend allochthon und gelangen vor allem mit dem Fallaub der Ufergehölze in die Gewässerläufe, und zwar in Form der pflanzlichen Gerbstoffe.

Im Gegensatz zu den Polyphenolen wirken die freien Phenole selbst gegenüber den spezifischen Phenolzersetzern und -verwertern schon in sehr geringen Konzentrationen giftig. Deshalb sind Gewässerverunreinigungen mit Phenolen auch so bedenklich, zumal schon Spuren genügen, um den Geschmack des Wassers nachhaltig zu beeinträchtigen. Darin wird auch die biologische Bedeutung der phenolischen Gerbstoffe liegen: Schutz der Pflanzen vor Mikrobenbefall und Tierfraß. In der Tat werden die gerbstoffreichen Blätter der Buche (*Fagus*) und der Eichenarten (*Quercus*) von Mikroben wie von Tieren (z.B. den Flohkrebsen, *Gammarus*-Arten) in den Gewässern nur sehr zögernd angegriffen. Wesentlich rascher wird dagegen das Fallaub der Erlen (*Alnus*) verwertet, das vergleichsweise wenig Gerbstoffe enthält (s. Tab. 37).

Demgegenüber besitzen die Polyphenole ökochemisch als Kationenaustauscher große Bedeutung. So vermögen nicht nur die Huminsäuren durch Abgabe von H^+-Ionen das Wasser stark anzusäuern, sondern auch lebende Torfmoose (*Sphagnum*-Arten) und ihre Überreste, die in den Zellwänden ionenaustauschaktive Phenole aufweisen. Damit können die Torfmoose den pH-Wert in Quellhangmooren (Hanganmooren) bis 4 und darunter absenken. In kalkarmen oder kalkfreien Landschaften, etwa in Buntsandsteingebieten, wird die Entwicklung saurer Hanganmoore durch Anbau von Nadelhölzern, insbesondere von Fichten noch gefördert. Mit ihren physiologisch stark sauren Ausscheidungen (Harzsäuren) und Streuabbaustoffen (Humin- und Fulvosäuren) begünstigen sie die säureresistenten Torfmoose, die mit Hilfe ihres Kationenaustausches das Milieu weiter versauern und so die säureempfindlicheren Pflanzen (und anderen Organismen) noch weiter zurückdrängen.

3.5 Viren und Organismen

Die bisher besprochenen, einzelnen chemischen Stoffe bilden einfache oder primäre chemische Fließgewässerfaktoren, die im Wasser unmittelbar chemisch wirksam sind. Die chemischen Stoffe sind niederorganisiert und unbelebt, obgleich sie zum Teil biogenen (organismischen) Ursprungs sind. Sie liegen im Wasser echt oder kolloid gelöst vor. Allerdings können auch ungelöste Feststoffe – vor allem an ihren Oberflächen – chemisch aktiv sein.

Den einfachen chemischen Stoffen stehen die Organismen, daneben die Viren als komplexe oder sekundäre chemische Fließgewässerfaktoren gegenüber. Die komplexen hochorganisierten, lebenden Organismen tauschen mit ihrer Umgebung dauernd chemische Stoffe aus (Aufnahme von Nährstoffen, Vitaminen, Abgabe von Exkreten, Exkrementen). Damit bildet jeder Organismus einen „gebündelten", übergeordneten chemischen Faktor, der über zahlreiche chemische Einzelfaktoren mittelbar wirksam ist. Darüber hinaus besitzen die Organismen einen Stoffwechsel, mit dessen Hilfe sie – überwiegend im Körper, seltener im umgebenden Wasser – viele verschiedene

Stoffe (bio-)chemisch umsetzen (Aufbau-, Umbau- und Abbaustoffwechsel). Daher können die Organismen auch wachsen und sich vermehren. Der Stoffwechsel ist genetisch festgelegt.

Die Viren vermitteln nach ihrer Organisationshöhe zwischen den einfachen chemischen Stoffen und den Organismen. Ihnen fehlt ein Stoffwechsel, obgleich auch sie auf ihn angewiesen sind. Sie „parasitieren" daher in Organismen, deren Stoffwechsel sie zum eigenen Vorteil und zum Schaden des Wirtes umlenken. Die „Umfunktionierung" des Wirtsstoffwechsels ist genetisch fixiert. Die Viren erhalten sich, wachsen und vermehren sich mit Hilfe des Fremdstoffwechsels. („Die Viren werden gelebt.")

3.5.1 Viren

Die Viren (lateinisch Virus = Gift) erinnern in Struktur und chemischer Zusammensetzung an Zellfragmente von Organismen. Ein Virusteilchen oder Virion, das je nach Virusart bis 300 nm groß (noch submikroskopisch) sein kann, besteht im einfachsten Falle aus einem Nukleinsäurekern (Core) und einer Proteinhülle (Capsid). Die einfachsten Formen sind also chemisch als Nukleoproteide aufzufassen. Komplizierter gebaute Viren weisen außerdem noch Phospholipidmembranen, ja sogar Kohlenhydrate und Enzyme auf.

Um sich zu erhalten, zu wachsen und sich zu vermehren, sind die Viren auf den Stoffwechsel von Organismen (Pflanzen, Tieren, Mensch, Bakterien) angewiesen, in deren Zellen sie „parasitieren". Mit Hilfe ihrer genetischen Informationen in den Nukle-

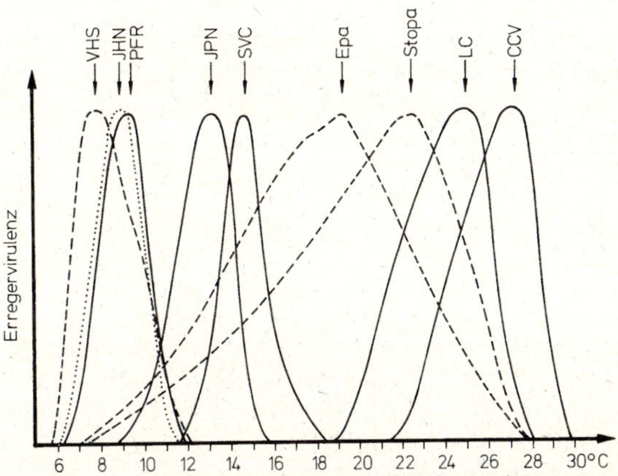

Abb. 51: Erregervirulenz von fischpathogenen Viren in Abhängigkeit von der Wassertemperatur. (Nach Ahne und Wolf in Reichenbach-Klinke 1980.) VHS = Virus der hämorrhagischen Septikämie der Forellen; IHN = Virus der infektiösen hämatopoetischen Nekrose der Forellen; PFR = Pike Fry Rhabdovirus; IPN = Virus der infektiösen Pankreasnekrose der Forellen; SVC = Virus des spring viremia of carp; Epa = mit dem Epithelioma papillosum der Karpfen assoziiertes Virus; Stopa = Stomatopapillom der Aale; LC = Lymphocystis-Virus; CCV = Channel Catfish Virus.

insäuren richten sie den Stoffwechsel der Wirtsorganismen zum eigenen Vorteil aus (Virulenz). Die Wirtszellen zerfallen schließlich (Lyse der Zellen), und die Viren werden frei. Die Viren können dabei auch in das Wasser gelangen und darin auf einen neuen Wirt übertragen werden; denn sie sind auch außerhalb der Wirte noch eine gewisse Zeitspanne „virulent", also infektiös. Dies gilt zum Beispiel auch für fischpathogene Viren (s. Abb. 51) und Bakterienviren (Bacteriophagen). In Flüssen, die mit häuslichen Abwässern belastet sind, werden auch humanpathogene Viren beobachtet, so Darmviren, zuweilen auch Polioviren (Erreger der Kinderlähmung) und Hepatitiserreger. Insgesamt sind die Kenntnisse über die Rolle der Viren im Stoffhaushalt der Fließgewässer noch sehr lückenhaft.

3.5.2 Organismen

Die Organismen (Lebewesen) stellen höchst komplex strukturierte und chemisch zusammengesetzte, lebende Teilchen mit einem eigenen, permanenten Stoff- und Energiewechsel dar. Ausnahmen bilden vielleicht Stadien „latenten Lebens" (etwa Sporen von Bakterien, Pollenkörner). Dementsprechend tauschen die Organismen mit ihrer Umgebung ständig Stoffe und Energie aus. So bilden die Lebewesen auf molekularer Ebene „offene Systeme", obgleich sie aufgrund ihrer klar umrissenen Gestalt geschlossen erscheinen.

Die Lebewesen sind wesentlich höher organisiert als die Viren (die vielleicht „verwilderte Gene" oder extrem reduzierte pathogene Bakterien darstellen). Dies geht schon aus der groben molekularen Zusammensetzung hervor (s. Tab. 22), die im übrigen bei allen Organismengruppen qualitativ gleich ist und nur quantitativ etwas abändert. Mit Ausnahme der Nukleinsäuren wurden alle in der Tabelle angeführten Stoffgruppen im vorangehenden Text als chemische Fließgewässerfaktoren einzeln beschrieben. Die Nukleinsäuren, die in den Organismen die Träger der genetischen Informationen darstellen, mußten übergangen werden, weil ihre Rolle im Stoffhaushalt der Fließgewässer noch weitestgehend unbekannt ist.

80 %	Wasser
10 %	Proteine
3.4 %	Nukleinsäuren
2 %	Lipide
2 %	Polysaccharide
1.3 %	andere, kleinmolekulare organische Verbindungen
1.3 %	anorganische Verbindungen (Mineralstoffe, Elektrolyte)

Tab. 22: Molekulare Zusammensetzung von Bakterien. (Nach STRASBURGER et al. 1978.)

Im Gegensatz zu den nichtzellulären Viren sind die Organismen aus Zellen aufgebaut. Nach der Anzahl der Körperzellen lassen sich bei den Lebewesen grundsätzlich zwei morphologische Organisationsstufen unterscheiden, die Einzeller oder Protisten und die Vielzeller. In Wahrheit existieren auch alle Übergänge, z.B. Zönobien und Zellkolonien.

Das Innere der Zelle, das von einer Zellmembran umgebene Zellplasma, wird von (Phospholipid-)Membranen in zum Teil submikroskopisch kleine Teilräume oder Kompartimente reich untergliedert. Zu diesen intrazellulären Mikorstrukturen gehören z.B. in der pflanzlichen Zelle neben einem Zellkern Mitochondrien und Plastiden.

Extraplasmatische Zellstrukturen bilden dagegen die Zellwände, die die Zellen nach außen morphologisch abschließen und sie stützen und schützen. Sie bestehen im wesentlichen aus hochmolekularen Stoffen, die entweder direkt ausgeschieden werden (z.B. Zellulose) oder sich erst außerhalb der eigentlichen Zelle aus niedermolekularen Ausscheidungsstoffen aufbauen (wie das Lignin aus aromatischen Grundbausteinen).

Die vielfältigen biochemischen Reaktionen (s. Abb. 52–54 und Tab. 23) des normalen Stoffwechsels und des damit aufs engste gekoppelten Energiewechsels finden überwiegend im Zellinneren statt, und zwar in den plasmatischen Strukturräumen (so auch die Aminosäure-, Peptid- und Proteinsynthese und der Atmungsstoffwechsel).

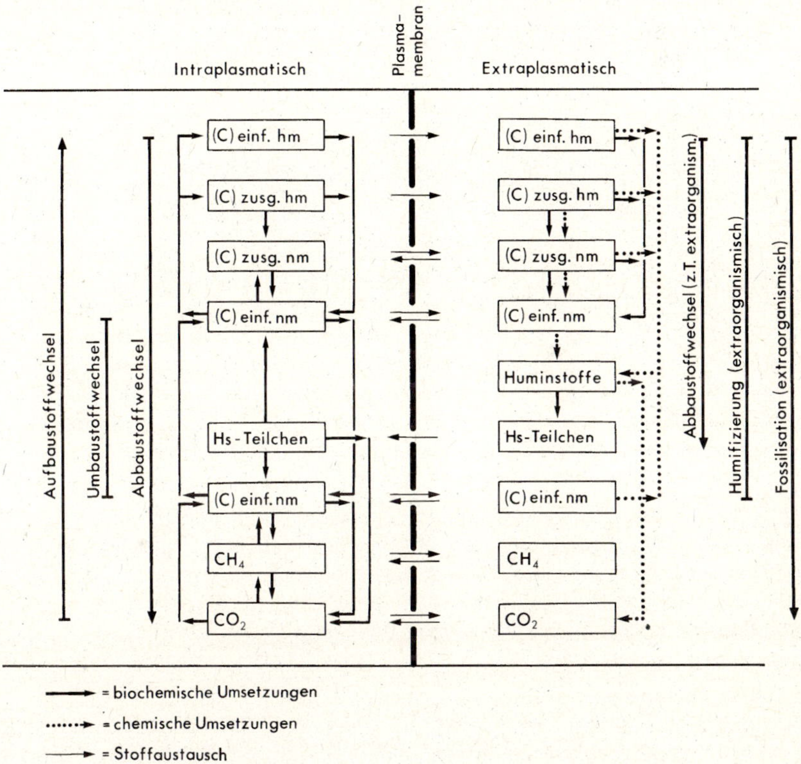

Abb. 52: Biologischer Kreislauf des Kohlenstoffs: (C) = organische Kohlenstoffverbindungen; einf. = einfach; zusg. = zusammengesetzt; nm = niedermolekular, hm = hochmolekular. Weitere Erläuterungen im Text.

Außerdem können biochemische Prozesse in intrazellulären Vakuolen ablaufen, die Hohlräume im Zellplasma darstellen und von dem Plasma durch Membranen abgetrennt sind. So bauen heterotrophe Organismen mit der Nahrung aufgenommene Proteine und andere fremde hochmolekulare Verbindungen in besonderen Nahrungsvakuolen zu niedermolekularen Stoffen ab („Verdauung"). Erst diese Abbaustoffe nehmen die Organismen (Protozoen, Tierstöcke wie die Schwämme, ferner echte Vielzeller, z.B. Hohltiere) in das Zellplasma auf und setzen sie dort weiter um. An der Außenmembran des Plasmas bauen die Lebewesen die extraplasmatische, aber noch zellulären und erst recht organismischen Zellwandstoffe auf (z.B. Zellulose und Lignin). Physiologisch stellen diese Stoffe Exkretionsprodukte, also aus dem Plasma ausgeschiedene Endprodukte des Stoffwechsels dar. Sie bleiben jedoch Bestandteil der Organismen und übernehmen sogar biologische Sekundärfunktionen (Stütz- und Schutzfunktionen). Ähnlich entstehen die hochmolekularen Gallerte- und Schleimstoffe (etwa von Bakterien und Algen), die im Gegensatz zu den unlöslichen Stützstoffen mit den Organismen keine Struktureinheit mehr bilden, vielmehr sogar – kolloid – in Lösung gehen können. Ausgesprochen extrazellulär, aber immer noch intraorganismisch verlaufen die Verdauungsvorgänge im Darmkanal von Vielzellern. Extrazellulär und zugleich auch extraorganismisch verdauen dagegen die heterotrophen Bakterien und Pilze ihre Nahrung (etwa Zellulose, Chitin, Lignin und Proteine).

Die biochemischen Reaktionen werden von eiweißartigen Enzymen („Biokatalysatoren") beschleunigt oder katalysiert und damit häufig überhaupt erst bei gewöhnlichen Temperaturen ermöglicht. Eine Ausnahme bildet die letzte Phase der Ligninsynthese, die über Radikalmechanismen aus den Bausteinen (aromatischen ungesättigten Alkoholen) erfolgt. Die Enzyme wirken in doppelter Hinsicht spezifisch. Erstens setzen sie nur bestimmte Stoffe (Substrate) um. Zweitens katalysieren sie immer nur eine ganz bestimmte Reaktion eines Stoffes. Da die verschiedenen Enzyme jeweils auf gewisse intra- oder auch extrazelluläre Kompartimente beschränkt sind, kann selbst ein einzelliger Organismus gleichzeitig Auf-, Um- und Abbaureaktionen durchführen. Diese räumliche Trennung der verschiedenen Reaktionswege ermöglicht überhaupt erst den Stoffwechsel, der die Organismen vor der gesamte übrigen Materie auszeichnet. Die Organismen müssen lediglich für einen geregelten Stoffaustausch (Transport der jeweils benötigten Ausgangs- und anfallenden Endstoffe) zwischen den einzelnen Reaktionsräumen oder Kompartimenten sorgen.

Der Stoffaustausch kann zwischen den Organismen und ihrer Umgebung und intraorganismisch in drei Ebenen erfolgen, über niedermolekulare Stoffe, über hochmolekulare Verbindungen und über Partikel. Limnologisch bedeutsam ist vor allem der Stoffaustausch zwischen Organismen und Umgebung, da hierdurch die chemische Beschaffenheit der Fließgewässer unmittelbar und zum Teil entscheidend beeinflußt wird (z.B. aerobes oder anaerobes Milieu und niedrige oder hohe pH-Werte).

Der Austausch niedermolekularer Stoffe geschieht teils passiv durch Diffusion, teils aktiv durch den selektiven und besonders wirksamen, jedoch energieaufwendigen „aktiven Transport". Die aufgenommenen niedermolekularen Stoffe dienen den Lebewesen vor allem als Nährstoffe, zum Teil auch als Vitamine oder sonstige Wirkstoffe. Die abgegebenen Stoffe sind größtenteils als Exkretionsprodukte und nur zu einem geringen Anteil als Diffusionsverluste anzusehen. Die aktiv ausgeschiedenen nieder-

Typus nach der C-Quelle	Typus nach dem H-Donator	Typus nach der Energie-quelle	Milieu	H-Donator	Energie-quelle	C-Quelle	C-Produkte	Nebenprodukte	Organismen
autotroph	lithotroph	phototroph	aerob	OH_2	Licht	CO_2	(C_1)	O_2	pigmentführende Algen und höhere Pflanzen
			anaerob	H_2	Licht	CO_2	(C_1)		Athiorhodaceae
				SH_2	Licht	CO_2	(C_1)	$S\ (S_2O_3^{2-}; SO_4^{2-})$	Thiorhodaceae und Chlorobiaceae
		chemotroph	aerob	NH_4^+	O_2	CO_2	(C_1)	NO_2^-	*Nitrosomonas*
				NO_2^-	O_2	CO_2	(C_1)	NO_3^-	*Nitrobacter*
				H_2	O_2	CO_2	(C_1)	OH_2	*Hydrogenomonas*
				SH_2; S; $S_2O_3^{2-}$	O_2	CO_2	(C_1)	S; $S_2O_3^{2-}$; SO_4^{2-}	*Thiobacillus*
				Fe^{2+}	O_2	CO_2	(C_1)	Fe^{3+}	*Thiobacillus ferrooxidans*
			anaerob	S; $S_2O_3^{2-}$	NO_3^-	CO_2	(C_1)	SO_4^{2-}; N_2	*Thiobacillus denitrificans*
				H_2	NO_3^-	CO_2	(C_1)	OH_2; N_2	*Micrococcus denitrificans*
				H_2	CO_2		(C_1)	CH_4	Methanbildner
heterotroph	organotroph	chemotroph	aerob	(C)	O_2		(C_n)	CO_2	Tiere, Pilze, viele Bakterien; pigmentfreie Algen und höhere Pflanzen
			anaerob	(C)	NO_3^-		(C_n)	CO_2; N_2	verschiedene Denitrifizierer
				(C)	SO_4^{2-}		(C_n)	CO_2; SH_2	*Desulfovibrio*
				(C)	CO_2		(C_n)	CO_2; CH_4	Methanbildner
				(C)			(C_n)	CO_2	gärende Bakterien und Pilze

Tab. 23: Die wichtigsten Stoffwechseltypen der Organismen; (C) = organische Produkte (organisch gebundener Kohlenstoff); (C_1) = organische Primärprodukte; (Cn) = organische Folgeprodukte

molekularen Substanzen werden auf den Erzeuger selbst hemmend oder giftig wirken. Dagegen dienen sie anderen Organismenarten als Nähr- oder auch Wirkstoffe, so daß sie sich im Wasser nur unter extremen Bedingungen anreichern können. Niedermolekulare Stoffe werden auch mit den Exkrementen (aus dem Darmtrakt oder/und ehemaligen Nahrungsvakuolen) an das Medium abgegeben.

Der Austausch hochmolekularer Stoffe erfolgt durch Zellmembranen nur mit Hilfe des aktiven Transports, und zwar einseitig von den Organismen zum umgebenden Medium (z.B. die Ausscheidung von Schleimstoffen und Exoenzymen). Eine Ausnahme bilden die Nukleinsäuren von Bacteriophagen, die von diesen Viren beim Befall förmlich in die Wirtsbakterien injiziert werden. Heterotrophe Organismen, die hochmolekulare organische Verbindungen als Nahrungsquelle nutzen wollen, müssen diese zuvor mit Hilfe spezieller Exoenzyme in resorbierbare Bruchstücke (meist die ehemaligen Bausteine) zerlegen. Dies geschieht im äußeren Medium (Bakterien, Pilze), in Verdauungskanälen (vielzellige Tiere) oder in Nahrungsvakuolen (Protozoen, auch vielzellige Tiere). Die hochmolekularen Stoffe werden von den Tieren mit der Nahrung aus der Umgebung aufgenommen und zum Teil in Form der Exkremente wieder ausgestoßen.

Der Austausch von Partikeln beschränkt sich auf die Nahrungsaufnahme und die Kotabgabe der Tiere.

Nach der Richtung der biochemischen Reaktionen lassen sich drei Stoffwechselbereiche unterscheiden, die jedoch nahtlos ineinander übergehen, der Aufbaustoffwechsel oder Anabolismus, der Abbaustoffwechsel oder Katabolismus und der zwischen ihnen vermittelnde Umbaustoffwechsel oder Amphibolismus (Intermediärstoffwechsel).

Der **Aufbaustoffwechsel** ist auf das Zellplasma (einschließlich die Zellmembran) beschränkt. Die einzelnen Syntheseschritte erfordern zum Teil beträchtliche Energiemengen, die die autotrophen Organismen letzten Endes aus Lichtenergie (Phototrophie) oder bei der Oxidation reduzierter anorganischer Stoffe (Chemolithotrophie) gewinnen. Die heterotrophen Lebewesen oxidieren statt dessen ausschließlich organische Stoffe zur Energiegewinnung (Chemoorganotrophie), die sie letztlich mit ihrer Nahrung aufgenommen haben. Als Ausgangsstoffe für die Synthese ihrer organischen Substanz verwenden die autotrophen Organismen nur anorganische Nährstoffe (Ur- oder Primärproduktion organischer Substanz), während die heterotrophen Lebewesen vor allem auf organische Nährstoffe (essentielle Aminosäuren, Fettsäuren usw.) angewiesen sind (Folge- oder Sekundärproduktion). Der Aufbau der organischen Substanz beginnt letzten Endes mit der CO_2-Fixierung oder -Assimilation (s. Tab. 23 und Abb. 52), die für die Autotrophen so typisch ist (obgleich sie in geringem Umfang auch bei den Heterotrophen vorkommt). In der Folge werden die Assimilationsprodukte über eine Reihe von Zwischenverbindungen zu einfachen oder zusammengesetzten nieder- oder hochmolekularen Endprodukten aufgebaut. Diese Stoffe werden zum Teil aktiv ausgeschieden (z.B. Harzsäuren von Nadelgehölzen und Exoenzyme von heterotrophen Bakterien und Pilzen). Besonders eng verknüpft mit dem C-Stoffwechsel sind außer dem Wasserstoff und Sauerstoff noch der Stickstoff (s. Abb. 53) und Schwefel (s. Abb. 54), die von den Autotrophen ebenfalls assimiliert werden (müssen).

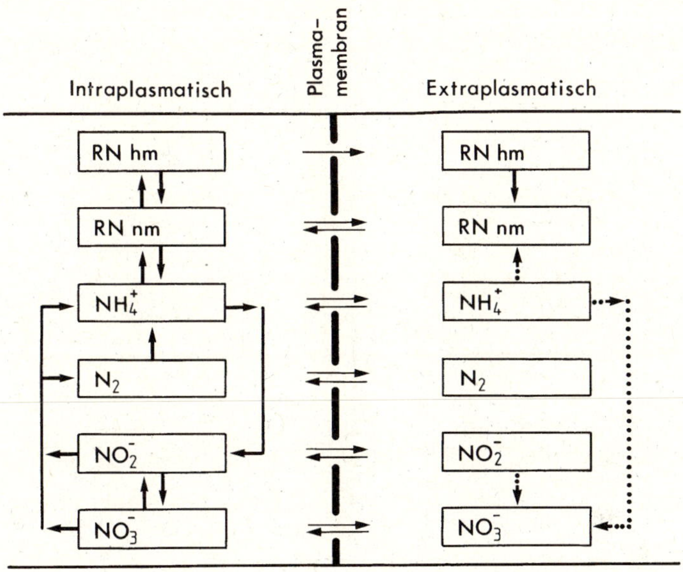

Abb. 53: Biologischer Kreislauf des Stickstoffs. RN = organische Stickstoffverbindungen. Weitere Erläuterungen s. Abb. 52.

Der **Abbaustoffwechsel** entspricht zwar formal der Umkehrung des Aufbaustoffwechsels, zumal weitgehend dieselben Zwischenprodukte auftreten. Doch weichen die Reaktionswege mehr oder weniger stark ab. So kann auch zumindest der Abbau von hoch- zu niedermolekularen organischen Verbindungen extrazellulär (im Darmkanal der vielzelligen Tiere) oder außerhalb der Organismen im Medium erfolgen (wie bei den heterotrophen Bakterien und Pilzen). Beim Abbau wird die Energie wieder frei, die bei der Synthese aufgewendet werden mußte. Mit dieser Energie werden dann andere Stoffe aufgebaut. Danach verfahren vor allem die heterotrophen Lebewesen und gleichsam nebenbei die autotrophen Organismen. So können die grünen Pflanzen ihre intrazellulär gespeicherte Reservestärke über den Baustein Glukose zu Ketosäuren abbauen, die Ketosäuren in Aminosäuren umwandeln und aus diesen Proteine aufbauen. Ein weiterer Abbau führt schließlich zu Schlackenstoffen, die im allgemeinen ausgeschieden werden (Exkrete). Unter aeroben Bedingungen können die organischen Verbindungen vollständig mineralisiert, also in die anorganischen Ausgangsstoffe wie CO_2 zurückgeführt werden. In Abwesenheit von Sauerstoff entstehen dagegen auch organische Schlackenstoffe (vor allem Methan und organische Säuren), die sich im Medium ebenfalls anreichern können (Gärprodukte).

Mit Hilfe des **Umbaustoffwechsels** wandeln die Organismen die Zwischenprodukte der verschiedenen Auf- und Abbauwege ihres Stoffwechsels ineinander um (z.B. Keto- und Aminosäuren). Auf diese Weise vernetzen und koordinieren sie ihren gesamten Stoffwechsel. Die Intermediärprodukte werden lebhaft umgesetzt, so daß sie meist

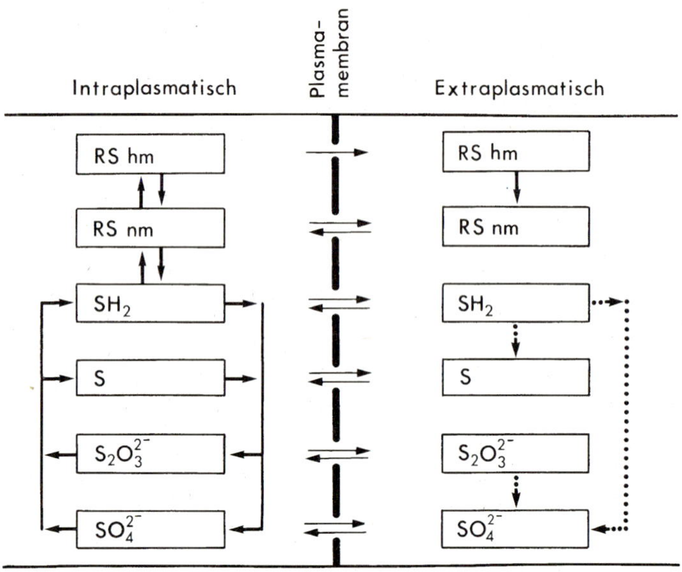

Abb. 54: Biologischer Kreislauf des Schwefels. RS = organische Schwefelverbindungen. Weitere Erläuterungen s. Abb. 52.

nur in sehr geringen Konzentrationen auftreten. Auf der anderen Seite kommen sie aber ständig vor, und zwar in annähernd gleichbleibenden Konzentrationen:

Sie bilden ein System von Fließgleichgewichten. Daher findet auch ein ständiger Stoffaustausch zwischen den verschiedenen plasmatischen Reaktionsräumen einerseits und zwischen diesen intrazellulären Kompartimenten und den Medien (Vakuolen und Darmkanälen und dem äußeren Medium der Organismen, dem Wasser) andererseits statt. Intraorganismische Speicherstoffe (wie die pflanzliche Stärke, das tierische Glykogen und die Fette) dienen als Puffer bei ungleichmäßigem Angebot an Nährstoffen oder Nahrung im Lebensraum der Organismen. Bei Nährstoff- oder Nahrungsmangel werden notfalls auch organische Strukturen (z.B. Muskelproteine) mobilisiert, also als Substrate für den Intermediärstoffwechsel verwendet. Im übrigen gelangen die Zwischenstoffe höchstens passiv aus den Organismen in das umgebende Wasser, so durch Diffusion, bei Enzystierungen und nach Verletzung etwa durch Pflanzenfresser oder durch Räuber. Auf der anderen Seite werden aber auch beim extraorganismischen Abbau hochmolekularer organischer Verbindungen (z.B. Zellulose, Chitin, Lignin und Proteine) niedermolekulare Intermediärprodukte frei. In jedem Falle werden diese Zwischenstoffe rasch von – obligat und fakultativ – heterotrophen Mikroorganismen, zum Teil auch höheren Organismen aus dem Medium aufgenommen (z.B. einfache Zucker und Disaccharide, freie Aminosäuren und niedere Peptide). Daher reichern sich diese Stoffe auch unter anaeroben Bedingungen nicht im Medium an.

Alle Lebewesen sind mehr oder weniger **Stoffwechselspezialisten** (s. Tab. 23). Obgleich sie eine Fülle von biochemischen Reaktionen durchführen und damit sich selbst erhalten und auch wachsen und sich vermehren können, ist eine Organismenart allein außerstande, die von ihr erzeugte organische Substanz (Abfälle und Leichen) vollständig wieder abzubauen. Dazu sind erst mehr oder weniger komplexe Lebensgemeinschaften (Biozönosen) von Organismen befähigt, die verschiedenen ernährungsphysiologischen Typen angehören und so Nahrungsketten oder Nahrungsnetze miteinander bilden. Im allgemeinen werden drei Grundtypen unterschieden, die Produzenten, die Konsumenten und die Reduzenten oder Destruenten. Bedeutsame Produzenten organischer Stoffe sind die photoautotrophen Pflanzen. Wenig ins Gewicht fallen die chemoautotrophen Bakterienarten. Die Konsumenten und Reduzenten sind heterotroph. Die ersteren ernähren sich von lebenden Organismen (Pflanzenfresser, Räuber, Parasiten), die letzteren von toter organischer Substanz (Detritusfresser, mikrobielle Mineralisierer).

Der Abbau organismischer Überreste (einer Leiche) beginnt mit einer Selbstzersetzung oder Autolyse durch körpereigene Enzyme, die mit dem Absterben freiwerden. Fast gleichzeitig setzt auch der mikrobielle Abbau mit Hilfe von eigens dafür ausgeschiedenen Exoenzymen ein. Die abgetrennten Molekülbruchstücke, meist die ehemaligen Bausteine der angegriffenen hochmolekularen organischen Verbindungen, werden dann von den Mikroben resorbiert und intrazellulär weiter abgebaut (oder aber für eigene Synthesen verwendet). In den Gewässerläufen, die vom Menschen mit organischen, fäulnisfähigen Stoffen verunreinigt werden, kommt diesem Abbau – der einer Gewässerselbstreinigung entspricht – große praktische Bedeutung zu. Man vergleiche auch das Saprobiensystem, das anhand der organismischen Besiedlung eines Fließgewässers Aussagen über die jeweilige „Gewässergüte" erlaubt.

In der Natur wird jedoch der biochemische Abbau der organismischen Abfälle und Überreste durch konkurrierende chemische Reaktionen verzögert, zum Teil sogar unmöglich gemacht, und zwar durch **Humifizierung** und **Fossilisation** (s. Abb. 52). Die Humifizierung entspricht einem chemischen Umbau organismischer Produkte. Dabei spielt das biochemisch besonders schwer abbaubare Lignin meist eine zentrale Rolle. Grundsätzlich können jedoch alle organischen Stoffe zu den sekundären Huminstoffen humifizieren. Nur einzelne Spezialisten unter den Mikroben (gewisse Pilze und auch Bakterien) vermögen die Humifizierungsprodukte (wie im übrigen auch das Lignin) abzubauen. Sie zerlegen diese organischen Verbindungen extrazellulär mit Hilfe von Exoenzymen in resorbierbare Bruchstücke, im wesentlichen aromatische Verbindungen. Dabei müssen die Mikroorganismen vor allem C-C-Bindungen aufbrechen, die recht widerstandsfähig sind – anders als die esterartigen C-O-C und C-NH-C-Bindungen der Polysaccharide und Fette bzw. der Proteine, die leicht zu „verseifen" sind. Der biochemische Abbau der Huminstoffe gelingt nur in Gegenwart von molekularem Sauerstoff vollständig, aber oft erst nach Jahren. Unter anaeroben Bedingungen fossilisieren dagegen die Huminstoffe weitgehend. Sie werden dabei chemisch abgebaut (vgl. die Kohlebildung aus Torf oder auch die Mineralöl- und Erdgasbildung aus Faulschlämmen). Eine besondere Form der Fossilisation tritt auch in Gegenwart von elementarem Sauerstoff überall in den Böden und Gewässern auf, der irreversible Einbau von organischen, also letztlich organismischen Stoffen in wachsende Tonmikrokristalle.

Abgesehen von geringen Verlusten durch Fossilisation verbleiben dank der Abbautätigkeit der insgesamt äußerst vielseitigen Destruenten die natürlichen organischen Abfallprodukte der Organismen im Stoffkreislauf der Biosphäre. Große Schwierigkeiten bereitet ihnen jedoch der Abbau einiger künstlicher organischer Verbindungen (z.B. des DDT, PVC und Perlons), die als anthropogene Verunreinigungen in die Natur gelangen und zum Teil auch die Fließgewässer belasten. Besonders ausgeglichen sind die Auf- und Abbauleistungen von Organismengemeinschaften, die sich im Klimax-Stadium befinden, also am Ende einer Organismensukzession stehen. In dieser Entwicklungsstufe bildet das gesamte Ökosystem (die Organismen und ihr Lebensraum) in chemisch-physikalischer Sicht ein zusammenhängendes System von (annähernd) stationären Fließgleichgewichten. Hier verändern sich auch im Medium außerhalb der Organismen (wie z.B. im Wasser ständig fließender Waldquellen) die Konzentrationen der chemischen Stoffe nur geringfügig. Die Schwankungen verlaufen überwiegend jahres-, aber auch tagesperiodisch, und zwar vor allem in Abhängigkeit von der Lichtstärke (Regulierung der pflanzlichen Photosynthese und O_2-Entwicklung) und der Temperatur (unterschiedliche Förderung der einzelnen Organismenarten und biochemischen Reaktionen). Vielfach sind die anthropogenen Einflüsse auf die Stoffkreisläufe insbesondere auch der Fließgewässer-Ökosysteme, die von Gewässerbaumaßnahmen bis zur Belastung mit Giftstoffen reichen.

3.6 Überblick

Die wichtigsten fein- und kolloiddispersen chemischen Stoffe der Fließgewässer sind in Tab. 24 einander gegenübergestellt. In aerobem wie anaerobem Milieu chemisch beständig und daher immer in den Fließgewässern anzutreffen sind außer dem Wasser und seinen Dissoziationsprodukten OH_3^+ und OH^- noch Chlorid, Alkali- und Erdalkalimetalle, Kieselsäure, Tonminerale, Phosphat und elementarer Stickstoff. Teils stellen sie allochthone und autochthone Lösungs- oder Verwitterungsprodukte dar, teils bilden sie allochthone und autochthone Endprodukte des aeroben wie anaeroben Abbaus organischer Stoffe. Die Tonminerale wirken als (kolloide) Ionenaustauscher.

Im aeroben Milieu kommen noch als chemisch beständige Stoffe (definitionsgemäß) elementarer Sauerstoff, Sulfat, Nitrat, Kohlendioxid und dreiwertiges Eisen hinzu. Sie stellen ebenfalls zum Teil allochthone Lösungs- oder Verwitterungsprodukte dar. Im übrigen sind sie Endoxidationsprodukte von organischen oder anorganischen Ausgangsstoffen. So wird der Sauerstoff bei der Photolyse des Wassers von assimilierenden Pflanzen freigesetzt.

Im anaeroben Milieu treten dagegen als chemisch beständige Stoffe elementarer Wasserstoff, Schwefelwasserstoff, Ammonium sowie Methan und andere Kohlenwasserstoffe hinzu. Teils stellen sie Reduktionsprodukte von anorganischen Ausgangsstoffen, teils Endprodukte des anaeroben Abbaus organischer Verbindungen dar.

In der Natur treten indessen regelmäßig noch verschiedene chemisch unbeständige Stoffe auf, insbesondere zusammengesetzte und einfache organische Verbindungen mit freien funktionellen Gruppen, aber auch anorganische Stoffe in mittleren Oxidationsstufen, z.B. Nitrit, Thiosulfat und das Eisen(II)-/Eisen(III)-Redoxpaar. Die unbeständigen organischen Stoffe sind teils unveränderte organismische Überreste und Ausscheidungsstoffe, teils Humifizierungs- und Abbauprodukte davon. Sie wirken häufig als Chelatbildner und Ionenaustauscher.

Element	Formale Wertigkeit	Aerobes Milieu			Anaerobes Milieu			
		Beständige Stoffe	Unbeständige Stoffe		Unbeständige Stoffe		Beständige Stoffe	
		anorganisch	anorganisch	organisch	anorganisch	organisch	anorganisch	organisch
O	0 bis 2–	O_2	O_2	RO; RH	O_2	RO	OH_2; OH_3^+; OH^-	RH
H	1+ bis 0	OH_2; OH_3^+; OH^-	H_2	RO; RH	H_2	RO	H_2	RH
Cl	1–	Cl^-		$[R]^+ Cl^-$		$[R]^+ Cl^-$	Cl^-	
Na	1+	Na^+		$[R]^- Na^+$		$[R]^- Na^+$	Na^+	
K	1+	K^+; $[T]^- K^+$		$[R]^- K^+$		$[R]^- K^+$	K^+; $[T]^- K^+$	
Ca	2+	Ca^{2+}; $[T]^{2-} Ca^{2+}$		$[R]^{2-} Ca^{2+}$; (R)Ca		$[R]^{2-} Ca^{2+}$; (R) Ca	Ca^{2+}; $[T]^{2-} Ca^{2+}$	
Mg	2+	Mg^{2+}; $[T]^{2-} Mg^{2+}$		$[R]^{2-} Mg^{2+}$; (R)Mg		$[R]^{2-} Mg^{2+}$; (R)Mg	Mg^{2+}; $[T]^{2-} Mg^{2+}$	
Si	4+	$Si(OH)_4$; [T]		ROSi		ROSi	$Si(OH)_4$; [T]	
P	5+	$H_2PO_4^-$; $[T]^+ H_2PO_4^-$		ROP		ROP	$H_2PO_4^-$; $[T]+ H_2PO_4^-$	
S	6+ bis 2–	SO_4^{2-}	$S_2O_3^{2-}$; S; SH_2	RS	SO_4^{2-}; $S_2O_3^{2-}$, S	RS	SH_2	
N	5+ bis 3–	N_2; NO_3^-	NO_2^-; N_2O; NH_4^+ $[T]^- NH_4^+$	RN; $[R]^- NH_4^+$ $[T]^- RN^+$	NO_3^-; NO_2^-; N_2O	RN; $[R]^- NH_4^+$ $[T]^- RN^+$	N_2; NH_4^+ $[T]^- NH_4^+$	
C	4+ bis 4–	CO_2		R; (R); [R] $[T]^- R^+$		R; (R); [R] $[T]^- R^+$		CH_4; andere RH
Fe	3+ <—> 2+	Fe^{3+} $[T]^{3-} Fe^{3+}$	Fe^{3+} <—> Fe^{2+}	(R)Fe(III/II)	Fe^{3+} <—> Fe^{2+}	(R)Fe(III/II)	Fe^{2+} $[T]^{2-} Fe^{2+}$	

Tab.24: Die wichtigsten natürlichen fein- und kolloiddispersen Stoffe der Fließgewässer – Gesamtübersicht; T = Tonminerale; R = organische Verbindungen ganz allgemein; RH = Kohlenwasserstoffe; RO = organische Sauerstoffverbindungen; RS = organische Schwefelverbindungen; RN = organische Stickstoffverbindungen; ROSi = organische Siliziumverbindungen (Kieselsäure-Ester); ROP = organische Phosphorverbindungen (Phosphorsäure-Ester); (...) = Chelatbildner; [...] = Ionenaustauscher.

Im anaeroben Milieu sind ferner alle endoxidierten Stoffe einschließlich des elementaren Sauerstoffs unbeständig, im aeroben Milieu entsprechend alle vollständig reduzierten Stoffe bis hin zum elementaren Wasserstoff. Anaerobe Verhältnisse stellen sich bevorzugt in Stillwasserzonen ein, so in Sedimenten, aber auch im Tiefenwasser aufgestauter Gewässerabschnitte.

In den Fließgewässern ist der elementare Sauerstoff strenggenommen auch unter aeroben Bedingungen bis zu einem gewissen Grade chemisch unbeständig, da immer oxidierbare Stoffe anwesend sind, die Sauerstoff zehren können. Jedoch spielt die chemische Oxidation oder Autoxidation meist nur eine untergeordnete Rolle. Vielmehr werden die oxidierbaren Stoffe überwiegend biochemisch oxidiert, also von Organismen mit Hilfe des Sauerstoffs veratmet. Die stabilsten Verhältnisse herrschen in Quellen, die nur sehr geringe Konzentrationen von oxidierbaren Stoffen aufweisen. Allerdings ist ihre Sauerstoffsättigung ebenfalls verringert. Ausnahmen bilden Sumpfquellen, in denen der Sauerstoff gänzlich fehlen kann, während die Konzentration der oxidierbaren Substanzen unter Umständen stark erhöht ist.

In den Gewässerläufen steigt die Konzentration der oxidierbaren Stoffe (organische Verbindungen, Ammonium usw.; s. Abb. 55) mit zunehmender Quellenentfernung an.

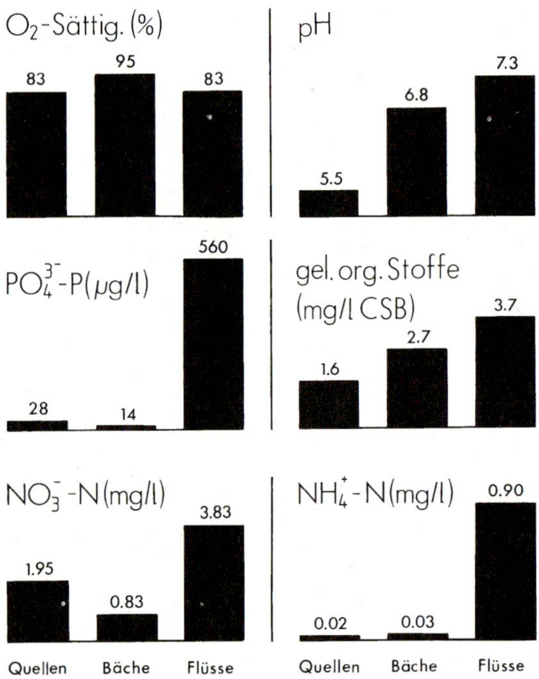

Abb. 55: Gradienten (Jahresmittel) ausgewählter chemischer Faktoren in den Gewässerläufen einer Buntsandsteinlandschaft (Schlitzerland in Osthessen). Mittelwerte für Waldquellen, Waldbäche und zwei – verunreinigte – Flüsse (Schlitz und Fulda.)

Bei zusätzlicher anthropogener Verschmutzung verschärfen sich diese Gradienten entsprechend. Dies trifft heute für alle Flüsse und viele Bäche zu. Unter natürlichen Verhältnissen steigt auch die Sauerstoffsättigung in der „fließenden Welle". Jedoch sinkt sie bei Belastung mit oxidierbaren Stoffen wieder ab. Mit zunehmender Entfernung vom Quellgebiet steigt ferner der pH-Wert (s. auch Abb. 28). Durch anthropogene Einflüsse kann sich sein Gradient verschärfen, abschwächen oder sogar umkehren. Dagegen nimmt die Konzentration endoxidierter Pflanzennährstoffe (Phosphat, Nitrat) mit wachsender Quellentfernung unter natürlichen Verhältnissen ab. Durch anthropogene Verunreinigungen nimmt jedoch häufig ihre Konzentration in der fließenden Welle ebenfalls zu. Dies gilt insbesondere für das Phosphat.

Element	Elementtyp	Erdkruste insgesamt	Tongesteine	Wasser-pflanzen	Meerwasser
Sauerstoff	NM	46.5	?	●80.5	●86.0
Silicium	HM	27.7	●26.0	● 0.03-0.4	0.00029
Aluminium	M	7.5	● 8.0	0.001	0.0000001
Eisen	M	5.0	● 3.9	0.014	0.00000034
Calcium	M	3.5	● 2.3	0.20	0.041
Natrium	M	2.6	0.5	● 0.66	● 1.08
Kalium	M	2.5	● 2.5	● 1.04	0.039
Magnesium	M	2.2	● 1.6	0.10	0.129
Wasserstoff	NM	0.15	?	● 9.7	●10.7
Kohlenstoff	NM	0.1	1.5	● 6.9	0.0029
Phosphor	NM	0.08	● 0.07	● 0.07	0.0000088
Schwefel	NM	0.05	● 0.19	● 0.24	0.090
Chlor	NM	0.05	0.02	0.09	● 1.94
Stickstoff	NM	0.01	0.06	● 0.30	0.0016
Quecksilber	M	0.000008	● 0.00003	● 0.000006	0.000000015

Tab.25: Die chemisch und biochemisch bedeutsamsten Elemente der Erdkruste bis in 16 km Tiefe (in Gewichtsprozenten); NM = Nichtmetalle; HM = Halbmetalle; M = Metalle; ●= auffälligere Anreicherungen.

Nach ihrem geo- und hydrochemischen Verhalten (s. Tab. 25) sind zwei Elementgruppen zu unterscheiden, schwer bewegliche Elemente (z.B. Si, Al, Fe, Ca, K, Mg, P, S und Hg), die auch in den Fließgewässern mehr oder weniger zur Festlegung neigen, und leicht bewegliche Elemente (O und H in Form des Wassers, ferner Na und Cl), die in den Fließgewässern nahezu vollständig gelöst bleiben und ins Meer transportiert werden. Grundsätzlich können alle Elemente von Organismen angereichert werden. Auffällig häufen die Lebewesen (z.B. auch die Wasserpflanzen) den Kohlenstoff und Stickstoff an. Diese Elemente finden sich in Verwitterungsrückständen (wie Tongesteinen) und in Wasser (Meerwasser) nur in vergleichsweise geringen Konzentrationen.

4 Lebewesen in Fließgewässern

Unter Fließgewässerorganismen verstehen wir solche, die zumindest zeitweilig regelmäßig Nahrung in Fließgewässern erwerben und daher mehr oder weniger stark an fließendes Gewässer gebunden sind. Viele Pflanzen und Tiere atmen im Wasser, andere zusätzlich zeitweilig auch in der Luft, während weitere vollständig auf Luftatmung angewiesen sind. Je nach ihrer Beweglichkeit und dem Grad ihrer Anpassung an den Grund, das freie Wasser oder die Wasseroberfläche ergeben sich unter Fließgewässerorganismen Lebensformtypen, die hier näher analysiert werden sollen.

Folgende Einteilungskriterien sollen nachfolgend Verwendung finden: 1. der Atmungstyp, 2. der Ernährungstyp und 3. der Siedlungstyp.

Als **Atmungstypen** werden unterschieden:

a) Wasseratmer, die ausschließlich und in allen Entwicklungsstadien den Gasaustausch mit dem Wasser vornehmen.

b) Wechselatmer, die den Gasaustausch sowohl im Wasser als in der Luft vollziehen können, sei es gleichzeitig, periodisch oder episodisch sich abwechselnd, oder auch phasengebunden zunächst nur im Wasser und später nur in der Luft, wie bei vielen Insekten:

c) Luftatmer, die zeitlebens nur mit der Luft Gasaustausch vornehmen.

Als **Ernährungstypen** werden unterschieden:

a) Resorbierer, autotrophe und heterotrophe Organismen, die gelöste Substanzen, Nährsalze oder auch organische Verbindungen aus dem Wasser aufnehmen.

b) Geschwebefresser, Tiere, die feine Partikel aus dem freien Wasser entnehmen und dabei verschiedene Techniken verwenden, z.B. das Filtrieren, Strudeln und Netzfangen.

c) Detritusfresser, die totes organisches Material vom Boden oder der Wasseroberfläche aufnehmen.

d) Aufwuchsfresser, die vorwiegend Algenbelag auf der Oberfläche im Wasser liegender Steine abweiden.

e) Pflanzenfresser, die sich von lebendem Gewebe untergetauchter Makrophyten ernähren.

f) Räuber, die andere Tiere erbeuten und verzehren.

g) Schmarotzer, die sich eng mit Wirtstieren verbinden und sich mehr oder weniger lange von deren Substanz ernähren, ohne sie dabei zu töten.

Als **Siedlungstypen** werden unterschieden:

a) Organismen, die im oder am Boden oder auch an aufragenden organismischen Strukturen siedeln, wie auf höheren Wasserpflanzen oder auch auf Tieren.

b) Organismen des freien Wassers, in dem sie schweben ober schwimmen.

c) Organismen der Wasseroberfläche, die auf oder unter dem Wasserspiegel laufen, schwimmen oder hängen.

Tab. 26: Beispiele für Lebensformen in Fließgewässern, geordnet nach ihrer Ernährungs-, Atmungs- und Siedlungsweise.
Zahlen = laufende Nummern der Habitusbilder auf Tafeln 1–4.

		Wasseratmer	Wechselatmer	Luftatmer
Resorbierer	Boden + organismische Strukturen	*Fontinalis* *Sphaerotilus* 1 a+b	Einf. Igelkolben 15	Schwarzerle 24
	freies Wasser	Phytoplankter 2		
	Wasseroberfläche	Neustonbakterien 3	*Lemna* 16	
Geschwebefresser	Boden + organismische Strukturen	Erbsenmuschel 4	Kriebelmücken 17	*Dixa* 25
	freies Wasser	*Bosmina* 5		*Culex* 26
	Wasseroberfläche	*Scapholeberis* 6		*Anopheles* 27
Detritusfresser	Boden + organismische Strukturen	*Gammarus* 7	*Amphinemura* 18	(Ptychopteriden)
	freies Wasser			
	Wasseroberfläche		*Planorbis* 19	
Aufwuchsfresser	Boden + organismische Strukturen	*Ancylus* 8	*Liponeura* 20	*(Stratiomys)*
	freies Wasser			
	Wasseroberfläche			
Pflanzenfresser	Boden + organismische Strukturen	*(Gammarus)*	*Nymphula* 21	Bisamratte 28
	freies Wasser	Rotfeder 9		
	Wasseroberfläche			Stockente 29
Räuber	Boden + organismische Strukturen	*Crenobia* 10	*Rana* 22	Wasseramsel 30
	freies Wasser	Stichling 11		*Agabus* 31
	Wasseroberfläche	Forelle 12		*Velia* 32
Schmarotzer	Boden + organismische Strukturen	*Branchiobdella* 13	*Sperchon* 23	
	freies Wasser	*Argulus* 14		
	Wasseroberfläche			

In Tab. 26 sind die sich aus der Kombination der genannten Einteilungskriterien ergebenden Lebensformtypen zusammengestellt. Die aufgeführten Beispiele werden im folgenden näher beschrieben, wobei die Aspekte Körperbau, systematische Einordnung, geographische und ökologische Verbreitung, Siedlungsweise, Fortbewegung, Atmung, Ernährung, Fortpflanzung, Entwicklung, Anpassungstypus berücksichtigt werden, und zwar jeweils, sofern dies für das Leben in Fließgewässern von Bedeutung ist.

4.1 Wasseratmer

4.1.1 Wasseratmer / Resorbierer

Fontinalis antipyretica, das Fieber-Quellmoos (Taf. 1, 1a), ist über die ganze Bundesrepublik verbreitet, vorwiegend in Fließgewässern. Es findet sich vom Tiefland bis in Gebirgslagen oberhalb der Baumgrenze und besiedelt außer Quellen mehr oder weniger rasch fließende Bäche, kommt aber auch am Grunde klarer Gebirgsseen vor, in denen es Tiefen bis 18 m unter dem Wasserspiegel erreicht, sofern Licht bis dorthin vordringt. Das Quellmoos soll kalkreiche Bäche lieben, ist jedoch keineswegs auf solche beschränkt. Die sehr unterschiedlichen Milieubedingungen, einschließlich der chemischen, werden als Ursache für die Formvielfalt dieser sehr häufigen *Fontinalis*-Art angesehen.

Mit Hilfe seiner Rhizoiden (Wurzelhaare) an der Basis der Stämmchen ist das Quellmoos außerordentlich fest auf Unterlagen verankert, bevorzugt auf Ober- und Leeseiten umströmter Steine, in Bächen unterhalb der Linie des Mittelwassers. Entsprechend günstige Anheftungsflächen werden häufig vollständig besiedelt, wobei dunkle Rasen entstehen, deren wogende Büschel an den der Strömung abgekehrten Seiten die größte Länge erreichen. Die Haftung am Untergrund bzw. an den rauhen Oberflächen von Gesteinsbrocken ist so wirkungsvoll, daß selbst in schießenden Bächen kaum Quellmoos verdriftet wird. Löst man die Pflanze gewaltsam ab, so reißen die Stengel zumeist oberhalb der Rhizoide.

Wie viele andere Laubmoose ist Quellmoos widerstandsfähig bei Austrocknung. Das erklärt sein Vorkommen an extremen Standorten wie Gletscherbächen, die nur periodisch Wasser führen. Normalerweise bleibt *Fontinalis* jedoch zeitlebens untergetaucht, überwintert grün, zumal in Quellbächen, bleibt also durchgehend aktiv. Die Nährstoffe werden über die ganze Körperoberfläche aufgenommen, vorwiegend jedoch im Bereich der Triebspitzen, wie es für Ammonium nachgewiesen wurde. Basale Stammteile geben dagegen Nitrat in das umgebende Wasser ab. In den gegen den Stamm halb gefalteten Blättern sammelt sich feinster Detritus, von dem zahlreiche Tiere leben. In diesem Mikromilieu können Nährsalze freigesetzt werden, die dem Quellmoos dann zur Verfügung stehen.

Fontinalis vermehrt sich geschlechtlich wie ungeschlechtlich. Die Einzelpflanzen tragen entweder Archegonien (♀) oder Antheridien (♂), damit ist das Quellmoos zweihäusig. Innerhalb der dicht durcheinander flutenden Sprosse erfolgt die Befruchtung, die ohnehin bei allen Laubmoosen an das Wasser gebunden ist. Die befruchteten

Eizellen bringen Sporophyten hervor, in deren Kapseln im Juni und Juli Sporen reifen. Diese werden freigesetzt und keimen in kleinsten, strömungsfreien Unebenheiten auf Steinoberflächen aus.

Mit seinen langen, verzweigten Sprossen, den dünnen, geschmeidigen, jedoch zugfesten Stengeln und der festen Verankerung durch Rhizoide auf rauhen Oberflächen ist das Quellmoos stark strömendem Wasser angepaßt. Dagegen ist die Kanadische Wasserpest, *Elodea canadensis*, vergleichsweise brüchig und deshalb nur in schwach strömenden Flüssen zu finden. Besser verankert ist der Flutende Hahnenfuß, *Ranunculus fluitans*, der bis in starke Bäche vordringt. Er streckt allerdings die Blüten über die Wasseroberfläche und bildet ganz gelegentlich einmal ein Schwimmblatt aus.

Zu den Chlamydobakterien gehört *Sphaerotilus natans*, der den irreführenden Volksnamen „Abwasserpilz" trägt. Er besteht aus Fäden, die einfach oder verzweigt sein können und bei einer Dicke von 6-10 μ eine beachtliche Länge erreichen, so daß sie selbst mit bloßem Auge schon von weitem erkennbar sind. Die Fäden bestehen aus schleimigen Scheiden, in denen sich 4-6 μ lange und 2-3 μ dicke Zellen aneinanderreihen (Taf. 1, 1b). Die Fäden bilden weißgraue Watten, die selbst zu meterlangen Zotten auswachsen können. Im Wasser schwebender Detritus kann diese bräunlich verfärben. Zwischen den Fäden leben allerlei andere Bakterien und auch echte Pilze, und so kann unter „Abwasserpilz" auch eine Lebensgemeinschaft verstanden werden, deren wichtigste Komponente *Sphaerotilus* ist.

Sphaerotilus ist in ganz Deutschland zu finden, zumindest in heutiger Zeit. Er besiedelt nährstoffreiche Fließgewässer, vornehmlich stärkere Bäche und Flüsse. Am stärksten tritt er unterhalb von Abwassereinleitungen auf, wo er die günstigsten Ernährungsbedingungen vorfindet. Saure Gewässer unter pH 6 werden gemieden, ebenso solche mit erhöhten Salzgehalten. Ausreichender Sauerstoff und Strömung sind erforderlich.

Sphaerotilus siedelt auf festem Substrat. Wo stärkere Strömungen auftreten, sind das zunächst die am Gewässergrund liegenden Steine, abgerissene Zweige und allerlei Unrat, weiterhin Mauerwerk von Uferbefestigungen, besonders auch von Überlaufwehren, außerdem Teile von Uferpflanzen, sofern sie im Wasser hängen und selbst wenige an solchen Orten noch lebende Wassertiere wie etwa *Asellus*. Bei Hochwasser werden *Sphaerotilus*-Zotten in Massen abgerissen und verdriftet. Geraten sie in häufig nahe Stauräume der Flüsse, so sinken sie zu Boden und sterben ab.

Sphaerotilus gedeiht in sauerstoffreichem Wasser am besten, kann jedoch bei geringer O_2-Konzentration zumindest überleben. Der Gasaustausch wird über die Körperoberfläche bewerkstelligt, ebenso wie auch die Aufnahme von organischen Nährstoffen. Dabei handelt es sich besonders um kleinere Kohlenhydrate wie Mono- und Disaccharide, wie sie u.a. in Brauerei- oder Zuckerfabrik-Abwässern auftreten. Aber auch organisch gebundener Stickstoff wird gebraucht, weshalb ein gewisser Anteil an Aminosäuren aus dem Eiweißabbau *Sphaerotilus* fördert. Hochmolekulare Verbindungen werden nicht aufgenommen (Eiweiße, Stärke), und so kann besonders im Winter, wenn diese sich in der fließenden Welle länger erhalten, auch noch weit von Einleitungsstellen entfernt *Sphaerotilus* von dann freiwerdenden Nährstoffen leben.

Lebhaftes Wachstum und starke Vermehrung zeigt *Sphaerotilus* schon ab 4 °C. Die optimale Temperatur liegt bei 10 °C, während Werte bis 30 °C toleriert werden. Besonders im Winter, wenn es für andere Bakterien oder Pilze zu kalt ist, entwickelt sich *Sphaerotilus* unter guten Ernährungs- und Sauerstoffbedingungen und bei schwacher Konkurrenz gut. Die Verbreitung erfolgt durch abgerissene Fadenteile, welche verdriften und flußabwärts ansässig werden, jedoch auch durch mobile Schwärmzellen, die aus den Scheiden der Fäden ausbrechen.

Sphaerotilus natans hat sich als sessiles Fadenbakterium den Fließgewässern angepaßt, offensichtlich aber auch der kühleren Jahreszeit, in der viel organische Substanz abgebaut werden kann. Das Nahrungsangebot durch Abwässer hat die Ausbreitung von *Sphaerotilus* ungeheuer gefördert, und seine treibenden Zotten zeigen, daß er durchaus nicht in einem stabilen ökologischen Gleichgewicht mit seiner Umgebung steht.

Unter dem ökologischen Begriff „Phytoplankton" werden die im freien Wasser schwebenden, passiv von Strömungen bewegten, ein- oder wenigzelligen, grünen (pflanzlichen) Kleinorganismen zusammengefaßt. Das Phytoplankton in Fließgewässern besteht vorwiegend aus Kieselalgen (Diatomeae), daneben aber auch Grünalgen (Chlorophyceae) und Blaualgen (Cyanophyceae). Es handelt sich um vielgestaltige Lebewesen – rundliche, längliche, sternförmige, fädige oder plattenförmige Körperumrisse kommen vor – mit vergleichsweise großen Körperoberflächen (Taf. 1, 2). Sie sind gelblich (Kieselalgen), grün (Grünalgen) oder blaugrün (Blaualgen).

In Fließgewässern lebt Phytoplankton in deren strömungsarmen Bereichen, besonders von Strömen und Flüssen. Auch Stauräume in Bächen und Flüssen können reich an Phytoplankton sein. Gleiches gilt für Fließgewässerabschnitte, die unterhalb von natürlichen oder künstlichen Stauräumen liegen.

In Bächen treiben viele Kieselalgen, die an sich bodengebunden sind **(Aufwuchs)**. Häufig können viele von ihnen losgerissen und von der fließenden Welle bachabwärts getragen werden **(Drift)**.

Phytoplankton vermehrt sich auf Grund von Zellteilungen vegetativ, schiebt jedoch auch generative Phasen mit Schwärmerbildung und Befruchtungen ein. Entsprechend kann es sehr rasch zu Massenvermehrungen kommen, und zwar in Abhängigkeit von der Temperatur, besonders wenn diese etwa 12 °C überschreitet, d.h. in Deutschland in den Sommermonaten. Manche Formen, so viele Kieselalgen, haben niedrigere Temperaturoptima und „blühen" auch im Winter. Solche „Wasserblüten" sind zusätzlich vom Nährstoffangebot abhängig.

Die Phytoplankter sind stehenden und schwach fließenden Gewässern angepaßt und besiedeln den freien Wasserkörper. Der ständigen Abdrift in Fließgewässern begegnen sie durch rasche Vermehrung, die Verluste ausgleicht. Dieser Ausgleich gelingt nur in Flüssen oder Stauräumen. In rasch fließenden Bächen dagegen erneuert sich das Phytoplankton vom Gewässergrund her. Driftende Organismen finden keine Zeit zur Reproduktion, werden aus ihrem Lebensraum abtransportiert und fallen zumeist der bodengebundenen, filtrierenden Fauna zum Opfer, der sie als wichtigste Nahrungsquelle dienen.

Planktisch leben auch Bakterien, die ständig in Bäche gespült werden und diese durchdriften. Auch sie kommen in strömungsarmen Räumen zur Reproduktion, sofern sie ausreichend gelöste Nahrung aufnehmen können.

Neustonbakterien bilden eine ökologische Gruppe von Mikroorganismen, die an der Unterseite der Grenzschicht von Wasser und Luft im Oberflächenhäutchen siedeln.

Erwähnenswert ist *Nevskia ramosa* (Taf. 1, 3), deren Kolonien bisher nur in Oberflächenhäutchen gefunden wurden und möglicherweise für sie charakeristisch sind. Es kommen gefärbte und ungefärbte Bakterien vor.

Bakterien sind weltweit verbreitet, die Arten jedoch biogeographisch noch wenig untersucht. Mit ihnen kann in Deutschland allenthalben in Oberflächengewässern gerechnet werden. Gewisse quantitative Schwerpunkte ergeben sich in Fließgewässern, wobei Vertreter der Gattungen *Flavobacter* und *Achromobacter* vor allem im Grundwasser vorkommen und aus diesem über die Quellen ins Oberflächengewässer eintreten, während *Pseudomonas*-Arten nährstoffreicheren Unterläufen von Flüssen zuzuordnen sind.

Bakterien werden vorwiegend passiv im Wasser bewegt und von Adhäsionskräften an die Wasseroberfläche gebunden, wenn sie aus dem freien Wasserkörper an diese geraten. Besonders Gewässerbakterien finden dort günstige Lebensbedingungen. Das dürfte jedoch weniger für die zahlreichen in Fließgewässern eingeschwemmten Bodenbakterien gelten. Die Siedlungsdichte in Oberflächenhäutchen stiller Buchten von Fließgewässern kann bis zu 1 Million Bakterien pro cm^2 betragen, und mit ihnen vergesellschaftet sind dort einzellige Algen und Pilze.

Zusammenfassung: Wasseratmer/Resorbierer sind zum einen autotrophe Organismen verschiedener Entwicklungshöhe von einzelligen Algen über Wassermoose, z.B. *Fontinalis*, bis zu untergetauchten Blütenpflanzen wie dem Flutenden Hahnenfuß (*Ranunculus fluitans*). Von den heterotrophen Organismen sind Pilze und Bakterien, wie das Fadenbakterium *Sphaerotilus*, vertreten. Am Boden kommen sie in kleinen und großen Fließgewässern vor, im freien Wasser sind sie auf größere und langsam fließende Flüsse beschränkt, insbesondere das Phytoplankton. An der Wasseroberfläche findet man sie nur in stillen Buchten von Flüssen (Neustonbakterien).

4.1.2 Wasseratmer / Geschwebefresser

Die meisten der in Deutschland vorkommenden Erbsenmuscheln, *Pisidium* (Taf. 1, 4), sind zugleich in großen Teilen Europas, einige auf dem ganzen Kontinent zu finden. *Pisidium hibernicum* lebt in Fließgewässern von der Quelle bis zum großen Fluß und auch in stehenden Gewässern, *Pisidium supinum* tritt erst in Bächen auf und besiedelt außerdem stehendes Wasser.

Pisidien leben im Bodensubstrat der Gewässer, und zwar in dessen oberster, vom Wasser überströmten Schicht. So haben sie Kontakt zum freien Wasserkörper. Die Schalenränder schneiden sich in feinere Substrate ein, zwischen gröberen Steinchen findet die Muschel Schutz vor Abdrift. Selbst bei Hochwasser verdriften Pisidien nicht, jedenfalls solange das Bodensubstrat nicht umgeschichtet wird. Sie sind wie die meisten Muscheln einer Ernährung als Geschwebefiltrierer angepaßt, ganz wesentlich durch den Bau und die Funktion ihrer Kiemen.

Ein größerer Verwandter ist die inzwischen selten gewordene Flußperlmuschel, *Margaritifera margaritifera*, die klare und kalkarme Bäche besiedelt, in denen sie kolonieweise vergesellschaftet lebt und ein hohes Alter erreicht. Im Gegensatz zu Pisidien, die auch in mäßig belasteten Fließgewässern überleben, ist die Flußperlmuschel gegenüber Wasserverschmutzungen empfindlich.

Weitere Filtrierer bzw. Strudler sind sessil, wie der Schwamm *Ephydatia fluviatilis* in Bächen und Flüssen oder das Glockentierchen *Vorticella*, ein gestielter Ciliat.

Bosmina (Taf. 1, 5) besiedelt Seen jeglicher Größe, Tümpel und selbst kleinste temporäre Oberflächengewässer. *Bosmina longirostris* kommt zudem in ruhigen Buchten von Flüssen und Strömen vor. Letzteres gilt auch für zwei weitere Arten dieser Gattung, *B. coregoni* und *B. longispina.*

Bosminen schwimmen im freien Wasser, wobei sie gern innerhalb untergetauchter Pflanzenbestände verweilen, besonders in Fließgewässern, wo sie vor der Transportwirkung der Strömung geschützt bleiben müssen.

Rüsselkrebschen sind zeitlebens Wasseratmer. Wie bei allen Wasserflöhen ist der Wasserdurchsatz des Körpers so hoch, daß die Gewebe aus ihm mit Sauerstoff versorgt werden können. Die Nahrung der Bosminen besteht aus Phytoplanktern und Bakterien, die im freien Wasser schweben.

Daß sich die Art wenigstens in langsam fließenden Gewässern behauptet, kann auf die kurze Entwicklungszeit der Jungen, die noch lange und auch bei tieferen Temperaturen anhaltende Vermehrung, sowie auf die Kleinheit der Tiere, die sie in der Selektion durch ihre Feinde gegenüber größeren Beutetieren begünstigt, zurückgeführt werden. Dies alles sichert ein Vermehrungspotential, das Verluste durch Abdrift kompensieren hilft.

Wie die meisten Cladoceren ist der Kahnfahrer, *Scapholeberis mucronata* (Taf. 1, 6), ein Tier stehender Gewässer. Er kommt in Seen, Teichen und temporären Tümpeln vor, die in Küstennähe auch schwach brackig sein können. Auch in Sümpfen tritt er auf, wie sie früher besonders in Flußtalauen häufig waren, dringt aber auch in stille Buchten langsam fließender Flüsse vor, solange diese klares Wasser führen.

Der Kahnfahrer schwimmt mit Hilfe der zweiten Antennen, wie es alle Cladoceren tun. Dabei liegt das Tier auf dem Rücken. Die gerade Unterseite wird gegen die Wasseroberfläche gedrückt, die von unbenetzbaren Borsten des Schalenrandes durchstoßen wird. Damit hängt er am Wasserspiegel. Die schlagenden Antennen ziehen das Tier vorwärts, und so gleitet es unter der Wasseroberfläche umher. Bevorzugt werden in Flüssen seichte Litoralbereiche, die reich an Wasserpflanzen sind. Hier ist die Strömung gering, und eben diese Bedingungen benötigen Kahnfahrer.

Kahnfahrer sind zeitlebens Wasseratmer. Sie neigen wie manche anderen Cladoceren auch dazu, sich einem Substrat anzulehnen. Viele Cladoceren suchen sich dafür untergetauchte Pflanzen aus, wie etwa *Simocephalus vetulus*, der sich mit einer hakenförmigen Borste des Exopoditen der Schwimmantenne an Pflanzen anheftet und deshalb auch in leicht fließendem Wasser beheimatet sein kann, sofern es jedenfalls klar ist. Während diese Art ihre Nahrung aus dem freien Wasserkörper filtert, hat sich der Kahnfahrer gerade mit der für das Filtern bedeutsamen Bauchseite der Wasseroberfläche zugewendet und haftet dieser an. Damit erschließt er sich eine für Cladoceren neue Nahrungsquelle: die Kahmhäutchen (Neustonbakterien) ruhiger Wasserspiegel, die sich lokal in den Randbereichen der Fließgewässer ausbilden.

Zusammenfassung: Die Tiere des Ökotyps Wasseratmer / Geschwebefresser sind von unterschiedlicher Entwicklungshöhe und reichen von Einzellern bis zu Fischen. Am Boden von Fließgewässern jeder Größenordnung sind sie formen- und individuenreich vertreten, im freien Wasser dagegen auf langsame Flüsse beschränkt, wie etwa der Zooplankter *Bosmina*. An der Wasseroberfläche kommen sie auch nur in stillen Buchten von Flüssen vor (*Scapholeberis*).

4.1.3 Wasseratmer / Detritusfresser

Gammarus, ein ungemein häufiges Tier der Fließgewässer, gehört zur Klasse der Crustaceen (Krebse), und zwar zur Ordnung der Amphipoden (Flohkrebse), deren Schreitbeine in charakteristischer Weise teils nach vorn und teils nach hinten gerichtet sind (Taf. 1, 7). Die Familie der Gammariden umfaßt Gattungen, die mit vielen Arten im Süßwasser, jedoch auch im Meer verbreitet sind, aus dem sie letztlich stammen. Die ♂♂ des Gemeinen Flohkrebses (*G. pulex)* werden bis 2,1 cm lang, die kleineren ♀♀ bis 1,4 cm. Die Körperfarbe ist hellbraun bis grau, beim Bachflohkrebs (*G. fossarum)* dunkelbraun und beim Flußflohkrebs (*G. roeseli*) olivgrün.

G. pulex ist in Bächen und Flüssen der gesamten Bundesrepublik verbreitet. Ähnliches gilt für *G. roeseli*, der jedoch auf starke Bäche und Flüsse beschränkt ist. *G. fossarum* lebt in Bächen und Flüssen des Hügel- und Mittelgebirgslandes. Er kann bis in Quellen vordringen, ebenso *G. pulex*, letzterer meist aber nur in Lagen unter 500 m. Im Einzugsgebiet des Rheins wird *Echinogammarus berilloni* in starken Bächen und Flüssen angetroffen; er ist ein Einwanderer aus Südwest-Europa. Im versalzenen Werra-Weser-Lauf und einigen weiteren Wasserläufen wie dem Mittellandkanal hat der Brackwasser-Flohkrebs *G.tigrinus* die Süßwasserflohkrebse ersetzt.

Gammariden sind frei beweglich, laufen am Gewässergrund, wobei ihre Schreitbeine teils nach unten, teilweise aber auch zu den Seiten hin agieren. So durchklettert das Tier am Grund liegendes Geröll und Pflanzengewirr und läuft auch in Seitenlage über sandige Flächen gegen die Strömung, wobei schlagende Schwimmbewegungen des Hinterleibs das Wandern beschleunigen können. Vor der Gefahr des Verdriftens sucht *Gammarus* Deckung hinter Steinchen am Boden. Gelegentlich schwimmt er von Deckung zu Deckung durch freies Wasser. Im Winter zieht sich *Gammarus* verstärkt in den Grund zurück. Hier verbringt er ohnehin seine Jugendzeit, während der er durch Lückensysteme kriecht, sich aber auch durch den Sand wühlt. Gern hält er sich, auf der Seite liegend, in Packungen von Fallaub auf, sofern diese von Wasser überströmt sind.

Gammarus entnimmt dem Wasser Sauerstoff mit fünf Paar plattenförmiger Kiemen, die an der Basis der vorderen Schreitbeine inserieren und durch das Schlagen der Schwimmbeine zusätzlich belüftet werden. Als Nahrung dienen die verschiedenartigsten Reste von Pflanzen und Tieren. Sehr bedeutsam als Nahrung ist Fallaub, das am Gewässergrund von erwachsenen Gammariden skelettiert wird. Zahlreiche Krümel dieser Freßtätigkeit gelangen in die Lücken des Bodensubstrats, wo sie von jungen Gammariden aufgenommen werden. Pilze und Bakterien, die tote Blätter besiedeln, dienen Gammariden ebenfalls als Nahrung. Daneben fressen sie Teile lebender Pflanzen und selbst Tiere, weshalb sie als omnivor einzustufen sind. Der Schwerpunkt ihrer Ernährung liegt jedoch bei den organismischen Resten.

Gammariden vermehren sich zweigeschlechtlich. Der Bachflohkrebs beginnt Ende Januar Präkopula-Pärchen zu bilden. Die letzten Jungen werden Ende Oktober abgesetzt. Nach der Häutung eines von ihm mitgeführten Weibchens (Präkopula) löst das Männchen durch die Begattung die Ablage von 10-20 Eiern in den zwischen den vorderen Beinen des Weibchens gelegenen Brutraum aus. Hier entwickeln sich je nach Temperatur in vier bis sechs Wochen die Jungen und beginnen ihr Leben im Bodensubstrat. Im Laufe von drei bis sieben Monaten und etwa sieben Häutungsstadien wachsen die Gammariden bis zur Geschlechtsreife heran.

Gammarus, von dem es auch in der marinen Brandungszone Arten gibt, wandert gegen Strömungen und vermag rasch Deckung zu suchen. Das prädestinierte ihn für ein Leben in Fließgewässern, in die er aus dem Meer über Ästuare gelangt sein dürfte. Seine Flexibilität in der Nahrungswahl und seine Fähigkeit, das Fallaub als Nahrung zu nutzen, machten ihn zu einem sehr erfolgreichen Mitglied der Fließgewässerbiozönose, besonders von Laubwäldern. Der mit ihm verwandte Höhlenkrebs, *Niphargus aquilex*, bleibt dagegen zeitlebens im Lückensystem des Grundwassers, wo er von feinen organischen Partikeln lebt. Er ist nur in Quellen zu finden. Die Wasserassel, *Asellus aquaticus*, ist Detritusfresser schwächer strömender Gewässer und deshalb auf Flüsse beschränkt.

Zusammenfassung: Zeitlebens im Wasser atmende Detritusfresser sind vorwiegend Krebse wie *Gammarus, Niphargus* und *Asellus*, aber auch Würmer wie *Tubifex*. Alle leben am oder im Boden, sind zumeist sehr beweglich wie die Krebse, manchmal auch sessil wie *Tubifex*. Sie sind in allen Fließgewässern von den Quellen bis zu den Mündungen verbreitet, fehlen jedoch ganz im freien Wasser und an der Wasseroberfläche.

4.1.4 Wasseratmer / Aufwuchsfresser

Die Flußnapfschnecke, *Ancylus fluviatilis*, gehört zur Familie der Napfschnecken (Ancylidae), die zu den Lungenschnecken gerechnet werden. Die Schale verjüngt sich konisch zu einer nach hinten gebogenen Spitze (Mützenschnecke) (Taf. 1, 8) und wird bei starker Strömung im Lebensraum bis 4 mm hoch, sonst bleibt sie flacher. Die Länge der Schale beträgt 5-7, ihre Breite 4-5 mm.

Die Mützenschnecke lebt in Fließgewässern jeder Größe und in der Brandungszone von Seen, bevorzugt also bewegtes Wasser. Allerdings ist die Skala der Strömungsstärken, in denen die Art gefunden wird, sehr weit. Die Höhe der Schale paßt sich der mittleren Strömungsstärke an. Lichtreiche Gewässer werden bevorzugt und der Ca-Gehalt des Wassers darf etwa 2 mg/l nicht überschreiten. Verunreinigungen des Wassers werden ertragen, solange der Sauerstoff ausreicht. Im Gebirge kommen sie bis 1000 m hoch vor.

Ancylus siedelt auf festem Substrat. In Bächen mit starker Strömung sitzt er auf der Oberfläche von im Untergrund verankerten Steinen, weiter stromabwärts auch auf Kieseln und untergetauchten höheren Pflanzen. Auf der breiten Kriechsohle schiebt er sich langsam voran, während die Öffnung der konischen Schale in unmittelbarer Grundnähe gehalten wird. Das verhindert die Abdrift. Der Aktionsradius der Tiere ist nur gering.

Die Flußnapfschnecke ist, obwohl sie zu den Lungenschnecken gerechnet wird, zeitlebens ein Wasseratmer. Die Lungenhöhlen sind zurückgebildet, stattdessen nimmt das Tier über die ganze Körperoberfläche Sauerstoff aus dem Wasser auf. Sauerstoffdefizite können also bis zu einem gewissen Grade ausgeglichen werden. Die Nahrung besteht vorwiegend aus Algenaufwuchs, der besonders auf der Oberseite belichteter Steine siedelt. Dieser wird mit der Radula abgeraspelt. In belasteten, verunreinigten Gewässerabschnitten scheint *Ancylus* dabei auch *Sphaerotilus* aufzunehmen, der sich wenigstens nicht in ihrer unmittelbaren Umgebung findet.

1a

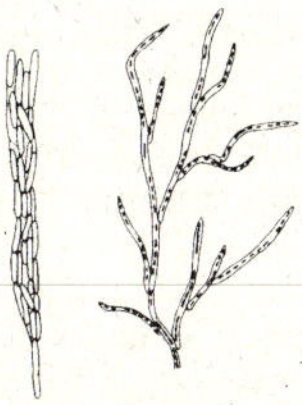

1b

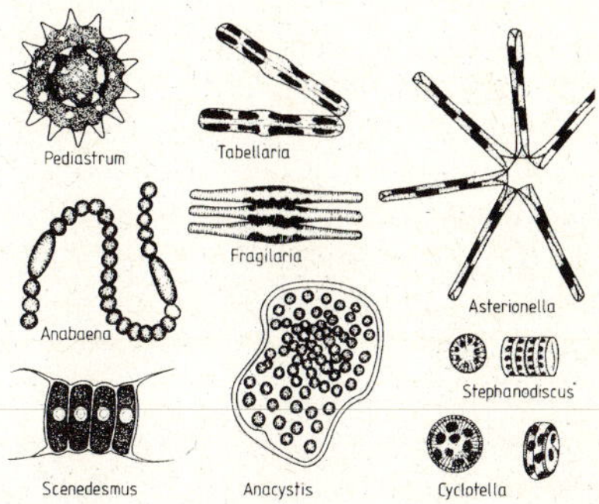

2

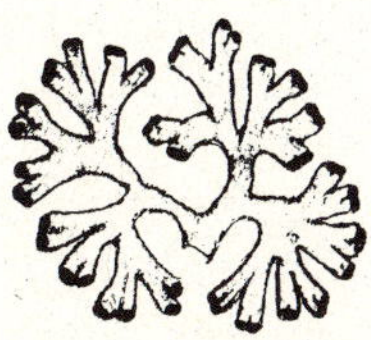

3

4

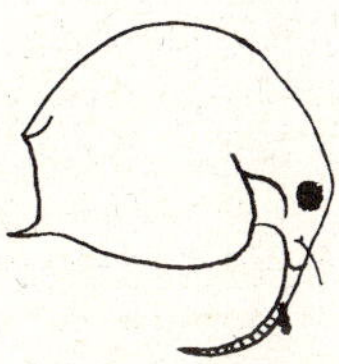

5

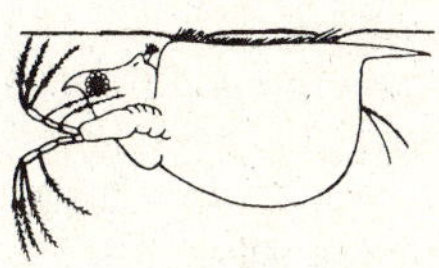

6

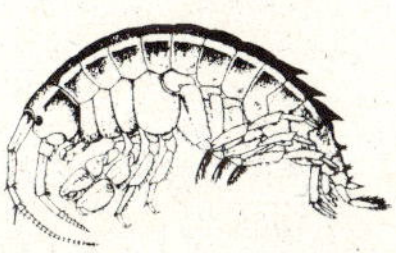

7

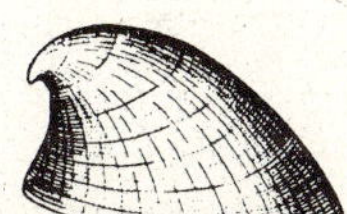

8

Tafel 1:

1a – Fieberquellmoos, *Fontinalis antipyretica*. (Nach MÖNKEMEYER und PASCHER 1931.)

1b – „Abwasserpilz" *Sphaerotilus natans*. Links typische Zellgruppe, rechts bäumchenartige (sog. Cladophora-)Wuchsform. (Nach VAN NIEL und STANIER 1959.)

2 – Häufige Phytoplankter aus Fließgewässern. (Nach HYNES 1970.)

3 – *Nevskia ramosa*. (Aus SCHLEGEL 1974.)

4 – Erbsenmuschel, *Pisidium*. (Nach ENGELHARDT 1962.) Die Schale ist leicht ungleichseitig.

5 – Rüsselkrebschen, *Bosmina longirostris*. (Aus HERBST 1962.)

6 – Kahnfahrer, *Scapholeberis mucronata*. (Nach WAGLER 1937.) Das Tier hängt mit der Bauchseite an der Wasseroberfläche. Vorn Schwimmantenne.

7 – Flußflohkrebs, *Gammarus roeseli*. (Nach HOFFMANN 1963.) Die drei gekielten Segmente auf dem hinteren Rücken ermöglichen eine makroskopische Artbestimmung.

8 – Flußnapfschnecke, *Ancylus fluviatilis*. (Aus ENGELHARDT 1962.)

Wie alle Lungenschnecken sind auch die Flußnapfschnecken Zwitter, die also männliche und weibliche Geschlechtsorgane ausbilden und sich gegenseitig begatten. Der Laich wird auf Steinen abgelegt. Es handelt sich um durchsichtige, uhrglasförmige Scheibchen, die fest an den Untergrund gekittet und so gegen Abdrift selbst in reißender Strömung geschützt werden. Ihr Durchmesser beträgt 2-4 mm, und sie enthalten jeweils etwa zehn gelblichweiße Eier. Die jungen Schnecken kriechen aus den Hüllen und lassen diese leer zurück.

Ancylus hat sich als Aufwuchsfresser, der ursprünglich Luftatmer war, dem Leben im Wasser mit Hilfe der Hautatmung angepaßt. Die geringe Mobilität der Schnecken ließ keine andere Möglichkeit zu. An starke Strömung sind sie durch die Form der Schale angepaßt. Zudem liegen sie fest dem Untergrund auf.

Bythinella dunkeri zeigt in der Schalenausbildung keine besondere Formanpassung. Diese in den deutschen Mittelgebirgen endemische Schnecke beschränkt sich auf Quellen und deren Abläufe.

Zusammenfassung: Aufwuchsfresser unter den Wasseratmern sind besonders Schnecken wie *Ancylus* und *Bythinella*. Dazu gehören auch omnivore Krebse wie *Gammarus*, die vorwiegend Detritus, aber auch Aufwuchs fressen. Alle sind bodengebunden und beweglich, wenn vielfach auch nur langsam. Sie kommen in Quellen, Bächen und den Uferbereichen von Flüssen vor, fehlen jedoch im freien Wasser und an der Wasseroberfläche.

4.1.5 Wasseratmer / Pflanzenfresser

Die Rotfeder, *Scardinius erythrophthalmus*, besiedelt Seen und Flüsse, also stehende oder langsam fließende Gewässer. In Niederungsgebieten ist sie in Kanälen mit klarem Wasser und reichen Pflanzenbeständen zu finden.

Rotfedern halten sich vorwiegend in der submersen Vegetation auf. Gern verweilen sie in Ufernähe und nahe dem Grund im seichteren Wasser, wo die Temperaturen im Sommer relativ hoch sind. In Flüssen sind solche Bereiche strömungsarm, und der Grund ist sandig bis schlickig. Stärker als die ihr nahe verwandte Plötze (*Rutilus rutilus*) meidet die Rotfeder Strömungen, weshalb sie auf Flußunterläufe beschränkt bleibt und auch dort etwa in Schilfbeständen Schutz sucht. Im Niederländischen zielt der Name rietvoorn (Schilf-Plötze) darauf ab. Rotfedern leben gesellig.

Schwankungen des O_2-Gehalts, wie sie in Flüssen und besonders in dichteren Pflanzenbeständen regelmäßig auftreten, erträgt die Rotfeder gut.

Wie nur wenige Fische hat sie sich in der Ernährung vorwiegend auf Pflanzen eingestellt, besonders auf Algen und weiche Teile der untergetauchten Makrophyten. Allerdings leben die Jungfische von tierischem Plankton und stellen sich erst später auf pflanzliche Nahrung um. Zeitlebens nimmt die Rotfeder auch geflügelte Insekten von der Wasseroberfläche weg, weshalb sie mit künstlicher Fliege geangelt werden kann.

Zusammenfassung: Bei dem Ökotyp Wasseratmer/Pflanzenfresser handelt es sich um relativ wenig angepaßte Arten, z.B. unter den Fischen um die Rotfeder. Auch *Gammarus* könnte zusätzlich hierher gestellt werden. Alle sind beweglich und leben sowohl am Boden als auch im freien Wasser, und zwar vorwiegend in Flüssen. Es gibt keine Vertreter dieser Gruppe an der Wasseroberfläche.

4.1.6 Wasseratmer / Räuber

Alpenstrudelwürmer, *Crenobia alpina* (Taf. 2, 10) sind in fast ganz Europa zu finden. Sie fehlen auf der Iberischen Halbinsel und auf Island. Vorwiegend leben sie in bergigen Regionen, sind jedoch keineswegs auf diese beschränkt. In Niederungsgebieten bevorzugen sie kühle Quellbäche. Allgemein kommen sie in Quellen, Bächen, aber auch in unterirdischen Wasserläufen vor, in denen etwa 15 °C längerfristig nicht überschritten werden. Ihre Wohngewässer sind zudem strömungs- und sauerstoffreich.

Wie alle Strudelwürmer bewegt sich *Crenobia alpina* gleitend über zumeist feste Unterlagen. Ein Flimmerepithel bedeckt den ganzen Körper und schafft den Antrieb beim Gleiten, das häufig durch zusätzlich ausgeschiedenen Schleim erleichtert wird. Strudelwürmer sind lichtscheu und verbergen sich bei Tage auf der Unterseite von Steinen, gern in raschfließenden Gewässerabschnitten. Ihre Suchwanderungen sind ungerichtet. Die Kriechgeschwindigkeit wird von der Temperatur beeinflußt.

Der Alpenstrudelwurm entnimmt dem Wasser Sauerstoff durch die Haut, wobei die schlagenden Wimpern außer für die Fortbewegung eine Rolle zur „Bewetterung" der Haut spielen. Als Nahrung werden lebende und tote Tiere aufgenommen. Mit zwei Riechgruben am Kopf wird die Beute aufgespürt.

Die kugeligen Eikokons werden nicht angeheftet, liegen vielmehr in strömungsfreien Räumen unter Steinen. Sie sind etwa 1,6 mm groß und enthalten 15-30 Eier, aus denen sich Embryonen entwickeln. Zur Zeit der geschlechtlichen Fortpflanzung kann man Wanderungen gegen die Strömung beobachten. Bei Temperaturen über 10 °C findet man keine geschlechtsreifen Tiere, jedoch wohl den ganzen Winter hindurch.

Der Alpenstrudelwurm ist durch seine Körperform und Lebensweise dem Boden stark strömender Gewässer angepaßt. Er lebt gewissermaßen in den Grenzschichten, in denen die Strömung gebremst wird. Verwandte Arten haben ähnliche Ansprüche, besonders *Polycelis felina*, die ebenfalls kühle Grundgewässer, Quellen und Bäche besiedelt, auch solche, die stärker sauer sind und von *Crenobia alpina* gemieden werden. *Dugesia gonocephala* lebt besonders in Bächen, stößt aber auch bis zu Quellen vor oder reicht bis in Flüsse. Diese Art toleriert auch höhere Temperaturen. Sie wird darin noch von *Dugesia lugubris* übertroffen, die im langsam strömenden Wasser von Flüssen und stehenden Gewässern lebt.

Der Dreistachlige Stichling, *Gasterosteus aculeatus* (Taf. 2, 11), besiedelt küstennahe Meeresgebiete, Brackwasserpriele und -gräben im Küstenbereich, Ästuare, Flüsse, Bäche, Seen und Tümpel jeglicher Größe, also eine Vielzahl von Oberflächengewässern. Insgesamt handelt es sich aber um flache Gewässer, in großen Flüssen und Seen um die Uferregionen, die vom Stichling aufgesucht werden.

Dreistachlige Stichlinge sind ausgezeichnete Schwimmer. Soweit ihre Wohngewässer mit dem Meere in Verbindung stehen, wandern sie zum Winter dorthin ab und kehren im zeitigen Frühjahr zurück ins Binnenland (anadrome Populationen). In Seen und Teichen eingeschlossene Stichlinge verbleiben ganzjährig am Orte (stationäre Populationen). Nach Frühjahrshochwässern in Flüssen oder auch im marinen Gezeitenbereich bleiben wandernde Stichlinge in Altarmen oder Tümpeln des Deichvorlandes zurück. Austrocknende (temporäre) Tümpel können ihnen dabei zu Todesfallen werden. Im Winterhalbjahr leben Stichlinge gesellig, im Sommer die Männchen in Revieren. Bevorzugt werden pflanzenreiche Uferregionen, besonders solche mit überhängenden Kanten, unter denen der Stichling Deckung findet.

Der Stichling ist gegenüber Sauerstoffschwund recht unempfindlich, da er an der Wasseroberfläche notatmen kann. In organisch belasteten Gewässern kann aber auch er an Sauerstoffmangel sterben. Stichlinge ernähren sich von Zooplanktern und von verschiedenen Benthostieren, wie jungen Gammariden und Insektenlarven.

Stichlinge behaupten sich gegenüber starken Schwankungen zahlreicher Milieufaktoren, sind also euryök. Die Fließgewässer bieten ihnen reich strukturierte Biotope und zugleich auch Wanderstraßen.

Die Bachforelle, *Salmo trutta fario* (Taf. 2, 12), gehört zur Familie der Lachse (Salmonidae), die bei uns vorwiegend durch die Gattung *Salmo* und insbesondere durch mehrere Forellen-Rassen vertreten ist. Die Bachforelle zeichnet sich durch einen stromlinienförmigen Körperumriß und mehr oder weniger runden Körperquerschnitt aus. Typisch für Salmoniden ist die grätenlose Fettflosse auf dem hinteren Rücken. Die Körperlänge kann bis 50 cm betragen. Die Bachforelle ist sehr farbenprächtig, wobei zwischen den Individuen große Variabilität besteht. Auffällig sind insbesondere rote Punkte auf den Körperseiten. Die Schwanzflosse ist nicht gefleckt.

Die Bachforelle kommt in ganz Deutschland vor, darüber hinaus in ganz Europa und im westlichen Asien. Lokal wird sie außerhalb Deutschlands durch andere Rassen vertreten. Bachforellen besiedeln insbesondere Bachläufe, welche nicht zu warm, aber strömungsreich und vor allem reich an Sauerstoff sind. In Niederungsbächen steht die Forelle über Sandgrund, in Gebirgsbächen über Schottergrund.

Bachforellen sind standortstreu. Sie bevorzugen Kolke, besonders unter Schußstrecken und teilweise ausgehöhlten Ufern. Unterstände und zugehörige Nahrungsreviere werden über lange Zeit behauptet. Die Forelle schwimmt ständig gegen die Strömung, auch um ihren Standplatz zu behalten. Sie vermag blitzschnell bachauf- und -abwärts zu schwimmen, auch über die Wasseroberfläche hinaus zu springen. Junge Forellen liegen in Bodennähe in Strömungsschatten hinter Steinen.

Aufgrund ihres hohen Sauerstoffbedarfs meidet die Forelle warme Bäche. Auch dürfen die Bäche keine organischen Belastungen aufweisen, die im Sommer zuviel Sauerstoff zehren. Stärkere Strömungen verbessern die Atmungsbedingungen. Die Bachforelle lebt von abdriftenden Benthostieren wie Gammariden und Insektenlarven, die sie besonders unter Stromschnellen erbeutet. Einen sehr hohen Anteil der Nahrung machen aber fliegende Insekten aus, die im Sprung ergriffen werden. Auch andere Fische, selbst eigene Junge werden gefressen.

Von Oktober bis Januar ist Laichzeit. Hier macht die Bachforelle kurze Züge bachaufwärts, in sehr kleinem Maßstab ein Verhalten, das den großen Laichwanderungen ihrer Verwandten, etwa des Lachses und auch der Meerforelle entspricht. Die Weibchen legen Gruben in Sand oder Kies an, worin 500–1500 Eier abgelegt und vom Männchen befruchtet werden. Anschließend werden die Eier zugedeckt. Bei 1–2 °C schlüpfen die Jungfische nach etwa 200 Tagen, bei höheren Temperaturen früher. Jungfische schlüpfen demnach vorwiegend im späteren Frühjahr. Die 2 cm langen frisch geschlüpften Forellen zehren in 20 bis 40 Tagen den Dottersack auf, wachsen je nach Nahrungsangebot und Temperatur in zwei bis vier Jahren zu geschlechtsreifen Weibchen bzw. in zwei bis sieben Jahren zu geschlechtsreifen Männchen heran, die dann 20–25 cm (♂♂) bzw. 25–30 cm (♀♀) lang sind. Während des Heranwachsens wandern die Jungforellen langsam bachabwärts.

Bachforellen sind in ihrer Körperform dem Leben in rascher Strömung angepaßt. Als ursprünglich halbmarine Wanderfische haben sie sich auf das Leben in sauerstoff- und strömungsreichen Bächen spezialisiert, was sich vornehmlich in ihrer Standorttreue zeigt. Umsetzversuche ergaben jedoch, daß sich Bachforellen in Ästuaren wie Meerforellen verhalten, also wandern. Trotz ihrer Beschränkung auf Bäche ist ihr Spezialisierungsgrad also vergleichsweise gering. Ähnliches gilt übrigens umgekehrt für einen anderen Salmoniden, den Wandersaibling (*Salvelinus alpinus*) arktischer Gewässer, der außer zwichen Meer und Binnengewässern pendelnde (anadrome) auch standorttreue (landlocked) Populationen aufweist.

Zusammenfassung: Wasseratmer/Räuber sind heterotrophe und sehr vereinzelt auch autotrophe Organismen (*Utricularia*). Die Tiere gehören sehr verschiedenen systematischen Gruppen von den Einzellern bis zu den Fischen an. Fast alle sind sehr beweglich und leben vielfach am Boden wie Strudelwürmer verschiedener Arten, aber auch im freien Wasser wie der Stichling. Zumindest teilweise sind sie auch auf die Wasseroberfläche hin orientiert wie die Bachforelle. Die meisten Arten leben in Flüssen und Bächen, kleine Bodentiere auch in Quellen.

4.1.7 Wasseratmer / Schmarotzer

Auf Flußkrebsen finden sich häufig weißliche, etwa 1 cm lange Würmer der Gattung *Branchiobdella*. Branchiobdellen sind Gliederwürmer (Annelida), wobei ihre weitere systematische Einordnung bisher umstritten blieb. *Branchiobdella* ist in 15 Ringe gegliedert, die drei Gruppen bilden: Der Kopf besteht aus drei bis vier Segmenten, die größer sind als die nachfolgenden des Rumpfes, von denen die letzten drei wiederum einen endständigen Saugnapf bilden (Taf. 2, 13). Über dem Saugnapf liegt auf dem Rücken die Afteröffnung. In der Mundhöhle befinden sich zwei feste Kiefer. Branchiobdellen sind nicht beborstet.

Wie die Flußkrebse, auf denen sie ausschließlich leben, sind auch die Branchiobdellen in ganz Deutschland beheimatet, und zwar in Bächen und Flüssen, besonders in tieferen Kolken, unter überhängenden Uferkanten oder in Höhlen unter freigespülten Erlenwurzeln.

Branchiobdellen heften sich mit dem endständigen Saugnapf an den Krebspanzer. Sie können darauf egelartig kriechen und ihren Platz ändern. Erwachsene Branchiobdellen sitzen besonders im Bereich der Kiemen und der Scheren sowie auf den Gelenkhäuten. Jungtiere schlüpfen auf der Bauchseite der Krebse und wandern von dort nach oben und vorn. Wenn sich der Krebs in seiner Höhle häutet, wandert die Branchiobdellen von dem abgeworfenen Panzer auf den Krebs hinüber. Wenn sich Krebse begatten, können die Branchiobdellen von einem Tier auf das andere umsteigen.

Ebenso wie ihre Wirte sind Branchiobdellen zeitlebens Wasseratmer. Sie nehmen den Sauerstoff durch die Haut auf. Ihre Ernährung ist, wie in älterer Literatur angegeben, parasitisch, jedoch offensichtlich ergänzt durch andere Nahrung. In die Gelenkhäute der Krebse und deren Kiemen beißen die Branchiobdellen Löcher, durch die sie Krebsblut aufnehmen. Zusätzlich leben sie jedoch von sessilen Kleinorganismen auf dem Krebspanzer, wie Einzellern verschiedener Art, aber auch von den Resten der

Krebsmahlzeiten, was ihr gehäuftes Vorkommen auf den Scheren erklärt. Auch ohne Krebse lassen sich Branchiobdellen monatelang in Kultur halten. Insofern wären sie als **Kommensalen** einzustufen.

In der Fortpflanzung sind Branchiobdellen strikt an den Flußkrebs gebunden. Nur auf dessen Bauchseite, besonders in Nähe des Schwanzes, legt *Branchiobdella* ihre Eikokons ab, die sich dort entwickeln. Ohne Krebse gehaltene Branchiobdellen legen keine Eier, auch nicht, wenn ihnen leere Krebsschalen geboten werden. Die Entwicklung der Eier nimmt bei 20 °C etwa zehn Tage in Anspruch. Besonders die Jungen sollen zunächst nur von Aufwuchsorganismen und Detritus leben, nicht aber parasitieren. Geschlechtsreife Tiere sind Zwitter. Flußkrebse müssen etwa 5 cm lang sein, bevor sie von Branchiobdellen besiedelt werden können. Jüngere Krebse haben noch eine zu hohe Häutungsfrequenz, als daß sich der Lebensrhytmus der Branchiobdellen darin zeitlich einfügen ließe. Da Flußkrebse ungesellig leben, werden Branchiobdellen vor allem zur Zeit der Begattung der Krebse übertragen.

Branchiobdellen haben sich im Körperbau und in ihrer Lebensweise ihren Wirten angepaßt und nur mittelbar auch deren Biotop. Der starke Rückgang der Flußkrebse durch Infektionskrankheiten und Abwässer führte dazu, daß auch die Branchiobdellen seltener wurden. Bei gelegentlichen Krebsfunden werden Branchiobdellen kaum noch gesehen, da sie sich als abhängige Kommensalen und Teilparasiten erst bei einer gewissen Siedlungsdichte der Wirtstiere behaupten können.

Rein parasitisch lebt der Fischegel, *Piscicola geometra,* der allerdings im freien Wasser schwimmen kann; dieses ist notwendig, um Fische des freien Wassers zu erreichen, deren Blut er saugt. Nicht schwimmen kann dagegen der Kleine Schnekkenegel, *Glossiphonia heteroclita*, der an bodengebundenen Schnecken saugt. Ein Endoparasit ist *Bucephalus polymorphus*, der in Flußabschnitten lebt, die von seinen Wirten, Flußmuscheln und verschiedenen Fischen, besiedelt sind.

Karpfenläuse, *Argulus* (Taf. 2, 14), besiedeln die Gewässer, in denen ihre Wirtsfische (s.u.) heimisch sind: Seen, Teiche und langsam fließende Flüsse.

Karpfenläuse sind freilebende Parasiten, die sich nur vorübergehend an die Fische heften, sonst aber im freien Wasser schwimmen oder an allerlei Unterlagen ruhen. Die Karpfenlaus schwimmt recht schnell, wobei die Schwimmbeine ruderartig seitwärts schlagen und mit Hilfe der langen Borsten den nötigen Antrieb erzeugen. Wirtsfische werden durch Berührungsreize wahrgenommen, häufig indem die Karpfenlaus von diesen verschluckt und wieder ausgespieen wird. In solchen Fällen dreht *Argulus* blitzschnell in einem Bogen zurück und kann dabei auf den Fisch treffen. Auf diesem kriecht sie in Richtung auf den Kopf gegen die Wasserströmung, ebenfalls mit Hilfe der nun stakenden Schwimmbeine. Dörnchen auf der Bauchseite stützen die Karpfenlaus auf der Fischhaut ab.

Karpfenläuse nehmen Sauerstoff an zwei neben den Saugnäpfen gelegenen Atemfeldern, also durch Teile der Haut, auf. Die Nahrung besteht aus dem Blut verschiedener Weißfische, Karpfen, Hechte, Barsche und anderer Fische stehender oder langsam fließender Gewässer.

Zusammenfassung: Wasseratmer/Schmarotzer sind besonders Würmer (*Branchiobdella, Bucephalus*) un Krebse (*Argulus*), die teilweise auf (ektoparasitisch) oder in (endoparasitisch) verschiedenen Fließgewässertieren leben. Zumindest zeitweilig sitzen sie fest, sind aber oft auch sehr beweglich, besonders bei Wirtswechseln. Die Verbreitung in Fließgewässern richtet sich nach dem Vorkommen der Wirte.

4.2 Wechselatmer

4.2.1 Wechselatmer / Resorbierer

Sparganium emersum, der Einfache Igelkolben (Taf. 2, 15), ist in ganz Europa und darüber hinaus verbreitet, kommt sowohl in Ebenen als im Hügelland bis hinauf in die subalpine Region vor. Er siedelt in Teichen, Seen, Sümpfen, aber auch in Fließgewässern, besonders wenn diese organisch belastet sind. Die Pflanze wurzelt in schlammigem, humosem Grund von Gewässern, die basenreich (pH 7–8) sind und einen Kalkgehalt von zumindest 20 mg $CaCO_3$/l aufweisen. Sie gehört zu den Licht- bis Halbschattenpflanzen, siedelt gewöhnlich im fleckenhaft wechselnden Zwielicht, das durch die Bachrandvegetation dringt. Die verwandte Art *Sp. erectum* gilt als Charakterart des Bach-Röhrichts, des Sparganio-Glycerion. An ufernahen Standorten richtet sie sich aus dem Wasser auf, in gewisser Entfernung vom Ufer, in der Strömung, lebt sie untergetaucht.

Die Pflanze verklammert sich mit ihren Wurzeln im feinen Bodensubstrat, durchdringt dieses mit einer kriechenden Grundachse, aus der die Stengel aufsteigen. An Orten, wo feiner Schlamm abgelagert wird, sind nur schwächere Strömungen zu erwarten, weshalb diese Verankerung des Igelkolbens zumeist ausreicht. Nach Hochwässern findet man sie jedoch zahlreich vertrieben.

Den Gasaustausch nimmt der Igelkolben vorwiegend über die Blattoberfläche entweder mit der Luft oder dem Wasser vor. Auf einen gewissen Sauerstoffgehalt seines Milieus ist er angewiesen, was bei untergetauchten Formen in belasteten Fließgewässern sichtbar wird; bei starkem O_2-Schwund im Wasser verschwindet er. Reichtum an gelösten Nährsalzen fördert jedoch gerade diese *Sparganium*-Art kräftig, deren Häufigkeit infolge der Gewässerbelastung stark zunahm; das gilt besonders für untergetauchte Formen, die in vielen belasteten Flüssen das Bild der submersen Vegetation beherrschen können. Notwendig bleibt jedoch ein ausreichendes Angebot an in Wasser gelöstem Sauerstoff, das die Pflanze am ehesten in der Strömung findet.

Von allen Igelkolben ist besonders *Sp. emersum* durch morphologische Flexibilität dem Leben zwischen Luft und Wasser angepaßt. Hinzu kommt die Fähigkeit, den Gasaustausch in beiden Medien, Luft und Wasser, vornehmen zu können. Die Anheftungsmöglichkeiten begrenzen den Einfachen Igelkolben auf Zonen mit schwächerer Strömung. Ökologisch vergleichbar ist der Wasserhahnenfuß, *Ranunculus aquatilis*, der seine Blätter teils als untergetauchte, fein gefiederte, teils als rundliche Schwimmblätter anlegt.

Wasserlinsen, insbesondere auch *L. minor* (Taf. 2, 16), sind weltweit verbreitet. Sie fehlen nur in den arktischen Gewässern. *Lemna* lebt in untiefen Gewässern jeglicher Größe, so in Tümpeln und Teichen, Buchten von Seen und Flüssen, sofern nicht Brandung oder Strömung in ihnen herrschen. Auch Altarme größerer Fließgewässer werden von Wasserlinsen besiedelt.

Reichtum an Nährsalzen in Gewässern fördert das Wachstum der Wasserlinsen außerordentlich. Eutrophe Teiche und Dorfweiher können deshalb dicht mit *Lemna* besiedelt werden. Auch ihr häufiges Aufreten in strömungsarmen Buchten der Fließgewässer steht mit deren organischer Belastung in Zusammenhang.

Den Gasaustausch vollzieht die Wasserlinse durch Spaltöffnungen an der Oberseite der Sprosse mit dem Luftraum, zumindest im Sommer, solange sie an der Wasseroberfläche treibt. Im Winter werden die Spaltöffnungen verschlossen, und die Pflanze ist dann am Gewässergrund ausschließlich auf Gasaustausch mit dem Wasser angewiesen; bei dann herrschenden niedrigen Temperaturen reicht die Wasseratmung aus. Nährsalze werden dem Wasser entnommen.

In Fließgewässern werden Sprosse vorwiegend mit der Strömung verbreitet, allgemein jedoch auch durch Schwimmvögel, die sich von ihnen ernähren (Entengrütze oder Entenflott).

Wasserlinsen sind als freilebende Pflanzen vorwiegend stehenden und nicht zu tiefen Gewässern angepaßt. Ihre Mobilität ist auf das saisonale Auf- und Absteigen begrenzt. Fließgewässer bieten ihnen in stillen Buchten zusagende Lebensbedingungen, besonders in Flüssen. Da viele Flußstrecken aufgestaut und zudem eutrophiert werden, findet *Lemna* in ihnen im Vergleich zu früherer Zeit verbesserte Siedlungsmöglichkeiten. Mit *Lemna* ökologisch vergleichbar sind der Schwimmfarn, *Salvinia natans*, und der Froschbiß, *Hydrocharis morsus-ranae*, die beide Buchten von langsam fließenden Gewässern besiedeln.

Zusammenfassung: Die Gruppe der Wechselatmer/Resorbierer umfaßt autotrophe Organismen, vorwiegend Makrophyten, die fast ausschließlich im Boden wurzeln und mehr oder weniger weit im Wasser stehen (Röhricht- und Schwimmblattpflanzen). Sie kommen in Quellen, Bächen und Flüssen vor. Im freien Wasser fehlt dieser Typus ganz, hat dagegen einige wenige Vertreter an der Wasseroberfläche, wie z.B. *Lemna*, jedoch nur in langsam fließenden Gewässerabschnitten (Schwimmpflanzen).

4.2.2 Wechselatmer / Geschwebefresser

Fast alle Kriebelmücken (Taf. 3, 17) sind an Fließgewässer gebunden. In Europa kommen etwa 250 Arten vor. Die in Deutschland häufigste Art, *Odagmia ornata*, lebt in fast ganz Europa, sie fehlt nur auf Island. *O. ornata* trifft man allgemein in Oberflächengewässern, aber besonders in fließenden. Die meisten anderen Arten sind gänzlich auf Fließgewässer beschränkt. So findet man *Eusimulium vernum* in mäßig bis stark strömenden Bächen und kleinen Flüssen. Besonders dicht können Kriebelmückenlarven in Seeausflüssen siedeln.

Die Larven der Kriebelmücken leben mehr oder weniger sessil. Selten kriechen sie auf dem Untergrund, der Oberfläche von Steinen, untergetauchten Pflanzen oder Teilen eingetauchter Ufervegetation voran. Diese Fortbewegung wird mit Hilfe des Thorakalfußes und der Haftscheibe am Hinterleibsende nach Art der Bewegung von Spannerraupen bewerkstelligt. An Stellen optimaler Strömungsverhältnisse, die weitgehend artspezifisch sind, sitzen die Larven oft dicht gedrängt in Massen zusammen. Die Puppen haften unbeweglich am Substrat, häufig auf flottierenden Teilen von Uferpflanzen. Die Imagines fliegen in Gewässernähe.

9 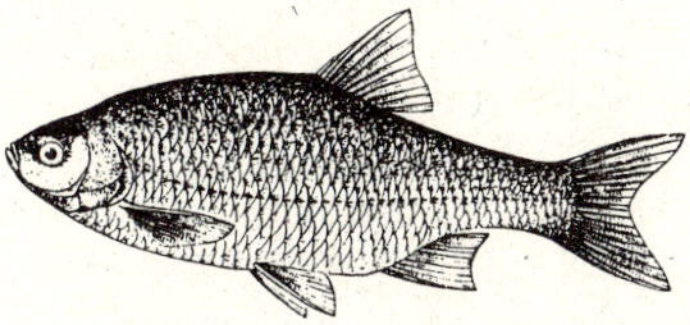

10 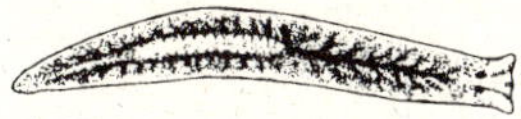

11 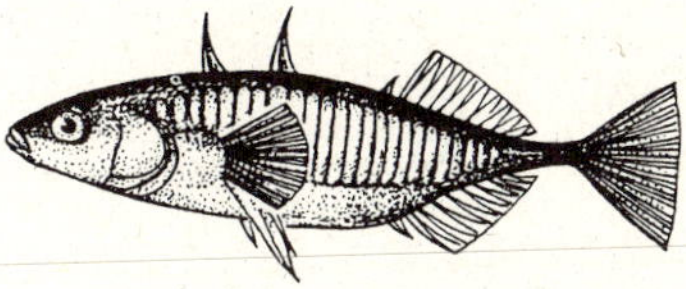

12 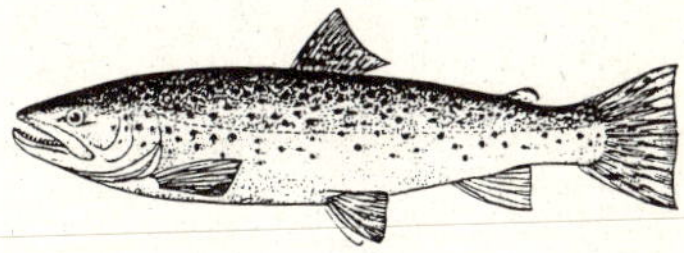

13 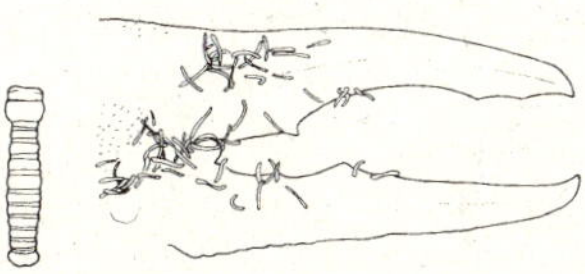

14 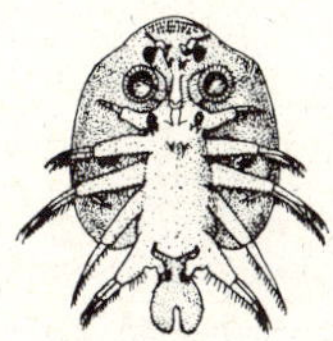

15 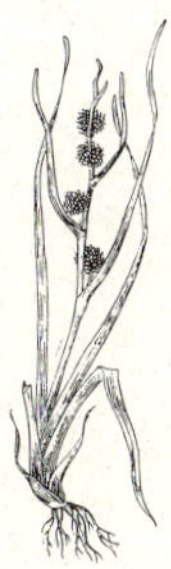

16 

Tafel 2

9 – Rotfeder, *Scardinius erythrophthalmus*. (Nach LADIGES & VOGT 1979).

10 – Alpenstrudelwurm, *Crenobia alpina*, Rückenseite. (Nach ENGELHARDT 1962). Das Tier kriecht nach rechts.

11 – Wanderform des Dreistachligen Stichlings, *Gasterosteus aculeatus*. (Nach LADIGES & VOGT 1979).

12 – Bachforelle, *Salmo trutta*. (Nach LADIGES & VOGT 1979.)

13 – *Branchiobdella parasitica* (links). (Aus STRESEMANN 1957.) Rechts Branchiobdellen auf der Schere eines Flußkrebses (*Astacus astacus*).

14 – Karpfenlaus, *Argulus foliaceus*, ad. ♀ Bauchseite. (Nach GREEN 1961.)

15 – Einfacher Igelkolben, *Sparganium emersum*. Emerses Exemplar mit weiblichen Blütenköpfen. (Aus BURSCHE 1968.)

16 – Kleine Wasserlinse, *Lemna minor*. (Nach HEGI 1906.) Die Sprossen treiben auf Wasseroberfläche, die Wurzeln hängen im Wasser.

Kriebelmücken wechseln im Laufe des Lebens von der Wasseratmung der Larven zur Luftatmung der Imagines über. Die Atmung der Larven erfolgt über die Haut, nicht über kleine Analanhänge, die der Osmoregulation dienen. Die Puppen atmen im Wasser durch die mit einer hauchfeinen Luftschicht umgebenen paarigen Fadenbüschel, die Kutikularkiemen. Diese funktionieren außer im Wasser auch an der Luft. Die Nahrung der Larven besteht aus feinsten organischen Partikeln, einzelligen Algen und anderen Kleinstorganismen, die mit den gegen die Strömung gerichteten Kopffächern aus dem Wasser gesiebt werden. Von Zeit zu Zeit werden die Fächer mundwärts geführt und mit Hilfe von Haarbürsten auf den Mandibeln leergekämmt. Die Imagines saugen Nektar verschiedener Pflanzen, die Weibchen auch Blut von Vögeln und Säugern. Bei Massenbefall kann Vieh getötet werden.

Kriebelmücken vermehren sich zweigeschlechtlich. Nach der zur Eireifung notwendigen Blutmahlzeit begattet das Männchen das noch am Blutwirt sitzende Weibchen oder fliegt es an, wenn es von dort zu den Bäumen zurückkehrt. Die Eier werden zu Hunderten entweder fliegend über dem Wasser durch dessen Oberfläche eingetunkt oder nahe der Oberfläche an Steinen oder Wasserpflanzen festgeheftet. Viele Eier sterben bei Wasserstandsschwankungen ab. Der Entwicklungszyklus kann bei manchen (plurivoltinen) Arten im Sommer nur vier bis fünf Wochen dauern, während derer sich die Larven entwickeln, verpuppen und schlüpfen. Andere (univoltine) Arten benötigen hierzu ein Jahr. Sie überwintern als aquatische Stadien, vorwiegend als Eier und Larven. Erwachsene Larven spinnen das Puppengehäuse, aus dem schließlich die Imago in einer Luftblase an die Wasseroberfläche ausfährt.

Die Kriebelmückenlarven sind besonders durch ihre Kopffächer strömendem Wasser angepaßt, das ihnen feinpartikuläre Nahrung zuführt. Die verschiedenen, schwer unterscheidbaren Arten teilen die verschiedenen Strömungsbereiche mehr oder weniger untereinander auf. Mäßige Gewässerverschmutzung kann das Nahrungsangebot und mit ihm die Besiedlungsdichte steigern, allerding zu Lasten der Artenvielfalt. Die Larven der Kriebelmücken nutzen jedoch das Nahrungsangebot des freien Wassers selbst noch in rasch fließenden klaren Bergbächen, wo ihnen die Strömung einen hohen Wasserdurchsatz und erst damit ausreichend Nahrung sichert.

Zusammenfassung: Die Vertreter des Typs Wechselatmer/Geschwebefresser sind Larven von Insekten, z.B von Kriebelmücken. Im Wasser siedeln sie ausschließlich am Boden, sind dort mehr oder weniger seßhaft und atmen im Wasser. Erst die Imagines verlassen das Wasser. Im freien Wasser und an dessen Oberfläche ist diese ökologische Gruppe nicht vertreten.

4.2.3 Wechselatmer / Detritusfresser

Amphinemura sulcicollis gehört zur Ordnung der Plecoptera (Steinfliegen) und hier zur Familie der Nemouriden, von denen es in Europa vier Gattungen gibt. Es handelt sich um ziemlich kleine Arten; ♀♀ von *A. sulcicollis* werden 6–7 mm lang. Der Körper ist dunkel und die klaren Flügel liegen flach dem Hinterleib auf. Die Larve (Taf. 3, 18) ist dorso-ventral und insgeamt durch die seitliche Stellung der Beine abgeplattet. Das Tier zeichnet sich durch eine starke Beborstung aus und ist über und über mit Schlammpartikelchen behaftet.

Amphinemura sulcicollis ist die häufigste Art ihrer Gattung. Sie ist in der ganzen Bundesrepublik Deutschland wie auch West-Europa zu finden. Vorzugsweise besiedelt sie Bäche und Flüsse besonders der Mittelgebirge, kommt jedoch auch in stehenden Gewässern vor.

Amphinemura-Larven leben am Gewässergrund, vornehmlich dort, wo sich Schlamm ablagert, was verbreitet in Flüssen, lokal in stilleren Buchten aber auch in Bächen der Fall ist. Hier erreicht die Art, wie etwa in der oberen Fulda, hohe Individuendichten. Am Gewässergrund läuft sie umher, halb camoufliert vor dem schlammigen Untergrund durch mitgeschleppte Schlammteilchen. Imagines fliegen an Ufern und laufen oder sitzen auf emerser Wasservegetation.

Die Imagines sind terrestrische Luftatmer, während die Larven über die Haut und zusätzlich mit Hilfe schlauchförmiger Tracheenkiemen am Hals den benötigten Sauerstoff aus dem Wasser entnehmen. Wie das allgemein für Steinfliegenlarven gilt, haben Amphinemuren einen hohen O_2-Bedarf, den sie nur in organisch wenig belasteten Gewässern decken können. Noch empfindlicher sind allerdings die größeren räuberischen Steinfliegen-Arten. Amphinemuren ernähren sich detritivor und vorwiegend von pflanzlichen Resten, daneben aber auch von verschiedenen Aufwuchsalgen, z.B. von Diatomeen.

Die Flugzeit reicht von April bis September, ihr Höhepunkt liegt in der Fulda im Juli, wenn die Kopulationen stattfinden. Einige Tage später werden die Eier in Ballen abgelegt und im Wasser sinken sie einzeln zu Boden. Die Gallerthüllen der Eier heften diese an Steinen oder Geäst am Gewässergrund fest. Nach wenigen Wochen schlüpfen die Larven, wachsen im Laufe eines Jahres heran, häuten sich am Ufer zum Imaginalstadium und sterben als Imagines nach Begattung und Eiablage bald ab.

Detritivore Steinfliegen-Larven sind strömungsreicheren Gewässerabschnitten angepaßt, in denen zwar in ausreichendem Maße organisches Material herantransportiert wird, dies aber in Zusammenhang mit einer guten Sauerstoffversorgung. Ökologisch ähnlich, jedoch mit der Möglichkeit zur Überbrückung von O_2-Defiziten, sind Larven der Schnaken (*Tipula*) oder verstärkt noch der Schwebfliegen (*Eristalis*), die saprophag in strömungsfreien Buchten verunreinigter Flüsse leben. Beide können als Larven außer im Wasser zusätzlich bis überwiegend an der Luft atmen.

Gyraulus (Planorbis) albus, die Weißliche Tellerschnecke, ist sehr variabel in Abhängigkeit von den Strömungsverhältnissen im Lebensraum. Die abgebildete gedrückte Form (Taf. 3, 19) findet man besonders in Fließgewässern.

Weißliche Tellerschnecken kommen in Fließgewässern jeglicher Größe vor. Sie leben weiterhin in stehenden Gewässern wie Seen, wo sie auch in der Brandungszone zu finden sind, außerdem in Teichen und selbst temporären Tümpeln, in denen sie Trockenzeiten überstehen können.

Gyraulus albus besiedelt Gewässerabschnitte, die reich an untergetauchten Pflanzen sind, zwischen denen sich die Strömung beruhigt und Schlamm abgelagert wird. Auch liebt diese Tellerschnecke flaches Wasser, d.h. in Flüssen deren Buchten in Ufernähe. Wie die meisten Schnecken bewegt sie sich langsam kriechend auf der Sohle ihres Fußes fort, wobei ständig Schleim abgesondert wird. Sie kriecht auf sehr verschiedenen Unterlagen, am Boden auf Schlamm, an untergetauchten Pflanzen, sehr gern aber auch an der Unterseite des Wasserspiegels.

Gyraulus albus ist wie viele Tellerschnecken ein fakultativer Wechselatmer. Sauerstoff wird in der Atemhöhle aufgenommen, sowohl aus der Luft als auch aus dem

Wasser. An der Wasseroberfläche saugt die Tellerschnecke Luft in die Atemhöhle ein. Ist sie gezwungen, länger unter Wasser zu bleiben, so läßt sie die Atemhöhle voll Wasser laufen. Dieses kann sie an der Oberfläche wieder ausstoßen. Als Nahrung wird feiner Detritus aufgenommen, worin sich aber auch lebende Algen und andere Mikoorganismen befinden. Gern leckt sie Kahmhäutchen mit ihrer Radula von der Wasseroberfläche ab, die kleine Organismen und organische Feinpartikel enthalten. Aber auch von Pflanzen und vom Boden wird solches Material aufgenommen.

Tellerschnecken sind in hohem Maße der Grenzzone zwischen Luft, Wasser und Boden angepaßt, in erster Linie durch ihre flexible Atmung. In ihrer Ernährung sind sie jedoch ganz auf das Wasser eingestellt. *G. albus* ist unter den kleinen Planorben, von denen viele euryök sind und neben stehenden Gewässern auch Fließgewässer besiedeln können, am stärksten der Strömung angepaßt. Die feste Haftung ihres Fußes, der ganz der Unterlage aufliegt, verhindert die Abdrift. An der Wasseroberfläche hält sie sich allerdings nur im strömungsfreien Bereich auf, aber auch nur hier findet sie Nahrung in Kahmhäutchen.

Zusammenfassung: Wechselatmer/Detritusfresser sind heterotrophe Organismen sehr verschiedener systematischer Gruppen, besonders Larven von Insekten, Schnecken und Larven von Amphibien. Die Insektenlarven leben als Bodentiere, wie z.B. *Amphinemura* oder *Tipula*, in allen Fließgewässern. Schnecken wie *Gyraulus* leben dagegen auch an der Wasseroberfläche, jedoch nur in ruhigen Gewässerabschnitten. Das freie Wasser enthält keine Vertreter dieser Gruppe.

4.2.4 Wechselatmer / Aufwuchsfresser

Liponeura ist eine Lidmücken- (Blephariceriden) Gattung, die in Europa gut 20 Arten aufweist. Zu den häufigeren gehört *L. cinerascens*. Die Imagines sind etwa stechmükkengroß, langbeinig und fast unbehaart. Die Larven bestehen im Vorderteil aus dem Kopf, dem Bruststück und einem Hinterleibsring. Dann folgen fünf deutlich abgesetzte Hinterleibsringe, während der letzte Körperabschnitt aus drei miteinander verschmolzenen Hinterleibsringen besteht. Auf der Bauchseite stehen sechs Saugnäpfe (Taf. 3, 20). Die Bauchseite ist flach, die Rückenseite gewölbt. Die Länge beträgt bis 9 mm. Die Puppe hat die Form einer stumpfen Lanzenspitze und ist 7–8 mm lang.

Liponeura cinerascens ist in Mitteleuropa auf montane Landschaften beschränkt. In der Bundesrepublik werden Höhenlagen von 400 m nicht unterschritten. *L. cinerascens* besiedelt ausschließlich rasch fließende Bäche mit großen und vor allem glatten Steinen. Diese kommen etwa in Kalkstein- oder Basaltgebieten vor. Sandstein mit seiner rauhen Oberfläche wird dagegen gemieden. Schon bedingt durch die Höhenlage handelt es sich um kühlere Gewässer, die von *Liponeura* besiedelt werden.

Die Larven leben auf der Oberfläche glatter Steine, in starker und sehr starker Strömung. Die nach dem Saugpumpenprinzip arbeitenden komplizierten Saugnäpfe heften das Tier an den Untergrund und verhindern dessen Abdrift noch bei Strömungsgeschwindigkeiten von 3 m/sec. Erforderlich ist aber, daß die Anheftungsfläche glatt ist, da sonst die Saugnäpfe nicht halten. *Liponeura* bewegt sich fort, indem die vorderen Saugnäpfe loslassen und der Vorderkörper seitwärts schwenkt und sich neu anheftet. Dann wird der Hinterleib nachgeschwenkt. Auch die Puppen sind fest mit der Unterlage verbunden. Die Imagines fliegen in der Uferregion.

Die jungen Larven von *L. cinerascens* atmen durch die Haut, ältere mit Schlauchkiemen im Wasser. Puppen haben zwei Atemhörnchen, durch deren feine Lamellen Sauerstoff aus dem Wasser, bei Trockenfallen aber auch aus der Luft eintreten kann. Die Imagines sind Luftatmer. Die Nahrung der Larven besteht vorwiegend aus Kieselalgen-Aufwuchs. Dieser wird mit den stark gezähnten Kiefern von vorn nach hinten abgeschabt und dem Munde zugeführt. Dabei nutzen sich die Zähne jeweils von einer Larvenhäutung zur anderen fast vollständig ab. Die Imagines saugen mit dem Stechsaugrüssel, die Männchen Nektar, die Weibchen vorwiegend Körpersäfte im Flug gefangener kleiner Insekten und daneben auch Nektar.

Liponeura vermehrt sich zweigeschlechtlich. *L. cinerascens* schwärmt im Mai und Juni. Weibchen kleben die Eier auf glatte Steinoberflächen nahe dem Wasserspiegel. Dort ruhen sie bis gegen Ende Dezember. Danach findet man bis in den Juni die heranwachsenden Larven, welche vier Stadien durchlaufen. Die Art gilt als kaltstenotherm, was außer durch ihre montane Verbreitung auch durch ihren Entwicklungszeitplan belegt wird. Die Puppe findet man im Frühjahr. Aus ihr schlüpft in seichtem, jedoch strömendem Wasser die Imago, die ihre Hinterbeine erst aus der Puppenhaut zieht, wenn sie die Flügel über Wasser ausgebreitet hat.

L. cinerascens ist hochgradig an die Strömung angepaßt, besonders durch ihre Saugnäpfe. Sie braucht zum Schlüpfen flaches Wasser und begegnet der Gefahr des Austrocknens bei schwankenden Wasserständen u.a. durch den Atmungsmodus der Puppen. Ihr Auftreten im Frühjahr fällt mit guten Belichtungsbedingungen für Diatomeenaufwuchs zusammen. Eine weitere häufige *Liponeura*-Art, *L. cordata*, ist eurytherm. Ihre Larven sind von Januar bis November zu finden, die Imagines von Mai bis zu den ersten herbstlichen Frösten. Diese Art ist auf den Südosten der Bundesrepublik beschränkt.

Zusammenfassung: Die Gruppe Wechselatmer/Aufwuchsfresser umfaßt insbesondere Larven von Insekten wie *Liponeura*, aber auch von Eintagsfliegen (*Baetis*) oder Käfern (*Helmis*). Auch Larven von Amphibien gehören hierher. Alle sind beweglich und leben am Gewässergrund. Sie sind in Quellen, Bächen und Flüssen vertreten, fehlen jedoch im freien Wasser und an der Wasseroberfläche.

4.2.5 Wechselatmer / Pflanzenfresser

In Fließgewässern sind Wasserzünsler, *Nymphula nymphaeata*, (Taf. 3, 21), auf langsam oder sehr langsam fließende Flußstrecken mit pflanzenreichen Buchten und Altarmen beschränkt. Es sind Wechselatmer, die zunächst ihr Leben im Wasser als Wasseratmer beginnen, sich ebenfalls im Wasser über eine längere Phase hinweg auf Luftatmung umstellen und diese dann schließlich als Imago in der Luft beibehalten. Die Junglarven sind benetzbar und atmen durch die Haut.

Wasserzünsler haben sich als ehemalige Luftatmer auf das Nahrungsangebot der aquatischen Vegetation eingestellt und dabei für Eier und Junglarven eine Wasseratmung entwickeln können.

Die verwandte Art *Parapoynx stagnata* ist stark an den Igelkolben (*Sparganium*) gebunden. Dies zeigt, daß die Wasserzünsler sich dem Entwicklungsverlauf bestimmter Pflanzen sehr eng anlehnen mußten und hochgradig spezialisiert sind.

Zusammenfassung: Wechselatmer/Pflanzenfresser sind Larven verschiedener Insektenordnungen, z.B. des Wasserzünslers als Vertreter der Schmetterlinge. Solche Tiere leben ausschließlich an festsitzenden Makrophyten und sind damit substrat- bzw. bodengebunden. Sie sind alle beweglich. Demgemäß fehlt dieser Typus in Fließgewässern im freien Wasser und auch an der Wasseroberfläche.

4.2.6 Wechselatmer / Räuber

Der Wasserfrosch, *Rana esculenta* (Taf. 3, 22), ist möglicherweise ein Bastard zwischen dem Seefrosch (*R. ridibunda*) und dem kleinen Teichfrosch (*R. lessonae*). Er kann eine Körperlänge bis 12 cm erreichen, hat einen grünen Rücken mit schwarzen Flecken und gelblichen Längsstreifen, variiert aber stark. Er ist in ganz Zentral-Europa vertreten.

Der Wasserfrosch beginnt sein Leben als Wasseratmer: die Kaulquappen entnehmen durch Kiemen und Haut dem Wasser Sauerstoff. Nach der Umwandlung atmet das Tier mit Hilfe der Lungen in der Luft; daneben bleibt die Hautatmung erhalten, die besonders bei der Überwinterung im Schlamm des Wohngewässers eine Rolle spielt.

Bei Wasserfröschen liegt die Laichzeit ausgesprochen spät. Erst in der zweiten Maihälfte werden die Eier abgelegt und dabei vom Männchen befruchtet. Jedes Ei liegt in einer Gallertkugel, und diese sind zu dicken Ballen vereinigt. Ein Weibchen legt bis 10000 Eier. Nach fünf bis acht Tagen schlüpfen die Kaulquappen. Nach drei bis vier Monaten, am Endes des Sommers, erfolgt die Metamorphose. Gelegentlich überwintern Tiere noch im Larvenstadium. Die Geschlechtsreife tritt nach drei bis vier Jahren ein.

Wasserfrösche sind von den heimischen Amphibien zeitlebens am stärksten dem Wasser verbunden. Sie sind dem Leben in Flußauen angepaßt, in denen langsam fließendes und stehendes Wasser dicht nebeneinander vorkommen. Beide Gewässertypen werden aufgesucht. Spätes Laichen verhindert, daß die Brut in den Auengewässern von Frühjahrshochwassern weggeschwemmt wird. Außer dem Wasserfrosch kommt auch der Seefrosch in langsam fließenden Gewässern vor.

Zusammenfassung: Wechselatmer/Räuber sind insbesondere Insektenlarven (Steinfliegen, Schlammfliegen, Libellen) und Amphibien wie der Wasserfrosch. Alle sind sehr bewegliche, bodengebundene Tiere, die allerdings auch bis zur Wasseroberfläche hin operieren können. Sie sind in Quellen, Bächen und Flüssen vertreten.

4.2.7 Wechselatmer / Schmarotzer

Wassermilben sind in Fließgewässern durch viele Arten vertreten. Verbreitet und gut untersucht ist *Sperchon setiger* (Taf. 3, 23) aus der Familie der Sperchonidae. Die Wassermilben sind klein, haben einen sackförmigen, ungegliederten Körper und acht Beine. *S. setiger* hat als Art fließender Gewässer relativ kräftige Klauen und Borsten an den Extremitäten. Die Larven haben sechs Beine. Die Länge der Weibchen beträgt fast 1 mm. Die Farbe des Körpers ist gelblichrot, die der Beine graugrünlich.

Sperchon setiger ist in fast ganz Europa zu finden, ist eine ausgesprochene Fließgewässerform und wurde bisher nur in Bächen und kleinen Flüssen gefunden.

Junge Larven laufen nach dem Schlüpfen unruhig am Bachboden umher. Über kurze Strecken schwimmen sie auch, wobei zunächst die beiden vorderen Beinpaare auf und ab geschlagen werden, nach dem Abheben vom Boden schlagen sie dann auch mit dem hinteren Beinpaar. Auf ihren Wirten kriechen die Larven gezielt umher. Vollgesogene Larven an fliegenden Insekten fallen ab und landen dabei im Wasser oder auf dem Ufer. Sie können laufen, aber nicht schwimmen. In einigen Übergangsstadien zur Imago sind die Milben bewegungslos. Die Imagines laufen im Bach auf schlammigem Grund, an Steinen oder Wasserpflanzen.

Obwohl die Wassermilben größtenteils im Wasser leben, sind viele doch Wechselatmer, zumal in Bächen. Ihr Tracheensystem ist mit Luft gefüllt und mittels zweier Membranen mit dem Außenmedium verbunden. Aus dem Wasser und aus der Luft kann Sauerstoff aufgenommen werden. Zumeist geschieht das aber aus dem Wasser, in dem der größte Teil des Lebens verbracht wird. Die Nahrung der Imagines besteht aus den Körpersäften kleiner Tiere, z.B. planktischer oder auch benthischer Kleinkrebse (Cyclopiden usw.). Die Beute wird mit den Palpen gepackt, angestochen und ausgesaugt. Larven dagegen brauchen das Blut von Simuliiden, auf die *Sperchon setiger* spezialisiert ist. Entsprechend werden deren Puppen befallen, und beim Schlüpfen der Simuliide, etwa *Odagmia ornata*, heftet sich die Milbenlarve zumeist an deren Nackenregion und läßt sich von der ausfliegenden Imago mit aus dem Wasser tragen.

Wassermilben vermehren sich zweigeschlechtlich. Nach der Begattung im Wasser legt das Weibchen Eier auf Steinen oder Pflanzen im Wasser ab. Die ausschlüpfenden Larven leben auf Simuliiden-Puppen, ohne diese anzusaugen. Die parasitische Phase als Blutsauger am Vollinsekt dauert zwei bis zwölf Tage. Es folgen ein Puppenstadium, während dessen *Sperchon setiger* bewegungslos ist, ein aktives Nymphenstadium und ein weiteres Puppenstadium, aus dem schließlich die Imago hervorgeht.

Je nach dem Stadium ihrer Entwicklung sind Wassermilben als Carnivoren oder Parasiten einzuordnen. Während die Larve ihre Wirte im Wasser aufspürt, nimmt sie deren Blut an Land auf, von wo sie ins Wasser zurückkehren muß. Imagines sind dagegen Jäger im Wasser. Die Anpassungen an das Wasserleben sind wenig deutlich. Gegenüber Landmilben fallen Schwimmborsten an den Beinen auf, allerdings mehr bei Arten stehender Gewässer, die viel schwimmen. Fließgewässermilben krallen sich am Untergrund fest, kriechen viel und spreizen in typischer Weise die Beine, wenn Strömungen sie treffen; so verankern sie sich an aufragenden Bodenstrukturen. Die terrestrischen Aufenthalte der Wassermilben erklären sich aus deren parasitischer Bindung an Wasserinsekten.

Zusammenfassung: Der ökologische Typus Wechselatmer/Schmarotzer wird besonders durch Milben vertreten, die ektoparasitisch auf Insekten und anderen Larven vorkommen. Sie leben im Wasser, wo ihre Wirte verbreitet sind, und verlassen es auch mit deren ausfliegenden Imagines. Es sind bewegliche Tiere, die auf den Wirten laufen.

4.3 Luftatmer

4.3.1 Luftatmer / Resorbierer

Mit Ausnahme Nordskandinaviens und des südlichen Spaniens findet man die Schwarzerle, *Alnus glutinosa* (Taf. 3, 24), in ganz Europa. Sie besiedelt nasse Standorte, auf denen sich großflächig Bruchwälder ausbreiten, in denen die Erle dominiert, sog. Erlenbrücher. Weiterhin säumt sie Fließgewässer und dominiert auch hier im Baumbewuchs der Uferregion; in den Uferwäldern, gerade an den Orten, wo Grundwasser auf das Gewässer zuzieht, entwickelt die Art die schönsten und höchsten Exemplare, besser als im staunassen Bruch- oder Sumpfwald.

Die Schwarzerle an Fließgewässern durchdringt mit ihrem Wurzelwerk sowohl oberflächliche Schlick- und Sandschichten, die von regelmäßigen Überschwemmungen abgelagert werden, als auch tiefere Bodenschichten. An Bächen dringt sie bis unmittelbar an das Wasser vor, besonders in Bereichen der Prallhänge, wo die Strömung die Wurzel teilweise freilegt, und der Baum sich maßgebend an der natürlichen Uferbefestigung beteiligt. In Flußauen bevorzugt die Erle das Ufer von Altarmen, besiedelt jedoch auch periphere Teile der Auen am Fuße angrenzender Höhenzüge. Wichtig ist, daß der Boden naß, schwach sauer bis kalkreich und der Standort zumindest halblicht ist.

Während die Schwarzerlen in Erlenbrüchern zumeist ganzjährig im Wasser stehen, schwankt der Grundwasserspiegel in Bach- und Flußauen stärker. Das führt zu einer besseren Durchlüftung im Wurzelbereich, wodurch die Erlen offensichtlich gefördert werden. Zudem sind Aufschlickungsgebiete an Fließgewässern reich an mineralischen Nährstoffen.

Die Blütezeit reicht von Ende Februar bis Anfang April, liegt also vor dem Blattaustrieb. Die Fruchtzapfen enthalten ungeflügelte Nüßchen. Die Fortpflanzungsprodukte werden mit der fließenden Welle verschleppt, bei Hochwässern im Frühjahr besonders die dann frisch ausgefallenen Nüßchen über die Talaue verteilt.

Erlen sind nassen Standorten angepaßt, wo die Konkurrenz der meisten Waldbäume aufhört. Zumindest in Westeuropa ist sie nur mit Laubbäumen vergesellschaftet, wodurch ein gewisser Lichtreichtum garantiert bleibt. Ihre Neigung zu Stockausschlägen ist als Anpassung an stärker bewegte Böden verständlich, wie sie in Abtragungs- und Verlandungszonen von Fließgewässerufern die Regel sind. Ökologisch ähnlich verhält sich die Esche, *Fraxinus excelsior*, die ziehendes Grundwasser und Nährstoffreichtum bevorzugt und deshalb viel an Fließgewässern vorkommt. Dagegen ist die an Ufern häufige krautige Große Brennessel, *Urtica dioica*, auch an manchen anderen Standorten heimisch, sofern diese feucht und nährstoffreich sind, wie in Wäldern bis hin zu Schuttplätzen.

Zusammenfassung: Luftatmer/Resorbierer sind autotrophe Organismen, vorwiegend Makrophyten der wechselnassen Ufer und Auen. Unter ihnen gibt es viele Sträucher und Bäume. Sehr häufig ist die Schwarzerle, sehr typisch auch die Esche. Vertreter dieses Typus begleiten die Fließgewässer von deren Quellen bis zu den Mündungen.

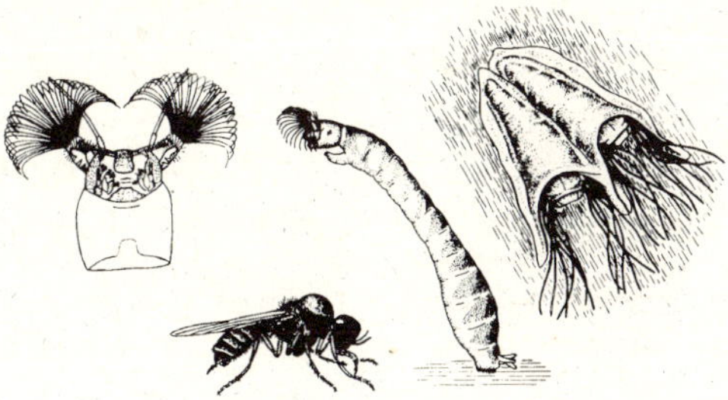

17

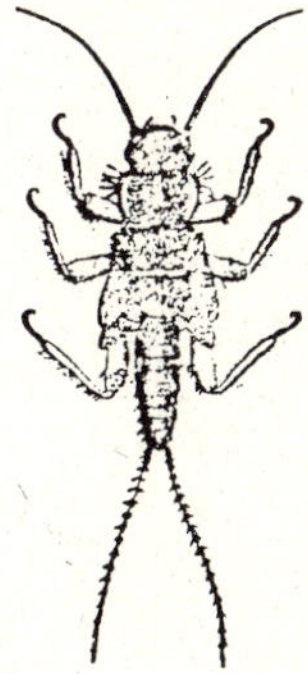

18

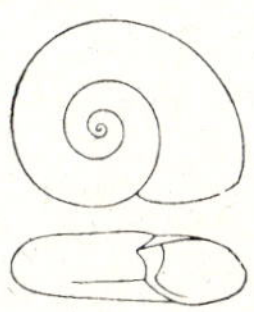

19

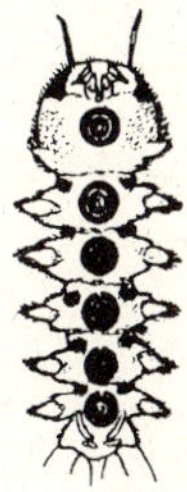

20

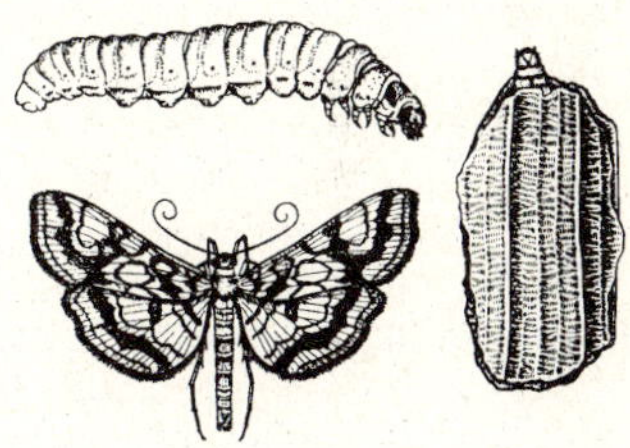

21

22

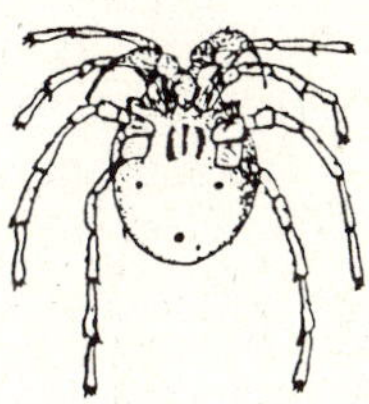

23

24

Tafel 3:

17 – Kriebelmücke der Gattung *Simulium*. Unten links Imago, Mitte Larve, rechts Puppen mit heraushängenden Kutikularkiemen. (Nach Engelhardt 1962.) Links oben Kopf der Larve von der Bauchseite mit Kopffächern (Nach Hynes 1970.)

18 – *Amphinemura*-Larve Rückenseite. (Aus Illies 1955.)

19 – Weißliche Tellerschnecke, *Gyraulus albus*. (Aus Tischler und Brohmer 1982.)

20 – *Liponeura cinerascens*, eine Lidmücke. Larve von der Bauchseite. (Nach Bischoff aus Kaestner 1954.) Entlang der Mittellinie des Körpers liegen sechs Saugnäpfe.

21 – Wasserzünsler, *Nymphula nymphaeata*. Oben links Larve ohne Köcher, rechts Larve mit Köcher, unten links Imago. (Nach Engelhardt 1962.)

22 – Wasserfrosch, *Rana esculenta*. (Aus Arnold & Burton 1979.)

23 – Wassermilbe, *Sperchon sp.* (Verändert aus Vietz 1955.)

24 – Schwarzerle, *Alnus glutinosa*. Links Zweigspitze mit fruchtenden Blütenständen, oben Mitte ♀ Kätzchen, rechts ♂ (herabhängend) und ♀ Kätzchen. (Nach Garcke 1972.)

4.3.2 Luftatmer / Geschwebefresser

Dixa submaculata (Taf. 4, 25) ist in ganz Deutschland und großen Teilen Europas zu finden. Sie fehlt in Skandinavien und auf der Iberischen Halbinsel, ist dort aber durch andere Arten der Gattung vertreten. Sie besiedelt Quellen und Bäche, sowohl im Wald, z.B. in Erlenbeständen, als auch in offenem Gelände. Sie ist eigentlich an jedem Fließgewässer zu erwarten, sofern es nur klein ist. Gewässer mit höheren pH-Werten und kalkreichere Gewässer sollen bevorzugt werden.

Tastermückenlarven leben in seichtestem Wasser. Man findet sie auf aus dem Wasser ragenden Steinen, sofern diese überspritzt werden und daher ständig einen Wasserfilm aufweisen, aber auch an halb im Wasser liegenden toten Blättern oder hineinhängenden lebenden Blättern von Uferpflanzen, weiterhin auf der Oberseite von Schwimmblattpflanzen, wenn diese naß sind. Auf ihnen kriechen die Larven umher, indem sie die mittleren Körpersegmente, welche Kriechwarzen an der Bauchseite tragen, voranschieben, während die U-Schenkel des Vorder- und Hinterleibes abwechselnd vor- und rückwärts bewegt werden. Im Wasser schwimmen die Larven durch schlenkernde Bewegung der Körperenden.

Dixiden sind zeitlebens Luftatmer. Die Larven atmen atmosphärische Luft durch zwei Stigmen am Hinterleib, die zwischen dem vorletzten und letzten Segment auf der Rückenseite liegen und ständig aus dem Wasser ragen. Diese Atmungsweise bindet das Tier an dünnste Wasserfilme. Der ständig unter Wasser gehaltene Kopf ist leicht nach oben gewinkelt, und dessen Strudelorgane fegen feinste Geschwebeteilchen heran, besonders von der Wasseroberfläche. Während und nach stärkeren Regenfällen driften viele Larven stromabwärts. In strömendem Wasser können sie sich nicht behaupten.

Tastermücken sind durch ihren Körperbau, ihre Fortbewegung und Atmung dünnsten Wasserfilmen angepaßt. Besonders die Luftatmung bindet *Dixa* an Oberflächen, während die Larve nach ihrer Ernährungsweise ganz ein Wassertier ist. Ohne Konkurrenz ähnlicher Lebensformtypen nutzt *Dixa* diesen sog. hygropetrischen Bereich, die Spritzwasserzone, die besonders an kleinen Fließgewässern verbreitet ist. An Strömungen im freien Wasserkörper hat sich *Dixa* dagegen nicht anpassen können.

Culex territans (Taf. 4, 26) besiedelt in Fließgewässersystemen nur Quellsümpfe mit geringer Strömung, wobei sie relativ niedrige Temperaturen in Kauf nehmen muß. Ihre Larven entnehmen Kleinstplankton und organisches Geschwebe dem freien Wasser in oberflächennahen Schichten, an die sie wegen ihrer Luftatmung gebunden sind. *C. territans* ist die einzige *Culex*-Art, die Fließgewässersysteme besiedelt.

Man findet Larven von *Anopheles claviger* (Taf. 4, 27) in ruhigen Buchten kleinerer und größerer Fließgewässer, in Überschwemmungslachen von Flußauen, verschiedenen stehenden Gewässern, sofern diese seicht sind, außerdem in Gräben und nährstoffreichen Tümpeln in Sümpfen.

Anopheles claviger hat sich in besonderem Maße der Wasseroberfläche mi ihrem nährstoffreichen Detritus- und Organismenfilm angepaßt. Hierzu dient insbesondere die Haltung in Ruhelage wie auch die Wendigkeit des Kopfes. Das schlängelnde Schwimmen dient in erster Linie der Fortbewegung in Oberflächennähe. In Fließgewässern kann sie strömungsarme Buchten besiedeln, während die übrigen europäischen *Anopheles*-Arten auf stehende Gewässer beschränkt sind. Wichtig ist nur, daß sich Kahmhäutchen auf dem Wasser bilden und erhalten, aus denen alle *Anopheles*-Arten ihre Nahrung beziehen.

Zusammenfassung: Luftatmer / Geschwebefresser sind ausschließlich Larven von Insekten. Am Boden leben sie nur in seichtestem Wasser mit Luftkontakt, wie etwa *Dixa*. Im freien Wasser operieren sie von der Oberfläche aus, wie z.B. *Culex*, oder verweilen auch ganz an der Oberfläche, wie *Anopheles*. Das Leben an der Oberfläche und im freien Wasser ist für solche Formen nur in stillen Bereichen von Flüssen möglich, das Siedeln mit Bodenkontakt dagegen auch in Bächen und Quellen.

4.3.3 Luftatmer / Pflanzenfresser

Die Bisamratte *Ondatra zibethica* (Taf. 4, 28) besiedelt die Taiga-Gebiete Nordamerikas, ist jedoch darüber hinaus in die Kulturlandschaften vorgestoßen. 1905 wurde sie in Böhmen ausgesetzt, von wo aus sie sich seitdem über Mitteleuropa und auch ganz Deutschland verbreitete. Spätere Aussetzungen in NW-Rußland und Finnland führten zu ihrer Verbreitung in NO-Europa. Bisamratten kommen an starken Bächen, Flüssen und Seen vor, sowie in wasserreichen Sümpfen.

Die Bisamratte bevorzugt Gewässer mit steilen Ufern. Im Ufer baut sie Höhlen mit Luftschächten zur Landoberfläche und einem Tauchgang, der etwa 40 cm unter der Wasseroberfläche mündet. Auch werden aus Pflanzenteilen (Schilf, Binsen etc.) oberirdische Hütten gebaut, die mit einem Tauchgang versehen sind. Die Umgebung der Bauten ist reich an Wasserpflanzen. Das Tier läuft an Land und auf dem Gewässergrund und schwimmt sehr gut mit seinem Ruderschwanz. Die Neigung zu Wanderungen fördert die Ausbreitung.

Die Bisamratte ist zeitlebens ein Luftatmer. Beim Tauchen sind die Lungen mit Luft gefüllt, sie schwimmt aber viel mit dem Kopf über Wasser. Hauptnahrung sind Wasserpflanzen, Wurzeln und Sprosse von Uferpflanzen, Weidentriebe, Gartenfrüchte und daneben auch Muscheln und Schnecken. Entsprechend siedelt sich die Bisamratte gern in der Nähe von dichten Wasserpflanzenbeständen in licht- und nährstoffreichen Gewässerläufen an. Der Lichtreichtum ausgeräumter Kulturlandschaften und die organische Verschmutzung ihrer Gewässerläufe bieten diesem Taiga-Bewohner verbesserte Nahrungsbedingungen, zumal er hier keine Konkurrenz und kaum Feinde hat.

Die nordamerikanische Taiga ist reich an Seen, die zumeist durch Flußläufe untereinander verbunden sind, der Fichtenwald ist licht und von zahllosen Sümpfen immer wieder unterbrochen. Damit sind die Bedingungen für Ufervegetationsgürtel günstig, wenn auch manche Flüsse nährstoffarm sind und wenig submerse Pflanzen haben. Diesem Lebensraum entstammt die Bisamratte, die ihre Ansprüche in der Kulturlandschaft erfüllt und verbessert findet. Sie ist ein Kulturfolger geworden, der sich über unsere Fließgewässersysteme ausbreitet.

Die in unseren Kulturlandschaften häufigste Schwimmente (*Anas*) ist die Stockente, *A. platyrhynchos* (Taf. 2, 29); sie ist zugleich der ökologisch erfolgreichste Entenvogel (Anatide) Europas. Die Stockente ist die Stammform der Hausente. Stockenten kommen an Seen, Teichen (auch in Parkanlagen), Bächen und Flüssen vor. Besonders in strengen Wintern weichen viele von ihnen auf das Wattenmeer aus, verweilen dann überall, wo noch offenes Wasser verblieb. Auf Flüssen liebt sie strömungsarme Buchten und die zahlreichen Stauräume, die regulierte Fließgewässer aufweisen.

Wasservögel sind durch ihren Nahrungserwerb an Gewässer gebunden. Beim Gründeln verweilt die Stockente nur relativ kurz mit dem Kopf unter Wasser und frißt dabei Wasserpflanzen und, besonders zur Brutzeit, auch Wirbellose wie Gammariden und Insektenlarven, die im flachen Wasser an Ufern oder am Bachgrund siedeln. Viel Nahrung wird von der Wasseroberfläche aufgenommen (erschnattert), so etwa die flottierende Wasserpflanze *Lemna*, die Entengrütze, oder Nüßchen der Schwarzerle. Aber auch auf das Wasser gefallene Insekten werden aufgenommen.

Die Stockente ist ein ökologisch flexibler und deshalb erfolgreicher Wasservogel. Dieses trifft besonders im Hinblick auf ihre Verbreitung, Nahrungs- und Brutplatzwahl zu. Der ökologische Schwerpunkt liegt im seichten, strömungsarmen, ufernahen Wasser, von dessen Oberfläche die Stockente schwimmend ihre Nahrung aufnimmt, und dessen untiefen Grund sie gründelnd erreicht. Ihre hohe Beweglichkeit schafft Möglichkeiten, saisonalen unwirtlichen Bedingungen auszuweichen. Die verwandte Knäkente, *Anas querquedula*, leitet zum Typus carnivorer Tiere der Wasseroberfläche über. Sie frißt mehr Tiere als Pflanzen, während bei der Stockente pflanzliche Nahrung überwiegt.

Zusammenfassung: Tiere der ökologischen Gruppe Luftatmer / Pflanzenfresser gehören besonders zu den Vögeln und Säugern, es sind jedoch auch Wasserkäfer unter ihnen. Alle sind beweglich und operieren zwischen Boden und Wasseroberfläche. Manche sind stärker bodengebunden, wie etwa die Bisamratte, oder mehr an die Wasseroberfläche, wie etwa die Stockente. In Fließgewässern kommen diese Tiere vorwiegend an Bächen und Flüssen vor.

4.3.4 Luftatmer / Räuber

Ein typischer Vogel der Fließgewässer ist die Wasser- oder Bachamsel, *Cinclus cinclus*. Es handelt sich um den einzigen europäischen Vertreter der Wasserschmätzer (Cinclidae). Die Bachamsel ist allgemein düster graubraun gefärbt, hat jedoch eine reinweiße Kehle und Brust. Die in Mitteleuropa lebenden Rassen haben zudem einen rotbraunen Bauch. Der kurze Schwanz wird häufig aufrecht gestellt, wodurch die Bachamsel in der Statur an den Zaunkönig erinnert; sie ist aber wesentlich größer (Taf. 4, 30). Auffällig ist ein ständiges Knicksen, wenn der Vogel etwa auf einem Stein am Wasser sitzt. Die Beine sind stämmig, die Zehen nicht durch Schwimmhäute verbunden und mit scharfen Nägeln bewehrt. Beide Geschlechter sehen gleich aus. Die Gesamtlänge beträgt 18 cm.

In Deutschland findet sich die Bachamsel in den Hügel- und Bergregionen. Sie ist dort an starke, rasch fließende Bäche gebunden, besonders an flachen Stellen (Stromschnellen) und steilen Ufern. Reicher Baumbewuchs am Ufer ist erforderlich. An solchen Orten ist die ungesellig lebende Wasseramsel standorttreu. Im Winter erweitert sie ihr Areal nur wenig, weicht bei Kälte manchmal in niedrigere Lagen aus und kann deshalb als Streifvogel gelten.

Die Bachamsel fliegt gewöhnlich in 1–2 m Höhe gradlinig über das Gewässer hin, von dem sie sich nicht entfernt. In Wasser kann sie schwimmen und laufen. Typisch ist das sogenannte Tauchrennen, bei dem sich der Vogel in gebückter Haltung auf dem Bachbett laufend zumeist gegen die Strömung fortbewegt. Dabei wird er nach unten gedrückt. Die leicht gespreizten Flügel wirken mit, den Vogel am Boden zu halten, außerdem die im Gegensatz zu den meisten anderen Vogelarten mit Mark gefüllten Knochen, die das spezifische Gewicht des Tieres vergrößern und den Auftrieb herabsetzen. Beim Schwimmen im freien Wasser werden rudernde Bewegungen mit den Flügeln und Laufbewegungen mit den Beinen ausgeführt. Die Schwimmstrecken sind jeweils nur kurz, die Tauchzeiten nur etwa 4–10 Sekunden lang.

Wie alle Wasservögel ist auch die Bachamsel zeitlebens ein Luftatmer. Häutchen verschließen beim Tauchen die Nasenlöcher und verhindern das Eindringen von Wasser. Als Nahrung dienen vorwiegend Benthostiere, Larven von Eintags-, Stein- oder Köcherfliegen, Käfer, Gammariden, Schnecken u.a. Besonders im Sommer werden aber auch zahlreiche fliegende Insekten aufgenommen, zum Teil auch im Fluge erbeutet. Bei der Nahrungssuche im Wasser schleudert die Wasseramsel Steine zur Seite oder hebt sie an. So gelangt sie an die dort verborgenen Nahrungstiere. Gelegentlich ergreift sie kleine Fische oder auch Sämereien der Ufervegetation.

Ihr kuppelförmiges Nest legt die Wasseramsel in Spalten felsiger Böschungen, zwischen Baumwurzeln oder auch unter Brücken an. Im April brütet das Weibchen. Während des Brütens wird es vom Männchen gefüttert. Die Zahl der weißen Eier liegt zwischen vier und acht, die Brutzeit dauert 15–18 Tage, die anschließende Nestlingszeit etwa drei Wochen. Die Jungen können das Nest schon vor dem Flüggewerden verlassen und stürzen sich bei einer Störung ins Wasser. Dahin flüchtet sich auch der erwachsene Vogel häufiger als daß er abfliegt.

Die Wasseramsel ist durch ein dichtes Federkleid, kräftige Füße zum Festkrallen am Untergrund und ein relativ hohes spezifisches Gewicht der Knochen an stark fließende Gewässerabschnitte angepaßt. Außerdem kann sich ihr Auge rasch für das Sehen in der Luft und im Wasser akkomodieren. Die Tauchstrecken bleiben jedoch kurz.

Dagegen kann der Fischreiher, *Ardea cinerea*, in größere Fließgewässer hineinwaten, und zwar so weit es die Länge seiner Beine zuläßt. Ihn findet man deshalb vor allem an Flüssen und Seen.

Agabus guttatus, der Betropfte Schnellschwimmer (Taf. 4, 31), ist außer auf Island in allen Teilen Europas zu finden. Der Käfer bevorzugt Quellen und kühle, quellnahe Bäche. Diese können im Gebirge und in Niederungsgebieten liegen. Immer handelt es sich um kleine und untiefe Gewässer. Die verwandte Art *Agabus bipustulatus* hat sich darüber hinaus in Flüsse und stehende Gewässer ausgebreitet.

Schnellschwimmer sind, wie es der Name sagt, ausgezeichnete Schwimmer unter den aquatischen Käfern. Bei gemächlichem Schwimmen benutzen die Tiere abwechselnd das mittlere und das hintere Beinpaar. Dabei durchquert der Käfer den Wasserkörper von der Oberfläche bis zum Boden.

Schnellschwimmer sind zeitlebens Luftatmer. Einschränkend ist nur zu sagen, daß zusätzliche Hautatmung bei jungen Larven vermutet wird. Die Käfer atmen durch zwei Stigmen am Ende des Hinterleibs, durch die sie an der Wasseroberfläche Luft schöpfen, die sie durch das Tracheensystem leiten und an weiteren Stigmen auf dem Rükken wieder austreten lassen. So sammelt sich Luft unter den Flügeldecken an. Unter dem Eis kann diese Luftblase Sauerstoff aus dem Wasser aufnehmen (physikalische Kieme), was aber in Quellen keine Rolle spielen wird. Auch die Larven atmen durch Stigmen am Hinterleib und bleiben deshalb im seichten Wasser, wo sie die Oberfläche erreichen. Imagines und Larven von *Agabus* leben räuberisch von kleineren Tieren aller Art, nach denen sie ständig jagen. Die Beute wird mit dem Geruchssinn wahrgenommen, daneben aber auch gesehen.

Schwimmkäfer, die Laufkäfern verwandtschaftlich nahestehen, sind Jäger, die sich auf Beutefang im Wasser eingestellt haben. Sie sind besonders mit Hilfe einer Spezialisierung der Beine dem Wasser angepaßt. In der Atmung bleiben sie luftgebunden, weshalb sie in Ufernähe leben oder in Kleingewässern siedeln. *Agabus guttatus* ist besonders in Quellen zu finden. Ob hierfür der Jahresrhythmus der Temperatur eine Rolle spielt, ist einstweilen nicht zu sagen. Andere *Agabus*-Arten bevorzugen andere Fließgewässerabschnitte.

Der Bachläufer, *Velia caprai*, gehört zu den Landwanzen (Geocorisae), eine Unterordnung der Wanzen (Heteroptera). Er ist von mittlerer Größe (6–8 mm), zumeist flügellos und hat mittellange Beine (Taf. 4, 32). Die Vorderbeine dienen dem Ergreifen der Beute, die übrigen der Fortbewegung auf der Wasseroberfläche. Die Bachläufer sind samtschwarz und tragen orangegelbe Flecke. Sie treten meist gesellig auf und sind unter anderem an den stoßartigen Bewegungen zu erkennen.

Velia caprai ist in Europa weit verbreitet. Die Tiere besiedeln ruhige Buchten von Fließgewässern, auch sehr kleinräumige in Bächen, und können schon auf der Wasseroberfläche von Limnokrenen angetroffen werden. Sie operieren jeweils vom Ufer aus, in dessen Nähe sie sich ständig aufhalten. Starker Strömung weichen sie aus.

Bachläufer sind der Wasseroberfläche hochgradig angepaßt. Besonders mit dem mittleren Beinpaar stakt sich *Velia* über die Wasserfläche dahin. Die Borsten an den Tibienenden sind unbenetzbar und drücken die Oberfläche des Wassers ein, dessen Spannung die Tiere trägt. Mit Hilfe eines Sekrets aus dem Rüssel kann der Bachläufer eine schmale Bahn im Wasser entspannen, auf der er dann wie durch einen Düsenantrieb bewegt blitzschnell voranschießt, ohne daß dabei die Beine in Aktion treten. An Land läuft und klettert das Tier mit alternierenden Beinbewegungen, die für Landinsekten typisch sind. Auf dem Wasser ruhend hält sich der Bachläufer mit den Beinen einer Seite an Uferpflanzen fest. Er macht also wie ein Segelboot am Kai fest. Zur Eiablage kann *Velia* unter die Wasseroberfläche kriechen. Treibt der Bachläufer dabei ab, so kehrt er über Land an seinen Ausgangspunkt zurück, ist also recht standorttreu.

Bachläufer sind Luftatmer. Sie nehmen auf Exkursionen unter die Wasseroberfläche Luft mit, die sich in der unbenetzbaren Körperbehaarung hält. Ihre Nahrung erjagt sich *Velia* auf der Wasseroberfläche. Abgestürzte und vertriebene Insekten, noch lebend oder schon tot, werden von der Wasseroberfläche aufgesammelt. Leichteste Erschütterungen werden wahrgenommen und die Reizquelle angesteuert. Die Beute wird mit den Vorderbeinen ergriffen, mit dem Rüssel angestochen und anschließend ausgesogen; letzteres geschieht zumeist am Ufer. *Velia* jagt auch im Winter, sofern es offenes Wasser gibt. Im Winter ist Nahrungserwerb insbesondere auch auf Limnokrenen möglich. Bei Frost überwintern die Bachläufer in Verstecken am Ufer.

Im Frühjahr begatten die Männchen die Weibchen, denen sie aufsitzen. Die Last des Männchens bringt das Weibchen ebensowenig wie eine schwere Beute zum Sinken. Die Eier werden unter der Wasseroberfläche an submersen Pflanzenteilen abgelegt. Die Larven steigen sogleich aus dem Wasser und beginnen die Lebensweise der Imagines. Sie durchlaufen fünf Stadien, die von Häutungen begrenzt sind. Jährlich wird

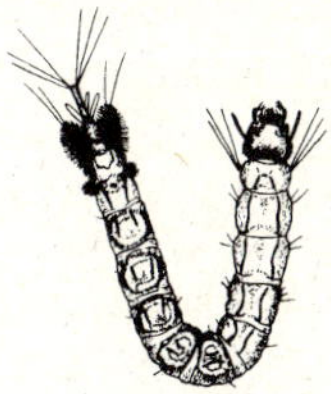

25

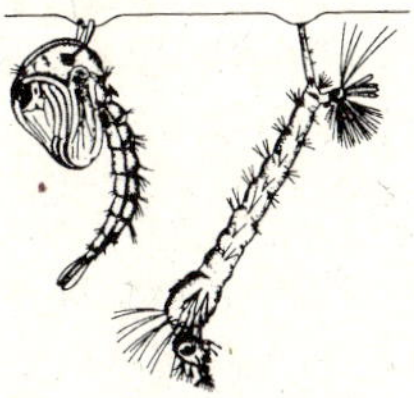

26

27

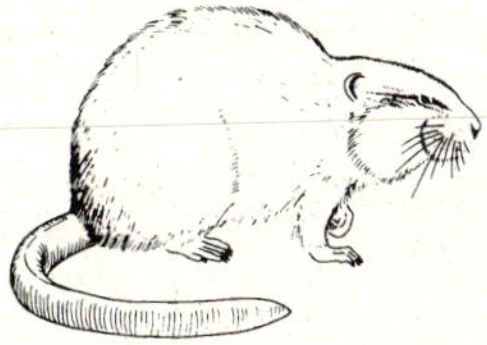

28

29

30

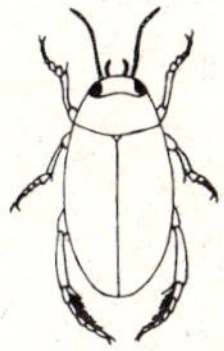

31

32

Tafel 4:

25 – *Dixa* spec., eine Tastermücke (nach Engelhardt 1962), in charakteristischer Ruhestellung.

26 – Puppe (links) und Larve (rechts) von *Culex* spec. an der Wasseroberfläche. (Aus Engelhardt 1962.)

27 – Puppe (links) und Larve (rechts) von *Anopheles* spec. an der Wasseroberfläche. (Aus Engelhardt 1962.)

28 – Bisamratte, *Ondatra zibethica*. (Aus Van den Brink 1957.)

29 – Pärchen der Stockente, *Anas platyrhynchos*. (Aus Stresemann 1957.)

30 – Wasser- oder Bachamsel, *Cinclus cinclus*. (Aus Makatsch in Stresemann 1957.)

31 – Schnellschwimmer, *Agabus*, Imago. Nach Schaeflein in Freude, Harde, Lohse 1971.)

32 – Bachläufer, *Velia caprai*, Imago. (Nach Engelhardt 1962.)

nur eine Generation erzeugt, die im Imaginalstadium überwintert. Im Sommer findet man vorjährige Imagines und diesjährige Larvenstadien nebeneinander.

Bachläufer haben sich als ehemalige Landtiere dem Laufen auf glatten Wasseroberflächen angepaßt, besonders von Bächen, deren Strömung viel Nahrung heranführt. In der Eiablage können erste Ansätze zum Leben im Wasser gesehen werden. Die Fähigkeit, am Ufer zu laufen, ging jedoch noch nicht verloren. Viel ungeschickter ist hier schon der Wasserläufer, *Gerris najas*, der kaum noch an Land geht. Ökologisch vergleichbar ist auch die Knäkente, die vorwiegend von Kleintieren an der Wasseroberfläche lebt.

Zusammenfassung: Zu den Luftatmern / Räubern gehören verschiedene Käfer, Wanzen, (*Velia, Gerris*), Reptilien (Sumpfschildkröte), einige Säuger und viele Vögel. Die meisten Arten sind bodengebunden und in Quellen (*Agabus*), Bächen (Wasseramsel) und Flüssen (Fischreiher) verbreitet. Im nur langsam fließenden freien Wasser oder auf ruhigen Wasseroberflächen kommen räuberische Luftatmer vor, z.B. *Velia* auf Bächen. Alle diese Arten sind sehr beweglich.

4.4 Überblick

Faßt man die verschiedenen ökologischen Typen zusammen, so lassen sich folgende allgemeine Aussagen treffen:

4.4.1 Ernährungstypen

Resorbierer sind Organismen, die gelöste Nährstoffe aus dem Wasser entnehmen. Es handelt sich um autotrophe Organismen aller Entwicklungsstufen von den einzelligen Algen bis zu den Blütenpflanzen; die heterotrophen Organismen sind als Bakterien und Pilze vertreten. Am Boden sind Wasser-, Wechsel- und Luftatmer reich entfaltet und von den Quellen bis zu den Flußmündungen verbreitet. Im freien Wasser leben dagegen fast nur Phytoplankter, die zudem auf langsam fließende Gewässer beschränkt sind, sowie Bakterien in allen Fließgewässern. Bei ihnen handelt es sich ausschließlich um Wasseratmer. An der Wasseroberfläche siedeln nur Bakterien sowie auto- und heterotrophe Einzeller, die auf ruhige Gewässerabschnitte beschränkt und zudem Wasseratmer sind. Als Wechselatmer leben nur wenige spezialisierte Makrophyten in ruhigen Gewässerbereichen.

Geschwebefresser sind Filtrierer, Strudler und Netzfänger, Tiere von verschiedener Entwicklungshöhe. Besonders am Boden sind die Wasseratmer reichlich und vielfältig vertreten, aber auch Wechselatmer, vorwiegend Insektenlarven, die in ihrem aquatischen Stadium fast nur im Wasser atmen. Reine Luftatmer sind nur mit wenigen speziell angepaßten Formen vertreten. Im freien Wasser sind sie auf Flüsse beschränkt, bzw. auf deren ruhige Buchten und Stauräume, wie etwa Zooplankter, besonders Kleinkrebse. Wechselatmer fehlen in dieser Gruppe. Es gibt jedoch einige Luftatmer dieses Ernährungstyps, vorwiegend Insektenlarven. An der Wasseroberfläche findet man nur wenige filtrierende Zooplankter als Wasseratmer und Insektenlarven als Luftatmer. Wechselatmer dieses Typs fehlen.

Bei **Detritusfressern** handelt es sich um Tiere aus verschiedenen systematischen Gruppen, bei den Wasseratmern besonders um Krebse und Würmer, die alle am Boden leben und zwar von der Quelle bis zur Mündung der Fließgewässer. Die Wechselatmer unter ihnen sind vorwiegend Insektenlarven, Schnecken und Wirbeltierlarven (Kaulquappen), die ebenfalls in allen Fließgewässern am Boden leben. Zu den Luftatmern könnten Ptychopteriden gehören, deren Atmung allerdings noch nicht ausreichend bekannt ist. Detritusfresser kommen nicht im freien Wasser vor. Auch an der Wasseroberfläche gibt es nur wenige detritivore Tiere, wie z.B. einige Schnecken als fakultative Wechselatmer. Diese sind zudem auf Stillwasserbereiche begrenzt.

Die Angehörigen der Gruppe der **Aufwuchsfresser** sind besonders Schnecken und Insektenlarven, erstere als Wasser-, letztere als Wechselatmer. Alle leben ausschließlich am Gewässergrund und sind in Quellen, Bächen und Flüssen verbreitet. Vielleicht könnte man auch *Stratiomys* als an Wasseroberflächen gebundenen Luftatmer hierzu rechnen.

Von lebenden Makrophyten ernähren sich sowohl Wirbellose als auch Wirbeltiere (**Pflanzenfresser**). Der Schwerpunkt liegt bei bodengebundenen Tieren und Wechselatmern, insbesondere Insektenlarven. Sie leben vorwiegend an aufragenden pflanzlichen Strukturen. Reine Wasser- und Luftatmer sind nur untergeordnet vertreten. Im freien Wasser leben hochorganisierte und in der Nahrungswahl spezialisierte Wasseratmer, wie etwa unter den Fischen die Rotfeder. Die luftatmenden Gewässer-Säuger und -Vögel sind sehr beweglich und operieren vom Wasserspiegel bis zum Boden, besonders in größeren Fließgewässern. Wirbellose leben außer in Flüssen auch in kleinen Bächen und Quellen.

Räuber gehören sehr verschiedenen systematischen Gruppen an. Zusätzlich gibt es einige autotrophe Organismen, die außer gelöster Substanz auch tierische Nahrung aufnehmen (fleischfressende Pflanzen). Am Boden kommen sowohl Wasser-, Wechsel- als auch Luftatmer vor, im freien Wasser und an dessen Oberfläche dagegen nur Wasser- und Luftatmer. Räuber sind in Fließgewässern jeder Größenordnung vertreten. Alle sind sehr beweglich.

Zu den **Schmarotzern** zählen insbesondere Würmer, Krebse und Milben. Wasseratmende Parasiten leben auf oder in Wirtstieren, Wechselatmer nur auf ihren Wirten. Die Parasiten sind substratgebunden. Beim Wirtswechsel gelangen die Parasiten manchmal auch ins freie Wasser. Reine Luftatmer kommen in dieser Gruppe nicht vor, es sei denn, man rechnet etwa die wenig bekannten Federlinge der Wasservögel hierzu, die jedoch keine Wasserberührung haben.

4.4.2 Atmungstypen

Im Atmungstypus überwiegen Organismen, die zeitlebens im Wasser atmen (**Wasseratmer**); sie sind 15mal vertreten. Es fehlen nur Detritus- und Aufwuchsfresser im freien Wasser und an der Wasseroberfläche sowie Pflanzenfresser an der Wasseroberfläche und auch Parasiten. Die Gründe für deren Fehlen liegen in der Verteilung der Nahrung, die sich auf dem Gewässergrund ansammelt.

Wechselatmer sind nur 9mal vertreten, von denen viele ausschließlich im Wasser atmen, solange sie es besiedeln, z.B. die Larven vieler Insekten. Unter den Wechselatmern am Boden kommen alle Ernährungstypen vor.

Die **Luftatmer** sind 9–11mal vertreten. Bei ihnen handelt es sich zum großen Teil um Tiere, die im Bereich der Ufervegetation leben, weiterhin um wenige dem dauerhaften Wasserleben angepaßte Geschwebe- und Pflanzenfresser. Vielleicht gehören dazu auch einige Aufwuchs- und Detritusfresser unter den Insekten. Von Bedeutung sind die beweglichen Vögel, Säuger, Reptilien und Käfer, welche räuberisch leben und von der Wasseroberfläche bis zum Grund hin operieren.

4.4.3 Siedlungstypen

Von den Siedlungstypen sind am Gewässergrund 18–20 Lebensformtypen realisiert. Die Lebensgemeinschaft am Boden wird als Benthos bezeichnet, dessen überragende Bedeutung im Fließwasserökosystem hiermit deutlich wird.

Nur 7 Lebensformtypen sind im freien Wasser der Fließgewässer vertreten. Damit erweist sich dieser Bereich als problematisch. Die meisten Besiedler des freien Wassers finden sich in den strömungsfreien Zonen der Flüsse, besonders in stillen Buchten. Hier schwimmen oder schweben sie, verlassen das Wasser nicht und sind dementsprechend vor allem Wasseratmer.

Die Wasseroberfläche ist ähnlich schwierig zu besiedeln wie das freie Wasser. Hier im Bereich der Wasseroberfläche sind 8 Lebensformtypen vertreten, die teils unter, teils auf dem Wasserspiegel leben. Es gibt unter ihnen sowohl Wasser- als auch Wechsel- und Luftatmer, bedingt durch die räumliche Nähe von Wasser und Luft.

5 Lebensgemeinschaften in Fließgewässern

Organismen der Fließgewässer sind Glieder von Lebensgemeinschaften, die Quellen, Bäche und Flüsse als Lebensräume nutzen. Die spezifische Zusammensetzung der Lebensgemeinschaften, in denen sich die Milieuansprüche der beteiligten Arten widerspiegeln, läßt Rückschlüsse auf die Lebensbedingungen in Fließgewässern insgesamt und auf solche ihrer Teilbereiche, Quellen, Bäche und Flüsse zu. Nachfolgend soll zunächst der Lebensraum Fließgewässer als Ganzes gegenüber anderen limnischen Lebensräumen abgegrenzt werden. Danach wird auf die Zonierung eingegangen und die Quellen, Bäche und Flüsse werden besprochen. Dabei sollen Struktur und Funktion der Lebensgemeinschaften von Quellen, Bächen und Flüssen zunächst an Hand von Fallbeispielen erläutert werden. Generelle Aussagen werden sich anschließen. Danach folgen jeweils Beispiele für anthropogen veränderte Fließgewässer.

5.1 Biozönotische Abgrenzung der Fließgewässer

Die Vegetation der Fließgewässer besteht aus Wasser-, Sumpf- und Uferpflanzen sowie aus Übergangsformen zwischen diesen Ökotypen. In den Exkursionsfloren von E. OBERDORFER und von R. DÜLL sind für 404 Arten (und Unterarten) der Makrophyten Standorte an deutschen Fließgewässern ausgewiesen. Damit ist rund 1/10 der deutschen Pflanzenarten in oder an Fließgewässern zu finden. Tab. 27 gibt die Verteilung der Arten auf Klassen bzw. Ordnungen an.

Fast alle diese Arten sind außer an Fließgewässern noch in anderen Biotopen vertreten. So trifft man untergetauchte Wasserpflanzen der Fließgewässer auch in Seen und kleineren stehenden Gewässern an, Sumpfpflanzen außer an Quellen, Bächen

Musci	47	Graminales	19	Sapindales	1
Hepaticae	10	Orchidales	7	Guttiferales	2
Equisetales	3	Salicales	17	Violales	2
Selaginellales	1	Fagales	3	Cucurbitales	1
Osmundales	1	Polygonales	6	Myrtales	11
Polypodiales	3	Centrospermae	18	Tubiflorae	26
Salviniales	2	Ranunculales	22	Umbelliflorae	9
Helobiae	33	Capparidales	17	Primulales	4
Pandanales	8	Sarraceniales	1	Oleales	1
Arales	3	Rosales	16	Gentianales	7
Liliales	2	Fabales	4	Dipsacales	4
Juncales	10	Geraniales	2	Campanulales	41
Cyperales	37	Rutales	3		

Tab. 27: Anzahl der Pflanzenarten in und an deutschen Fließgewässern aus den verschiedenen Klassen bzw. Ordnungen

und Flüssen auch an den Rändern von Seen, Teichen, Tümpeln oder Gräben sowie auf staunassen Flächen im terrestrischen Bereich. Uferpflanzen können am Rande von Oberflächengewässern jeglicher Art vorkommen und auch in Talauen siedeln.

Nur wenige Makrophytenarten sind auf bestimmte Fließgewässerabschnitte beschränkt und zugleich häufig und weit verbreitet: Das Gemeine Quellmoos (*Philonotis fontana*) an Quellen, das Rostgelbe Wasserschlafmoos (*Hygrohypnum ochraceum*) an und in kalkarmen Quellen und Bächen sowie der Flutende Hahnenfuß (*Ranunculus fluitans*) in Bächen und Flüssen. Eigentlich können nur sie als für Fließgewässer charakteristisch gelten. Weitere 20 bis 30 Arten findet man nur oder fast nur an Fließgewässern. Dabei handelt es sich manchmal um Unterarten oder besondere Wuchsformen sonst weiter verbreiteter Arten, wie z.B. des Gewöhnlichen Pfeilkrauts (*Sagittaria sagittifolia* var. *vallisneriifolia*), einer untergetauchten Form in langsam fließenden Gewässern. Andere Arten werden ausschließlich auf Flußufern gefunden, wobei es sich häufig um Einwanderer handelt, die sich noch in Ausbreitung befinden, wie etwa der Schwarzfrüchtige Zweizahn (*Bidens frondosa*). Wieder andere Arten sind in Deutschland nur selten und an spezielle Standortverhältnisse gebunden, wie an die Schotterbänke alpiner Fließgewässer (z.B. einige Habichtskräuter, *Hieracium*).

Auf drei in Fließgewässern artenreiche Ordnungen (vgl. Tab. 27) sei besonders hingewiesen: Viele der untergetauchten Wasserpflanzen gehören zu den Helobiae, vorwiegend die Laichkräuter (*Potamogeton*), die ausgedehnte submerse Bestände bilden können. Viele Sumpfpflanzen gehören zu den Cyperales: Riedgräser sind oft bestandbildend. Die einzelnen Arten zeigen viele Übergänge der Anpassung an nasse oder feuchte, z.T. auch wechselnasse Standorte, besonders an Oberläufen der Fließgewässer und in Quellregionen. Viele Uferpflanzen gehören den Campanulales an. Besonders zahlreich treten sie an Unterläufen auf, wo sie vorwiegend frisch / feuchten bis wechselfeuchten Standorten angepaßt sind, an denen zumindest ein gewisser Nährstoffreichtum herrscht.

Von der Makrophytenflora Deutschlands sind insgesamt fast 1000 Arten und Unterarten in mehr oder weniger limnischen Biotopen wie Fließgewässern, Seen, Sümpfen, Mooren, an kleinen stehenden Gewässern, Ufern, aber auch in Auen anzutreffen. Jedoch sind nur etwa 600 auf diese Biotope beschränkt. Zieht man auch die nur für Auen nachgewiesenen Arten ab, so verbleiben 507 limnische Arten. Den 346 auch an Fließgewässern vorkommenden Arten stehen nur 111 gegenüber, die auch in Seen auftreten. Damit erweist sich das Milieu der Fließgewässer als differenziert, jedenfalls im Vergleich zu den Seen. Besonders deutlich wird das bei den Uferpflanzen, die an Fließgewässern wesentlich artenreicher sind als an Seen. Nasse Flächen, die als sumpfartig gelten können, weisen 424 Pflanzenarten auf. Mit Sümpfen sind Fließgewässer floristisch stärker verbunden als mit den Seen. Das wird aus der Tatsache verständlich, daß Fließgewässer weitverzweigt und weiträumig eine ehemals sumpfige Landschaft durchzogen, wobei sich endlose Berührungslinien ergaben. Der Zusammenhang mit den Seen war dagegen stärker punktuell, dort wo der Durchfluß größerer Fließgewässer Berührungsbereiche lotischer und lenitischer Wasserkörper ergab, die von einer vorwiegend gemeinsamen untergetauchten Vegetation als Lebensraum genutzt wurde.

Der Mangel an Fließgewässerspezialisten, die sich eigens dem lotischen Milieu angepaßt haben, macht es zumindest im Bereich der Botanik schwierig, die Fließgewässer von anderen limnischen Lebensräumen abzuheben, mit denen sie vielmehr eng verwoben erscheinen.

Ganz anders verhält es sich mit der Fließwasser-Fauna. Sie wurde mit der „Limnofauna Europaea" (Herausg. ILLIES) in Tab. 28 für die europäischen Fließgewässer zusammengestellt. Es handelt es sich nur um die mehrzelligen Tiere. Zudem wurden Endoparasiten außer Acht gelassen.

1. Reihe		2. Reihe		3. Reihe	
Gastropoda	352 (224)	**Turbellaria**	212 (70)	**Spongillidae**	24 (0)
Acari	488 (388)	**Rotatoria**	200 (23)	**Hydrozoa**	10 (1)
Amphipoda	146 (79)	**Nematoda**	282 (25)	**Annelida***	119 (8)
Ephemeroptera	210 (187)	**Lamellibranch.**	36 (9)	**Phyliopoda**	66 (0)
Plecoptera	376 (363)	**Tardigrada**	34 (8)	**Copepoda n.par.**	10 (1)
Coleoptera	355 (241)	**Ostracoda**	70 (26)	**Decapoda**	24 (2)
Neuroptera	13 (9)	**Isopoda**	56 (11)	**Mysidacea**	12 (1)
Trichoptera	763 (498)	Odonata	68 (28)	**Cumacea**	9 (0)
Diptera	1405 (735)	Heteroptera	54 (12)	Collembola	19 (0)
Pisces	290 (148)	Amphibia	26 (5)	**Bryozoa**	2 (0)
				Reptilia	5 (0)
				Aves	132 (3)
				Mammalia	33 (0)

Tab. 28: Anzahl der T ierarten, die überhaupt in europäischen Fließgewässern vorkommen, und () solcher, die auf Fließgewässer beschränkt sind. Die 1. Reihe besteht aus Gruppen mit mehr als 50 % Fließgewässer-Spezialisten, die 2. Reihe aus solchen mit 10–50 % und die 3. Reihe mit 0–10 % auf Fließgewässer beschränkten Arten.
*außer Branchiobdellidae

Im Gegensatz zu der in Fließgewässern vertretenen Flora enthält deren Fauna eine große Zahl von Arten, die ausschließlich in Quellen, Bächen und/oder Flüssen vorkommen. Das gilt besonders für Schnecken, Wassermilben, Flohkrebse, Insekten und Fische, die zudem die meisten Arten in Fließgewässern stellen. Artenreich, jedoch mit weniger Fließgewässerspezialisten, sind ferner die Strudel- und Fadenwürmer, sowie die Gesamtheit der übrigen Krebs-Gruppen. Unter den Wirbeltieren spielen die Vögel eine große Rolle; sie sind jedoch nur geringfügig auf Fließgewässer spezialisiert.

Mit über 3200 Arten stellen die Insekten mehr als die Hälfte der Fließgewässer-Fauna, mit über 2000 Spezialisten 2/3 der an Fließgewässer besonders angepaßten Fauna. Sie prägen deshalb in sehr hohem Maße das Bild der Fließgewässer-Fauna.

Im Vergleich zu anderen limnischen Lebensräumen ist die Zahl der auf Fließgewässer spezialisierten Tierarten sehr hoch. Der Fließgewässer-Fauna folgen mit großem Abstand die Faunen der Seen und des Grundwassers, während Ästuare, Sümpfe, Moore und die hygropetrische Zone stehender und fließender Gewässer wiederum deutlich weniger Spezialisten aufweisen (Abb. 56). Aufschlußreich ist jeweils die Zahl der auf Fließgewässer und zugleich einen Nachbarbiotop spezialisierten Arten. Sie zeigt den Grad der Verbindung zu anderen limnischen Lebensräumen. Während Sümpfe und Fließgewässer relativ viele gemeinsame Arten haben, ist die Verbindung zwischen Mooren und Fließgewässern nur sehr schwach. Die hygropetrische Zone, der Spritzbereich am Rande sowohl von Fließgewässern als insbesondere auch von Seen, hat mit den Fließgewässern wiederum engere biotische Kontakte. Auch Seen und Ästuare haben viele Arten mit den Fließgewässern gemeinsam. Auffällig ist, daß die Zahl der zugleich auf Fließgewässer und Grundwasser spezialisierten Arten ein sehr deutliches Minimum aufweist.

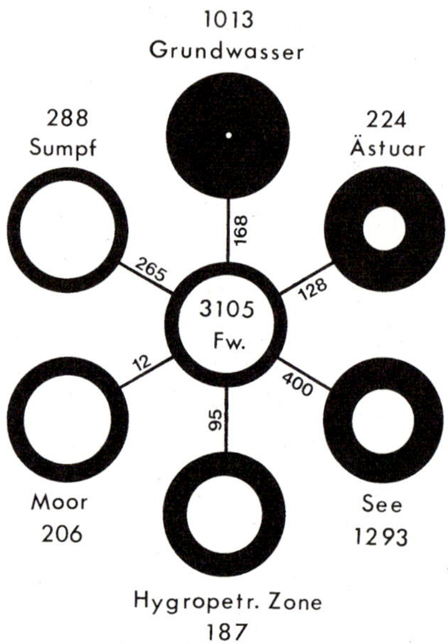

Abb. 56: Anzahl spezialisierter Tierarten verschiedener limnischer Lebensräume. Schwarz: Anteil der Wasseratmer; Fw. = Fließgewässer.

Bemerkenswert ist die Zahl der vollaquatischen, ihr ganzes Leben im Wasser atmenden Arten in den einzelnen limnischen Lebensräumen. Sie wurden jeweils aus den in Tab. 28 halbfett gedruckten Tiergruppen ermittelt, wobei anzumerken ist, daß diese Gruppen manchmal auch Arten enthalten, die gelegentlich aus der Luft atmen, also im Grunde fakultative Wechselatmer sind. Dieses ist bei Milben, Schnecken und einigen Amphipoden zu beachten. Die nachfolgend beschriebenen Verteilungen von Wasseratmern einerseits und obligatorischen Wechselatmern und reinen Luftatmern andererseits können sich also bei genauerer Betrachtung noch etwas zu Lasten der Wasseratmer verschieben.

Abb. 57 zeigt, daß sich unter den Fließgewässer-Spezialisten nur eine Minderheit (33 %) aus Wasseratmern im obigen Sinne rekrutiert, was lediglich mit den Verhältnissen in Sümpfen (34 %) übereinstimmt. Der Anteil an Wasseratmern nimmt dann über Moore (44 %), die hygropetrische Zone (54 %), Seen (71 %) und Ästuare (86 %) bis zum Grundwasser (fast 100 %) hin zu. Hieraus folgt, daß besonders zwischen den Faunen der Fließgewässer und des Grundwassers beträchtliche Unterschiede zu erwarten sind.

Über die derzeit bekannten Fließgewässer-Spezialisten hinaus, deren Artenzahl 3105 beträgt, kommen in Fließgewässern aus den in Tab. 28 aufgeführten Tiergruppen weitere 2763 Arten vor, die auch noch in anderen limnischen und terrestrischen Lebensräumen verbreitet sind. In der Fraktion der nicht auf Fließgewässer spezialisierten, jedoch dort mit vertretenen Arten ist der Anteil der Wasseratmer deutlich höher als bei den Fließgewässer-Spezialisten (Abb. 57). Gehören unter den Spezialisten $^1/_3$ der Arten zu dieser Gruppe, sind es unter den Nicht-Spezialisten $^1/_2$ des Artenbestands.

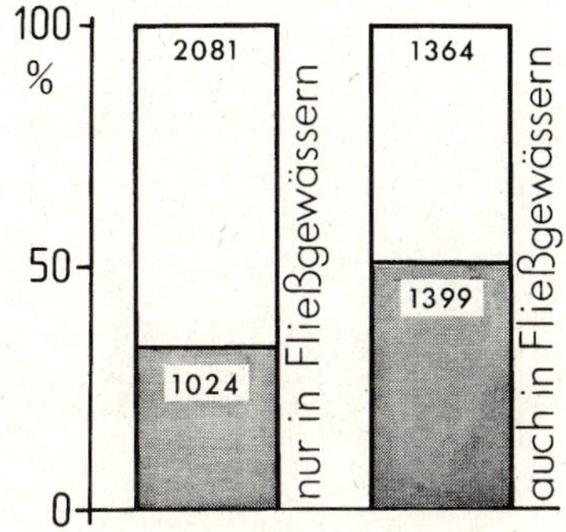

Abb. 57: Anzahl der Tierarten in Fließgewässern; links auf Fließgewässer beschränkte Arten, rechts solche, die dort auch vorkommen. Grau: Anteil Wasseratmer. Weiß: Anteil Wechsel- und Luftatmer.

Elemente der Verzahnung zwischen Fließgewässern und drei wichtigen Nachbarlebensräumen, dem Grundwasser, den Sümpfen und Seen, sind in Abb. 58 zusammengestellt. Eine sehr typische Fließgewässergruppe sind die Simuliiden, die mit 207 Arten in Europa auf die Fließgewässer beschränkt sind. Im Grundwasser, Seen und in Sümpfen gibt es dagegen keine Spezialisten aus dieser Dipteren-Gruppe. Sie erscheint durch ihre Ernährungsweise als Filtrierer strömungsgebunden. Aber auch andere Tiergruppen entwickelten Spezialisten nur oder fast nur in Fließgewässern, wie die Blephariceriden und Psychodiden als weitere Dipteren, die Dryopiden und Helodiden unter den Käfern sowie Ephemeropteren und Plecopteren, also ausschließlich Insekten, die zwar sehr verschiedene Ernährungsweisen haben, jedoch alle zumindest in einer Lebensphase auf die Luftatmung angewiesen sind.

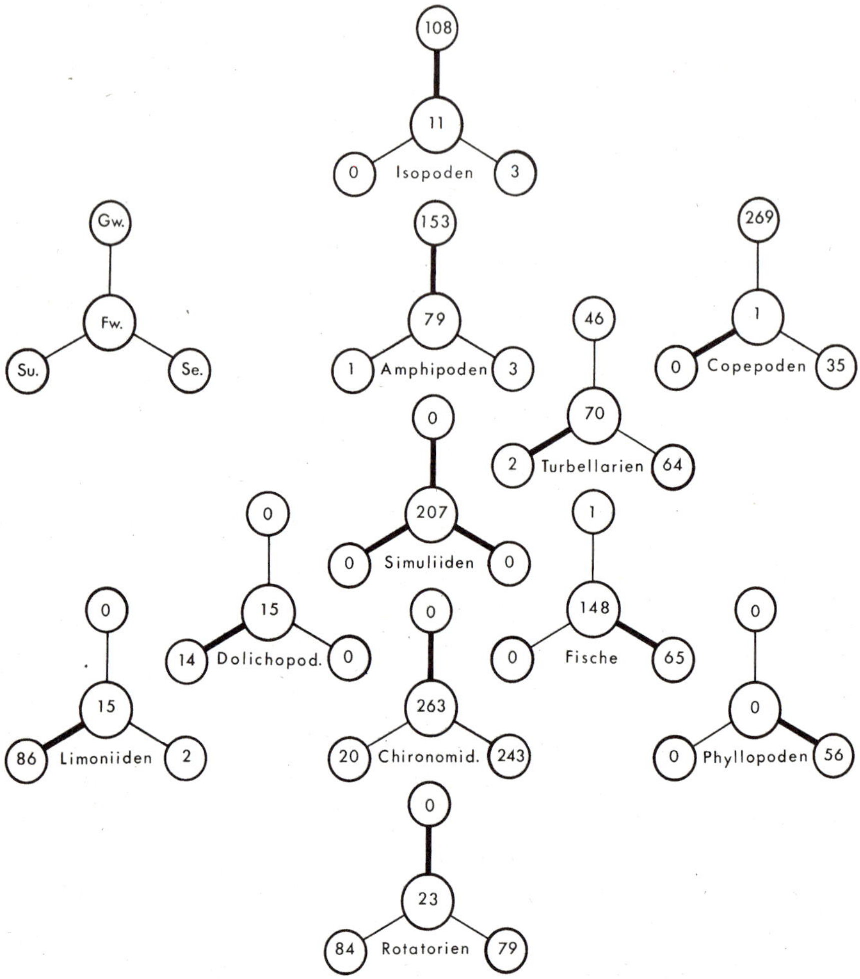

Abb. 58: Ökologisch spezialisierte Tierarten verschiedener systematischer Gruppen in Fließgewässern (Fw.), Grundwasser (Gw.), Seen (Se.) und Sümpfen (Su.). Von typischen Fließgewässer-Tiergruppen (Beispiel Simuliiden) leiten Amphipoden zu einer Grundwassergruppe (Isopoden) über, Fische zu einer Seengruppe (Phyllopoden) und Dolichopodiden zu einer Sumpfgruppe (Limoniiden). Copepoden vermitteln zwischen Gw. und Se., Rotatorien zwischen Se. und Su.

Unter den in Fließgewässern vertretenen Tiergruppen sind die Isopoden hauptsächlich auf das Grundwasser spezialisiert, nur wenige auf Fließgewässer und Seen. Bei ihnen handelt es sich um Wasseratmer, die sich vorwiegend von Detritus ernähren. Die nach Atmungs- und Ernährungstyp ähnlichen Amphipoden vermitteln stark zwischen Fließgewässer und Grundwasser, indem sie in beiden Lebensräumen Spezialisten ausbildeten; sie überwiegen im Grundwasser.

Die sich vornehmlich filtrierend ernährenden Blattfußkrebse (Phyllopoda) stellen eine ganze Reihe spezialisierter Arten in Seen, jedoch keine in Fließgewässern, Grundwasser oder Sümpfen. Sie sind Wasseratmer. Deutliche Vermittler zwischen Fließgewässern und Seen sind die Fische mit einem Schwerpunkt in den Fließgewässern. Sie sind vorwiegend Räuber und ebenfalls Wasseratmer. Ähnlich wie sie, jedoch mit sehr deutlichem Schwerpunkt in den Fließgewässern, verteilen sich drei Insektengruppen, die sämtlich Wechselatmer sind und sich teils räuberisch (Odonaten, Ceratopogoniden), teils zusätzlich als Netzfänger und Algenweider (Trichopteren) ernähren. In den Fließgewässern, den Seen und dem Grundwasser haben die vorwiegend räuberischen Turbellarien Spezialisten. MIt ihnen vergleichbar sind die wohl überwiegend parasitären Hydracarinen, die mikro- und detritiphagen Oligochaeten, die Ostracoden mit noch wenig geklärter, jedoch wohl vorwiegend detritiphager Ernährungsweise, sowie die Gastropoden als Detritivoren und Algenweider, insgesamt fast ausschließlich Wasseratmer. Zwischen Grundwasser und Seen stehen schließlich die im Wasser atmenden nicht parasitären Copepoden, die in Fließgewässern nur schwach vertreten sind.

In Sümpfen haben die Limoniiden einen Schwerpunkt. Sie sind vorwiegend Luftatmer und brachten sowohl räuberische wie phytophage Arten hervor. Als Zwischenglied zu diesem ökologischen Typus können die Dolichopodiden angesehen werden, räuberisch lebende Luftatmer mit Spezialisten sowohl in Sümpfen als auch in Fließgewässern.

Im Dreieck Sümpfe, Fließgewässer und Seen leben die Chironomiden als Wechselatmer mit vielfältigen Ernährungsweisen, wobei sie sich auf Sümpfe nur untergeordnet spezialisierten. Ähnlich verhält es sich mit den Heteropteren, räuberischen Luftatmern mit einem Schwerpunkt in Fließgewässern. Nur untergeordnet leben dort die Rotatorien, sehr kleine, planktische und sessile Wasseratmer, die sich als Strudler ernähren.

Zugleich in Grundwasser, Fließgewässer und Sümpfe hat keine Tiergruppe Spezialisten entsandt. Dagegen sind etwa die im Wasser atmenden Nematoden sowohl in Fließgewässern, Sümpfen, Seen als auch im Grundwasser mit speziell angepaßten Arten vertreten.

Insgesamt zeichnet sich die Fließgewässer-Fauna durch zahlreiche spezialisierte Arten, Familien (Simuliidae) oder sogar Ordnungen (Plecoptera) aus, die fast ausschließlich auf Fließgewässer beschränkt sind. Die deutliche Mehrzahl der Fließgewässer-Spezialisten besteht aus Arten, die zumindest zeitweilig Luft atmen, und so vermitteln zwischen Fließgewässern und Sümpfen vor allem Wechsel- oder Luftatmer, d.h. vornehmlich Insekten. Zum Grundwasser und zu den Seen hin vermitteln vorwiegend Wasseratmer-Gruppen, die ohnehin in diesen den Fließgewässern benachbarten Lebensräumen quantitativ überwiegen. Aus diesen vollaquatischen Tiergruppen rekrutiert sich zudem die Hälfte der über Fließgewässer hinaus verbreiteten Arten.

Das starke Überwiegen von Röhricht- und Sumpfpflanzen entlang den Fließgewässern einerseits und der hohe Anteil an Wechsel- und Luftatmern in der Fließgewässer-Fauna andererseits weisen die Fließgewässer als limnische Ökosysteme aus, die außerordentlich stark mit ihrer semiterrestrischen Umgebung und mit dem umgebenden Luftraum verzahnt sind.

5.2 Biozönotische Gliederung der Fließgewässer

In der Fließgewässer-Ökologie werden drei Gewässerbereiche unterschieden, die als **Krenal** (Quellen), **Rhithral** (Bäche und kleine Flüsse) sowie **Potamal** (Flüsse und Ströme) bezeichnet werden. Die zugehörigen Lebensgemeinschaften bezeichnet man als **Krenon**, **Rhithron** und **Potamon**. Wir möchten für das Rhithral nur das Wort Bach verwenden (und damit kleine Flüsse als starke Bäche betrachten), zumal in Wirklichkeit bei vielen Milieufaktoren Gradienten vorliegen, die scharfe Abgrenzungen innerhalb der Fließgewässer erschweren. Für das Potamal wird hier das Wort Fluß verwendet, etwa in der Bedeutung des englischen „river", was Ströme mit einschließt.

Die charakteristische Pflanzenwelt der Fließgewässer umfaßt in Deutschland insgesamt 375 Arten. Die jeweiligen Pflanzenartenzahlen, getrennt nach Gefäßpflanzen und Moosen, ergeben sich aus Abb. 59. Auffällig ist ein Gefäßpflanzenminimum an Bächen, wogegen die Anzahl der Moosarten gerade dort am höchsten ist.

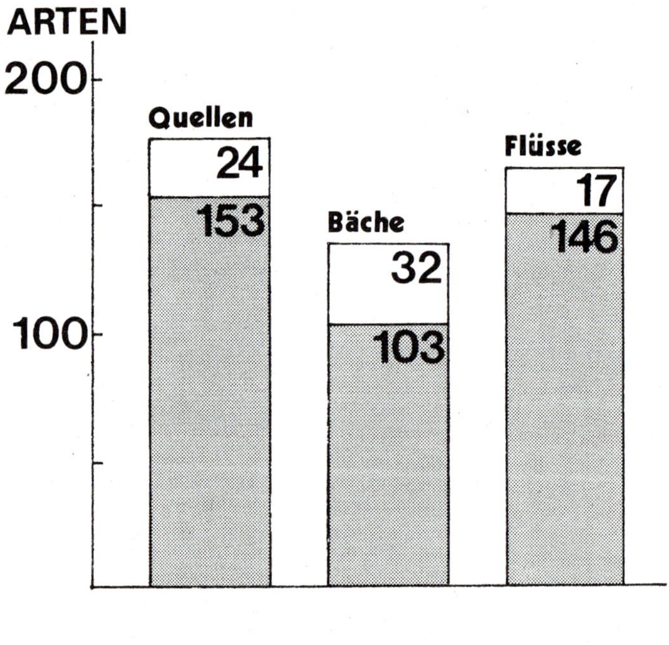

Abb. 59: Anzahl der Gefäßpflanzen- (grau) und Moosarten (weiß) der Quellen, Bäche und Flüsse in Deutschland (nach einer Auswertung der Exkursionsflora von OBERDORFER 1983).

Nach ihren spezifischen Standortansprüchen und Zeigereigenschaften (unter Freilandbedingungen, in Anlehnung an ELLENBERG et al. 1992) lassen sich hier im einzelnen unterscheiden: Nach der Feuchtezahl (Abb. 60) Wasserpflanzen, amphibische Pflanzen (Feuchtgebiets- und Uferpflanzen) und Landpflanzen, nach der Lichtzahl (Abb. 61) Schatten-, Halbschatten- und Lichtpflanzen sowie nach der Temperaturzahl (Abb. 62) Kühle-, Milde- und Wärmepflanzen.

Aufgrund ihrer besonderen Feuchteverhältnisse zeichnen sich die Quellen durch amphibische Feuchtgebietspflanzen, die Bäche vor allem durch amphibische Uferpflanzen und die Flüsse besonders durch Pflanzen des freien Wasserkörpers aus.

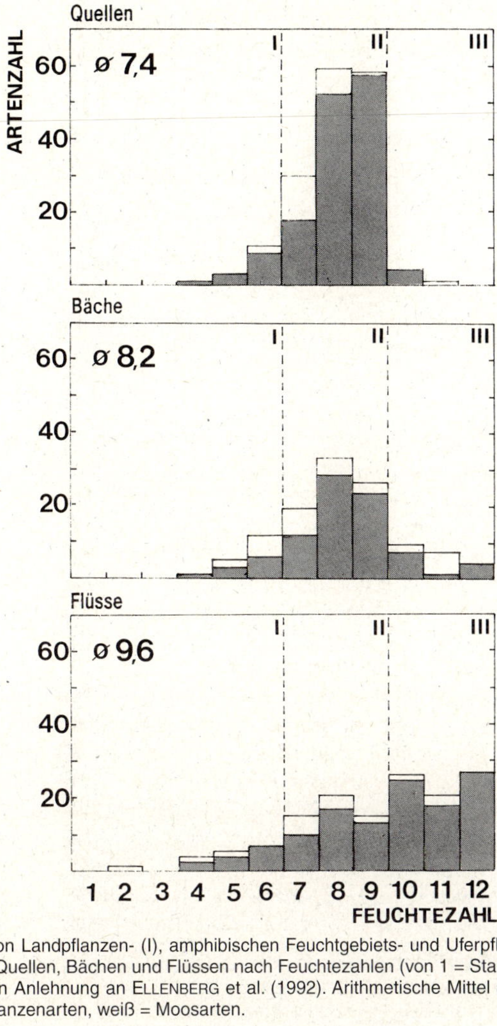

Abb. 60: Verteilung von Landpflanzen- (I), amphibischen Feuchtgebiets- und Uferpflanzen- (II) und Wasserpflanzenarten (III) an Quellen, Bächen und Flüssen nach Feuchtezahlen (von 1 = Starktrockniszeiger bis 12 = Unterwasserpflanze) in Anlehnung an ELLENBERG et al. (1992). Arithmetische Mittel aller Werte jeweils oben links. Grau = Gefäßpflanzenarten, weiß = Moosarten.

Wegen der herrschenden Lichtverhältnisse finden sich in und an Quellen neben zahlreichen Licht- bis Vollichtpflanzen, hier vor allem Pflanzen offener Sümpfe, eine Reihe von Schatten- und Halbschattenpflanzen. In und an Bächen kommen neben vielen Licht- und Halblichtpflanzen, meist Pflanzen verlichteter Uferwälder, ebenfalls viele Schatten- und Halbschattenpflanzen, darunter viele Moose, vor, während in und an Flüssen Schattenpflanzen weitestgehend fehlen und Licht- bis Halblichtpflanzen, im wesentlichen submerse Pflanzen des lichtärmeren freien Wasserkörpers, eindeutig vorherrschen.

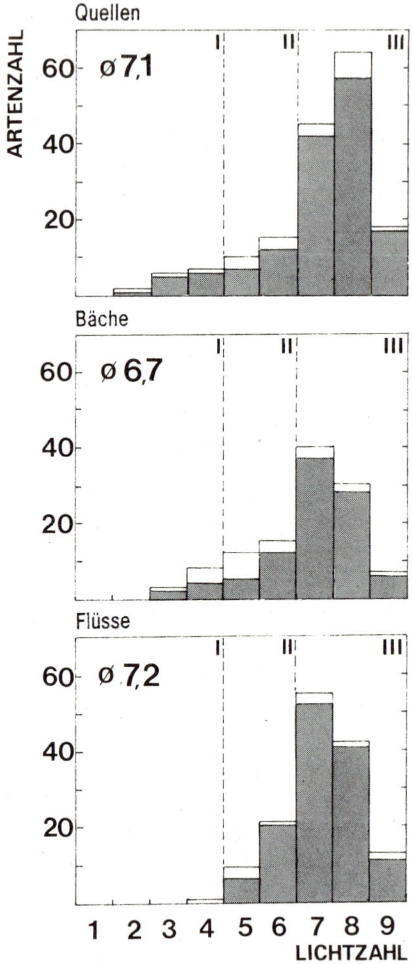

Abb. 61: Verteilung von Schatten- (I), Halbschatten- (II) und Lichtpflanzenarten (III) an Quellen, Bächen und Flüssen nach deren Lichtzahlen (von 1 = Tiefschattenpflanze bis 9 = Vollichtpflanze) in Anlehnung an ELLENBERG et al. (1992). Weitere Erläuterungen s. Abb. 60.

Aufgrund der spezifischen Temperaturverhältnisse kommen an den Quellen fast ausschließlich Kühle- und Mildepflanzen vor, während Wärmepflanzen hier noch weitgehend fehlen. An den Bächen und noch mehr an den Flüssen nehmen die Mildepflanzen und auch die Wärmepflanzen deutlich zu. Die Moose gehören fast ausschließlich zu den Kühlepflanzen.

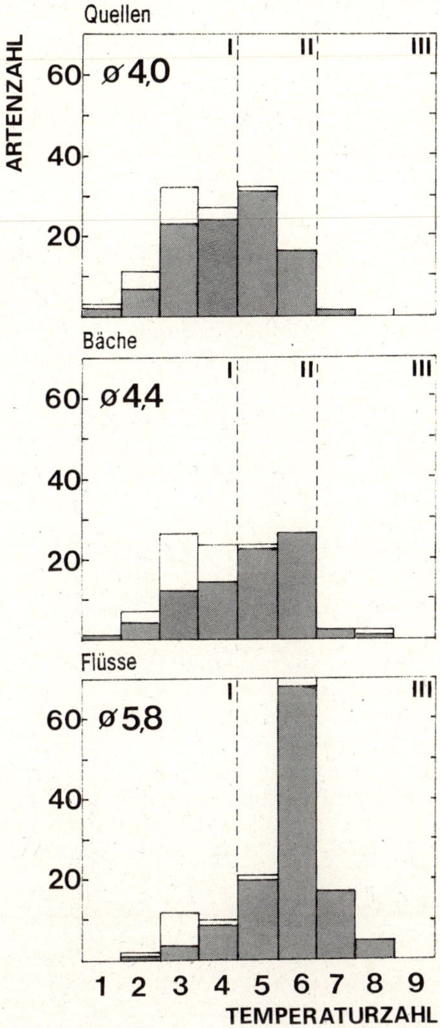

Abb. 62: Verteilung von Kühle- (I), Milde- (II) und Wärmepflanzenarten (III) an Quellen, Bächen und Flüssen nach Temperaturzahlen (von 1 = Kältezeiger bis 9 = extremer Wärmezeiger) in Anlehnung an ELLENBERG et al. (1992). Weitere Erläuterungen s. Abb. 60.

Einige pflanzensoziologische Vegetationseinheiten zeigen eine engere Affinität zu Fließgewässern, wie etwa die Quellfluren (Montio-Cardaminetea), die Fließgewässerröhrichte (Glycerio-Sparganion) sowie die Schwimmblatt- und Laichkrautgesellschaften (Potametea, früher Potamogetonetea), auf die später näher eingegangen werden soll. Für Abb. 63 wurden alle Pflanzenarten zusammengestellt, die (nach OBERDORFER) in diesen Vegetationseinheiten beobachtet wurden. Ihre Zahl wurde jeweils gleich 100 % gesetzt. Für Quellen, Bäche und Flüsse wurde dann die Anzahl der in diesen Gesellschaften vertretenen Arten ermittelt und in % der Gesamtzahl ausgedrückt. Arten, die im Cardamino-Montion vorkommen können, sind deutlich mit Quellen korreliert, jedoch auch noch zur Hälfte mit Bächen und geringfügig mit Flüssen. Bachröhrichte des Sparganio-Glycerion haben einen deutlichen Schwerpunkt an Bächen, sind jedoch auch an Quellen und Flüssen, wenn auch in geringer Zahl, vertreten. Wasserpflanzen-Gesellschaften des Potametalia enthalten in Flüssen eine beträchtliche Anzahl von Arten, die jedoch weniger in Bächen und kaum in Quellen vorkommen. Danach lösen sich die Sumpf- und Wasserpflanzen entlang dem Lauf der Fließgewässer ab.

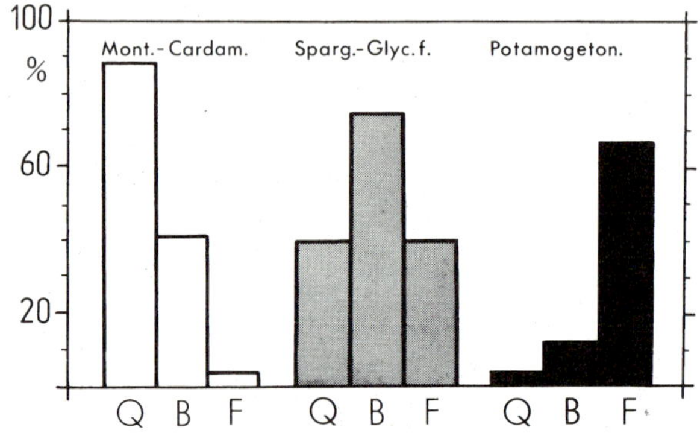

Abb. 63: Verbreitung von Bitterschaumkrautfluren, Bachröhrichten und Unterwasser-Laichkraut-Gesellschaften.

Zur Algenflora sei hier kurz angemerkt, daß man in Quellen und insbesondere Bächen nur bodengebundene Formen (Aufwuchs) findet, während Phytoplankton erst in Flüssen aufkommt.

Wie zur Abgrenzung der Fließgewässer von anderen limnischen Lebensräumen kann die Verbreitung der Tierarten auch zur Charakterisierung der verschiedenen Fließgewässerzonen benutzt werden. Abb. 64 ermöglicht einen quantitativen Vergleich der jeweils auf Quellen, Bäche und Flüsse spezialisierten Arten in Relation zur Anzahl der überhaupt auf Fließgewässer beschränkten Arten. Von den über 3100 Fließgewässertierarten sind gut die Hälfte Bachtiere. Die bereits erwähnte Vielfalt der Fließgewässer-Spezialisten wird also maßgebend durch die Bachfauna verursacht. Die große Anzahl tierischer Bachspezialisten spricht für eine hohe Diversität der ökologischen Nischen in Bächen.

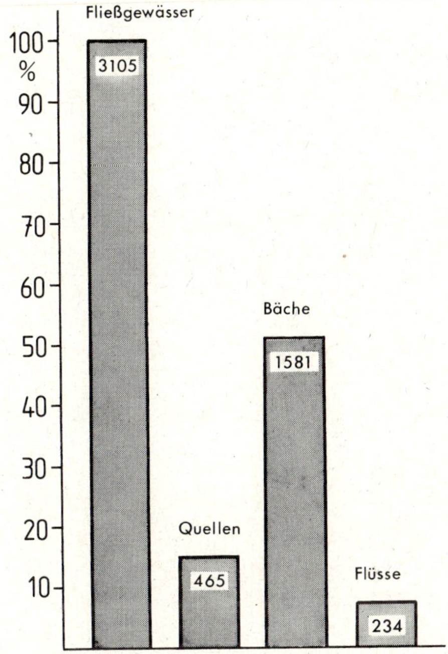

Abb. 64: Anzahl spezialisierter Tierarten in europäischen Fließgewässern insgesamt bzw. in Quellen, Bächen und Flüssen.

Nur 15 % der Fließgewässer-Spezialisten sind Quell-Spezialisten, eine gegenüber den Bachtieren stark reduzierte Zahl, die auf etwas weniger differenzierte Lebensbedingungen in den Quellen hindeutet (s.S. 56, 59, 79, 97). Im Vergleich zu den Flüssen sind Quellen jedoch noch differenziert; denn hier deutet die geringe Anzahl spezialisierter Flußtiere, die nur 8 % der Fließgewässer-Spezialisten ausmachen, auf recht homogene Milieuverhältnisse hin. Insgesamt sind fast $^3/_4$ der auf Fließgewässer spezialisierten Arten entweder nur an Quellen, nur an Bäche oder nur an Flüsse angepaßt. Die übrigen kommen überwiegend in zwei Bereichen, d.h. in Quellen und Bächen, in Bächen und Flüssen oder in Quellen und Flüssen vor. Der Rest ist über

Quellen, Bäche und Flüsse verbreitet. Mit Hilfe von Abb. 65 soll nun eine nähere Analyse der verschiedenen Bereiche der Fließgewässer, diesmal im Verlauf vom Grundwasser über Quellen, Bäche und Flüsse bis in die Ästuare erfolgen. Besonders die Übergangszonen sollen betrachtet werden und dort die Tierarten, die auf jeweils zwei einander benachbarte Fließgewässerzonen spezialisiert sind.

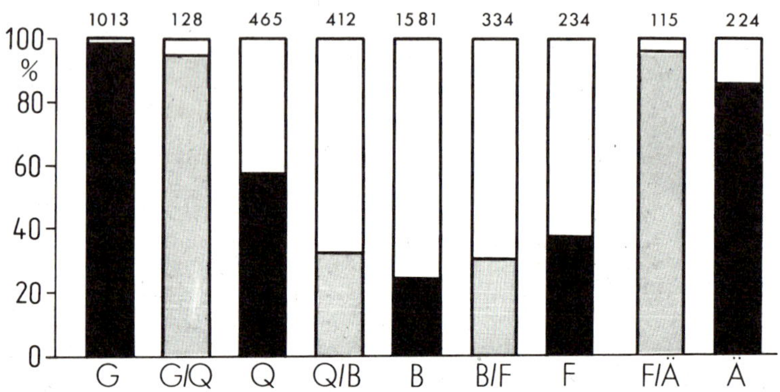

Abb. 65: Anzahl spezialisierter Tierarten im Grundwasser (G), Grundwasser und Quellen (G/Q), Quellen (Q) usw. über Bäche (B), Flüsse (F) bis in Ästuare (Ä). Schwarz und grau: Anteil Wasseratmer.

Zwischen 1013 reinen Grundwasser-Arten und 465 reinen Quell-Arten liegt ein scharfes Minimum von 128 Arten, die gleichzeitig in Grundwasser und Quellen, jedoch sonst nirgends vorkommen. Weit unschärfer sind die Übergänge zwischen Quellen und Bächen oder Bächen und Flüssen ausgeprägt. Die Zahl der nur in Ästuaren lebenden Arten ist ähnlich niedrig wie in Flüssen. Zwischen beiden Bereichen liegt wiederum ein Minimum der auf diese beiden Gewässertypen zugleich eingestellten Arten. Damit erscheint die Fließgewässer-Fauna gegenüber dem Grundwasser und den Ästuaren deutlich abgegrenzt, wogegen die Grenzen zwischen Quellen, Bächen und Flüssen fließender sind.

Einen sehr charakteristischen Verlauf nimmt die Kurve der relativen Häufigkeit vollaquatischer Tierarten in den Faunen der einzelnen Gewässerabschnitte. In den angrenzenden Lebensräumen des Grundwassers und der Ästuare liegt der Anteil an Wasseratmern sehr hoch. Gleiches gilt für die Grenzbereiche Grundwasser / Quellen und Flüsse / Ästuare, deren Fauna fast nur aus Wasseratmern besteht. Es ist aufschlußreich, sich gerade die den Grenzbereichen angepaßten Formen näher anzusehen. Im Grenzbereich Grundwasser / Quellen handelt es sich weit überwiegend um Isopoden und Schnecken, ausnahmslos kleine Tiere, die in enge Lücken subterraner Wasserkörper eindringen können oder aus ihnen in Quellen eintreten. Es handelt sich dabei einerseits um Wasseratmer und andererseits vorwiegend um Detritusfresser. Es ist gewissermaßen ein Wasserweg, der Quellen und Grundwasser verbindet. Tieren, die auch nur zeitweilig auf Luftatmung angewiesen sind, bleibt er verschlossen. In den Ästuaren und Flüssen gleichzeitig vertretene Tierarten sind überwiegend Fische und sonst fast nur Krebse, insbesondere Amphipoden. Auch hier handelt es sich um Wasseratmer, die sich vorwiegend carnivor oder auch omnivor ernähren. Viele von ihnen wandern.

Gleichzeitig in Quellen und Bächen kommen schon überwiegend Wechsel- und Luftatmer vor; insbesondere Insekten sind auf diesen Bereich spezialisiert. Wichtige Gruppen sind die z.T. detritivoren Trichopteren, aber auch die filtrierenden Simuliiden und manche räuberisch lebenden Käfer (Hydradephagen). Im Übergangsbereich von den Quellen zu den Bächen gewinnt der Ufer- und Luftraum schon sehr stark an Bedeutung. Ähnliches kann für den Übergangsbereich von Bächen und Flüssen gesagt werden, auf den ebenfalls vorwiegend Insekten spezialisiert sind, so Ephemeropteren, Trichopteren, Plecopteren und Simuliiden, welche sich insgesamt detritivor, filtrierend oder auch räuberisch ernähren. Charakteristisch sind hier die Dryopiden, Luftatmer mit „physikalischer Kieme", die den Algenaufwuchs der Steine in breiten, noch untiefen und deshalb gut belichteten Bächen und kleinen Flüssen abweiden. Die Wasseratmer dieser Übergangszone rekrutieren sich fast nur aus Fischen, zumeist carnivoren Tieren, für die gerade hier das Spezialisten-Maximum für alle limnischen Lebensräume liegt.

Rechnet man alle Tierarten zusammen, die jeweils auch in europäischen Quellen, Bächen oder Flüssen anzutreffen sind, so ergeben sich für die Quellen 1468 Arten, von denen 50,3 % den Wasseratmern zuzurechnen sind, für die Bäche 3451 Arten, wovon 27,8 % Wasseratmer sind, und schließlich 1526 für Flüsse, darunter 45,0 % Wasseratmer.

In Abb. 66 sind je drei Beispiele von Tier- und Pflanzengruppen zusammengestellt, die eine jeweils charakteristische Verteilung über die Fließgewässerbereiche zeigen.

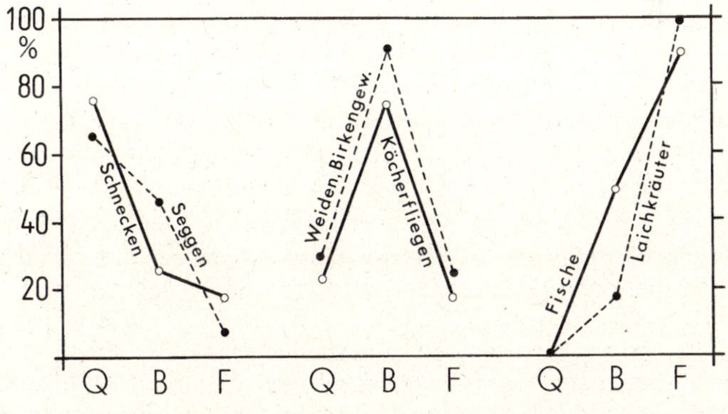

Abb. 66: Anteil der Arten verschiedener systematischer Pflanzen- und Tiergruppen in Quellen (Q), Bächen (B) und Flüssen (F). 100 % = Anzahl der Arten dieser Gruppen in Fließgewässern überhaupt.

Seggen und Schnecken finden in Quellen ein Artenmaximum: Ihre Artenzahl nimmt zu den Flüssen hin kontinuierlich ab. Ähnlich verhält es sich mit Moosen oder mit Crustaceen, die hier ebenfalls als Beispiel hätten dienen können. Ein sehr deutliches Maximum in Bächen zeigen viele Insektengruppen, wofür hier die Trichopteren angeführt werden. Während die Makrophyten insgesamt an Bächen ein Artenminimum aufweisen (s. Abb. 59), verhält es sich mit den Holzgewächsen allein umgekehrt: Sowohl Weiden als auch Birkengewächse (die Erlen!) haben an Bächen ein sehr deutliches Maximum. Laichkräuter und Fische sind dagegen Beispiele für Organismen mit Schwerpunkten in Flüssen, deren Bedeutung in Richtung auf die Quellen ständig abnimmt.

Aus diesen Beispielen läßt sich ersehen, daß sich Organismen-Gruppen oder auch Arten durchaus zur Charakterisierung von Fließgewässerzonen eignen. Bekannt sind die Fischzonen in Bächen (obere und untere Forellenregion; Äschenregion) und Flüssen (Barbenregion, Brassenregion, Kaulbarsch-Flunderregion). Andere Tiergruppen, wie z.B. Gammariden (Taf. 1, 7), lassen sich ähnlich verwenden.

Nach dem Auftreten von Pflanzen und Tieren in Fließgewässern unterscheiden sich Quellen, Bäche und Flüsse in vielem nur graduell, was Abgrenzungen erschwert oder sogar sinnwidrig erscheinen läßt. Andererseits bekommt man den Eindruck, die Bäche bildeten gewissermaßen den Kern des Fließgewässers, insbesondere durch ihre maximale Verzahnung mit der terrestrischen Umgebung, und von ihnen aus verliefen Gradienten in Richtung auf Quellen und Flüsse.

5.3 Lebensgemeinschaften der Quellen

5.3.1 Fallbeispiele

Zunächst seien einige Quellen vorgestellt, die genauer untersucht sind und hier als Beispiele dienen können. Die „Hermelinquelle" des Breitenbachs im Schlitzerland (Abb. 67) tritt mit einer Wasserführung von im Mittel etwa 4 l/sec. aus einem Hang, in dem Mittlerer Buntsandstein ansteht. Das Wasser strömt seitlich und von unten her in einen sehr flachen, aber ausgedehnten Quelltopf, aus dem es rasch abläuft. Danach wäre die Quelle als Rheokrene mit Zügen einer Limnokrene anzusprechen. Immerhin besteht ein permanenter, etwa 10 cm tiefer Wasserkörper, der größtenteils in einer Richtung durchströmt wird. Die „Hermelinquelle" zeichnet sich durch einen hohen Sauerstoffgehalt aus, d.h. die O_2-Defizite sind relativ gering und liegen zwischen 10 und 20 %. Der Calciumhydrogencarbonatgehalt ist niedrig (SBV 0,30 mval/l), so daß diese Quelle den in Buntsandsteinlandschaften gemeinen kalkarmen Quellen zugerechnet werden kann. Der pH-Wert liegt bei 6.

Der Hang um die Quelle ist vorwiegend mit Hainbuchen (*Carpinus betulus*) bestanden. Entsprechend liegt die Quelle, abgesehen von sommerlichen Morgenstunden, im Schatten, und zwischen dem Buntsandsteinschutt am Gewässergrund liegt Hainbuchenlaub. Der Hang in unmittelbarer Quellnähe sowie die Stammbasis quellnaher Bäume sind mit Gemeinem Quellmoos (*Philonotis fontana*) vollständig überwachsen.

Abb. 67: Fließquelle mit ausgeprägter Quellnische (Breitenbachquelle in Osthessen), eingefaßt von jungen Hainbuchen (*Carpinus betulus*) (Foto: J. BREHM).

Erst im Quellablauf treten Wasserpflanzen auf, u.a. *Epilobium obscurum, Glyceria fluitans* und die Rotalge *Batrachospermum*. Dort stehen auch Röhrichtpflanzen (z.B. *Phalaris arundinacea*) und auf dem Ufer darüber der Waldschachtelhalm (*Equisetum sylvaticum*). Im Bereich dieses Ablaufs wurde 1973 die „Emergenz" untersucht (s.S. 220), wodurch die Insektenfauna der Breitenbachquelle gut bekannt ist. Die Insektenfauna umfaßt: 16 Trichopteren-Arten (Tab. 29), unter denen *Agapetus fuscipes* weit überwog, 7 Plecopteren-Arten, überwiegend vertreten durch *Protonemura auberti*, 2 Ephemeropteren-Arten, von denen *Baetis vernus* die größere Rolle spielte, 3 Coleopteren-Arten (z.B. *Helodes minuta*), 24 Limoniiden-Arten (z.B. *Limnophila nemoralis*), 6 Psychodiden-Arten (z.B. *Satchelliella mutua* und *Ulomya fuliginosa*), 1 Dixiden-Art (*Dixa submaculata),* 1 Simuliiden-Art (*Eusimulium costatum*), 34 Chironomiden-Arten, von denen etwa die Hälfte häufig auftrat, und schließlich 5 Ceratopogoniden-Arten, unter denen *Palpomya serripes* überwog, sowie 1 Thaumaleiden-Art (*Thaumalea testacea*). Insgesamt wurden also 72 Dipteren- bzw. 100 Insektenarten in der Breitenbachquelle gefunden. Die übrige Fauna ist nicht vollständig untersucht, enthält jedoch folgende Tierarten und -gruppen: 3 Amphipoden, und zwar vorwiegend *Gammarus fossarum* und untergeordnet *G. pulex* (etwa 4/1) sowie den Brunnenkrebs *Niphargus schellenbergi*. Häufig war ein Copepode, *Eucylops serrulatus*. Sehr häufig waren 2 kleine Schnecken, darunter *Bythinella dunkeri*, dagegen kamen Kleinmuscheln (*Pisidium*) nur spärlich vor. In großer Zahl kam der Strudelwurm (*Polycelis felina*) vor. Schließlich wurde auch eine Larve des Feuersalamanders gefunden.

Wenn die hier angegebenen Arten auch nur einen Teil der Flora und Fauna repräsentieren, so zeigen sie doch Eigenschaften des abiotischen Milieus der „Hermelinquelle" an. So findet man das Gemeine Quellmoos in kalkarmen Quellnischen an schattigen Orten. Dagegen kommt der Flutschwaden *Glyceria* gern an flach überfluteten, hellen Stellen vor, sofern die Reaktion des Wassers neutral bis mäßig sauer ist und das Wasser wenig Hydrogencarbonat enthält. Gemeines Quellmoos wächst im Schatten des Quellhangs, *Glyceria* im belichteten Ablauf der „Hermelinquelle".

Betrachtet man die Fauna dieser Quelle, so besteht sie überwiegend aus detritivoren und kleinen Tieren. Das gilt für die meisten Insektenlarven, die Schnecken und die Krebse. Carnivor sind die Ceratopogoniden, einige Trichopteren, die Strudelwürmer (*Polycelis*) und die Larve des Feuersalamanders. Strudler und Filtrierer sind sehr schwach vertreten (*Dixa, Eusimulium, Pisidium*), sowohl nach Arten- als auch der Individuenzahl. Zudem besteht die Lebensgemeinschaft aus typischen Quelltieren (*Bythinella*), aus Tieren, deren Verbreitungsschwerpunkt im Grundwasser liegt (*Niphargus*), die besonders in Bächen vorkommen (*Gammarus fossarum*) oder die nur eine Lebensphase in verschiedenartigen Gewässern verbringen, sonst aber terrestrisch sind (viele Insekten und der Feuersalamander).

Zum Vergleich sei nun eine weitere Schlitzerländer Quelle genauer besprochen, die Kalkbachquelle, die dem Rohrwiesenbach (S. 209) zufließt. Sie besteht aus zwei kleinen Rheokrenen unter Buchen an einem Hang und einem Quellsumpf unterhalb davon.

Die mittlere Wasserführung des gesamten Quellsumpfes einschließlich seiner kleinen Rheokrenen beträgt 0,38 l/sec., also nur etwa $^{1}/_{10}$ der Schüttung der „Hermelin-

		Biotop	Kbq	Kbs	Bbq
1	*Rhyacophila fasciata* HAG.	Qb/B	–	–	2.0
2	*Agapetus fuscipes* CURT.	Qb	14.3	417.5	2194
3	*Wormaldia occipitalis* MCL.	Qb	5.7	47.5	0.7
4	*Plectrocnemia conspersa* CURT.	Qb	35.7	61.3	11.3
5	*Tinodes rostocki* MCL.	B	1.4	10	3.3
6	*Apatania fimbriata* PICT.	Qb	–	–	111.3
7	*Drusus annulatus* STEPH.	Qb	1.4	–	6
8	*Potamophylax cingulatus* (STEPH.)	Qb	–	1.3	2.6
9	*Parachiona picicornis* PICT.	Q	–	3.8	3.3
10	*Potamophylax nigricornis* PICT.	Qb	4.3	5	13.3
11	*Micropterna lateralis* STEPH.	Qb	1.4	1.3	16.6
12	*Micropterna sequax* MCL.	Qb	–	–	6
13	*Chaetopteryx major* MCL.	Q	2.8	–	–
14	*Chaetopteryx villosa* FBR.	Qb/B	–	–	184.7
15	*Lithax obscurus* HAG.	Qb	–	3.8	–
16	*Silo pallipes* FBR.	B	–	1.3	–
17	*Crunoecia irrorata* CURT.	Q	162.9	137.5	2
18	*Adicella filicornis* PICT.	Qb	–	–	4.6
19	*Sericostoma pedemontanum* MCL.	Qb	–	11.3	26.7
20	*Beraea maurus* CURT.	Q	161.4	56.3	–
21	*Beraea pullata* CURT.	Q	8.5	6.3	–
22	*Ernodes articularis* PICT.	Q	11.4	26.3	–

Tab. 29: Trichopteren-Emergenz (Ind./m^2) in Schlitzerländer Quellen: Kbq = Kalkbach-Rheokrene, Kbs = Kalkbach-Quellsumpf, Bbq = „Hermelinquelle". Q = Quellen, Qb = Quellbäche, B = Bäche. (Nach GÜMBEL 1976.)

quelle". Wie die Hermelinquelle kommt auch die Kalkbachquelle aus dem Mittleren Buntsandstein, dem jedoch tertiäre Süßwassersedimente und andere Gesteine aufgelagert sind, allerdings höher am Hang und oberhalb der Quellaustritte. Die Kalkbachquelle (eine Rheokrene am Hang) hat ein Sauerstoffdefizit von etwa 50 %, unterhalb des Quellsumpfes jedoch nur noch von 5 %, da das im Quellsumpf stark ausgebreitete Wasser sich begierig mit Luftsauerstoff anreichert. Insgesamt besteht also im Quellgebiet ein sehr deutlicher O_2-Gradient. Außerdem ist der Quellkomplex kalkreich, das SBV des Quellwassers beträt etwa 7,0 mval/l. Der pH-Wert liegt zunächst um 7 und steigt dann auf 8, zumal CO_2 freigesetzt wird (s.S. 85). Unterhalb der Quelle kommt es entsprechend zur Aussinterung von Kalk.

Aus der Vegetation im Bereich der Kalkbachquelle sind als Laubmoos *Acrocladium acer* und als Lebermoos *Pellia fabbroniana* zu nennen; letzteres kann als kalkliebend gelten. Im seichten Wasserlauf steht Geflügelte Braunwurz, *Scrophularia umbrosa*, die vorzugsweise kalkhaltige Schlammböden besiedelt. Das sowohl an kalkreichen als auch an kalkarmen Quellen verbreitete Bittere Schaumkraut, *Cardamine amara* ist vertreten, ebenfalls, aber nur sporadisch, das Wald-Schaumkraut *C. flexuosa*, das sonst nur kalkarme Quellen besiedelt. Die mehr oder weniger kalkliebende Vegetation widerspricht zunächst den geologischen Verhältnissen (anstehender kalkarmer Buntsandstein im Quellbereich!). Erklärbar wird sie erst bei Betrachtung entfernter Bereiche des Einzugsgebiets der Kalkbachquelle, in dem möglicherweise Muschelkalk ansteht.

Gut untersucht sind unter den Tieren der Kalkbachquelle die Insekten. Tab. 29 führt 17 Trichopteren-Arten auf, unter denen, besonders im Bereich des Quellsumpfes, *Agapetus fuscipes* deutlich dominierte, gefolgt von *Crunoecia irrorata*, die sowohl im Sumpf als unter den Rheokrenen häufig war, ebenso wie *Beraea maurus*. Es gibt 9 Plecopteren (*Leuctra pseudosignifera* und *Nemoura marginata* waren noch die häufigsten). Die Ephemeropteren sind mit 4 Arten vertreten, und zwar fast ausschließlich im Quellsumpf. Es leben hier 27 Limoniiden-Arten (z.B. *Dicranota subtilis* vorwiegend in den Rheokrenen), 18 Psychodiden (besonders *Satchelliella mutua*), 4 Ptychopteriden, die alle selten vorkamen, 1 Dixide (*Dixa maculata*), 4 Simuliiden (u.a. *Eusimulium costatum*). Von den 33 Chironimiden waren *Metriocnemus gracei* und *Coryroneura lobata* die häufigsten Arten, von den Ceratopogoniden dominierte *Culicoides spec.* stark und schließlich kommen 2 Thaumaleiden vor.

Die übrige Fauna der Kalkbachquelle ist noch nicht systematisch untersucht. An Turbellarien kommen *Crenobia alpina* und auch *Castrada morchella*, ein Mikroturbellar, vor, während von den Amphipoden lediglich *Gammarus fossarum* vertreten ist, allerdings nur im O_2-reicheren Quellsumpf und bachabwärts. Von den Coleopteren sind hier die gleichen 3 Arten wie am Breitenbach an der Hermelinquelle zu finden, allerdings etwas häufiger. Schnecken dürften zumindest selten sein. Überhaupt gibt es nur wenige reine Wasseratmer, und Grundwassertiere sind aus der Kalkbachquelle noch nicht bekannt geworden.

Das trophische Gefüge der Lebensgemeinschaft in der Kalkbachquelle gleicht demjenigen in der „Hermelinquelle". Weit überwiegend handelt es sich um detritivore Arten sowie um einige carnivore, die den übrigen nachstellen. Eine Analyse des allgemeinen Vorkommens der einzelnen Arten zeigt in einigen Gruppen, daß in der Kalkbachquelle zumindest unter den Trichopteren (Tab. 29) und den Psychodiden ausgesprochene Quellspezialisten überwiegen, während in der „Hermelinquelle" solche hinzukommen, die bis in Quellabläufe und sogar bis in die Bäche vordringen. Ähnliches gilt übrigens offenbar auch für Grundwassertiere, die aus dem entgegengesetzten Nachbarbiotop bis in Quellen vorstoßen. Solche findet man in der „Hermelinquelle", nicht aber in der Kalkbachquelle. Besonders starke Rheokrenen scheinen also „nach beiden Seiten offen" zu sein, während sich in Helokrenen Grundwasser- und Fließgewässerfauna schärfer voneinander getrennt halten.

Die Vielfalt der Quellen ist schon auf kleinem Raum beträchtlich. Hier sei auf die klassischen Quelluntersuchungen von THIENEMANN auf der Insel Rügen hingewiesen, der die Eigenständigkeit der drei besonders verbreiteten Quelltypen der Rheo-, Limno- und Helokrenen herausgestellt hat. Dort gab es auch einige Schwefelquellen.

	Zahl der Arten		
	in den kalten Quellen Rügens	in den Schwefelquellen Rügens	in den Schwefelquellen in Massenentwicklung
Crustacea: Amphipoda	1	0	–
Isopoda	1	1	–
Ostracoda	17	6	1
Copepoda	16	5	1
Hydracarina	23	0	–
Insecta: Trichoptera	7	0	–
Coleoptera (aquatische)	ca. 22	0	–
Diptera (excl. Chironomidae), aquatische	ca. 6	1	1
Chironomidae	mehr als 30	1	1
Mollusca	4	0	–
Im ganzen	mehr als 127	14[1]	4

Tab. 30: Faunenelemente Rügener Quellen. [1]Dazu kommen noch *Planaria (Crenobia) alpina* und *Tubifex tubifex*; also im ganzen 16 Arten. (Aus THIENEMANN 1926.)

Tab. 30 zeigt das Vorkommen und die Artenvielfalt einiger Tiergruppen in Rügener Quellen (kalte Quellen = Quellen mit einer regionalen ø-Temperatur, d.h. ohne besondere subterrane Erwärmung) im Vergleich zu Schwefelquellen gleicher Temperatur. Die Zahl der Arten betrug in Schwefelquellen nur etwa 10 % derjenigen in anderen Quellen, wobei allerdings 4 Arten eine Massenentfaltung erreichten, darunter übrigens der Copepode *Eucyclops serrulatus*.

5.3.2 Allgemeines

Quellen sind räumlich sehr begrenzte Lebensstätten, in denen Grundwasser ins Freie tritt und Fließgewässer ihren Anfang nehmen. Sie verteilen sich punktartig in der

Landschaft. Vergleicht man Quellen untereinander, so bieten sie sich in großer Vielfalt dar, was seinen Niederschlag nicht zuletzt in den unterschiedlichen Lebensgemeinschaften findet, die sie besiedeln. Die einzelnen Quellen sind dagegen relativ konstant im Milieu.

Nach der Art und Weise, wie das Grundwasser ans Tageslicht tritt, können Tümpelquellen **(Limnokrenen)**, Fließquellen **(Rheokrenen)**, Sumpf- bzw. Sickerquellen **(Helokrenen)** sowie Schieß- und Fallquellen unterschieden werden, die ihren Bewohnern sehr verschiedene Lebensbedingungen bieten. Weitere Vielfalt entsteht durch den Chemismus, den besonders die geologischen Verhältnisse im Einzugsgebiet der Quelle bestimmen. Wegen ihrer beträchtlich verschiedenen Besiedlung werden grundsätzlich kalkreiche und kalkarme Quellen unterschieden. Ferner kann ein anderer chemischer Faktor dominieren, z.B. Schwefelwasserstoff in Schwefelquellen, oder auch ein physikalischer wie eine erhöhte Temperatur in Thermalquellen. Zwischen diesen verschiedenen Typen gibt es alle Übergänge, auf die Untersucher im Einzelfall stoßen werden.

Nachfolgend soll nunmehr die Flora (deutscher) und die Fauna (europäischer) Quellen besprochen werden. Entsprechend ihrer Stellung an der Basis des trophischen Systems der Lebensgemeinschaft sollen die Pflanzen (Primärproduzenten) zuerst behandelt werden. Das wird nachfolgend auch bei Bächen und Flüssen so gehandhabt.

Alle Pflanzenarten, für die in der Exkursionsflora von OBERDORFER ausdrücklich auch Standorte an Quellen genannt sind, sind in Tab. 31 nach Gattungen zusammengefaßt. In gleicher Weise wurde mit Bächen und Flüssen verfahren. Die Tabelle enthält keine Moose, die jedoch an Quellen bedeutsam sind und deshalb z.T. wenigstens im Text erwähnt werden sollen. Aber auch hinsichtlich der Gefäßpflanzen kann Tab. 31 nicht als vollständig angesehen werden, da die ihr zugrunde liegenden Angaben OBERDORFERS nicht speziell im Hinblick auf Fließgewässer gemacht wurden.

In den Quellen kommen nur wenige Wasserpflanzenarten vor. Einen Lebensraum finden sie nur in Limnokrenen. Zumeist sind die Quellpflanzen in der Lage, submers oder mehr oder weniger emers zu leben. So findet man in Quelltöpfen etwa *Epilobium obscurum* besonders im Winterhalbjahr als untergetauchte, grüne Sprosse, weiterhin den Flutschwaden, der auch in kräftigen Rheokrenen vorkommt, oder die Bachbunge, *Veronica beccabunga*, die sich aus dem Wasser erhebt.

Umso größer ist die Bedeutung der Sumpfpflanzen, die in den Quellen, besonders den Helokrenen, ständig nasse Standorte vorfinden. Artenreich sind hier insbesondere die Seggen (*Carex*), die allgemein in Sümpfen, z.T. aber auch in Mooren und auch angrenzenden trockenen Standorten vorkommen. Die an Quellen häufigen sogenannten Kleinseggenrieder gehen allerdings auch auf Bewirtschaftungsmaßnahmen des Menschen zurück, der diese Standorte etwa durch Abmähen offenhält. Unter natürlichen Bedingungen setzt sich zumeist Schilf (*Phragmites*) durch, das Quellsümpfe stark beherrschen und floristisch verarmen lassen kann, sowie verschiedene Bäume. Ebenfalls artenreich sind in Quellsümpfen Binsen (*Juncus*), die sich an Fließgewässern am ehesten an Quellen finden.

Gattung	Q	B	F	Gattung	Q	B	F
Equisetum	2	–	1	*Tofieldia*	2	–	–
Selaginella	1	–	–	*Iris*	–	1	–
Osmunda	1	–	–	*Juncus*	8	1	–
Matteuccia	1	1	1	*Eriophorum*	2	–	–
Thelypteris	1	–	–	*Trichophorum*	1	–	–
Dryopteris	1	–	–	*Schoenoplectus*	–	–	1
Azolla	–	–	1	*Scirpus*	1	–	–
Potamogeton	–	3	17	*Blysmus*	1	–	–
Zannichellia	–	–	3	*Eleocharis*	1	–	1
Najas	–	–	2	*Schoenus*	1	–	–
Triglochin	1	–	–	*Cladium*	1	–	–
Alisma	–	–	4	*Kobresia*	1	–	–
Sagittaria	–	–	2	*Carex*	17	11	2
Butomus	–	–	2	*Festuca*	1	1	2
Elodea	–	–	1	*Glyceria*	2	2	2
Typha	–	–	5	*Scolochloa*	–	–	1
Sparganium	–	1	3	*Puccinellia*	1	–	–
Acorus	–	–	1	*Poa*	–	–	4
Lemna	–	–	1	*Catabrosa*	1	–	–
Wolffia	–	–	1	*Phragmites*	1	–	1
Deschampsia	2	–	–	*Hypericum*	2	1	–
Agrostis	1	–	–	*Myricaria*	–	–	1
Phalaris	1	1	–	*Viola*	1	–	–
Leersia	–	1	–	*Echinocystis*	–	–	1
Gymnadenia	1	–	–	*Epilobium*	8	5	–
Dactylorhiza	4	–	–	*Myriophyllum*	–	–	1
Malaxis	1	–	–	*Hippuris*	–	–	1
Liparis	1	–	–	*Chaerophyllum*	1	1	1
Salix	5	15	4	*Apium*	–	1	1
Alnus	1	3	1	*Sium*	–	1	1
Rumex	1	1	1	*Oenanthe*	–	–	2
Polygonum	2	1	–	*Selinum*	1	–	–
Atriplex	–	–	1	*Primula*	1	–	–
Montia	3	3	–	*Lysimachia*	2	–	1
Silene	–	–	1	*Fraxinus*	–	1	1
Heliosperma	1	–	–	*Menyanthes*	1	–	–
Gypsophila	–	–	1	*Nymphoides*	–	–	1
Saponaria	–	–	1	*Swertia*	1	–	–
Stellaria	1	1	–	*Lomatogonium*	–	1	–
Cerastium	1	1	–	*Gentiana*	3	–	–
Sagina	2	–	–	*Cuscuta*	–	–	2
Spergularia	–	–	1	*Myosotis*	1	1	–
Nymphaea	–	–	2	*Callitriche*	–	1	6
Nuphar	–	–	1	*Scutellaria*	–	–	1
Ceratophyllum	–	–	2	*Stachys*	1	–	–
Caltha	1	1	–	*Scrophularia*	–	2	3
Trollius	1	–	–	*Mimulus*	1	1	1
Aconitum	1	3	–	*Veronica*	2	3	–
Ranunculus	3	2	10	*Pedicularis*	2	–	–

Gattung	Q	B	F	Gattung	Q	B	F
Erucastrum	–	–	1	*Pinguicula*	3	–	–
Biscutella	1	–	–	*Utricularia*	–	–	2
Cochlearia	1	–	–	*Viburnum*	–	1	–
Cardamine	2	1	1	*Valeriana*	1	2	2
Barbarea	–	2	2	*Campanula*	–	–	1
Arabis	1	1	–	*Wahlenbergia*	1	–	–
Nasturtium	2	2	–	*Aster*	1	–	2
Rorippa	–	–	4	*Erigeron*	–	1	–
Erysimum	–	–	1	*Silphium*	–	–	1
Sisymbrium	–	–	1	*Ambrosia*	–	–	1
Drosera	1	–	–	*Xanthium*	–	–	2
Sedum	1	–	–	*Rudbeckia*	–	–	1
Saxifraga	2	3	–	*Helianthus*	–	–	1
Chrysosplenium	1	1	–	*Bidens*	–	–	1
Parnassia	1	–	–	*Artemisia*	–	–	1
Aruncus	–	1	–	*Achillea*	–	1	–
Geum	1	–	–	*Petasites*	–	1	2
Alchemilla	5	1	–	*Senecio*	3	3	1
Filipendula	1	1	–	*Carduus*	–	1	–
Trifolium	1	–	–	*Cirsium*	2	2	–
Lotus	1	–	–	*Calycocorsus*	1	1	–
Tetragonolobus	1	–	–	*Taraxacum*	1	1	–
Vicia	–	–	1	*Sonchus*	–	–	1
Linum	1	–	–	*Crepis*	2	1	–
Polygala	3	–	–	*Hieracium*	1	–	3
Impatiens	1	1	–				

Tab. 31: Gattungen von Gefäßpflanzen, die (nach OBERDORFER 1979) auch an Quellen (Q), Bächen (B) und Flüssen (F) vorkommen, sowie die Zahl der dort vertretenen Arten.

Waldquellen haben im größten Teil Deutschlands als ursprünglich und naturnah zu gelten. Die überragenden Bäume und Büsche sind Weidenarten (*Salix*), aber auch Schwarzerlen (*Alnus glutinosa*); sie dunkeln den Quellbereich im Sommer ab und bedecken im Herbst die Quellen mit Laub. Fallaub ist in Quellen deshalb auch eine wichtige Nahrungsbasis für die dort ansässige Fauna, und dort, wo Bäume entfernt wurden, muß ihre Aufgabe von krautigen Pflanzen übernommen werden. In den relativ dunklen Waldquellen spielen Moose eine wichtige Rolle, besonders in Schluchtquellen von Gebirgslandschaften. Charakteristisch für saure Quellen ist das Gemeine Quellmoos, *Philonotis fontana*, oder auch das Bachkegelmoos, Brachythecium rivulare, dagegen werden kalkreiche Quellen von Arten des Starknervmooses, *Cratoneurum*, besiedelt.

Alle an Quellen vorkommenden Pflanzenarten sind mehr oder weniger feuchtigkeitsliebend. Die Vielfalt der Arten geht nicht nur auf unterschiedliche Quellformen zurück, sondern auch auf deren unterschiedlichen Chemismus sowie die Vielfalt der Böden, aus denen sie hervortreten. Hinzu kommt die (anthropogen verstärkte) Verschiedenheit im Lichtangebot.

Pflanzensoziologisch werden die Quellfluren zunächst in Silikat-Quellfluren (Cardamino-Montion) und Kalk-Quelltuff-Gesellschaften (Cratoneurion commutati) eingeteilt. Kalkarme Gesellschaften sind die des Bitteren Schaumkrauts (*Cardamine amara*) oder des Quellmooses (*Philonotis fontana*), die jeweils diese Gesellschaften charakterisieren, oder auch die Waldschaumkrautflur (Charakterart *Saxifraga stellaris*). Unter den Kalk-Quelltuff-Gesellschaften werden u.a. die des Echten Löffelkrauts (*Cochlearia pyrenaica*) und der Gänsekresse (*Arabis jacquini*) unterschieden. Wegen der Zusammensetzung dieser Gesellschaften muß auf die pflanzensoziologische Literatur verwiesen werden (z.B. WILMANNS 1993). Hier sei jedoch gesagt, daß man typische, d.h. vollständige Gesellschaften selten finden wird, wenn man Quellen aufsucht, womit sich besonders für den Limnologen empfielt, den Zeigerwert der jeweils vorhandenen Pflanzenarten zur Charakerisierung der Quellen mit heranzuziehen. Hierzu Näheres in Kap. 5.4 über Bäche.

Pflanzen liefern nicht nur Nahrung für die Quellfauna, vielmehr tragen sie auch zur Strukturierung des Lebensraums Quelle bei. Am deutlichsten wird das in Helokrenen, in denen die aquatischen Bereiche ausnahmslos kleinräumig sind. Entsprechend sind sie auch strömungsarm und neigen zur Anhäufung feiner Partikel am Gewässergrund, der damit oft schlammig wird. Rheokrenen sind dagegen von Pflanzen nur schwach besiedelt, besonders wenn sie stark schütten. Hier findet sich am Boden entsprechend gröberes Substrat, auf dem sich, je nach Licht- oder Nährstoffbedingungen, schon ein für Bäche typischer Algenaufwuchs einstellen kann. Quelltöpfe (Limnokrenen) sind im Winterhalbjahr offen, besitzen also einen freien Wasserkörper, der allerdings bei starker Belichtung verkrautet, wodurch die relative Weiträumigkeit wieder aufgehoben wird. Quelltiere sind entsprechend durchweg klein; als größte können etwa die Larven des Feuersalamanders gelten. Für größere Formen ist in aller Regel kein Platz vorhanden.

Die Zusammensetzung der europäischen Quellfauna geht aus Tab. 33 hervor. Es sind Arten, für die in der „Limnofauna Europaea“ ausdrücklich auch oder nur Quellen als Biotope angeführt sind. Bei der Besprechung der einzelnen Faunenelemente wird von deren Stellung in der trophischen Hierarchie ausgegeangen, d.h. zunächst auf die Primärkonsumenten eingegangen, danach auf Sekundär- und weitere Folgekonsumenten. Zudem werden Ausblicke auf faunistische Verhältnisse in Nachbarlebensräumen, auf Siedlungsweisen sowie auf die Artenmuster in verschiedenen Quelltypen gegeben. Es muß noch vorausgeschickt werden, daß die diesbezüglichen Kenntnisse geringer als über Flüsse und insbesondere über Bäche sind. Ähnliches gilt übrigens für die Limnologie des Grundwassers.

Eine große Rolle spielen in Quellen detritivore Tierarten. Gleiches gilt für das Grundwasser. Zu ihnen sind viele Schnecken zu rechnen, kleine Formen, die besonders in Südeuropa artenreich sind, in vielen anderen europäischen Quellen aber zumindest individuenreich. Das gilt besonders für Limno- und Rheokrenen. Darin leben sie in kleinen Spalten und Lücken des Bodensubstrats, in denen sich organische Reste ansammeln, und gleiten über die rauhen Oberflächen in Quellen liegender Steine, in deren Unebenheiten sich Detritus ablagert. Auch findet man sie auf Fallaub, das von Pilzen und Bakterien besiedelt ist, und die sie abweiden. Mehr als die Hälfte der in Quellen vorkommenden Gastropoden sind auf diesen Lebensraum beschränkt.

Ähnliche Nahrungsansprüche wie die meisten Gastropoden haben einige Turbellarien und wohl auch Oligochaeten, wobei insbesondere die letztere Gruppe bisher in Quellen noch kaum untersucht wurde und in Tab. 33 sicherlich unterrepräsentiert ist. Sowohl Turbellarien als auch Oligochaeten profitieren von den sehr verschiedenen Substraten, die sich in Quellen finden: Feiner Schlamm, besonders in und an Helokrenen, organische Feinpartikel in Lückensystem von Moosbewuchs sowie Sande zwischen Steinen in Rheokrenen und zwischen Sumpfpflanzen an deren Rändern. In Limnokrenen liegt stellenweise organischer Detritus am Boden der Quelltöpfe. Hier finden sich dann Turbellarien und Oligochaeten ein.

Ostracoden, Muschelkrebse, sind in Quellen recht artenreich, doch ist ihre Ernährung noch kaum untersucht. Detritus wird dabei jedoch von Bedeutung sein. Das gilt sicherlich für die zahlreichen Asseln, Isopoden, von denen 54 Arten aus Quellen bekannt sind, jedoch nur 8 auf Quellen spezialisiert sein sollen. Auch Amphipoden sind in Quellen mit vielen Arten vertreten, jedoch kaum mit Spezialisten, und auch sie sind vornehmlich detritivor. Insgesamt spielen demnach in Quellen detritivore Krebse eine bedeutsame Rolle.

Auch unter Larven der Insekten ernähren sich viele von organischen Resten. Allgemein sind Eintagsfliegen dabei kaum vertreten. Sie werden erst in Bächen artenreich. Unter ihnen ist keine Art auf Quellen spezialisiert. Letzteres gilt auch für Plecopteren, von denen kleine detritivore Arten jedoch bis in Quellen vorstoßen. Wichtig sind dagegen die Dipteren, von denen die Psychodiden in Quellen mit 77 Arten vertreten sind, und davon sind 40 Arten auf Quellen beschränkt. Sie leben vorwiegend von Feindetritus und scheinen ausschließlich Luftatmer zu sein. Damit sind sie auf seichtes Wasser angewiesen, welches nicht gefriert. Das gilt auch für die Ptychopteriden, die weitgehend auf Quellen beschränkt sind. Und schließlich findet man zahlreiche Detritivore unter den auch in Quellen artenreichen Zuckmückenlarven (Chironomiden), von denen 30 auf Quellen beschränkt sein sollen.

Bakterien und schwebende Feinpartikel können in Quellen angesichts der relativ geringen Arten- und zumal Individuenzahl von filtrierenden und strudelnden Tieren keine große Bedeutung haben. Auf Quellen spezialisiert sind nur eine Reihe von Simuliiden sowie einige Rotatorien. Sie leben vorwiegend in Quellabläufen, in denen organische Kleinstpartikel, gemeinsam mit deren Bakterienaufwuchs, zu driften beginnen. Diese Arten, die als kaltstenotherm zu bezeichnen sind, nutzen hier die gleichbleibenden, relativ niedrigen Temperaturen. Filtrierende Arten sind ferner die meisten Cladoceren (Wasserflöhe), von denen 3 auch in Quellen vorkommen, ohne allerdings auf sie spezialisiert zu sein. Cladoceren findet man gelegentlich in Limnokrenen. Wie alle bisher genannten Tierarten sind auch sie bodengebunden (benthisch) oder sitzen auf Pflanzenteilen der Quellvegetation.

Den Algenaufwuchs von Steinen und untergetauchten Pflanzenteilen in Quellen nehmen verschiedene Algenweider und andere Tiere auf, die sonst vor allem Detritus fressen. Hierher gehören wiederum Schnecken, aber auch einige Insektenlarven, so Trichopteren, Pytchopteriden, Chironomiden und Stratiomyiden. Letztere atmen ständig Luft von der Wasseroberfläche, an der sie hängen, und weiden Algen von Pflanzen und Kahmhäutchen vom Wasserspiegel ab, die sich zwischen Pflanzen und verwesender organischer Substanz an strömungsfreien Stellen bilden können. Kahmhäutchen bestehen vorwiegend aus Bakterien (s.S. 150). Der Pflanzenreichtum vieler Quellen ermöglicht die Ernährung phytophager Tiere. Hierzu gehören unter anderem einige Isopoden. Ansonsten handelt es sich um Insekten, besonders um Käfer (Dryopiden, Helodiden und Curculioniden), die jedoch fast alle zugleich auch in Bächen vorkommen. Phytophag sind ferner manche Limoniiden in Quellsümpfen, sowie auch Chironomidenarten.

Die bisher besprochenen Tiere sind Primärkonsumenten, die nun ihrerseits den carnivoren Sekundär- und weiteren Folgekonsumenten, räuberischen Tieren, die Lebensgrundlage liefern. Bei ihnen handelt es sich vorwiegend um Strudelwürmer, Insekten, und einige Wirbeltiere, bis auf letztere also auch um kleine Tiere.

Carnivore gehören zu den Turbellarien, besonders die Planarien, die rasch über allerlei Substrate und durch enge Spalten gleiten und nach Tieren der Lückensysteme jagen. In kalkreicheren Quellen ist *Crenobia alpina*, in kalkarmen besonders *Polycelis felina* zu nennen, aber auch aus Bächen dringen Strudelwürmer bis in Quellen vor, so etwa *Dugesia gonocephala*. Zur Lebensweise der Planarien siehe S. 157. Manche von ihnen kommen gleichzeitig im Grundwasser und in Quellen vor.

Hirudineen (Egel) sind auch in Quellen vertreten, jedoch nicht auf sie spezialisiert. Sie leben vornehmlich in Bächen. Aus Quellen sind 42 Wassermilben-Arten (s.S. 168 f) bekannt, die nur hier leben, teils parasitär an Insekten, teils räuberisch. Auch sie sind im Grundwasser stark vertreten, doch sollen hiervon nur 4 Arten sowohl in Quellen als auch im Grundwasser leben.

Viele Carnivore der Quellen gehören den Insekten an. Einige Libellenlarven stoßen bis in Quellen vor, wo sie am Boden der Limnokrenen jagen. Auf der Wasseroberfläche von Limnokrenen findet man Wasserwanzen (s.S. 177 ff), die insbesondere ins Wasser gefallene Insekten-Imagines erbeuten. Auch Käfer jagen im freien Wasser von Limnokrenen, besonders Hydradephagen. In Limno- und Rheokrenen leben räuberische Köcherfliegenlarven, von denen einige auf Quellen und deren Abläufe spezialisiert sind. Auch unter den Dipteren kommen carnivore Formen vor, so unter den Limoniiden, Chironomiden und vor allem den Ceratopogoniden. Wichtige carnivore Gruppen sind die luftatmenden Empididen und Dolichopodiden, von denen fünf bzw. zehn Arten auf Quellen spezialisiert sind. Besonders für letztere stellen die kleinräumigen und deshalb auch luftnahen Wasserkörper der Quellen ganzjährig einen günstigen Lebensraum dar.

Die größten carnivoren Tiere in Quellen sind Amphibien. Hier leben besonders Molche und ihre Larven, die allerdings nicht auf Quellen spezialisiert sind. Viele von ihnen nutzen die Quellen ohnehin nur zum Laichen oder wie der Feuersalamander zum Absetzen von Jungen.

Schließlich sei noch vermerkt, daß auch Säuger, wie etwa die Wasserspitzmaus, Quellen aufsuchen, um dort zu jagen. Insbesondere in strengen Wintern kommen Vögel, wie etwa die Amsel, an Quellsümpfen, wo sie nicht nur trinken, sondern zugleich auch auf Nahrungssuche gehen.

5.3.3 Anthropogene Veränderungen

Heute gehören die Quellen zu den gefährdeten Biotopen. Schon früher wurden sie häufig als Brunnen gefaßt. Ihr Wasser lief jedoch weiterhin in den natürlichen Gerinnen ab, ohne der Landschaft verloren zu gehen und die Lebensräume von Quelltieren und -pflanzen zu zerstören.

Später wurde das Wasser vieler gefaßter Quellen unmittelbar mit Rohren zur Trinkwassergewinnung abgeleitet, so daß die ursprünglichen aquatischen Lebensräume vollständig zerstört wurden.

Gegenwärtig wird zur **Trinkwassergewinnung** verstärkt Grundwasser mittels Tiefbrunnen entnommen, so daß die Quellen versiegen und ganz wegfallen.

Die erwähnten Grundwasserabsenkungen können ihrerseits unter besonderen Bedingungen zu **Versauerungen** an der Landschaftsoberfläche führen, wenn beispielsweise anmoorige Böden vorübergehend trockenfallen und Luftsauerstoff hinzutreten kann. Dann werden, wie etwa im Burgdorfer Holz (Kr. Hannover) in der Seebeck-Aue, Eisensulfide oxidiert (s.S. 108). Bei nachfolgend einsetzendem Regen werden die dabei freigesetzten Stoffe, wie zweiwertiges Eisen, Sulfat und Schwefelsäure, ausgeschwemmt, die dann in Vorfluter oder auch in Teiche gelangen und diese noch mitversauern können.

Eine andere anthropogene Veränderung des Chemismus ist in der künstlichen **Versalzung** von Quellen zu sehen, die in den letzten Jahrzehnten vor allem im Werra-Gebiet festgestellt wurde. Ursache ist die Versenkung von Ablaugen der Kalisalzgewinnung in aufnahmefähige Schichten des tieferen Untergrundes. In Seitenquellen des Breitzbachs bei Bad Hersfeld in Osthessen wurde die Versalzung während eines Zeitraums von dreißig Jahren verfolgt. Aufschlußreich ist der kontinuierliche Anstieg insbesondere des Natriums und des Chlorids in der genannten Zeit (Abb. 68). Ein etwa 1 ha großes Gelände um die versalzten Quellen herum trägt jetzt eine Halophytenvegetation mit Gemeinem Salzschwaden (*Puccinellia distans*) und vielen anderen salzzeigenden Pflanzen. In den inzwischen hochsalzigen Quellabläufen selbst fehlen Tiere gänzlich, während im weniger salzigen unteren Breitzbach wenigstens noch einige salztolerante Arten, wie die Dipteren *Nemotelus* spec., *Halocladius varians, Chironomus* aus der *halophilus*-Gruppe oder in Massen die Schnecke *Potamopyrgus jenkinsi* vorkommen.

Auch durch **Nitratanreicherungen** können Quellen und Brunnen verändert werden, besonders in landwirtschaftlich intensiv genutzten Fluren (Abb. 69). Als Beispiel dient hier eine Trinkwassergewinnungsanlage des Dorfes Reuters, die auf einer kleinen Basaltkuppe über dem Lauterbacher Graben am nordöstlichen Rand des Vogelsberges liegt. Im Jahre 1960 wurde hier das kleinparzellierte, gemeindeeigene Gelände in der Umgebung des Brunnens an wenige größere landwirtschaftliche Betriebe verpachtet, die nun in großen Mengen Mineraldünger einsetzten. Acht bis zehn Jahre später stieg die Nitratkonzentration im 65 m tiefen Brunnen stark an. Seit etwa 1972/74 wurde stattdessen zunehmend Gülle ausgebracht, so daß die Nitratkonzentration im Brunnen, wiederum nach acht bis zehn Jahren, erneut anstieg. Derzeit liegen die Nitratwerte nahe der für Trinkwasser festgelegten Höchstgrenze von 50 mg/l. An der Oberfläche zeigt sich die Überdüngung des Einzugsgebietes am massenhaften Auftreten des Wiesen-Löwenzahns (*Taraxacum officinale*-Gruppe). Um die Nitratkonzentration wieder abzusenken und damit die Trinkwasserversorgung zu retten, wurde ab Herbst 1994 eine Änderung der landwirtschaftlichen Nutzung im Einzugsbereich des Brunnens beschlossen. An die Stelle von Äckern und intensivem Grünland soll nunmehr extensives Grünland treten, das nur noch wenig gedüngt wird.

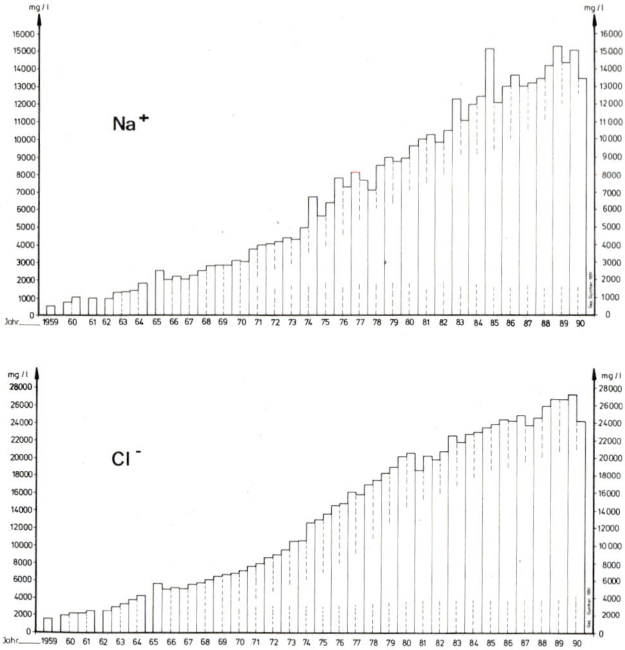

Abb. 68: Natrium- und Chlorid-Ionengehalte in Breitzbach-Seitenquellen von 1959 bis 1990. (Aus VOLLRATH & BETTINGER 1991).

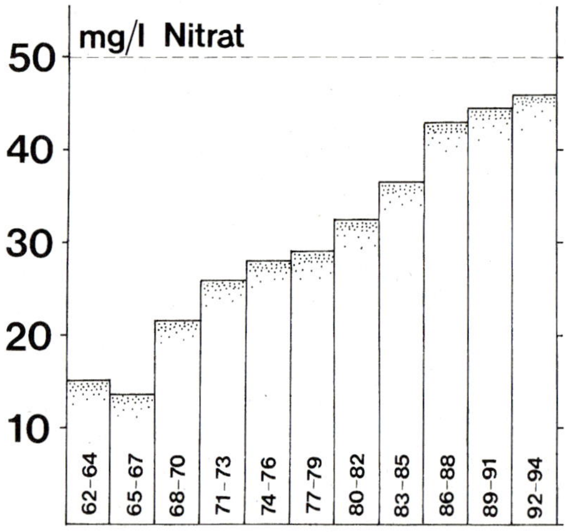

Abb. 69: Nitratkonzentration eines Trinkwasserbrunnens in einer landwirtschaftlich genutzten Flur von 1962 bis 1994.

5.4 Lebensgemeinschaften der Bäche

5.4.1 Fallbeispiele

Über mehrere Bäche in Deutschland liegen umfangreiche Untersuchungsergebnisse vor, insbesondere vom Breitenbach im osthessischen Schlitzerland, der hier deshalb exemplarisch besprochen werden soll. Das Verständnis für einen Bach läßt sich wesentlich vertiefen, wenn er mit anderen verglichen werden kann. Hierzu bietet sich der ebenfalls im Schlitzerland gelegene Rohrwiesenbach an, der zumindest in mancher Hinsicht auch gut bekannt ist. Die Abb. 70 zeigt die Einzugsgebiete von Breitenbach und Rohrwiesenbach sowie die Lage der intensiv untersuchten Bachstrecken,

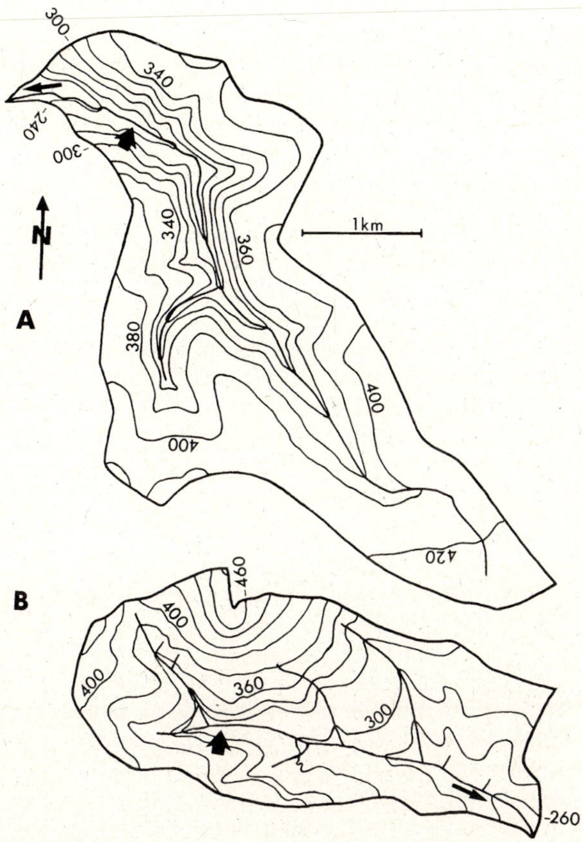

Abb. 70: Abflußgebiete des Breitenbachs (A) und Rohrwiesenbachs (B) mit Höhenlinien. Dicke Pfeile weisen auf Untersuchungsstrecken hin, dünne bezeichnen die Fließrichtung des Wassers.

welche 9 km Luftlinie voneinander entfernt sind. Das Einzugsgebiet des Breitenbachs hat eine Größe von 8,45 km^2, wovon etwa 7 km^2 oberhalb der untersuchten Strecke liegen. Das Einzugsgebiet des Rohrwiesenbachs ist 5,62 km^2 groß, wovon knapp ein Drittel oberhalb der Untersuchungsstrecke liegt. Die Höhenlinien lassen erkennen, daß der Breitenbach auf regelmäßig geneigtem Gelände liegt. Er überwindet auf seinem 6 km langen Weg zur Fulda, in der er auf 220 m üb. NN einmündet, etwa 200 m Höhendifferenz, was einem Gefälle von 3,3 % entspricht. Der Rohrwiesenbach fällt von 390 m üb. NN über eine Strecke von 4 km auf 260 m ab, wo er in den Sengelbach einmündet. Dieser fließt zur Schlitz, die ihrerseits in die Fulda mündet. Das mittlere Gefälle des Rohrwiesenbachs beträgt ebenfalls etwa 3,3 %, wobei jedoch oberhalb der Untersuchungsstrecke ein stärkeres Gefälle herrscht. Hier gräbt sich der Rohrwiesenbach tief ins Gelände ein und bildet ein Kerbtal, in dem der Bach auf einem Viertel seiner Länge bereits die Hälfte der Höhendifferenz überwindet. In seinem unteren, etwa 3 km langen Abschnitt liegen Sedimentationsräume, und hier bildete sich am Bach entlang eine schmale Talsohle aus.

Während am Breitenbach Substrate sehr verschiedener Größenordnung von groben Buntsandsteinblöcken bis zu Sanden über die ganze Bachlänge verbreitet sind, überwiegt im oberen Rohrwiesenbach grobes Material, im unteren Sand und auch schlickiger Boden. Abgesehen vom Gefälle wirkt auf die Gestaltung des Untergrunds der Abfluß ein. Dieser beträgt im Breitenbach im Mittel 11,86 l/sec. (gemessen von April 1971 bis März 1972), wobei als Grenzwerte 51,3 und 2,6 l/sec. auftraten. Im Rohrwiesenbach ergab sich ein Mittelwert von 2,05 l/sec. mit Grenzwerten von 34,3 und 0,05 l/sec., letzterer bei Frostwetter. Insgesamt ist also der Breitenbach wesentlich stärker als der Rohrwiesenbach und auch konstanter in der Wasserführung, insbesondere bedingt durch eine sehr große Seitenquelle bei der Höhenlinie von 276 m, die „Hermelinquelle“ (s.S. 197). Sowohl der Breitenbach als auch der Rohrwiesenbach liegen im Bereich des Osthessen durchziehenden Buntsandsteingürtels. Nur am oberen Rohrwiesenbach steht ein kleines Vorkommen tertiärer Süßwassersedimente, ferner Tertiärbasalt und wahrscheinlich etwas Muschelkalk an, mit dem der einzige kalkreiche Quellablauf des Schlitzerlandes offenbar in Kontakt steht (s.S. 199)

Der Breitenbach fließt nach WNW, der Rohrwiesenbach nach E. Während der Rohrwiesenbach von Bäumen beschattet wird, fließt der Breitenbach frei durch Wiesen.

In der Temperatur (Abb. 71) unterscheiden sich Breitenbach und Rohrwiesenbach besonders während der Wintermonate. Bedingt durch Quellnähe und wesentlich stärkere Wasserführung werden im Winter im Breitenbach 2 °C nicht unterschritten und zum anderen kurzfristige Temperaturschwankungen gedämpft. Im Rohrwiesenbach läuft allgemein weniger Wasser, wodurch die Temperaturen kurzfristg stärker schwanken und sich auch Eis bilden kann. Demnach sollte der Breitenbach im Sommer kühler bleiben als der Rohrwiesenbach. Tatsächlich erreicht er jedoch die gleiche Temperatur, eine Folge der Aufheizung des vor der Sonneneinstrahlung ungeschützten Wiesenbachs. Der Breitenbach ist als quellnaher Bach einzustufen, der durch eine relativ geringe Temperaturamplitude im Jahresgang ausgezeichnet ist. Innerhalb des Rhithrals werden solche Fließgewässerbereiche als **Epirhithral** oder obere Bachregion bezeichnet. Für den Breitenbach gilt dies mit der Einschränkung, daß seine sommerlichen Temperaturen etwas erhöht sind. Der Rohrwiesenbach zeigt geringere Beziehun-

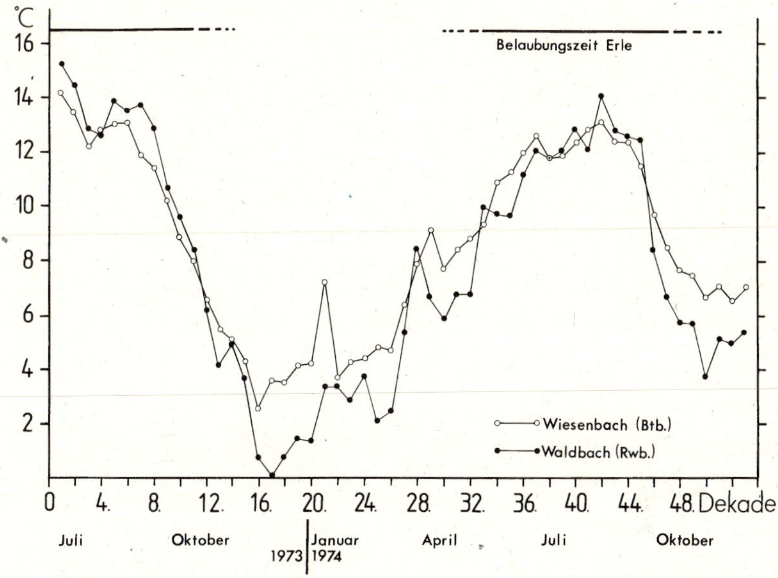

Abb. 71: Temperaturverlauf im Breitenbach und Rohrwiesenbach 1973/74. Dekadenmittelwerte aus Tagesmaxima und -minima.

gen zu Quellen. Ihn müßte man danach dem mittleren Rhithral, dem **Metarhithral** oder der mittleren Bachregion zuordnen. Der Vergleich beider Bäche verdeutlicht, daß für die Einstufung von Bachbereichen nicht nur deren Entfernung von den Quellen betrachtet werden muß, sondern insbesondere auch die Wasserführung.

Einige wichtige chemische Faktoren können in beiden Bächen verglichen werden. Der pH-Wert liegt im Rohrwiesenbach leicht über dem Neutralpunkt, im Breitenbach um etwa ein pH-Stufe niedriger. Letzteres ist im Buntsandsteingebiet häufig, während sich im Rohrwiesenbach der Einfluß der Kalkquelle zeigt. Nach starken Niederschlägen im Sommerhalbjahr kann der pH-Wert absinken (Abb. 72), was im Breitenbach in die Nähe von pH 6 führt, in anderen Schlitzerländer Bächen sogar bis pH 4, während im Rohrwiesenbach mit seinem besseren Pufferungsvermögen der pH-Wert über 7 bleibt.

Der Sauerstoffgehalt des Breitenbachs liegt nahe dem Sättigungswert, zur Zeit des Sonnenhöchststandes geringfügig darüber (Abb. 73). Im Rohrwiesenbach zeigen sich Defizite bis zu etwa 35 %, besonders wenn viel Fallaub im Bach liegt. Im Herbst kommt es auch im Breitenbach zu Sauerstoffdefiziten, die ebenfalls mit der O_2-Zehrung beim Abbau organischen Materials zusammenhängen; sie halten sich jedoch in sehr engen Grenzen (bis 10 %). Insgesamt kann also der Breitenbach als permanent sauerstoffreich betrachtet werden, während der Rohrwiesenbach für Waldbäche typische Defizite aufweist, die allerdings in der kühleren Jahreshälfte liegen, wenn bei höherem O_2-Lösungsvermögen des Wassers die O_2-Konzentrationen relativ hoch bleiben..

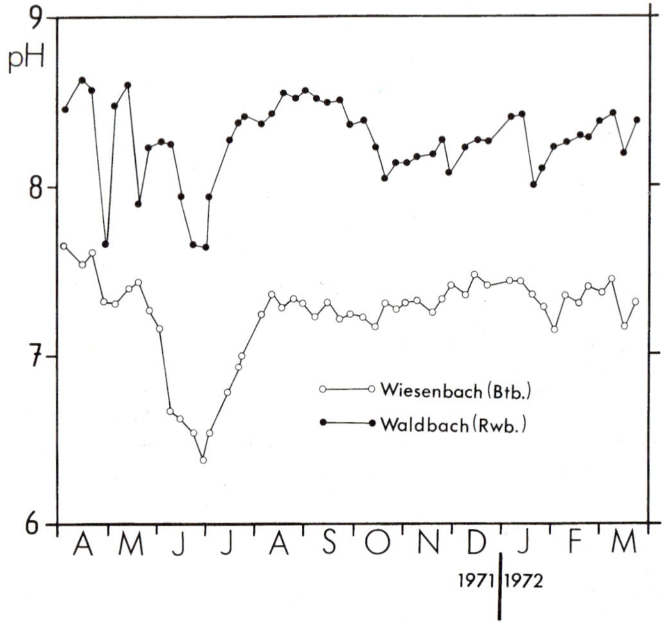

Abb. 72: pH-Wert eines Waldbachs (Rohrwiesenbach) und eines Wiesenbachs (Breitenbach) in einer Buntsandsteinlandschaft (Schlitzerland in Osthessen) im Jahresverlauf (April 1971 – März 1972).

Beide Bäche sind gut mit Pflanzennährstoffen (Phosphat und anorganischen Stickstoffverbindungen) versorgt, an denen der Breitenbach jedoch mehr als doppelt so reich ist wie der Rohrwiesenbach (Abb. 74). Zur Zeit des Laubfalls kann im Rohrwiesenbach Nitrat vollständig verschwinden (s.S. 92).

Den die Bäche besonders bei relativ geringem Gefälle begleitenden, mehr oder weniger sumpfigen, oft oberflächlich auch trockeneren Überschwemmungsbereich, der zwischen dem Wasser und dem Land vermittelt, bezeichnet man als Bachaue. Das Wort „Aue“ leitet sich vom lateinischen „aqua“ her. Ufer und Aue sowie der Bachgrund weisen beim Breitenbach (500 m untersuchte Strecke) und Rohrwiesenbach (200 m) die in Tab. 32 aufgeführten Pflanzenarten auf. Sie sind nach ihren Standorten im Wasser (W), Sumpf (S), anmoorigen Sumpf (SM) und auf relativ trockenem Ufer (L) geordnet.

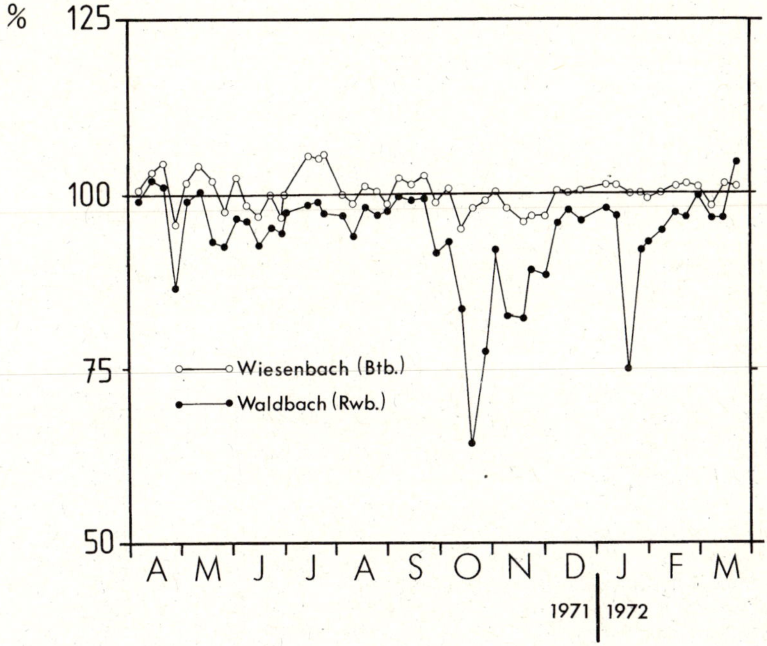

Abb. 73: Sauerstoffsättigung eines Waldbachs (Rohrwiesenbach) und eines Wiesenbachs (Breitenbach) in einer Buntsandsteinlandschaft (Schlitzerland in Osthessen) im Jahresverlauf (April 1971 – März 1972).

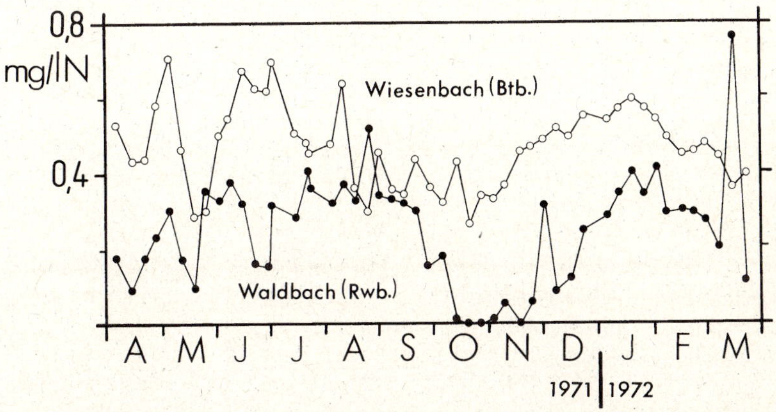

Abb. 74: Nitratkonzentration eines Waldbachs (Rohrwiesenbach) und eines Wiesenbachs (Breitenbach) in einer Buntsandsteinlandschaft (Schlitzerland in Osthessen) im Jahresverlauf (April 1971 – März 1972).

Art	Brb.	Rwb.	Art	Brb.	Rwb.
Callitriche hamulata	W		*Agrostis tenuis*	L	L
Glyceria fluitans	WS		*Anemone nemorosa*	L	L
Phalaris arundinacea	WS		*Hypochoeris radicata*	L	L
Sium erectum	WS		*Hieracium pilosella*	L	L
Myosotis palustris	WS		• *Salix fragilis*		L
Sparganium erectum	S		• *Salix triandra*		L
Iris pseudacorus	S		• *Salix aurita*		L
Juncus conglomeratus	S		• *Carpinus betulus*		L
Juncus effusus	S		• *Corylus avellana*		L
Carex fusca	S		• *Alnus glutinosa*		L
Stellaria uliginosa	S		• *Sorbus aucuparia*		L
Cardamine amara	S		• *Sambucus nigra*		L
Epilobium palustre	S		*Equisetum sylvaticum*		L
Mentha verticillata	S		*Equisetum arvense*		L
Equisetum palustre	S	S	*Athyrium filix-femina*		L
Scirpus sylvaticus	S	S	*Dryopteris filix-mas*		L
Filipendula ulmaria	S	S	*Dryopteris spinulosa*		L
Epilobium roseum	S	S	*Festuca gigantea*		L
Epilobium obscurum	S	S	*Brachypodium pinnatum*		L
Lysimachia nummularia	S	S	*Brachypodium sylvaticum*		L
Galium palustre	S	S	*Deschampsia cespitosa*		L
Scutellaria galericulata	S	S	*Urtica dioica*		L
Stachys palustris	S	S	*Stellaria holostea*		L
Achillea ptarmica	S	S	*Stellaria graminea*		L
Cirsium palustre	S	S	*Moehringia trinervia*		L
Agrostis stolonifera	S	S	*Ficaria verna*		L
Angelica sylvestris	S	S	*Potentilla sterilis*		L
Solanum dulcamara	S	S	*Geum rivale*		L
Scrophularia umbrosa		S	*Alchemilla xanthochlora*		L
Juncus acutiflorus	SM		*Epilobium angustifolium*		L
Eriophorum angustifolium	SM		*Epilobium montanum*		L
Viola palustris	SM		*Aegopodium podagraria*		L
Galium uliginosum	SM		*Heracleum sphondylium*		L
Lysimachia vulgaris	SM	SM	*Galium aparine*		L
Potentilla erecta	ML		*Galeopsis tetrahit*		L
Holcus lanatus	L		*Galeopsis bifida*		L
Knautia arvensis	L		*Scrophularia nodosa*		L
Hieracium lactucella	L		*Arctium nemorosum*		L
Luzula campestris	L	L	*Leontodon hispidus*		L

		W	WS	S	SM	ML	L
Breitenbach	häufige Arten	1	4	23	5	1	8
	sporadische Arten	0	0	5	0	0	14
Rohrwiesenbach	häufige Arten	0	0	15	1	0	40
	sporadische Arten	0	1	4	0	0	15

Tab. 32: Oben: Höhere Vegetationen an und in zwei Bächen des Schlitzerlandes (Hessen).W = Wasser-, S = Sumpf-, M = Moor-, und L = Land-Standort. • = Baum oder Strauch. Nur häufige Arten. Brb. = Breitenbach, Rwb = Rohrwiesenbach. Unten: Auswertung unter Einschluß sporadisch auftretender Arten.

Zu dieser Pflanzenliste sind einige ergänzende Angaben zu machen: Von den nicht berücksichtigten Moosen sei das nur im Breitenbach vorkommende, untergetaucht lebende und häufige Fieberquellmoos (*Fontinalis antipyretica*) erwähnt. Alle Baumarten wurden als Landpflanzen erfaßt, auch wenn sie mit ihren Wurzeln das Grundwasser erreichen. Der Landcharakter des Standorts bezieht sich also nur auf den oberflächennahen Horizont, in dem die Pflanzen der Krautschicht wurzeln. Hinzugefügt sei auch, daß der Breitenbach bis auf wenige Schwarzerlen die Baumbestände seiner Ufer verloren hat. Sie wurden zur Schaffung von Wiesen abgeholzt. Dagegen sind in der Aue des Rohrwiesenbachs streckenweise noch ganze Auwäldchen erhalten. Außer den in der Liste genannten Arten kommt noch sporadisch die Schlehe (*Prunus spinosa*) vor sowie unterhalb der Untersuchungsstrecken die für Bachauen charakteristische Esche (*Fraxinus excelsior*). Schließlich sei noch auf ein spärliches Vorkommen der Bachbunge (*Veronica beccabunga*) am Breitenbach hingewiesen.

Höhere Pflanzen sagen viel über die Umgebung der Bäche und über auf diese einwirkende Faktoren aus. Vergleicht man die Pflanzenliste des Breitenbachs und des Rohrwiesenbachs miteinander, ergeben sich beträchtliche Unterschiede. Zwei pflanzliche Ökotypen schließen sich offenbar gegenseitig aus: Eine Wasservegetation, bestehend aus einigen ganz oder teilweise untergetaucht lebenden Pflanzenarten, gibt es nur im Breitenbach und Uferwald steht nur am Rohrwiesenbach. Entsprechend liegt viel Fallaub am Boden des Rohrwiesenbachs. Dieser Eindruck verstärkt sich, wenn die Pflanzenarten verglichen werden, die an den Bächen an sumpfigen Standorten gefunden wurden. Ihre Zahl ist am Breitenbach deutlich höher. Einige Pflanzen am Breitenbach zeigen zudem lokal eine beginnende Vermoorung in der Nachbarschaft dieses Gewässers an. Schließlich ist die Zahl der Landpflanzenarten am Rohrwiesenbach um ein Mehrfaches höher als am Breitenbach, was überhaupt eine wesentlich höhere Artenzahl am Rohrwiesenbach bedingt. Die Zahl nur sporadisch auftretender Arten ist an beiden Bächen ähnlich hoch, und es sind jeweils vorwiegend Landpflanzen.

Wenn bedacht wird, daß die Entwaldung der Täler in Mitteleuropa durch den Menschen erfolgte, muß der Breitenbach als vergleichsweise stärker anthropogen verändert angesehen werden. So wäre dann festzustellen, daß sich die Arten-Diversität in der Breitenbach-Aue insgesamt verminderte und dies vorwiegend auf dem Rückgang an Landpflanzen beruht. Dagegen stieg die Zahl der Sumpf- und Wasserpflanzen an.

Betrachtet man die Pflanzenliste unter soziologischem Blickwinkel, so läßt sich die Vegetation des Breitenbachs, trotz der stärkeren anthropogenen Veränderungen, überraschend klar einordnen: Es handelt sich um ein Flutschwaden- oder Bachröhricht, das hier durch sehr typische Vertreter wie den Flutschwaden (*Glyceria fluitans*), den Vernachlässigten Igelkolben (*Sparganium erectum* ssp. *neglectum*), den Aufrechten Merk (*Sium erectum*), die Bachbunge (*Veronica beccabunga*), das Sumpfvergißmeinnicht (*Myosotis palustris*) und das Rohrglanzgras (*Phalaris arundinacea*) gekennzeichnet ist.

Pflanzen dieser Gesellschaft haben zwar tatsächlich einen Verbreitungsschwerpunkt an Bächen (Abb. 63), gehen jedoch auch eindeutig über sie hinaus. Was sie auszeichnet, ist ein größeres Lichtbedürfnis, das an sumpfigen und dann häufig waldarmen Quellen, aber auch an Flüssen befriedigt werden kann. An Bächen ist im Zuge der Abholzungen zweifellos mehr Licht verfügbar. Bewaldete Bachauen sind beschattet, und dann fehlt das Bachröhricht wie am Rohrwiesenbach. Schattige Waldbäche waren einst die Norm, obwohl (wie etwa durch die Aktivitäten der Biber) auch früher lokal und zeitweise offene Flächen an Bächen bestanden haben.

Eine pflanzensoziologische Einordnung der Rohrwiesenbach-Aue ist schwieriger. Hier mischen sich Elemente verschiedener Gesellschaften, deren Lebensraumansprüche voneinander abweichen. Die zahlreichen Schwarzerlen (*Alnus glutinosa*) verweisen auf den Bach-Erlen-Eschenwald, die Bruchweide (*Salix fragilis*) ist typisch in Weichholzauenwäldern, ebenso die Mandelweide (*Salix triandra*). Weiden an Fließgewässern findet man vorwiegend im Bereich der breiteren Flußauen, wo ausgedehnte Sedimentböden die Gewässer begleiten. Die Anwesenheit eines Erlen-Weiden-Mischbestands am Rohrwiesenbach weist daraufhin, daß es auch hier schon, zumindest lokal, bei Überschwemmungen der Aue zu reichlicher Sedimentation von Material kommt, das weiter bachaufwärts erodiert wurde. Bemerkenswert ist auch die Anwesenheit der Hainbuche (*Carpinus betulus*) als ein typisches Element der Eichen-Hainbuchenwälder, des Carpinion betuli, auf lehmigen Böden schwach geneigter Hänge. Eine Reihe von Arten, die in der einen, der anderen oder in allen drei hier genannten Pflanzengesellschaften vorkommen, sind noch in der Aue des Rohwiesenbachs zu finden, so etwa das Buschwindröschen des Eichen-Hainbuchenwalds (*Anemone nemorosa*), die Haselnuß (*Corylus avellana*) des Eichen-Hainbuchenwalds und der Hartholzauenwälder oder die Große Brennessel (*Urtica dioica*), ein regelmäßiger Begleiter sowohl in Bach-Erlen-Eschenwäldern als auch in Weichholzauenbeständen.

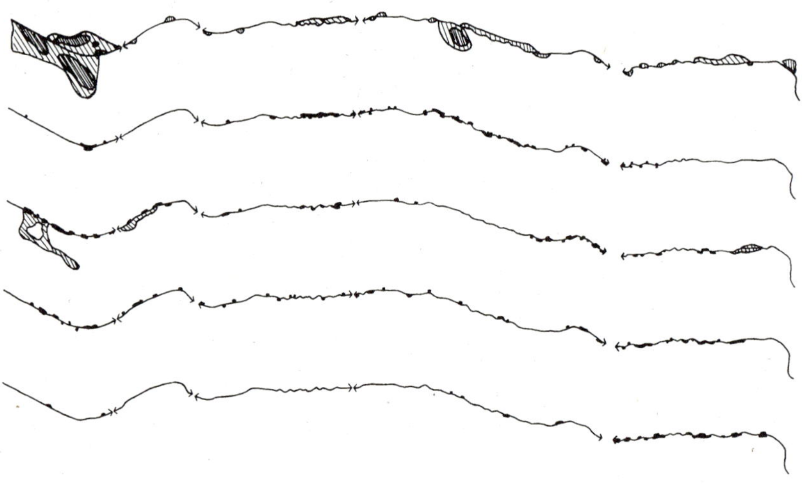

Abb. 75: Verbreitung von fünf Pflanzenarten an einer 500 m langen Strecke des Breitenbachs zwischen den beiden Teichanlagen. Schwarz = eng begrenztes, schraffiert = flächenhaftes Vorkommen. Von oben nach unten: *Juncus acutiflorus, Viola palustris, Filipendula ulmaria, Sparganium erectum* und *Glyceria fluitans.*

Während sich also am Rohrwiesenbach eine in pflanzensoziologischer Hinsicht recht komplizierte Situation ergibt, erscheint diese am Breitenbach vergleichsweise einfach. Die Betrachtung der den Bach begleitenden Vegetation ist für den Limnologen auch deshalb wichtig, weil ihm die einzelnen Arten wertvolle Hinweise auf verschiedene Einflüsse liefern können, die von den Seiten her auf den Bach einwirken. Hierbei gilt es, den **Zeigerwert** von Pflanzenarten auszunutzen. Im mittleren Bereich der Breitenbach-Untersuchungsstrecke deuten fünf Arten auf eine beginnende Versauerung, konkret auf niedrige pH-Werte im Bodenwasser hin (Abb. 75). Hier muß also mit dem Eintritt sauren Wassers aus seitlichen Quellsümpfen in den Bach gerechnet werden, der die dort lebenden Pflanzenarten unterschiedlich stark beeinflußt.

Das regelmäßige Vorkommen der säureliebenden (azidophilen) Binse *Juncus acutiflorus* deutet auf ein entsprechendes Milieu am ganzen Bachrand hin. Der Einfluß der niedrigen pH-Werte ist im mittleren Bereich besonders stark, wie die Verbreitung von *Viola palustris*, dem Sumpfveilchen, belegt, das hier besonders häufig ist. Umgekehrt verhält es sich mit dem Mädesüß (*Filipendula ulmaria*), welches im mittleren Teil nur schütter auftritt, mehr dagegen an den Enden der Strecke. Das Sumpfveilchen liebt saure Böden, *Juncus acutiflorus* mäßig saure und Mädesüß milde bis mäßig saure Böden. *Sparganium* wird, nach seiner regelmäßigen Verbreitung im Bach zu urteilen, von der Versauerung am Bachrand offensichtlich nicht beeinträchtigt, wohl dagegen der Flutschwaden, der im mittleren Bereich sporadisch, an beiden Enden dagegen häufig vorkommt. Ähnlich wie *Filipendula* liebt *Glyceria* neutralen bis nur mäßig sauren Untergrund. Diese wenigen Beispiele mögen zeigen, daß verschiedenartige Zuflüsse, die den Bach auch unterirdisch erreichen, mit Hilfe der Vegetation aufgespürt werden können. Genannt sei noch das auf den untersten Bachabschnitt begrenzte Vorkommen von *Iris pseudacorus*, die etwas wärmeliebend ist und hier in genügender Entfernung von seitlichen kühlen Quellaustritten zusagende Bedingungen vorfindet.

Wie aus Tab. 32 hervorgeht, haben der Breitenbach und der Rohrwiesenbach nur 16 häufige Pflanzenarten gemeinsam; hinzu kommen unter den sporadisch auftretenden weitere 10 gemeinsame Arten. Schon hier zeigt sich, abgesehen von den bereits genannten Unterschieden, wie wenig sich beide Bäche gleichen. Dennoch liegen beide in der osthessischen Buntsandsteinlandschaft, und bei ähnlichem geologischen Untergrund sind deshalb auch gemeinsame Merkmale der Vegetation zu erwarten. Sie äußern sich darin, daß die in Tab. 32 aufgeführten Pflanzenarten durchweg kalkarme Standorte bevorzugen oder ertragen, und zwar sowohl die Landpflanzen als auch die Sumpf- und Wasserpflanzen. Einen weiteren gemeinsamen Anspruch an den Lebensraum stellen alle Pflanzen am Breitenbach und Rohrwiesenbach: eine reichliche Nährstoffversorgung.

Die Moose von Breitenbach und Rohrwiesenbach sind bisher noch unvollständig untersucht. Es fanden sich am Breitenbach außer dem schon erwähnten *Fontinalis antipyretica* u.a.eine *Polytrichum*- und eine *Sphagnum*-Art; letztere zeigt auf jeden Fall eine saure Bodenreaktion an. Auf Steinen im Bach siedelte *Brachythecium rivulare*.

Die Algenflora des Breitenbachs ist inzwischen gut bekannt. Es wurden mehr als 150 Diatomeen-Arten gefunden, unter denen einige *Navicula*-Arten dominierten. Sie bilden Lebensgemeinschaften auf Sedimenten, Steinen und Makrophyten. Außerdem wurden 48 Gattungen aus anderen Algengruppen festgestellt.

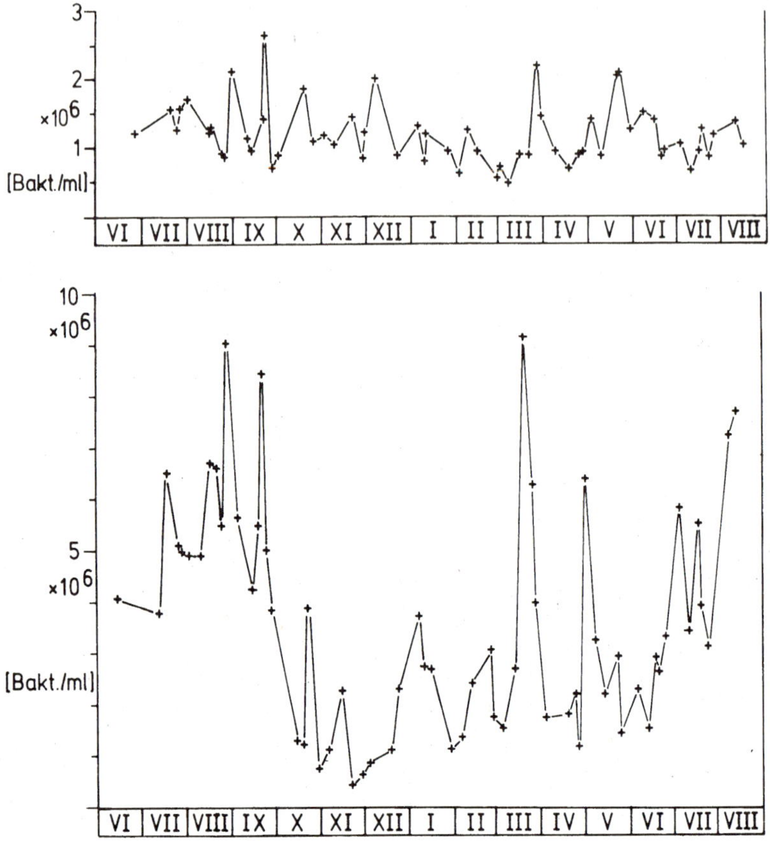

Abb. 76: Bakterienkonzentrationen im Breitenbach (oben) und Rohrwiesenbach (unten) von Juni 1973 bis August 1974. (Nach MARXSEN 1980.)

Über die Bakterien des Rohrwiesenbachs wie des Breitenbachs ist soviel bekannt, daß ein Vergleich gezogen werden kann. Abb. 76 zeigt die Bakterienkonzentrationen im Jahreslauf. Zunächst fällt auf, daß diese im Rohrwiesenbach ganzjährig erheblich höher sind als im Breitenbach. Um das zu verstehen, muß bedacht werden, daß nur ein geringer Teil der Bakterien einzeln in der freien Wasserwelle driftet, die Mehrzahl vielmehr an kleinen organischen Partikeln (etwa an Resten von Fallaub) haftet und auch untereinander verklumpt ist. Solche organischen Detritus-Teilchen sind in Waldbächen wie dem Rohrwiesenbach sehr viel zahlreicher als in Wiesenbächen wie dem Breitenbach. Entsprechend finden Bakterien im Rohrwiesenbach eine bessere Nahrungsgrundlage vor.

Der Verlauf der Kurven macht zudem deutlich, daß die Werte von Woche zu Woche erheblich schwanken können. Dies gilt wiederum in hohem Maße für den Rohrwiesenbach, in weit geringerem Ausmaß für den Breitenbach. Der häufig dramatische Anstieg und Abfall der Kurven ist mit der Wasserführung korreliert, und diese wiederum mit den Niederschlägen. Nur ein Teil der Bakterien sind eigentliche Gewässerbakterien; die übrigen entstammen dem Boden der Umgebung. Besonders im Rohrwiesenbach werden bei Niederschlägen Bodenbakterien eingeschwemmt, die dazu beitragen, die Bakterienzahlen in die Höhe schnellen zu lassen. Da die Bakterien jedoch abwärtsdriften, kann ihre Anzahl bei nachlassender Zufuhr auch schnell wieder sinken. Weiterhin wird bei starker Wasserführung reichlich Detritus vom Bachgrund aufgewirbelt, womit auch Gewässerbakterien aus dem Substrat in die fließende Welle geraten.

Schließlich zeigen die Kurven beider Bäche einen Jahresgang der Bakterienzahlen, der temperaturabhängig ist und im Sommer allgemein höhere Werte aufweist als im Winter. Auch diese Erscheinung prägt sich im Rohrwiesenbach deutlicher aus als im Breitenbach.

Die Zahl der bisher im Breitenbach gefundenen Tierarten ist mit 624 sehr hoch. Sie sind in Tab. 33 zu Klassen oder Ordnungen zusammengefaßt. Zusätzlich sind die nach der „Limnofauna Europaea" in Quellen, Bächen oder Flüssen überhaupt gefundenen Artenzahlen aufgeführt.

Die Bearbeitung des Breitenbachs in faunistischer Hinsicht ist fast abgeschlossen. So dürfte die Artenzahl insgesamt dem Endergebnis schon nahe sein. Die in Tab. 33 aufgeführten Zahlen lassen verschiedene Rückschlüsse zu, die von genereller Bedeutung sind und bei eigenen Bachuntersuchungen bedacht werden sollten. Einige Tiergruppen wurden auch im Rohrwiesenbach gründlich erfaßt. Diese werden vergleichend herangezogen.

	Quellen	Bäche	Flüsse	Breitenbach	(Rwb)
Hydrozoa	0	3	1	1	
Turbellaria	141	117	24	49	(46)
Rotatoria	20	11	79	20	
Gastrotricha	0	0	0	4	
Nematoda	22	4	22	21	
Gastropoda	248	87	62	1	
Lamellibranchiata	1	16	25	1	
Oligochaeta	3	6	1	55	(49)
Tardigrada	0	14	0	3	
Acari	119	421	9	22	
Crustacea	210	131	193	24	
Ephemeroptera	3	163	117	7	(12)
Plecoptera	8	345	52	16	(13)
Odonata	4	62	38	0	(0)
Heteroptera	2	34	5	1	(2)
Coleoptera	63	288	72	6	
Megaloptera	0	7	9	2	(2)
Trichoptera	173	558	130	21	(18)
Diptera	467	986	251	359	
Pisces	0	143	260	2	(1)
Amphibien/Reptilien	9	16	1	5	
Aves	0	5	132	2	(2)
Mammalia	0	28	33	2	(1)

Tab. 33: Anzahl der Tierarten aus verschiedenen systematischen Gruppen, die in Europa in Quellen, Bächen und Flüssen vorkommen. Zum Vergleich Artenzahlen im Breitenbach und Rohrwiesenbach (Rwb).

Die erste auffällige Erscheinung ist methodisch bedingt: Die Anzahl der Insekten ist sehr hoch, insbesondere diejenige der Zweiflügler (Diptera). Am Breitenbach und am Rohrwiesenbach wuden die ausfliegenden Insekten, die Emergenz, wie man sie in ihrer Gesamtheit nennt, in über den Bach gestülpten Gewächshäusern gefangen, und zwar in einem mehrjährigen Untersuchungsprogramm (ILLES 1969). Hierbei wurde klar, daß bei herkömmlicher Sammeltechnik nur ein Teil der im Bach vertretenen Insekten erfaßt worden wäre. Die entsprechenden Tiergruppen sind also in den Bächen, die in älterer Literatur dargestellt werden, unterrepräsentiert. Dies ist ein wesentlicher Grund dafür, daß die Faunenliste des Breitenbachs hier im Zusammenhang mit allen in europäischen Bächen gefundenen Tierarten vorgestellt wird.

Aus einer gründlichen Erhebung an zahlreichen osthessischen Fließgewässern wurden 94 Turbellarien- und 81 Oligochaeten-Arten bekannt, die in der „Limnofauna Europaea" noch nicht berücksichtigt sind. Von den Turbellarien waren allein 13 Arten neu für die Wissenschaft, 2 neu für Europa. 75 % der Arten waren neu für Hessen. Hieraus erklärt sich, daß in Tab. 33 die Zahl der Turbellarien-Arten im Breitenbach sehr hoch erscheint. Ähnliches gilt für die Oligochaeten.

Nach diesen Anmerkungen können nun aus der Faunenliste des Breitenbachs ökologische Rückschlüsse auf das Gewässer gezogen werden.

Zählt man die Arten derjenigen Tiergruppen zusammen, die zeitlebens im Wasser atmen und höchstens fakultativ an der Luft (s.Tab. 28), so ergeben sich für den Breitenbach 32,5 % Wasseratmer, für Bachtiere ganz Europas 27,8 % (s. Abb. 65), für die Quelltiere 50,3 % und für die Flußtiere 45,0 %. Der Wert des Breitenbachs liegt zwar in der für Europa ermittelten Größenordnung für Bäche, ist demgegenüber aber doch leicht erhöht (Quelleinfluß).

Fast alle der in Tab. 28 angeführten Tiere leben am Boden oder im Bodensubstrat bzw. im Pflanzengewirr, das mit dem Boden verhaftet ist. Es handelt sich also fast ausschließlich um Benthostiere. Nur wenige siedeln pelagisch, also im freien Wasserkörper, wie etwa die Bachforelle (*Salmo trutta*) unter den Fischen, deren Jungtiere sich jedoch auch in Totwasserräumen zwischen Steinen am Boden aufhalten. Sie alle leben in der schmalen **Grenzschicht** (s.S. 25) am Boden und im Schutz von Steinen und Pflanzen, die die Strömung im Wasser brechen, bremsen oder ablenken. Damit weist die Tierliste ein Gewässer mit starken Strömungen aus. Auf der Wasseroberfläche leben, allerdings nur in strömungsarmen Buchten, die noch nicht vollständig erfaßten Wasserwanzen (Heteroptera), und dort hält sich auch die kräftige Stockente (*Anas platyrhynchos*) auf, wenn sie im Bach nach Nahrung gründelt. Sieht man sich die Krebse (Crustacea) näher an, so findet man gerade in dieser Tierklasse, die an sich reich an pelagischen Formen ist, im Breitenbach ausschließlich bodengebundene Arten, nämlich 2 benthische Cladoceren (*Alona*), 2 Ostracoden und 17 Copepoden als Vertreter der Niederen Krebse (Entomostraca) sowie einen Isopoden und 2 Amphipoden (*Gammarus*), wobei letztere allerdings sehr individuenreich waren. Die verschiedenen Insektengruppen und auch die (im weitesten Sinne) Würmergruppen leben generell oder doch zum überwiegenden Teil am Boden und sind somit als Benthostiere bekannt. Für die im Rohrwiesenbach untersuchten Tiergruppen gilt das gleiche.

Insgesamt weist der Breitenbach etwa ein Sechstel des für europäische Bäche ausdrücklich ausgewiesenen Artenbestands auf. Wenn diese fast alle substratgebunden sind, so ist das ein Hinweis darauf, daß der Boden des Breitenbachs sehr heterogen ist. Sehr deutlich wird das bei der Betrachtung etwa der Strudelwürmer (Turbellaria) und Wenigborster (Oligochaeta), die im Breitenbach, auch im Vergleich zu anderen gut untersuchten osthessischen Bächen, sehr artenreich sind. Ähnliches gilt, leicht abgeschwächt, für den Rohrwiesenbach, der ebenfalls einen hoch differenzierten Boden aufweist. Beide Tiergruppen, Turbellarien und Oligochaeten, durchwühlen schlammige und sandige Substrate, manche überkriechen grobes Geröll oder schweifen durch Spalten und Ritzen. Viele sind in dünnen Wasserfilmen zwischen Moosen beheimatet. Gleiches gilt für das Heer der Insektenlarven. Manche, wie etwa die der Megalopteren (Schlammfliegen), leben im Schlamm ruhiger Ausbuchtungen, andere wie die der Köcherfliegen der Gattung *Sericostoma*, zwischen verwesendem Pflanzenmaterial in Strömungsschatten von Steinen, wiederum andere, wie die Kriebelmückenlarven (*Simuliiden*), auf Steinen im Einflußbereich stärkerer Strömungen. Selbst das Bachneunauge (*Petromyzon planeri*) lebt in Sandbänken.

Viele aquatische Tiere sind auf ein reichliches Sauerstoffangebot angewiesen und zeigen durch ihre Anwesenheit an, daß dies gegeben ist. Hierzu sind praktisch alle Steinfliegen (Plecoptera) zu rechnen. Als Larven sind sie auf Wasseratmung angewiesen, und in ihrer 1- bis 3jährigen Larvenzeit brauchen sie durchgängig hohe O_2-Gehalte, die im Breitenbach auch tatsächlich ganzjährig gegeben sind (Abb. 73). Ihre Anwesenheit ist bereits ein untrügliches Zeichen dafür, daß keine nennenswerten O_2-Defizite zu erwarten sind. Die große Gruppe der Zweiflügler (Diptera) sagt über das Sauerstoffregime wesentlich weniger aus, zumal viele von ihnen auch als Larven Luft atmen (etwa Empididen und Dolichopodiden). Doch sind gerade diese Gruppen im Breitenbach artenarm.

An und im Breitenbach wurden 12, am und im Rohrwiesenbach dagegen 24 Muschel- und Schneckenarten gefunden. Ähnlich wie bei den Pflanzen (s. S. 214) lag der Unterschied bei den bachbegleitenden Sumpfarten, die am gehölzfreien Breitenbach stark reduziert waren, und bei den Landarten, die am Breitenbach völlig fehlten. Im Breitenbach wurden 6 eigentliche Wasserschnecken- und Muschelarten nachgewiesen und im Rohrwiesenbach 8, wobei die Arten im nahrungs- und kalkreicheren Waldbach im Vergleich zu denen im Wiesenbach auch wesentlich individuenreicher auftraten.

Schon bei den Pflanzen wurde klar, daß der Breitenbach reich an Nährstoffen ist. Dies läßt sich aus der Faunenliste der Tab. 28 auch herleiten, zumal die Artenzahlen sehr hoch sind. Gleiches gilt für die noch zu besprechende Individuenzahl, die auf eine hohe Produktivität des Gewässers hinweist.

Über einen wichtigen Faktor läßt sich wegen der Zusammenfassung der Tierarten in systematischen Gruppen nichts aussagen, sofern man nur Tab. 33 betrachtet: die Temperatur. Hierzu ist eine Erörterung einzelner Arten erforderlich, und dazu seien die Zuckmücken, also die Dipterenfamilie der Chironomiden, herausgegriffen. Sie sind nicht nur im Breitenbach, sondern auch im Rohrwiesenbach sorgfältig untersucht worden und können deshalb vergleichend betrachtet werden. Allein im Jahre 1970 wurden im Breitenbach 81 und im Rohrwiesenbach 85 Arten nachgewiesen (im Breitenbach seitdem weitere 69). Aussagen über sie können deshalb gut belegt werden und folglich aufschlußreich sein. Leider ist ihre Bestimmung schwierig, weshalb sie nicht leicht zugänglich sind. Die Chironomiden des Breitenbachs wurden insgesamt als mäßig kaltstenotherm eingestuft, d.h. sie bevorzugen kühle Gewässer mit relativ geringen Temperaturschwankungen. Eindeutig kaltstenotherme Tiere leben in Quellen, eurytherme, die weite Schwankungen der Temperatur tolerieren, können sich weit von Quellen entfernen. Die mäßig kaltstenothermen Chironomiden signalisieren also, daß es sich beim Breitenbach um ein Fließgewässer handelt, das stark unter dem Einfluß vom Quellwasser steht. Anders ist das beim Rohrwiesenbach. Hier sind die Chironomidenarten eurytherm, was auf Quellferne oder auch auf starken Einfluß von Oberflächenwasser im Bach hinweist. Verbleiben wir noch kurz bei den Chironomiden. Im Breitenbach sind Arten zu finden, die nur in der Strömung leben können (rheobionte Arten) oder sie zumindest bevorzugen (rheophile Arten). Dagegen sind im Rohrwiesenbach vorwiegend rheophile Arten zu finden. Danach ist die Strömung im Breitenbach stärker. Die Chironomiden des Breitenbachs sind zudem vorwiegend gröberen Substraten angepaßt als die im Rohrwiesenbach, ein Unterschied, der mit dem in der Strömungsstärke korrespondiert.

Während der Rohrwiesenbach mehr oder weniger neutral bis schwach alkalisch ist, muß der Breitenbach als leicht sauer gelten. Außerdem neigt er zu pH-Stürzen (Abb. 72). Diese plötzlichen Erniedrigungen des pH-Werts, wie sie sich besonders in schwach gepufferten Bächen der Buntsandsteinlandschaft ereignen, dürften im Breitenbach jedoch kein dramatisches Ausmaß erreichen; denn in diesem Bach leben auch alle in Frage kommmenden *Gammarus*-Arten, darunter auch der gegenüber pH-Absenkungen empfindlichere *G. fossarum*. Derartige pH-Stürze sind übrigens häufig in Gegenden mit ausgedehnten Fichtenforsten. Die durch *Gammarus* ausgewiesene relative Stabilität im pH-Milieu des Rohrwiesen- und auch des Breitenbachs ist eine Voraussetzung für die hohe Tierartendiversität dieser Bäche, die beim Auftreten gravierender pH-Stürze allgemein zurückgehen würde (siehe S. 59).

Listen von Pflanzen- und Tierarten geben, wie wir sahen, deutliche Hinweise auf die in den Bächen herrschenden Milieubedingungen, und zwar in ihrer integrierenden Wirkung über lange Zeiträume. Die qualitative Zusammensetzung der Fauna und Flora allein gibt jedoch erst einen Teil des Bildes wieder, das wir uns von dem biotisch-abiotischen Gefüge eines Fließgewässers machen können. Wesentlich ergänzt werden kann es durch quantitative Aussagen über einzelne Arten.

Die Individuenzahlen der 624 Tierarten, die bisher im Breitenbach festgestellt werden konnten, variieren außerordentlich. Als Beispiel seien hier die im Zeitraum von April 1969 bis März 1970 auf einem 10 m langen Abschnitt mit Hilfe der Gewächshausmethode (siehe S. 220) gefangenen Insekten angeführt. Es handelt sich um 52000 Individuen, die 148 Arten angehörten. Auf die einzelnen Arten verteilen sich die Tiere wie in Tab. 34 gezeigt.

Langjährige Beobachungen am Breitenbach ergaben zudem, daß der Artenbestand, insbesondere im Hinblick auf die häufigen Arten, außerordentlich konstant ist. Auch die mit einfacher Sammelmethodik ermittelte Artenliste kann also für einen Bach tatsächlich charakteristisch sein. Doch ist nicht jede Art in jedem Jahr gleich häufig vertreten. Vielmehr wechseln sich die häufigsten Arten der Biozönose von Jahr zu Jahr ab, während die Gesamtzahl der Individuen relativ konstant bleibt.

		Individuen	Sume der Individuen	Summen-%
1.	*Baetis rhodani*	6 003	6 003	11.5
2.	*Eukiefferiella minor*	5 668	11 671	22.4
3.	*Agapetus fuscipes*	5 463	17 134	32.9
4.	*Orthocladius frigidus*	4 241	21 375	41.1
5.	*Tinodes rostocki*	3 799	25 174	48.4
6.	*Orthocladius saxicola*	2 825	27 999	53.8
7.	*Baetis vernus*	2 530	30 529	58.7
8.	*Leuctra nigra*	2 474	33 003	63.4
9.	*Eukiefferiella hospita*	2 361	35 364	68.0
10.	*Diamesa prolongata*	1 639	37 003	71.1
11.	*Chaetopteryx villosa*	1 605	38 608	74.2
12.	*Protonemura intricata*	1 005	39 613	76.1
13.	*Thienemanniella partita*	935	40 548	77.9
14.	*Rheocricotopus* spec.	839	41 387	79.5
15.	*Palpomyia quadrispinosa*	728	42 115	80.9
16.	– 20. Art	2 409	44 524	85.6
21.	– 30. Art	2 937	47 461	91.3
31.	– 50. Art	1 568	49 029	94.3
51.	– 148. Art	2 971	52 000	100.0

Tab. 34: Ausgeflogene Insekten-Imagines (Emergenz) von 10 m Breitenbach im Laufe eines Jahres (1969/70). (Aus ILLES 1971.)

Als Beispiel kann hier die Emergenz der Steinfliegen (Plecoptera), Eintagsfliegen (Ephemeroptera) und Köcherfliegen (Trichoptera) im Breitenbach für die Jahre 1969 bis 1976 angeführt werden, die gemeinsam gut die Hälfte der Emergenz dieser 8 Jahre ausmachten. Ihr in den einzelnen Jahren ermitteltes Gesamttrockengewicht wurde addiert und durch 8 dividiert, womit sich die mittlere Emergenz dieser Jahre ergab; sie wurde gleich 100 % gesetzt. Die Werte der einzelnen Jahre wichen von diesem Mittel bis zu 67 % nach unten und bis zu 148 % nach oben ab (1972 bzw.1970). Betrachtet man jedoch die einzelnen der hier beteiligten 44 Arten, so schwankt deren Abundanz und damit relativer Anteil an der Emergenz noch erheblich stärker. Die häufigsten 12 Arten erbrachten gemeinsam innerhalb der einzelnen Jahre 78 bis 93 % (1973 bzw. 1969) der Gesamtemergenz dieser Jahre. Die Summe der 3 häufigsten Arten schwankte dagegen zwischen 34 % (1973) und 66 %(1972), während die häufigste Art alleine, die Eintagsfliege *Baetis vernus*, von 4 % (1973) bis 62 %(1972) differierte. Hieraus wird klar, daß sich die Gesamtabundanz der Insekten nur wenig ändert, während die einzelnen wichtigen Arten von Jahr zu Jahr eine sehr unterschiedliche Rolle spielen.

Die hohe Diversität der Arten gibt dem System insgesamt die Möglichkeit, sich den von Jahr zu Jahr wechselnden Milieubedingungen immer wieder anzupassen, und gerade das hier aufgeführte Beispiel zeigt damit auch die Bedeutung einer hohen Artendiversität für den Bach als Ökosystem. Die gleiche Bedeutung hat die Artendiversität selbstverständlich auch für andere Ökosysteme, nicht nur im limnischen Bereich.

Im Laufe des Jahres unterliegt die Biomasse der einzelnen Arten erheblichen Schwankungen. Dieses soll hier an vollaquatischen Tieren, den Gammariden, demonstriert werden. Sie leben vorwiegend in einer 5 cm dicken Substratschicht am Bachgrund, jedenfalls in Waldbächen, können jedoch auch, falls vorhanden, die untergetauchten Pflanzenbestände besiedeln. Abb. 77 zeigt die Individuenzahl von *Gammarus fossarum* pro 1000 cm^2 Bachgrund zu den vier Jahreszeiten für den Breitenbach und den Rohrwiesenbach. Letzterer ist enorm reich an *Gammarus* aller Altersstadien. Die höchste Dichte der Tiere ergibt sich im Sommerhalbjahr. Das hängt damit zusammen, daß während des Winters (von Oktober bis März) keine Reproduktion stattfindet und die Population durch Absterben, Predation und Abdrift immer mehr zusammenschmilzt, bis die neue Gereration im Frühjahr sie wieder verstärkt und zu einem sommerlichen bis herbstlichen Maximum führt. Im Breitenbach lebt ein Teil der Population in submerser Vegetation. Diese Population ist aber insgesamt sehr viel kleiner und auch labiler. Das erklärt sich daraus, daß *G. fossarum* vorwiegend von Fallaub lebt und damit primär ein Element der Waldbäche darstellt. Trotz der Umwandlung des Breitenbachs in einen Wiesenbach ist *G. fossarum* aber noch immer ein regelmäßig vorkommendes und auch häufiges Tier. Seine Abundanz liegt in der gleichen Größenordnung wie diejenige der häufigsten Insektenarten. Entsprechend weit geht sie im waldgesäumten Rohrwiesenbach über diese hinaus.

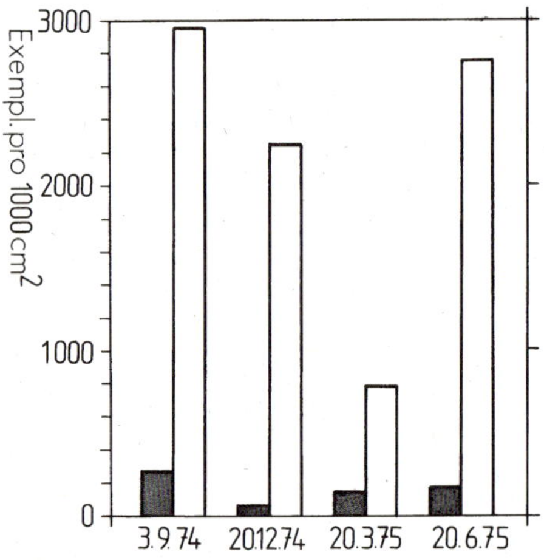

Abb. 77: Abundanz von *Gammarus fossarum* im Breitenbach (grau) und Rohrwiesenbach (weiß) zu verschiedenen Jahreszeiten. (Nach Werten von PIEPER 1978.)

Die Lebensgemeinschaft der so vielgestaltigen Organismen wird durch Nahrungsbeziehungen zusammengehalten, die im folgenden wenigstens in groben Zügen zu betrachten sind.

Im Wasser gelöste Stoffe werden von Pflanzen und Bakterien aufgenommen, resobiert. Pflanzennährstoffe, die in der fließenden Welle transportiert werden, gelangen unmittelbar zu den untergetauchten Pflanzen des Breitenbachs und zu den sumpfige Uferbereiche besiedelnden semiaquatischen Pflanzenarten des Breitenbachs und des Rohrwiesenbachs. Die höhere Ufervegetation wird episodisch bei Hochwässern „gedüngt", wenn die Nährstofffrachten erhöht sind (Abb. 10) und das Wasser über die Ufer in die Auen tritt.

In ursprünglichen Waldbächen, denen der Rohrwiesenbach nahesteht, liegt die pflanzliche Produktion im Uferbereich und umfaßt dort Sumpf- und Uferpflanzen sowie die bis unmittelbar am Bach oder sogar teilweise noch im Bach stehenden Bäume, unter denen die Schwarzerle (s.S. 170) die häufigste Art ist. Gerade dieser an Bächen quantitativ so bedeutsame Baum vermag zusätzlich Luftstickstoff zu binden. Laub dieser Bäume und Pflanzenteile der Sumpf- und Ufervegetation gelangen dann, vornehmlich im Herbst, in den Bachlauf und bilden hier als allochthones organisches Material die Grundlage für die heterotrophe Ernährung.

Im Breitenbach dagegen, auf dessen Ufern Bäume fehlen, sind Teile von Sumpf- und Uferpflanzen und die gesamte submerse Vegetation die trophische Grundlage jeder nachfolgenden tierischen Produktion. Beide Bäche unterscheiden sich, was die Primärproduktion anbelangt, also erheblich voneinander. Im Waldbach vollzieht diese sich außerhalb des eigentlichen Bachlaufs, womit der Uferbereich zugleich von entscheidender Bedeutung für die Bachfauna wird. Im Wiesenbach erfolgt ein Teil der pflanzlichen Primärproduktion im Gewässer selbst. Ergänzt wird die Primärproduktion in beiden Bächen durch Algen des Aufwuchses, die im Breitenbach während des ganzen Jahres von der starken Belichtung profitieren, im Rohrwiesenbach vorwiegend im zeitigen Frühjahr vor dem Blattaustrieb und im Herbst nach dem Laubfall, wenn die Belichtungsverhältnisse am günstigsten sind (Abb. 25).

Organische Stoffe gelangen schubweise mit Oberflächenwasser aus der näheren und weiteren Umgebung in die Bäche, besonders bei stärkeren Niederschlägen. Sie werden von Bakterien und Pilzhyphen aufgenommen; die quantitative Entfaltung von Bakterien in den Bächen ist demnach auch stark von diesen Nährstoffangeboten abhängig, und so findet man im Rohrwiesenbach, einem Waldbach, insgesamt eine höhere Bakterienkonzentration als im Breitenbach, der durch Wiesen fließt (Abb. 76). Abwassereinleitungen, die an diesen beiden Bächen glücklicherweise fehlen, würden das Angebot an organischen Stoffen weiter erhöhen und damit die Ernährungsgrundlage der heterotrophen Mikroorganismen erweitern. Unter diesen Umständen könnte es dann zur Ausbildung von Bakterien- und Pilzhyphenrasen kommen, einer maximalen Entfaltung des „Abwasserpilzes“ (s.S. 149).

Die Tiere, die im trophischen Gefüge der Ökosysteme Konsumenten sind, ernähren sich von verschiedensten organischen Stoffen. Unmittelbar von pflanzlichen Stoffen leben phytophage Tiere, welche lebende Makrophyten verzehren, Aufwuchsfresser, die besonders Diatomeen von Steinoberflächen abweiden, detritivore Tiere, die Reste abgestorbener Pflanzen verwerten, sowie Filtrierer, Strudler und Netzfänger, die Pflanzenteilchen, Algen und Bakterien der fließenden Welle entnehmen. Diese Gruppe der sogenannten Primärkonsumenten ist am arten- und individuenreichsten. Betrachtet man beispielsweise die Liste der häufigsten Insekten-Arten des Breitenbachs (s.Tab. 34), so gehören die ersten 14 Arten und damit etwa 80 % der Insekten-Individuen in diese Kategorie. Die 1969 häufigste Art *Baetis rhodani* und die im 8jährigen Mittel (1969-76) häufigste Eintagsfliege *Baetis vernus* sind Algenweider an Steinen und Detritusfresser. Gleiches gilt für die Köcherfliege *Agapetus fuscipes*, die im Frühjahr zur Zeit des Diatomeenmaximums vorwiegend Algenweider ist, außerhalb dieser Zeit Detritusfresser. Dieser Ernährungstyp greift auf Ressourcen zurück, die auch in Waldbächen reichlich vorliegen, und so verwundert es nicht, daß die hier erwähnten Insektenarten auch im Rohrwiesenbach regelmäßig und sehr häufig vorkommen.

Weit überwiegend von Detritus lebt auch der individuenreiche *Gammarus fossarum*, und zwar in erster Linie von Fallaub, weshalb auch seine Population im Rohrwiesenbach größer und stabiler ist als im wiesengesäumten Breitenbach. Er vermag jedoch auch andersartige Kost aufzunehmen (s.S. 153). So spielt er selbst im Breitenbach eine quantitativ bedeutsame Rolle. Zählt man die wichtigsten Primärkonsumenten unter den Insekten nach der Zahl ihrer Individuen zusammen und rechnet *Gammarus* hinzu, so ist die weit überwiegende Mehrzahl der im Bach lebenden Tiere erfaßt und in ihren Nahrungsgewohnheiten hinreichend beschrieben: Detritus und Algenaufwuchs, insbesondere Diatomeen, bilden die Nahrungsbasis der meisten Bachtiere.

Algenaufwuchs findet sich vor allem auf der oberen, belichteten Seite von Steinen am Bachgrund, die zumeist auch stark überströmt sind. Sie abzuweiden bedeutet eine Exposition zur Strömung, und so sind gerade die auf Algennahrung angewiesenen Tierarten zugleich auch der Strömung angepaßt. Sofern die Strömung nicht zu stark ist, vermag sich die Eintagsfliegenlarve der Gattung *Baetis* geduckt über die Steine zu bewegen, wobei sie die Grenzschicht der durch Reibung gebremsten Strömung ausgenutzt. Wie viele andere Tierarten hält auch sie sich in kleinen Totwasserräumen zwischen Steinen auf, wo feiner Detritus ausfällt. Sowohl im Breitenbach als auch im Rohrwiesenbach sind die quantitativ bedeutsamen Arten zugleich Algen- und Detritusfresser.

Aus dem freien Wasserkörper werden Algen, Bakterien und kleine organische Partikel erbeutet. Dieses tun etwa die Larven der Kriebelmücken mit Hilfe ihrer Mundfächer. Simuliiden kommen sowohl im Breitenbach als auch im Rohrwiesenbach vor.

Bemerkenswert erscheint, daß unter den häufigen Primärkonsumenten keine eigentlichen phytophagen Formen vorkommen, die ausschließlich von Makrophyten leben. Das gilt nicht nur für den Rohrwiesenbach, dem eine submerse Makrophyten-Vegetation überhaupt fehlt, sondern auch für den Breitenbach mit seiner untergetauchten Flora. Vielleicht ist dies eine Folge davon, daß Wiesenbäche in unseren Breiten ursprünglich Waldbäche waren, in denen der Lichtmangel Makrophyten generell behinderte. Wiesenbäche enthalten zwar viele Pflanzen, jedoch kaum zugleich an Pflanzennahrung und starke Strömung angepaßte Tierarten. In seinen wichtigsten Primärkonsumenten spiegelt demnach der Breitenbach noch immer seine Geschichte als Waldbach wieder.

Eine in quantitativer Hinsicht untergeordnete Rolle spielen die Sekundär- und weiteren Folgekonsumenten. Ihre Lebensweise als Jäger läßt sie im komplizierten Strömungsmosaik der Bachläufe gewissermaßen viel herumkommen, und entsprechend sind sie alle gerade dem Problemfaktor Strömung gut angepaßt. Sehr viele von ihnen sind zudem sehr sauerstoffbedürftig. Die carnivoren Tierarten gehören sehr verschiedenen systematischen Gruppen an. Im Breitenbach hat unter den Insektenlarven *Isoperla goertzi* Bedeutung, die dort vorwiegend Eintagsfliegenlarven jagt, oder auch die Köcherfliegenlarve *Rhyacophila fasciata*, die übrigens keinen Köcher trägt. Auf 10 m Breitenbachstrecke traten sie im 8jährigen Mittel mit 93 bzw. 66 Individuen auf. Räuberisch leben auch die Larven mancher Gnitzen (Ceratopogoniden) und insbesondere zahlreiche Zuckmückenlarven (Chironomiden). So wurden im Breitenbach 59, im Rohrwiesenbach 57 Gnitzenarten nachgewiesen, wobei allerdings einige nur in den Quellregionen vorkamen.

Sehr wichtige Folgekonsumenten, die von Insektenlarven, Gammariden aber auch von über dem Wasser fliegenden Insekten leben, sind die Bachforellen (*Salmo trutta*), die in beiden Bächen vorkommen. Hinzu kommen einige Amphibienarten, deren Larven im Wasser leben, Vögel, wie die Stockente (*Anas platyrhynchos*), die in feinem Substrat zwischen Steinen Gammariden und Insektenlarven ergründelt, und auch Säuger, wie die Wasserspitzmaus (*Neomys fodiens*). Die für untere Bachbereiche, das Hyporhithral, charakteristische Wasseramsel fehlt sowohl am Breitenbach als auch am Rohrwiesenbach. Beide Bäche sind noch zu klein. Ein Jäger der Wasseroberfläche ist die Wasserwanze *Velia caprai*, die in stillen Buchten beider Bäche vorkommt.

Unter den Schmarotzern sind insbesondere die Wassermilben (Hydracarinen) zu nennen, die jedoch nur im Breitenbach untersucht wurden. Von ihnen wurden 21 Arten bestimmt, die in einigen Phasen ihrer larvalen Entwicklung an Insekten parasitieren, sonst aber räuberisch leben, vorwiegend von Larven kleiner Insektenarten (wie z.B. Chironomiden).

Zusammenfassend läßt sich sagen , daß die Nahrungspyramide im Breitenbach und mehr noch im Rohrwiesenbach auf Algen-, besonders Diatomeenüberzügen und Zerfallsprodukten von Uferpflanzen, am Rohrwiesenbach vorwiegend auf Fallaub basiert. Die Primärkonsumenten von Uferpflanzen sind dementsprechend zugleich Algenweider und detritivore Tiere, die in großer Arten- und Individuenzahl auftreten. Dabei handelt es sich im wesentlichen um Insektenlarven und Krebstiere. Die Sekundär- und Folgekonsumenten sind sehr verschiedenartig und sowohl durch Wirbellose als auch Wirbeltiere repräsentiert.

Für die tierischen Besiedler der Bäche, des Rhithrals, ist das Lückensystem der grobsandigen und -schotterigen Substrate am Gewässergrund von großer Bedeutung. Es gilt als „Kinderstube der Wasserinsekten", beherbergt aber auch Jugendstadien anderer Tiergruppen des Rhithrals wie etwa von Gammariden. Der „unter dem Fließenden liegende Lückenbereich", das **hyporheische Interstitial**, grenzt in der Tiefe an das Grundwasser, das Stygal (nach Styx, dem Fluß der Unterwelt). Entsprechend wird der Raum zwischen dem Rhithral und dem Stygal auch **Rhithrostygal** genannt. Als Beispiel dienen hier Untersuchungen an der Oberen Fulda bei Gersfeld in der Rhön. Dort wurden Jahresgänge von Temperatur, Sauerstoffsättigung und Wasserstoffionenkonzentration im freifließenden Wasser und in 45 cm Tiefe im darunterliegenden Rhithrostygal ermittelt (Tab. 35).

Datum	T °C Freiwasser	T °C 45 cm tief	O2 % Freiwasser	O2 % 45 cm tief	pH Freiwasser	pH 45 cm tief
23.01.73	0,9	2,7	101	28	7,7	6,7
09.05.73	6,6	7,3	100	43	7,5	6,4
25.07.73	11,8	11,0	86	15	7,2	6,2
23.10.73	6,9	7,2	98	40	7,3	6,4
30.01.74	2,9	4,4	98	43	7,5	6,4

Tab. 35: Temperatur (°C), Sauerstoffsättigung (%) und Wasserstoffionenkonzentration (pH-Wert) im freien Wasser der Oberen Fulda sowie in 45 cm Tiefe unter der Stromsohle. (Nach HUSMANN 1991.)

Im Laufe des Jahres schwankte die Temperatur in 45 cm Tiefe deutlich weniger als im darüber fließenden freien Wasser, was den Übergang zum Grundwasser andeutet.

Das freifließende Fuldawasser war fast durchgehend sauerstoffgesättigt, abgesehen nur von einem geringen Defizit im Sommer. Dagegen waren die Sauerstoffdefizite im Bachgrund erheblich, zumal im Sommer. Sie weisen auf eine starke Sauerstoffzehrung beim Abbau organischer Stoffe durch Bakterien sowie auf den geringen Zutritt von Sauerstoff aus dem freifließenden Wasser hin.

Der pH-Wert verhielt sich ähnlich. Im freien Fuldawasser lag er im schwach alkalischen und im Bachgrund der Oberen Fulda im schwach sauren Bereich, am deutlichsten im Sommer durch reichlich freigesetzte Kohlensäure.

Die tierische Besiedlung an der gleichen Stelle der Oberen Fulda ist auszugsweise in Tab. 36 dargestellt. Dabei wurden Ephemeropteren, Plecopteren, Trichopteren und Coleopteren als Beispiele für die ökologische Gruppe der rhithrostygophilen Tiere zusammengestellt, die außer im Rhithral auch in oberen Bereichen des Rhithrostygals leben und in geringer Zahl sogar noch tiefer eindringen. Andere Tiergruppen sind überhaupt nur im Rhithrostygal ansässig. Hier wurden als Beispiele für Rhithrostygobionten Nematoden, Oligochaeten, Cyclopoiden, Harpacticoiden und Ostracoden ausgewählt. Tiere dieses Ökotyps waren außerordentlich individuenreich vertreten, insbesondere im oberen, nahrungsreichen Teil dieses Lebensraums. Als Detritivore leben sie von organischen Resten wie zerkrümeltem Fallaub, das von ober her in das Lückensystem eindringt. Erst in 30 cm Tiefe traten in größerer Zahl stygobionte Tiere auf, also eigentliche Grundwasserbewohner, die nur vereinzelt höher aufsteigen. In diesem Falle handelte es sich um Arten der Krebsgattungen *Parastenocaris, Bathynella* und *Niphargus*.

Tiefe in cm unter Stromsohle	Rhithrostygophile Tiere		Rhithrostygobionte Tiere		Stygobionte Tiere	
	Ind	%	Ind.	%	Ind.	%
1	282	33,2	4780	32,4	1	0,9
5	138	16,3	2877	19,5	0	0,0
10	175	20,6	1791	12,1	1	0,9
15	170	20,0	1917	13,0	4	3,7
20	26	3,1	695	4,7	6	5,6
25	13	1,5	679	4,6	2	1,9
30	26	3,1	745	5,0	26	24,1
35	13	1,5	698	4,7	34	31,5
45	6	0,7	589	4,0	34	31,5
Summe:	849	100,0	14771	100,0	108	100,0

Tab. 36: Tiere im Rhithrostygal der Oberen Fulda (zusammengestellt nach HUSMANN 1991).

Die zahlreichen rhithrostygobionten Tiere, zu denen außerdem noch viele Hydracarinen, Chironomidenlarven, Gastropoden und Turbellarien gerechnet werden können, weisen das Rhithrostygal als einen eigenständigen Lebensraum aus, zugleich aber auch als Begegnungsbiotop von Tieren des Rhithrals und des Stygals.

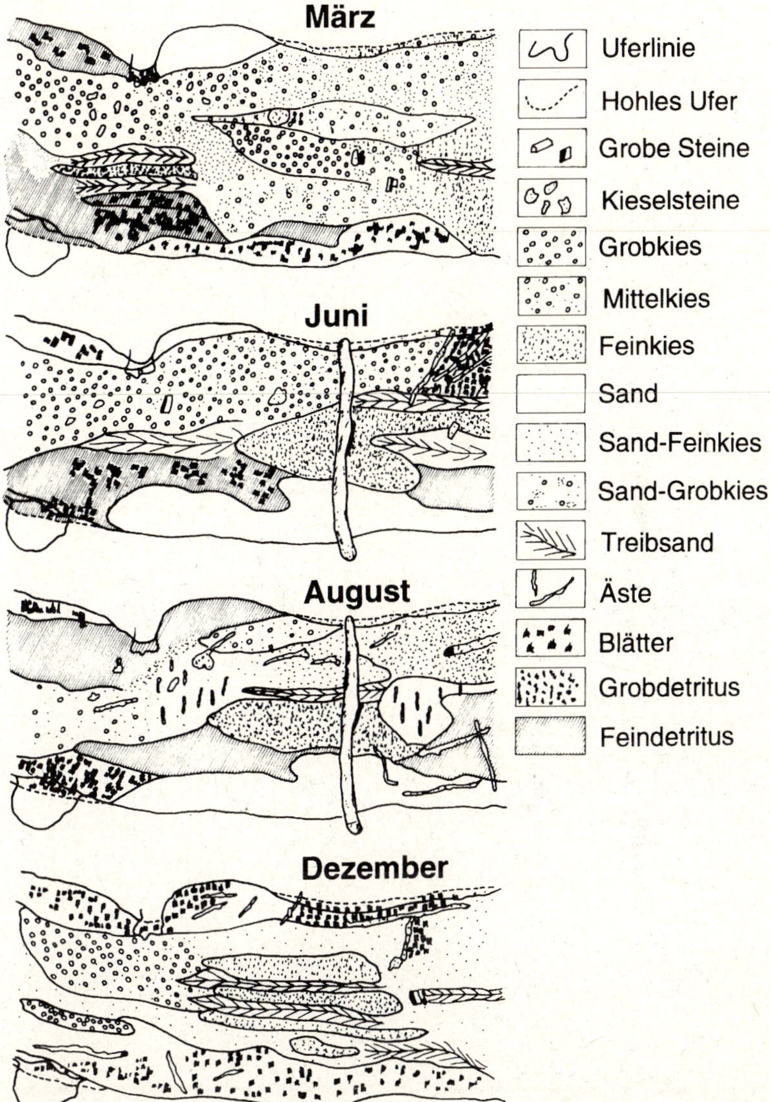

Abb. 78: Substratmosaik eines Bachbetts im Jahreslauf 1977 (Ratumsebeek). (Nach TOLKAMP 1980.)

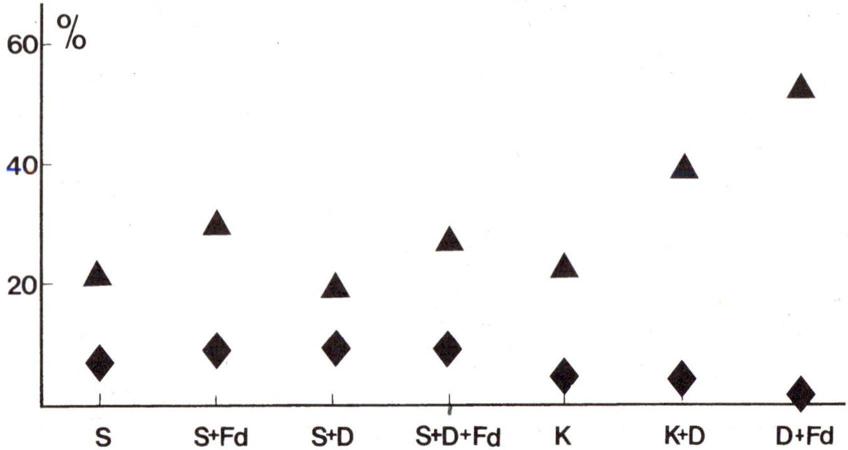

Abb. 79: Häufigkeit verschiedener Ernährungstypen (Rhomben = Räuber; Dreiecke = *Gammarus pulex* als Beispiel für Detrivore) bei unterschiedlicher Zusammensetzung des Substrats am Bachgrund. S – Sand, K – Kies, D – Grobdetritus, Fd – Feindetritus. Daten entnommen aus TOLKAMP 1980, Tab. 80, Ratumsebeek.

Abb. 80: Wilhelmshäuser Bach in Roßbach bei Witzenhausen/Werra bei Niedrigwasserführung. Der Bachgrund besteht aus grobem Geröll, das linke Ufer ist mit Eschen bestanden, die von Anliegern gepflegt werden. Das rechte Ufer ist eine Natursteinmauer.

Die starke Dynamik des naturbelassenen Substrats im Bachbett zeigt Abb. 78 am Beispiel eines 5 m langen Abschnitts des Laubwaldbachs Ratumsebeek nahe Winterswijk (Niederlande). Hier wurden insgesamt 13 Substrate unterschieden und an vier über das Jahr 1977 verteilten Zeitpunkten kartiert. Dabei zeigte sich deutlich, daß sich die Substrate ständig um- und verlagern, wobei immer wieder neue Bänke von Sand oder Kies, Blattansammlungen und Mulden mit Grob- oder Feindetritus entstehen. Dieses geschieht fortwährend unter dem Einfluß der in Stärke und Richtung schwankenden und pendelnden Strömung, und zwar auch unabhängig von Hochwassserständen, die diese Vorgänge höchstens verstärken.

Die Zusammensetzung des Substrats beeinflußt in hohem Maße die Besiedlungsverhältnisse, indem die einzelnen Tierarten bestimmte Substrattypen bevorzugen. Daraus ergibt sich, daß bei hoher Vielfalt des Substratmosaiks viele Arten mit unterschiedlichen Ansprüchen nebeneinander vorkommen können. Im Ratumsebeek wurden die verschiedenen Besiedler von 7 unterschiedlichen Substrattypen ausgezählt, mehr als 20 000 Individuen, die mehr als 300 Arten angehörten. Dabei ergab sich u.a., daß *Gammarus pulex* die quantitativ bedeutendste Art war und unter allen Wirbellosen mindestens 20 %, unter den Detritivoren mindestens 40 % der Individuen ausmachte. Dabei häuften sich die Gammariden besonders dort, wo sich grober Detritus, Blattwerk und Feindetritus angesammelt hatte (Abb. 79). Die räuberisch lebenden Wirbellosen fanden sich eher auf Flächen mit feiner strukturiertem Substrat, auf dem sie suchend umherschweifen oder wo sie Fangnetze bauen. Reine Detritusanhäufungen meiden sie dagegen.

Auch in eng bebauten Ortslagen läßt sich eine für Waldbäche charakteristische Wasserfauna erhalten, sofern nur das Substrat am Gewässergrund vielfältig und lückenreich bleibt, und insbesondere nicht das hyporheische Interstitial mit Hilfe von Zement versiegelt wird. Eine solche noch sehr gute Bachstrecke zeigt Abb. 80 im Dorf Roßbach bei Witzenhausen/Werra, wo sich bei guter Wasserqualität sehr empfindliche Arten, wie etwa die Larven der Steinfliege *Dinocras cephalotes* (Abb. 85) erhielten.

5.4.2 Allgemeines

Nachdem nun an Beispielen demonstriert wurde, wie sich das Ökosystem Bach im Einzelfall darstellen kann, soll nunmehr versucht werden, es überregional zu charakterisieren. Hierzu dient zunächst das Schema der trophischen Beziehungen im Rhithral, das auf Befunden an europäischen und nordamerikanischen Bächen basiert (Abb. 81). Hieraus wird zunächst deutlich, daß wichtige Materialien aus dem Einzugsgebiet in den Bach gelangen: Pflanzliche Reste aus der Ufervegetation, die Bakterien, Pilze und vor allem Insekten und Krebstiere ernähren, gelöste organische Substanzen, die den Bakterien zufließen, Nährsalze, die von Makrophyten, Aufwuchsalgen, Pilzen und Bakterien resorbiert werden, sowie terrestrische Tiere, welche ins Wasser fallen, vorwiegend geflügelte Insekten, die von Fischen erbeutet werden. Die Pflanzen im Wasser brauchen zum Wachsen von außen her Licht. Detritus und gelöste Substanzen (wie Nährsalze) werden teilweise bachabwärts getragen und erst später Konsumenten zugeführt. Folgekonsumenten, insbesondere Insektenlarven und Fische, schließen sich den Primärkonsumenten an, und auch die Produkte ihres Stoffwechsels gelangen wiederum in die fließende Welle. Schließlich kehren viele Insekten als

Imagines auf das Land zurück, womit ein Bach seinen Beitrag zu terrestrischen Ökosystemen leistet. Alle diese Komponenten sind uns von der Besprechung des Breitenbachs und Rohrwiesenbachs her schon bekannt.

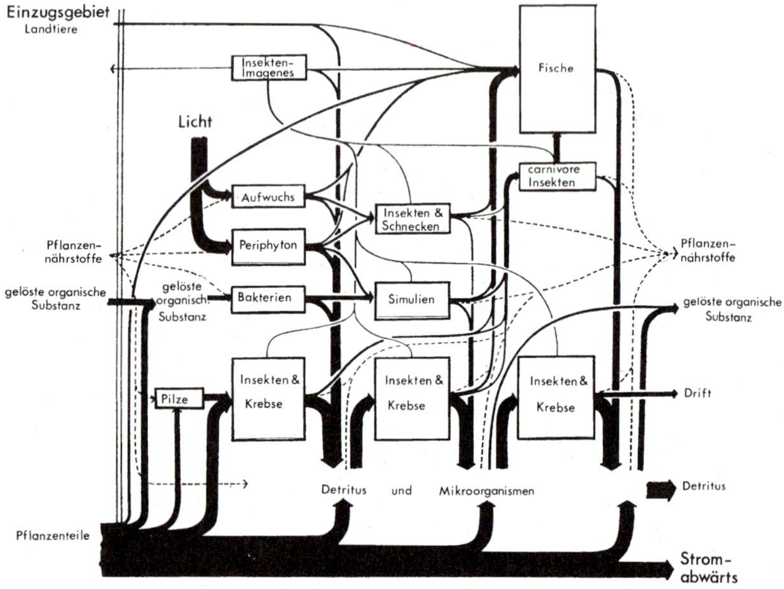

Abb. 81: Trophische Beziehungen im Ökosystem Bach. (Aus HYNES 1970, übersetzt.)

Die an und in deutschen Bächen vorkommenden Gattungen der Gefäßpflanzen können aus Tab. 31 entnommen werden. In ihr sind alle die Arten aufgeführt, die nach OBERDORFER (1979) auch an Bächen bzw. rasch fließenden Gewässern vorkommen. Ein Vergleich mit den Floren von Breitenbach und Rohrwiesenbach zeigt jedoch, daß im Einzelfall, mit dem jedoch jeder Untersucher konfrontiert wird, noch weitere Pflanzenarten an Bächen gefunden werden können. In erster Linie betrifft das Landpflanzen, die ihren Verbreitungsschwerpunkt auf dem Land abseits von Bachläufen besitzen.

Um die Flora an Bächen näher zu beschreiben, werden aus Tab. 31 einige in qualitativer wie quantitativer Hinsicht bedeutsame Gattungen herausgegriffen, da eine vollständige Besprechung im vorliegenden Rahmen nicht möglich ist. Bäume und Sträucher an Bächen gehören folgenden Gattungen an: *Salix* (Weiden), *Alnus* (Erlen), *Fraxinus* (Eschen) und *Viburnum* (Schneeball). Sie alle sind auf feuchte bzw. grundwasserbeeinflußte Standorte angewiesen und werden zumeist noch gefördert, wenn das Grundwasser zieht. Sie sind durchweg nährstoffreicheren Böden angepaßt, die sie im Überschwemmungsbereich von Bächen vorfinden, haben jedoch recht verschiedene Ansprüche an den Kalkgehalt der Böden, weshalb man sie nirgends alle gemeinsam antreffen wird. Quantitativ herrscht an Bächen zumeist die Schwarzerle vor, und gerade sie steht, ebenso wie viele Weiden, direkt am Ufer. Auf den Bachlauf wirkt sich das stabilisierend aus: Ufer ohne Baumbewuchs werden leicht unterhöhlt (Bachverwilderung), da Baumwurzeln fehlen, die das Ufer verankern würden. Leider bekämpft man diese anthropogenen Schäden oft mit Beton, wodurch der Bach als Lebensraum zerstört wird (Abb. 83).

Von Arten dieser Gattungen, oft auch von weiteren Baumarten (s. Tab. 39) werden die Bäche beschattet und das Laub dieser Gehölzarten stellt die Masse des allochthonen organischen Materials, von dem sich die Fauna der Bäche direkt oder indirekt ernährt. Die quantitativ bedeutsamste Komponente des Fallaubs ist das Laub der Schwarzerle, das von dem im Waldbach wichtigsten detritivoren Primärkonsumenten, *Gammarus*, bevorzugt aufgenommen wird. Dies hängt auch damit zusammen, daß Bakterien und Gewässerpilze Schwarzerlenlaub besonders rasch besiedeln und es den Primärkonsumenten, die besonders weiches Blattmaterial heraussuchen, aufschließen. Andere Blätter (wie etwa von Eichen), die von weither angeweht werden können, liegen dagegen noch lange unversehrt im Wasser. Sie dienen im Frühjahr (ebenso wie Buchenlaub) den nun kleineren *Gammarus*-Populationen als Nahrung. Fichtennadeln finden dagegen kaum Konsumenten, und so sind detritivore Tiere in Bächen in reinen Fichtenforsten unter anderen einem Nahrungsmangel ausgesetzt, zumal diese auch frei von Pflanzen der Krautschicht sein können.

Aus Tab. 37 geht hervor, daß detritivore Tiere, besonders *Gammarus*, bestimmte Blattarten bevorzugen. Dies wurde im März 1972 auf einer Strecke von 0,5 m im Rohrwiesenbach festgestellt. Durch die Bevorzugung ergibt sich im Laufe des Jahres ein Nahrungswechsel: Weiche Blätter werden zuerst, besonders im Herbst gefressen, widerstandsfähigere zu späterer Zeit.

Blätter	Rotbuche	Schwarzpappel	Schwarzerle
Unversehrt	17	43	3
Angefressen	8	47	31
Skelettiert	3	32	30

Tab. 37: Zustand von Blättern im Rohrwiesenbach im März 1972.

In den Auwäldern an Gewässerläufen, die zumindest im Frühjahr lichtreich sind, entwickelt sich auf den Ufern eine artenreiche Krautschicht, die insbesondere aus Pflanzen mit hohen Nährstoffansprüchen besteht. Viele sind Schattenpflanzen, besonders Farne und Moose, oder doch Halbschattenpflanzen und vielfach Frühjahrsblüher, wie das auch auf Bachufern häufige Scharbockskraut (*Ranunculus ficaria*). Eine nähere Charakterisierung der Ufervegetation muß hier unterbleiben; stattdessen sei auf die pflanzensoziologische Literatur besonders über Weichholzauenwälder verwiesen (Ellenberg 1986). Für den Bach hat die Krautschicht am Ufer Bedeutung als Nahrungsquelle für detritivore Organismen. Besonders größere Pflanzen, etwa Gräser und Farne, fluten nach dem Absterben mit ihren Sproßteilen im Wasser, während sie noch mit ihren Wurzeln im Ufer verankert sind. Zerfallsprodukte der Uferpflanzen werden bei Niederschlägen in den Bach gespült und ergänzen das dortige Nahrungsangebot. An Prallhängen können krautige Uferpflanzen losgelöst werden und so in den Bachlauf geraten.

Typische Sumpfpflanzen stehen (auch) an niedrigen Bachrändern, wo sie häufig überflutet werden. Diese Pflanzen tragen wesentlich zur Strukturierung des Wasserkörpers bei. Die Aufteilung des seichten, ufernahen Wassers in kleinste Räume mit nur schwacher Strömung ergibt im Bachlauf vielerlei Kleinbiotope, die von verschiedenen Tiergruppen besetzt werden können. Bedeutsame Gattungen und Arten der „Sumpfpflanzen an Bächen" sind, ähnlich wie an Quellen, z.B. Seggen (*Carex*), Rohrglanzgras (*Phalaris*), Schwertlilie (*Iris*), Bachbunge (*Veronica beccabunga*) und Sumpfvergißmeinnicht (*Myosotis palustris*), die mehr oder weniger tief im Wasser stehen und besonders an lichtreichen Abschnitten kleiner Bäche den gesamten Wasserkörper erfassen, aufteilen und überschatten können.

Der Grad der Anpassung an das Wasserleben ist bei den verschiedenen Sumpf- bzw. Röhricht- und Uferpflanzen unterschiedlich stark. Manche sind in der Lage, auch unter Wasser zu assimilieren, z.B. *Polygonum*, andere nur, wenn die Sproßteile an der Luft stehen, wie z.B. *Carex*. Besonders Seggenrieder charakterisieren die Quellen, wo sie artenreicher sind als an Bächen. Ein Grund hierfür kann in der Tatsache liegen, daß die Wasserstände in Bächen stärker schwanken als in Quellen. An Flüssen schließlich finden sich nur noch wenige Seggenarten (Abb. 66).

Bachsümpfe sind zumeist diskontinuierlich verbreitet, fleckenartig am Gewässerrand verteilt. Die Vielfalt der Bachsümpfe ist heute geringer als in früherer Zeit; denn die zahlreichen Bachbegradigungen bewirken eine rasche Abführung des Wassers im eigentlichen Bachbett, und zusätzlich sind viele an Bäche angrenzende Flächen dräniert. Am Beispiel des Breitenbachs sahen wir jedoch, daß ein Abholzen von Uferwald die Zahl der Sumpf- bzw. Bachröhrichtarten auch wieder erhöhen kann.

Auch Sumpfpflanzen tragen, besonders wenn sie im Herbst absterben, zur Ernährung der Bachfauna bei. Besonders in Wiesenbächen, in die kein Fallaub mehr gelangt, sind Sumpfpflanzen von großer Bedeutung, zusammen mit Uferpflanzen, die als Reste der Mahd ins Wasser gelangen, sowie die untergetaucht lebenden Wasserpflanzen. In naturnahen Waldbächen findet man submerse Vegetation erst im unteren Teil der Läufe, im Hyporhithral, wo der Bach sich verbreitet und lichtreicher wird. Auf einige Gattungen, die hier allgemein zu erwarten sind und zum Fluß hin artenreicher werden können, sei hier hingewiesen; Laichkräuter (*Potamogeton densus, P. filiformis* und *P. nodosus*). Sie bilden Rasen, die von Wasser durchströmt werden. Ähnliche Bestände bildet *Callitriche hamulata*, eine Wassersternart. Unter den Gräsern lebt *Glyceria* teilweise untergetaucht und entsendet lange Sproßausläufer stromabwärts in den Wasserkörper. Sehr lange Sprosse bildet ferner der Flutende Hahnenfuß (*Ranunculus fluitans*), der zugleich auch größere zusammenhängende Bestände bildet.

Alle diese submersen Pflanzen tragen dazu bei, daß zumindest im Sommerhalbjahr der freie Wasserkörper der Bäche aufgeteilt, strukturiert wird. Damit bieten sich der Fauna neue Lücken zur Einnischung. Die Tiere finden hier nicht nur Schutz vor Strömung, sondern auch pflanzliche Nahrung. Diese autochthone Nahrungsquelle wird im Übergangsbereich zwischen Bach und Fluß immer bedeutsamer, und zwar zunächst durch die Zunahme submerser Makrophyten. Hinzu kommt Algenaufwuchs, wogegen Phytoplankton in Bächen noch fehlt: Für die freischwebenden Organismen wäre besonders in Bächen der Bergländer die Strömung so stark, daß sie förmlich ausgewaschen würden (s.S. 30).

Mit Hilfe von Tierlisten soll nun versucht werden, die aufeinanderfolgenden Gewässerabschnitte von den Quellen bis hin zum Fluß zu charakterisieren. Wegen der hohen Zahl der Spezialisten für Fließgewässer und insbesondere Bäche bieten sich tierische Lebensformtypen hierzu eher an als pflanzliche, wie schon früher bemerkt wurde, (s.S. 183 f).

Zugrunde gelegt wird wiederum die „Limnofauna Europaea". Und zwar werden für die oberen Bachbereiche solche Tiere herangezogen, die zugleich in Quellen und Bächen auftreten, für mittlere Bachbereiche solche, die nur in Bächen vorkommen, und für untere Bachbereiche solche, die in Bächen und Flüssen leben. Näher besprochen wird jeweils der Lebensraum der Organismen und ihre Stellung im Nahrungsnetz.

Bei den zugleich auf Quellen und Bächen spezialisierten Tierarten handelt es sich auf der trophischen Ebene der Primärkonsumenten um detritivore, mikrophage und phytophage Tiere sowie um Algen-(Aufwuchs-)fresser, Filtrierer, Strudler und Netzfänger. Der Schwerpunkt liegt bei den Detritusfressern, zu denen hier besonders kleine Schnecken, Flohkrebse und Zuckmückenlarven zu zählen sind. Eine Rolle spielen auch Algenweider, insbesondere solche, die den Aufwuchs von Steinen verzehren. Sie rekrutieren sich ebenfalls aus Schnecken, verschiedenen Dipteren, besonders Chironomiden, ferner Trichopterenlarven und Käfern (Dryopiden). Dagegen sind nur wenige Formen als Pflanzenfresser zu bezeichnen, vorwiegend einige Käfer (Dryopiden, Helodiden). Unter den Filtrierern, Strudlern und Netzfängern treten bereits die Simuliiden (Kriebelmücken) hervor, ein Hinweis auf eine Drift von Algen und Bakterien, die schon im obersten Bachbereich einsetzt.

Als Sekundärkonsumenten, die sich räuberisch von den oben genannten Primärkonsumenten ernähren, treten folgende Tiergruppen hervor: zunächst Turbellarien mit vermutlich recht vielen Arten, weiterhin verschiedene Insektengruppen, insbesondere Käfer (Hydradephagen), Ceratopogoniden (Gnitzen), Plecopteren und einige Odonaten, daneben Empididen (Tanzfliegen) und schließlich Molchlarven als erste Wirbeltiere. Räuber, die zusätzlich zeitweise parasitisch leben, sind schon zahlreich durch Hydracarinen (Wassermilben) vertreten.

Gut ein Drittel dieser Tierarten atmet, wie wir früher schon sahen (Abb. 65), zeitlebens im Wasser. Wichtigen Zuzug erhält die Fauna der Quellen und Bäche durch Wechsel- und Luftatmer, fast ausschließlich Insekten, also kleine Tiere, die entsprechend kleine Lebensräume nutzen. Unter ihnen befinden sich auch reine Luftatmer, die auf die ständige Nähe des Luftraums angewiesen sind (z.B. Dixiden, Empididen) und daher im seichten Wasser leben.

Mit nur wenigen Ausnahmen leben die Tiere der Quell- und oberen Bachregion am Boden und/oder im Substrat. Im freien Wasser jagen nur Käfer (Hydradephagen, Palpicornia), und zwar in tieferen Kolken und Quelltöpfen. Dixiden (Taf. 4, 25) leben in dünnsten Wasserfilmen, zugleich in Boden- und Luftkontakt.

In den Quellabläufen und oberen Bachbereichen finden wir also eine durchweg aus kleinen Tieren zusammengesetzte Fauna, die Lücken in Substraten, kleinste Wasserkörper und dünnste Wasserfilme besiedeln kann. Neben Wasseratmern, die auch im Grundwasser leben, sind es überwiegend Insekten und deren Larven, die sich obligatorisch im Laufe ihrer Entwicklung von der Wasseratmung auf die Luftatmung umstellen oder ihr ganzes Leben lang Luftkontakt brauchen. Nahrungsgrundlage bildet zumeist feiner Detritus, der sich in Bodenlücken sammelt, aber auch im Wasser aufgeschwemmt ist, daneben Algenbewuchs und sehr wenige höhere Pflanzen.

Verfolgt man die Entwicklung der Lebensgemeinschaft bachabwärts, so ergeben sich folgende Tendenzen: Die Zahl der auf bestimmte Gewässerabschnitte spezialisierten Arten nimmt sehr stark zu (Abb. 65), wobei die Anzahl der Wasseratmer relativ noch etwas abnimmt, absolut jedoch ebenfalls steigt. Insgesamt steigt also die Anzahl von Wechsel- und Luftatmern schneller an als die der Wasseratmer. Dieses Phänomen geht in erster Linie auf den bedeutenden Anteil an Insektenarten zurück, die den aquatischen Lebensraum der Bäche ursprünglich von deren terrestrischer Umgebung her besetzten. Hinzu kommt, daß größere Tiere den nunmehr zumindest lokal vergrößerten Wasserkörper der Bachläufe besiedeln, besonders Fische. Im einzelnen ergibt sich folgendes: Die Primärkonsumenten nehmen an Bedeutung zu, was letztlich auf die Zufuhr von Blattmaterial aus dem Uferwald zurückgeht. Detritus fressen z.B. Gastropoden und Crustaceen, besonders Amphipoden, zu denen der häufig vorkommende *Gammarus* zählt. Detritusfresser sind weiterhin sehr viele Eintagsfliegenarten, die sich nunmehr zu maximaler Vielfalt entwickeln, ebenso wie viele kleinere Steinfliegenarten, etwa die Nemouriden. Auch die Psychodiden nehmen zu, und Chironomiden spielen beim Abbau von Detritus eine wichtige Rolle. Detritus lagert sich in Bächen in strömungsarmen Bereichen ab, so in Totwasserräumen zwischen und unter Steinen, zwischen Sumpfpflanzen im Ufersaum, und zwar zusammen mit Sand und feinen Schlammpartikeln. Besonders in ufernahen Zonen leben Insektenlarven, die auf Luftatmung angewiesen sind, wie z.B. die Schmetterlingsmücken (Psychodiden). In tieferem Wasser leben dagegen solche Insektenlarven, die ausschließlich im Wasser atmen (Ephemeropteren, Plecopteren u.a.). Die Zunahme besonders dieser Formen zeigt an, daß der Wasserkörper großräumiger, das Ufer aber noch nahe ist, auf das die Imagines entweichen.

Auch die Algenweider nehmen zu, so u.a. Hakenkäfer (Dryopiden), zu denen auch phytophage Formen zählen. Helodidenlarven werden mit der Zunahme submerser Pflanzen ebenfalls häufiger und können besonders in Moospolstern zahlreich werden. Erwähnung sollten hier auch manche Limoniiden finden, die phytophag sind und an staunassem Ufer und auch unter Wasser Blättchen der Moose abweiden (*Phalacrocera*). Insgesamt nehmen die autotrophen Organismen im Bachverlauf zu, und mit ihnen phytophage Tiere, vorwiegend Käfer und Zweiflügler, unter denen noch besonders die Blephariceriden (Lidmücken, Taf. 3, 20) zu nennen wären, hochgradig der Strömung angepaßte Aufwuchsweider.

Die Filtrierer, Strudler und Netzfänger, die organische Partikel, driftende Algen und Bakterien der fließenden Welle entnehmen, wachsen nach Arten- und Individuenzahl an. Das signalisiert, daß der Transport solcher Nahrung im Wasser ein Maximum erreicht hat. An erster Stelle sind hier die Simuliiden als Filtrierer zu nennen (Tafel 3,

17), deren Larven oft in Scharen Steine und im Wasser hängende Teile der Ufervegetation bedecken. Im dünnen Spritzwasserfilm aus dem Wasser ragender Steine strudeln außerdem Dixidenlarven (Tastermücken, Tafel 4, 25), während in stillen Buchten schon Culicidenlarven (Stechmücken, Tafel 4, 26 und 27) unter der Wasseroberfläche hängen können. Unter den Netzfängern ist insbesondere *Hydropsyche* (Abb. 14), eine köcherlose Trichopterenlarve, zu nennen, in deren tütenförmigem Netz sich driftendes Material fängt. Räuberische Formen, die Carnivoren, nehmen im mittleren Bachbereich an quantitativer Bedeutung und auch in der Arten- und Gruppenvielfalt weiter zu. Es handelt sich dabei um Turbellarien, die auf und unter Steinen jagend umherschweifen, sowie um große Steinfliegenlarven (s. Abb. 13), die vorwiegend die zahlreichen detritivoren Insektenlarven (wie etwa Ephemeropteren) erbeuten und in Bächen weltweit ihre größte Vielfalt erreichen. Wasserwanzen jagen auf ruhigen Flächen der Wasseroberfläche, besonders in den zahlreichen kleinen Buchten der Bäche, nach herabgefallenen und abdriftenden Insektenimagines. Carnivore Käfer erreichen ein Artenmaximum, z.B. die Hydradephagen. Gleiches gilt für räuberische Zweiflügler (Ceratopogoniden, Empididen, Dolichopodiden u.a.). An größeren Tieren treten, besonders in tieferen Kolken, Flußkrebse (*Astacus*) und eine Reihe von Fischarten auf, darunter die Bachforelle (Tafel 2, 11).

Eine enorme Vielfalt erlangen auch die Wassermilben, die an den verschiedensten Insekten parasitieren oder auch räuberisch leben. Sie partizipieren an der hohen Artenzahl ihrer Wirte und Beutetiere und sind diesen bei der Eroberung der Bäche gewissermaßen nachgestiegen.

Der Aufschwung, den die Fauna, gemessen an den Spezialisten, gerade in den Bächen nimmt, betrifft alle Ökotypen und Trophiestufen. Die relative Anzahl der Wasseratmer geht zwar auf gut ein Viertel der Fauna zurück, doch steigt ihre absolute Artenzahl. Obligatorische Wechselatmer und Luftatmer nehmen absolut und relativ zu. Dies zeigt, daß die Diversität aquatischer und amphibischer Lebensräume im Bach stark zunimmt.

Die meisten Bachbesiedler sind boden- und substratgebunden. Das gilt für alle Tiergruppen, die Fische eingeschlossen. Nur wenige durchqueren den Wasserraum, wie die jagenden Käfer oder auch die Bachforelle. Die Arten der Wasseroberfläche (Heteropteren, Culiciden) suchen ruhige Stellen auf, alle übrigen Tiere verbinden sich mehr oder weniger fest mit dem Grund und bilden damit das **Benthos**, die charakteristische Lebensgemeinschaft der Bäche. Jedoch bleibt bei aller Vielfalt der Ernährungsweisen unverkennbar, daß die trophische Basis der Bachfauna allochthoner Herkunft ist. In den naturnahen Waldbächen bildet letztlich das Fallaub der Ufergehölze die Nahrungsgrundlage. Nur lokal nimmt autochthone Nahrung an Bedeutung zu, wo Licht durch Baumlücken fällt, die vor allem vom Menschen geschaffen sein können. Mit submerser Vegetation erhöht sich in Waldbächen weiter die Diversität ökologischer Nischen. Durch die hohe Zahl an spezialisierten Tierarten erscheint gerade dieser Lebensraum sehr komplex.

Im Übergangsbereich vom Bach zum Fluß geht die Zahl der spezialisierten Tierarten stark zurück. Das gilt auch im einzelnen für viele bisher genannte Tiergruppen. Die Fische dagegen erreichen hier erst ihr Maximum an Arten und Unterarten, und auch die Dryopiden und Odonaten nehmen noch zu.

Die Primärkonsumenten werden hier von detritivoren Schnecken, Amphipoden, Ephemeropteren, wenigen Plecopterenarten und Chironomiden gestellt. Algenaufwuchs und Makrophyten werden von Schnecken, Hakenkäfern (Dryopiden), *Helodes*, Trichopteren, noch einigen Blephariceriden und Chironomiden als Nahrung genutzt, und gerade diese pflanzliche Nahrungsquelle steht nun zunehmend reichlich zur Verfügung. Als Filtrierer finden sich noch eine Reihe von Simuliiden und Muscheln.

Sekundärkonsumenten der bisherigen systematischen Gruppen gehen in diesem Bereich zurück, zumindest die auf Bäche und Flüsse zugleich spezialisierten Arten.

Eine sich weiter entfaltende Gruppe sind die räuberischen Libellen (Odonaten), und carnivor leben alle hier vertretenen Fische. Auch ein Vogel spezialisierte sich hier: die Wasseramsel (Tafel 4, 30).

Diese Verhältnisse charakterisieren in gewissem Maße die ökologischen Veränderungen, die beim Übergang der Bäche in Flüsse zu verzeichnen sind. Offensichtlich nimmt die Nischendiversität ab, ein Vorgang, der sich dann im Fluß weiter fortsetzt. Außerdem wächst der Wasserkörper, wie besonders die zeitlebens im Wasser atmenden und zugleich relativ großen Fische auch anzeigen. Die Zahl der zeitlebens an der Luft atmenden Insekten, besonders Dipteren, geht zurück, und dem entspricht die nun relativ abnehmende Bedeutung der Ufer und Kontaktflächen der Luft in stärkeren Fließgewässern. Allochthones Material als trophische Basis für die Lebensgemeinschaft tritt zu Gunsten eines größeren autochthonen Anteils zurück; denn bei zunehmender Gewässerbreite kann immer mehr Licht in den Wasserkörper fallen und damit Wasserpflanzen fördern (s.S. 49).

5.4.3 Anthropogene Veränderungen

Bäche werden häufig im Zuge verschiedenartiger Nutzungen verändert. Gelegentlich ist davon auch das Rhithrostygal betroffen. Bei **organischer Belastung** eines Bachs kann die interstitielle Fauna durch O_2-Schwund vernichtet werden.

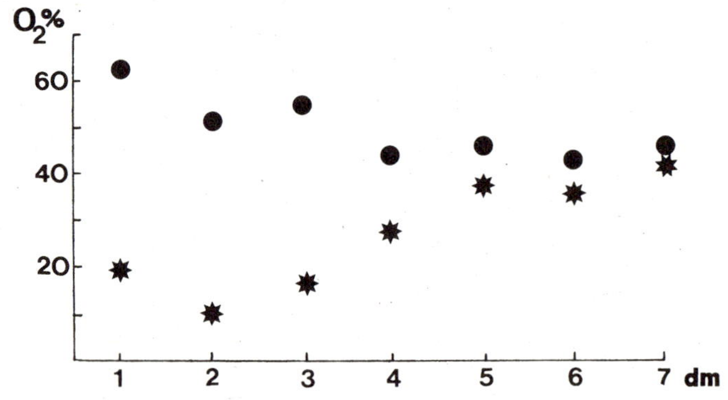

Abb. 82: Vertikalverteilung der O_2-Sättigung im Rhithrostygal der Mettma/Schwarzwald an einer ungestörten (●) und einer organisch belasteten (✻) Probestelle. (Umgezeichnet nach PIEPER 1972.)

Ein Beispiel hierfür bildet die Mettma im Schwarzwald, die durch Brauereiabwässer belastet war (Abb. 82). Die oberen Schichten des Rhithrostygals waren sehr sauerstoffarm und erst weiter in der Tiefe stiegen die O_2-Sättigungswerte wieder auf 40 % wie im Grundwasser an. Im noch ungestörten Bachabschnitt dagegen fielen die Sauerstoffwerte kontinuierlich zum Grundwasser hin ab. Ein derartiger Eingriff durch Abwässer ist tiefgreifend und schädigt nachhaltig.

Noch verhängnisvoller wirkt sich eine Vollversiegelung etwa durch Ausbetonierung von Bächen in Ortslagen aus (Abb. 83). Hier wird jeder Kontakt zwischen dem Bach und seinem Untergrund unterbrochen.

Abb. 83: Ausgebauter Bach (Foto: J. BREHM).

Oft wurden Bäche in Ortslagen auch ganz aus dem Wege geschafft, indem man sie in Rohre verlegte und dann mit Straßen überbaute. In diesen Rohren gibt es keine besiedelbaren Flächen. Solche Bachverrohrungen finden sich selbst in der freien Landschaft. Als Beispiel sei hier in Tab. 38 ein 70 m langes Rohr genannt, in dem das Kesselherdwasser (siehe Abb. 85) unter einer Pferdekoppel durchgeführt wird. Während im Bachverlauf dieses Gewässers auf jeweils 25 x 25 cm großen Flächen zwischen 20 und 50 Gammariden siedelten, wurde unterhalb des Rohres die stattliche Zahl von 357 *Gammarus pulex* ermittelt, die sich dort drängten. Dagegen fanden sich oberhalb des Rohres nur 2 Exemplare. Die sehr beweglichen, immer wieder bachaufwärts wandernden Gammariden häuften sich unterhalb des Rohrs an, während sie oberhalb des Rohr wegen ständiger Driftverluste fast verschwunden waren. Dagegen traten Dipterenlarven, insbesondere Chironomiden und Simuliiden, oberhalb und unterhalb des Rohrs auf. Sie sind ortsbeständiger, stärker sessil und haben zudem als Imagines die Möglichkeit, Hindernisse im Bach fliegend zu überwinden. Ähnliches galt für die übrigen Wirbellosen, die sich aus Plecopteren, Ephemeropteren, Coleopteren und Pisidien zusammensetzten, bis auf die Muscheln also auch Insekten.

Tiergruppe	Anteil a in %	Anteil b in %	Anzahl Ind. a+b
Gammariden	99,4	0,6	359
Dipterenlarven	40,6	59,4	180
andere Wirbellose	32,6	67,4	43
Summe:	76,3	23,7	582

Tab. 38: Auftreten aquatischer Wirbelloser unterhalb (a) und oberhalb (b) eines 70 m langen Rohres unter einer Koppel im Verlauf des Kesselherdwassers (Wilhelmshäuser Bachsystem) am 13.12.84. Siehe auch Abb. 85.

Rohre von 2–3 m Länge in Feldwegüberführungen können durchwandert werden, sofern sie am Gewässergrund anschließen und nicht so hoch liegen, daß das Wasser im freien Fall in einen dadurch gebildeten Kolk stützt, aus dem wandernde Wirbellose nicht aufsteigen können. Solche Rohre wirken als Barrieren, die den Gewässerlauf unterbrechen.

Die relative Dunkelheit in einem Rohr gilt zwar als Hindernis, führt jedoch keineswegs zur völligen Auslöschung der überwiegend lichtscheuen Bachfauna. Voraussetzung ist jedoch, daß der Untergrund besiedelbar ist. Als ein Beispiel kann hier der 110 m lange Tunnel dienen, durch den der Maarbach unter dem Dorfkern von Maar bei Lauterbach, Vogelsbergkreis, geführt wird. Abb. 84 zeigt die Zusammensetzung des Gammariden-Vorkommens auf einer 670 m langen Bachstrecke im Dorf Maar.

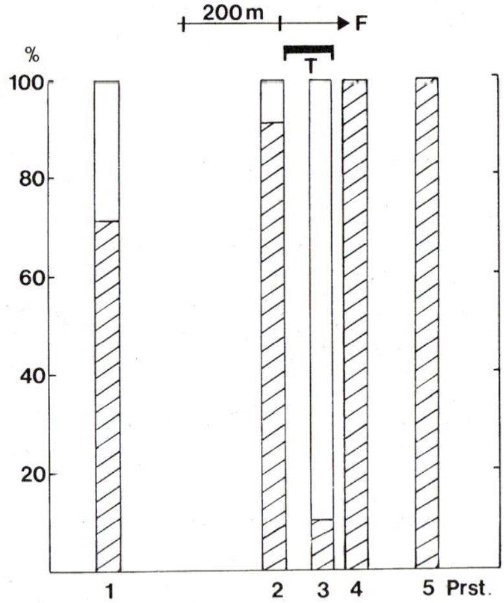

Abb. 84: Anteile von *Gammarus roeseli* (schraffiert) und *G. fossarum* (weiß) an der Flohkrebs-Population einer Bachstrecke in Ortslage (Maar, Vogelsbergkreis) mit einem Tunnel (T). F – Fließrichtung. (Nach MEIJERING 1985.)

Im Einzugsgebiet des Maarbachs findet sich kaum noch Wald; es ist vielmehr intensiv landwirtschaftlich genutzt und dementsprechend offen. Im Dorf wird das Gewässer stark eingeengt und ist recht tief. Der Bachgrund ist vorwiegend mit Wasserpest (*Elodea* spec.) besetzt und an der obersten Probenstelle 1 vorwiegend von Flußflohkrebsen, *Gammarus roeseli*, daneben von Bachflohkrebsen, *Gammarus fossarum*, besiedelt. Im Tunnel ändert sich die Situation jedoch drastisch. In dem weiten Bauwerk kann sich der Maarbach nunmehr ausbreiten, zum Teil grobkörniges Substrat überströmen und vor allem fließt er in Schwachlicht. Unter diesen Bedingungen dreht sich das Verhältnis der beiden Gammariden zugunsten von *G. fossarum* um, der hier waldbachähnliche Verhältnisse vorfindet, an die er angepaßt ist. Nach Verlassen des Tunnels ist der Bach wieder schmal, tief und pflanzenreich sowie ausschließlich von *G. roeseli* besiedelt.

In der ursprünglichen Naturlandschaft dürfte es sich im Bereich von Maar bei dem Maarbach um einen Waldbach gehandelt haben, der durch die Einengung des Wasserkörpers sowie dessen organische Verunreinigung Merkmale eines Flusses erhielt. Die Anlage des weiten Tunnels hat diese Entwicklung umgedreht und kann daher aus ökologischer Sicht durchaus wohlwollend betrachtet werden. Dagegen sind enge Rohre, die den Bach als Lebensraum unterbrechen, abzulehnen.

Daß zumindest beim am meisten euryöken *Gammarus pulex* nicht die Dunkelheit, sondern eher eine andere Eigenschaft von Rohren wie ihr glatter Boden als Hindernisse wirkt, zeigt das Beispiel der Flohkrebs-Populationen in Fließgewässern auf Schachtsohlen in Clausthaler Bergwerken. Schon vor mehr als einem Jahrhundert bezeugten alte Bergleute, Flohkrebse gäbe es dort schon „seit Menschengedenken“ (SCHNEIDER 1885), die sich außer von anderen dort lebenden Wassertieren wie etwa Copepoden wesentlich von organischem Detritus ernährt haben sollen. Sogar von Bergleuten zurückgelassene Zeitungen wurden verzehrt. Reste dieser subterranen *G. pulex*-Populationen, deren Angehörige ständig im Dunkel leben und deshalb bleich, also arm an Pigmenten sind, wurden noch vor wenigen Jahren in den inzwischen stillgelegten Stollen vorgefunden (HARTMANN 1983).

Nicht nur durch unsachgemäßen Gewässerverbau kann die Kontinuität einer aquatischen Lebensgemeinschaft unterbrochen werden, vielmehr auch durch chemische Barrieren, die durch **Einleitung von Abwässern** entstehen. Dabei verändern sich in aller Regel zumindest zwei Faktorenkomplexe mehr oder weniger drastisch; das Sauerstoff- und das Nahrungsangebot. Als Beispiele werden die Verbreitungsmuster von drei im Hinblick auf ihren Sauerstoffbedarf unterschiedlichen Insektenlarven vorgestellt. Es handelt sich um die gegenüber 0_2-Schwund sehr empfindliche, räuberisch am Bachgrund lebende Steinfliegenlarve *Dinocras cephalotes*, weiterhin um die auf ausreichenden O_2-Gehalt angewiesene Zuckmückenlarve *Prodiamesa olivacea* und schließlich auch um die auch bei zeitweilig fast vollständigem O_2-Schwund noch überlebende Zuckmückenlarve *Chironomus thummi*; beide Zuckmückenlarven leben vorwiegend von sedimentierenden organischen Schwebstoffen, wie sie in Ausflüssen von Kläranlagen vermehrt auftreten können.

Das Wilhelmshäuser Bachsystem in Nordhessen (Abb. 85) umfaßt Bachläufe mit einer Gesamtlänge von 26 km, die gemeinsam das 19 km^2 große Einzugsgebiet entwässern. Dieses liegt am steilen NO-Hang des Kaufunger Waldes, wo die höchstgelegenen Quellen in etwa 500 m Höhe üb. NN im Wald entspringen, die Abläufe nach 1–3 km Fließstrecke und auf etwa 300 m üb. NN die offene Flur erreichen, um schließlich auf etwa 130 m üb. NN in die Werra einzumünden. In diesem Bachsystem wurden 57 feste Probestellen eingerichtet und deren Fauna untersucht. So wurden an jeweils 9 Stellen *Dinocras cephalotes* und *Prodiamesa olivacea*, an einer Stelle *Chironomus thummi* gefunden.

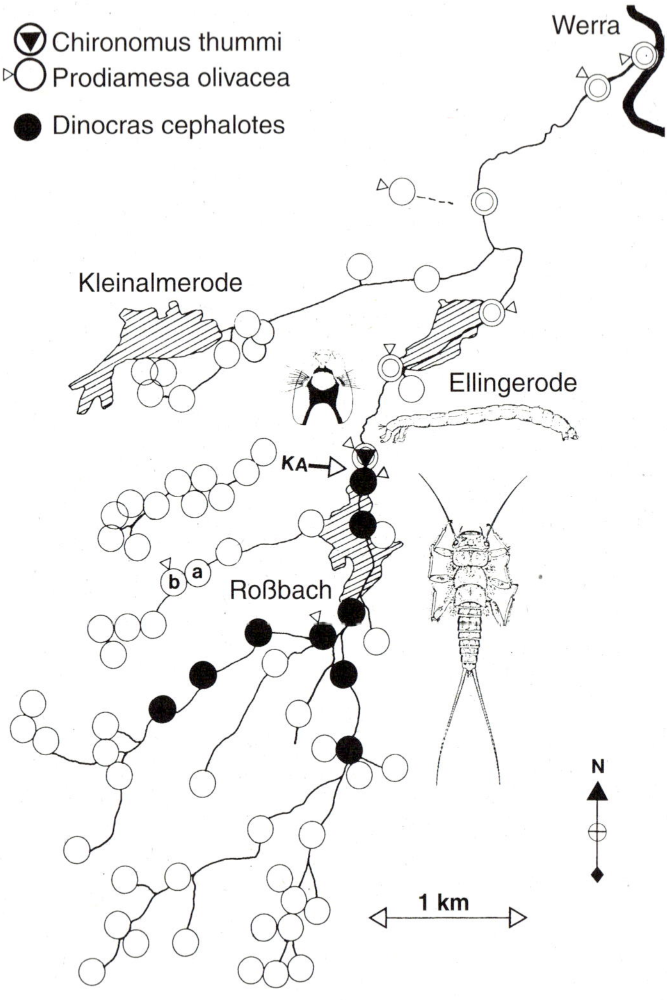

Abb. 85: Verbreitung von *Dinocras cephalotes* (Habitusbild unten), *Chironomus thummi* (Habitusbild oben) und *Prodiamesa olivacea* (Kopfansicht von unten) im Wilhelmshäuser Bachsystem. O – *Dinocras* offensichtlich erloschen. KA – Kläranlage. Zwischen a und b ein Rohr, unter dem sich Gammariden stauen (s.S.239 f).

Dinocras cephalotes ist typisch für starke Bäche mit größerem Gefälle, an deren Grund entsprechend grobes Gestein vorherrscht. Im Wilhelmshäuser Bachsystem sind derartige Bedingungen in zwei Bachläufen oberhalb des Dorfes Roßbach erfüllt. In diesen Bächen ist bis zu ihren Quellen die Wasserqualität sehr gut, so daß hier eine natürliche, vorwiegend substratbedingte Verbreitungsgrenze nach oben hin vorliegt. Drei Seitenbäche unterhalb des Dorfes Roßbach sind dagegen ganz frei von *Dinocras*. Sie sind wasserärmer, weisen ein entsprechend feineres Substrat auf und sind zudem in ihren unteren Bereichen von landwirtschaftlicher Nutzung in der Nachbarschaft her etwas belastet. Dagegen setzt sich im Wilhelmshäuser Bach selbst in der Ortslage Roßbach das *Dinocras*-Vorkommen fort, zumal der Bach auch zwischen den Häusern an seinem Grund geeignetes Substrat aufweist (Abb. 80). Die für *Dinocras* geeigneten Bedingungen bleiben nach der Wasserführung und dem vom Gefälle abhängigen großen Geschiebe auf der Bachsohle bis zur Einmündung in die Werra bestehen. Dennoch fehlt *Dinocras* unterhalb des Dorfes, denn von der dort liegenden Kläranlage an ist der Wilhelmshäuser Bach mit organischen Stoffen mäßig belastet, womit hier für *Dinocras* eine chemische Barriere wirksam wird. Die untere Grenze des *Dinocras*-Vorkommens im Wilhelmshäuser Bachsystem ist somit anthropogen, durch Eingriffe des Menschen am Gewässer verursacht.

Unterhalb der Roßbacher Kläranlage sedimentiert feiner organischer Detritus aus einem Regenüberlauf und schafft damit gute Ernährungsbedingungen für die Larven einer Zuckmückenart, *Chironomus thummi*, die das Bachbett an dieser Stelle in einer Dichte von gut 5000 Exemplaren pro m^2 besiedelt. *Chironomus thummi* kann zumindest vorübergehend sehr starken Sauerstoffschwund ertragen. Empfindlicher ist in dieser Hinsicht eine andere Chironomide, *Prodiamesa olivacea*, die hier sogar eine Dichte von gut 7000 Exemplaren pro m^2 erreicht; zusammen mit den Larven von 8 weiteren Zuckmückenarten leben an dieser Stelle fast 16 000 Chironomiden auf einem m^2 Bachgrund. Aber schon nach 100 m Fließstrecke ist die Zahl dieser Tiere auf knapp 1 000 pro m^2 zurückgegangen, die von *Chironomus thummi* sogar auf 100. Während sich im Verlauf der Fließstrecke die Zahl der Chironomiden insgesamt zwischen 500 und 1 000 pro m^2 hält, darunter auch Larven von *Prodiamesa olivacea*, verschwindet *Chironomus thummi* hier völlig.

Die drei Arten zeigen mit ihrem Vorkommen die schon genannten Eigenschaften des Wilhelmshäuser Bachs unterhalb der Kläranlage von Roßbach an, nämlich eine starke, von mehreren Zuckmückenarten genutzte Sedimentation organischer Feinpartikel, die allerdings die Sauerstoffreserven des Bachwassers zeitweilig stärker angreift. Aus diesem Grund verschwindet *Dinocras cephalotes*, während *Prodiamesa olivacea*, die mehr als *Chironomus thummi* auf eine zumindest ausreichende O_2-Versorgung angewiesen ist, überleben kann.

Betrachtet man die Wassergüte mit Hilfe der gesamten hier siedelnden Lebensgemeinschaft und bewertet sie nach einem eingeführten Saprobiensystem, so ergibt sich nach der Gewässergütekarte des Landes Hessen (Ausgabe 1986) folgende Situation: Bäche oberhalb von Roßbach Güteklasse I (unbelastet bis sehr gering belastet), Bach im Dorf Roßbach Güteklasse I–II (gering belastet) und der Rest des Wilhelmshäuser Bachs bis zur Einmündung in die Werra Güteklasse II (mäßig belastet) (siehe S. 260 ff).

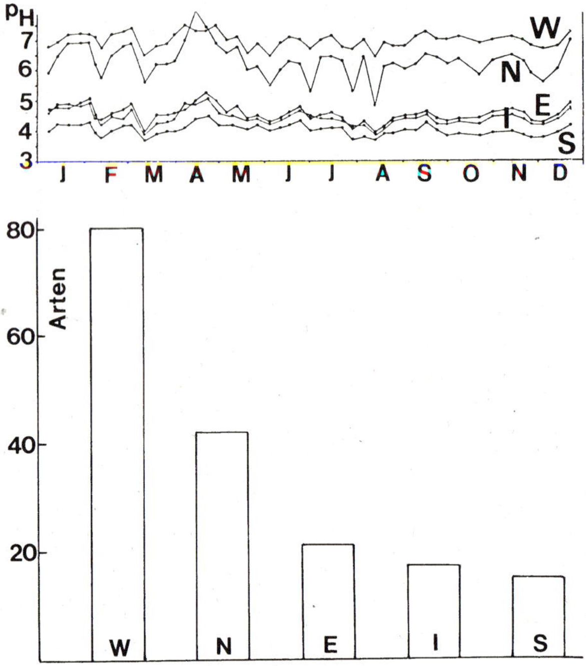

Abb. 86: Jahresgang des pH-Werts in fünf verschieden stark versauerten Bächen im Kaufunger Wald (oben) und Anzahl der in ihnen gesammelten Wassertierarten (unten). (Umgezeichnet nach MATTHIAS 1983.) W – Wengebach, N – Nieste, E – Endschlagbach, I – Ingelheimbach, S – Schwarzbach.

Eine weitere Verbreitungsschranke kann in **Gewässerversauerungen** liegen, die zu einem großen Teil auf den Eintrag von Luftschadstoffen zurückzuführen sind. Zu den bereits beschriebenen Wirkungen der Säuren (S. 58 f) kommt als weitere die Behinderung der Atmung hinzu. So sterben viele Tierarten im sauren, H-Ionen-reichen Milieu an Atemnot, obgleich ausreichend Sauerstoff vorhanden ist. Dadurch verarmt die Bachfauna zusätzlich, wofür in Abb. 86 fünf Beispiele aus dem Kaufunger Wald, einem von Buntsandstein geprägten Bergland, zusammengestellt wurden.

Bäche des Mittleren Buntsandsteins sind durchweg schwach pH-gepuffert (S. 86 f) und neigen deshalb zur Versauerung. Dagegen wird der Wengebach, der im Unteren Buntsandstein entspringt, besser pH-gepuffert und ist entsprechend artenreich. Seine pH-Werte bewegten sich eng um den Neutralpunkt. Stärker schwankte der pH-Wert in der weniger gut gepufferten Nieste; er konnte hier bis 8 steigen oder bis 5 fallen. Überhaupt nur zwischen pH 5 und pH 4 lagen die Werte im Endschlag- und im Ingelheimbach, im Schwarzbach sogar häufig noch darunter. Je saurer die Bäche waren, desto weniger Tierarten wurden darin festgestellt.

Nur eine Tierart, *Velia caprai*, der Bachläufer (Taf. 4, 32) trat ausschließlich in den sauren Bächen auf und fehlte im Wengebach. *Velia caprai* ist bezeichnenderweise ein luftatmendes Tier der Wasseroberfläche, das entsprechend von den kritischen Atmungsbedingungen im sauren Wasserkörper unabhängig ist.

5.5 Lebensgemeinschaften der Flüsse

5.5.1 Fallbeispiele

Zu den in Deutschland besser untersuchten Flüssen gehören die Fulda, und zwar im Schlitzerland nördlich der Stadt Fulda, sowie auch die Schlitz, die den nordöstlichen Vogelsberg entwässert und im Schlitzerland in die Fulda einmündet. Die Schlitz hieß ursprünglich Slitisa, wobei das in Fließgewässernamen häufige „a“ (Fulda, Werra) „Wasser“ (aha, aqua) heißt und „Slitis“ als „langsam fließend“ gedeutet wird. Schlitz und Fulda sollen hier als Beispiele besprochen werden, wobei jedoch bei Einzelfragen auf andere Flüsse zurückgegriffen wird. Mehr als bei Bächen und Quellen muß bei Flüssen beachtet werden, daß sie weder was die physikalisch-chemischen Verhältnisse noch was den Artenbestand angeht natürlich oder auch naturnah sind: sie sind vielmehr in hohem Maße anthropogen verändert. Entsprechend sind die Fallbeispiele auch nur in wenigen Aspekten zur Erläuterung naturnaher Zustände verwendbar, anders als bei den Quellen und Bächen. So werden manche Fragen im späteren Kapitel über anthropogene Veränderungen abgehandelt.

Die Fulda ist im Schlitzerland zum Teil von Baumzeilen begleitet. Im kleinen Naturschutzgebiet Breitecke ist sogar ein Auwald erhalten, der mit dem Fluß verbundene Altarme umgibt. Die Abb. 87 und 88 geben einen Eindruck von der landschaftsökologischen Vielgestaltigkeit dieses Gebietes, über das besonders vegetationskundliche Veröffentlichungen vorliegen (s. Tab. 39).

Im Randbereich, vor allem in den Altarmen, liegen größere Wasserflächen fast ohne Strömung, obwohl sie mit dem Fluß in Verbindung stehen. Dies äußert sich u.a. in der Ausbildung von Schwimmblattgesellschaften (Teichrosen) und Röhrichten (Rohrglanzgras und insbesondere Schilf), deren Pflanzenkörper das Wasser zumindest während der warmen Jahreszeit stark strukturieren. So kommen hier Organismen vor, die an sich den stehenden Gewässern zugerechnet werden (siehe auch Kap. 4), zu denen es jedoch, wie dieses Beispiel zeigt, keine klaren Abgrenzungen gibt.

Hingewiesen sei auch auf die typischen Gehölze der Flußauen. Zwar gibt es hier noch viele Schwarzerlen, die sonst vor allem Bäche begleiten. Doch dominieren Weidenarten, wie die Bruch-, Mandel- und Grauweide, die vom Ufer her Teile des Gewässers beschatten. In den sonnenexponierten Bereichen finden sich Schwimmblattgesellschaften. Die submerse Vegetation der Fulda ist im Bereich des Naturschutzgebietes Breitecke wegen der Beschattung und permanenten Trübung des Flusses kaum entwickelt. An seichten sonnigen Stellen gedeihen üppige Röhrichte von Glanzgras, Großem Schwaden und Schilf als Zeichen einer starken Gewässereutrophierung.

Sehr starkes submerses Pflanzenwachstum hat unverkennbare Rückwirkungen auf den Chemismus der Flüsse. Dies zeigt auch der Vergleich der Phosphatkonzentrationen von Schlitz und Fulda im Jahresgang (Abb. 32). Die wesentlich stärker beschattete Schlitz ist relativ arm an Wasserpflanzen, wogegen die lichtreiche Fulda eine üppige Vegetation aufweist. Entsprechend wird das angebotene (vornehmlich anthropogene) Phosphat im Sommer durch die submerse Vegetation in der Fulda stärker aufgezehrt (Konzentrationen unter 400 µg/l P im Junimittel), jedoch beim Zerfall der

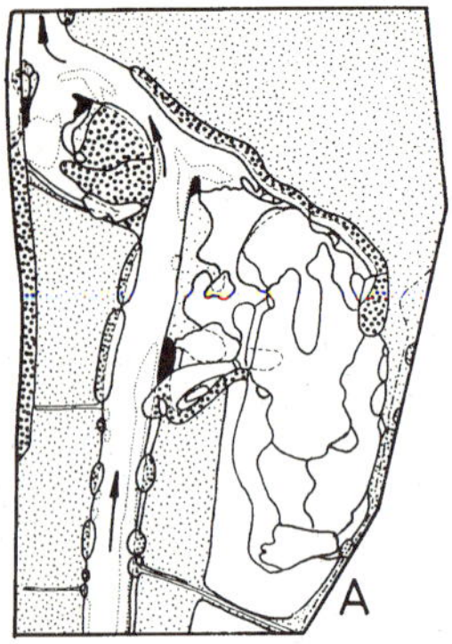

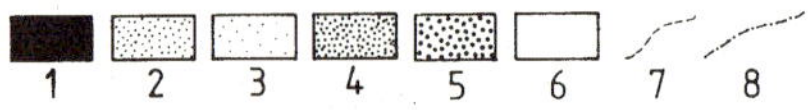

1 = im Sommer trockenliegende Verlandungszonen (potentielle Wasserpfeffer-Standorte!);
2 = 2- bis 3schürige Frisch-Mähwiesen, auf den Ufern auch Rohrglanzgrasbestände;
3 = Brennesselfluren und Schilf-Zaunwinden-Flächen (versandete Altwasser-Schilfröhrichte);
4 = Ufersaum- und sonstige Auengebüsche sowie Gebüsche außerhalb der Überschwemmungszone der Fulda;
5 = Ufersaum- und sonstige Auenwälder;
6 = semiterrestrische und aquatische Bereiche;
7 = von Bäumen und Büschen verdeckte Uferlinien;
8 = östliche Begrenzung der Fuldaaue.

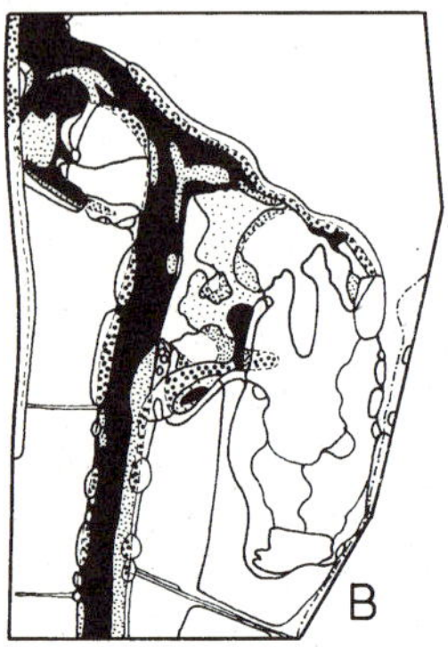

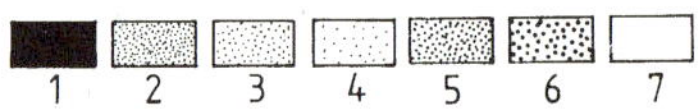

1 = offene Wasserflächen (potentielle Wuchsflächen für Laichkraut- und Schwimmblattpflanzen- und Röhricht-Gesellschaften);
2 = Teichrosenbestände;
3 = Verlandungsröhrichte des Wasserschwadens;
4 = Verlandungsröhrichte des Schilfes;
5 = von überstehenden Büschen bedeckte Wasserflächen;
6 = von überstehenden Bäumen bedeckte Wasserflächen;
7 = trockenes Land, Mineralsümpfe und Bruchwälder

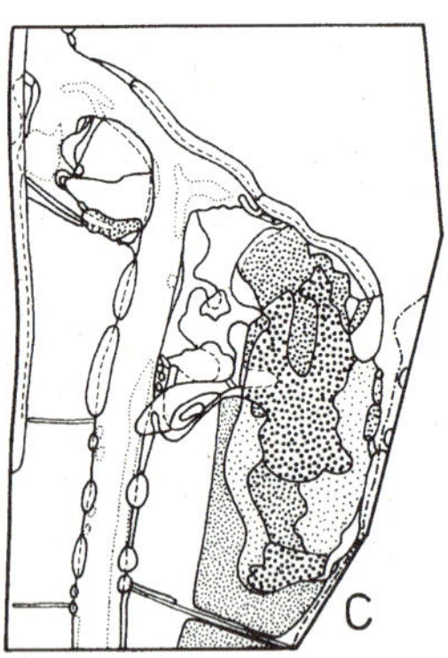

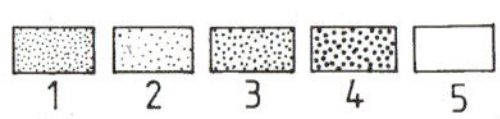

1 = 2- bis 3schürige Naß-Mähwiesen;
2 = Mineralsumpfröhrichte des Schilfs;
3 = Sumpfgebüsche;
4 = Sumpf- und Bruchwälder;
5 = terrestrische Bereiche, Verlandungssümpfe und Gewässer.

Abb. 87: Landschaftsökologische Gliederung der Breitecke. (Nach BREMH, 1979, umgezeichnet.)
A: Terrestrische Bereiche (punktierte Flächen)
B: Gewässer und Verlandungssümpfe (schwarze u. punktierte Flächen)
C: Mineralsümpfe und Bruchwälder (punktierte Flächen)

Strukturelemente/ Geländeformen	trockenes Land	Ufer	Gewässer einschließlich Verlandungssumpf	Mineralsumpf u. Bruchwald
Vegetationsfreier Untergrund (frei von höheren Pflanzen)	(freier Boden)	freies Ufer: Schlamm, humoser Sand	freies Wasser (höchstens mit submersen Pflanzen) : Fließend bis stehend, trüb	(freier Sumpfboden)
Kräuter (bis kniehoch, nach Absterben sehr hinfällig)	Kuhblume	Wasserpfeffer	Teichrose (Schwimmblätter)	Kuckuckslichtnelke, Kriechhahnenfuß
Gräser (bis kniehoch, nach Absterben sehr hinfällig)	Wolliges Honiggras Wiesenfuchsschwanz	Rohrglanzgras	Wasserschwaden	Spitzbl. Binse Wolliges Honiggras
Stauden (über kniehoch, nach Absterben aufragende Strukturen hinterlassend)		Große Brennessel Zaunwinde		Zaunwinde
Hochgräser (über kniehoch, nach Absterben Halme als Strukturen hinterlassend)		Schilf	Schilf	Schilf
Büsche (Holzgewächse bis 5 m Höhe, mit ausdauerndem Gezweig	Weißdorn	Mandelweide Schwarzerle	nur überstehend: Mandelweide Schwarzerle	Mandelweide Verschiedenf. Weide Grauweide
Bäume (Holzgewächse ab 5 m Höhe, mit ausdauerndem Stamm und Gezweig)	Hainbuche Bruchweide Schwarzerle	Schwarzerle Bruchweide	nur überstehend: Schwarzerle Bruchweide	Schwarzerle Bruchweide

Tab. 39: Die strukturräumliche Gliederung der Breitecke 1970/72 (nach der Geländeform und Vegetation mit ihren jeweils am höchsten aufragenden, aspektbestimmenden Pflanzenarten). (Nach BREHM 1979, verändert.)

Abb. 88: Ausschnitt aus einer naturnahen Flußaue (Naturschutzgebiet Breitecke im Fuldatal in Osthessen) mit Flußlauf (links Prallhang, mit Uferschäden an entwaldeter Stelle, rechts Gleithang und Altarmmündung), Uferwäldern aus Schwarzerlen (*Alnus glutinosa*) und Bruchweiden (*Salix fragilis*) und Verlandungsröhricht aus Schilf (*Phragmites australis*) in einem weiteren Altarm (Foto: J. BREHM).

Pflanzen im Herbst wieder verstärkt freigesetzt (über 800 µg/l P im Oktobermittel), wogegen sich die Juni- und Oktoberwerte der Schlitz kaum unterscheiden. Eine weitere wichtige Folge starken Pflanzenwachstums in Flüssen ist deren Auswirkung auf das Sauerstoffregime, das für die Fulda in Abb. 34 zu sehen ist. Charakteristisch sind große tageszeitliche Schwankungen des Sauerstoffgehalts in der Vegetationsperiode (Mai bis September) mit einer anschließenden Phase allgemein überwiegender und gravierender Sauerstoffzehrung im Oktober. Ähnliches gilt für andere Faktoren, wie in Kapitel 3 nachgeschlagen werden kann.

Zumindest regional bedeutsam ist auch die Vogelwelt der Breitecke. Sie lebt hier in einem naturnahen Flußauenausschnitt und vermittelt daher eine Vorstellung von den Beziehungen dieser Vogelarten zur ursprünglichen, inzwischen vom Menschen bis auf geringe Reste einschneidend veränderten Flußauenlandschaft im Hessischen Bergland. In der Zeit von 1966 bis 1977 wurde die vergleichsweise sehr hohe Zahl von 99 Vogelarten im NSG Breitecke beobachtet. Davon kamen 54 Arten zumindest während einer Jahreszeit regelmäßig im Gebiet vor. Von diesen sind 40 Vogelarten ursprüngliche Bewohner der Flußauen mit Flußlauf, Altwässern, Röhrichten, Weich- und Hartholzauwäldern, Sumpfgebüschen und Sumpfwäldern. In Tab. 40 sind die wichtigeren Nahrungsbiotope der 40 Vogelarten mit aufgeführt, die am besten die Abhängigkeit der Vögel von bestimmten Lebensräumen anzeigen. Sie umfassen:

1. Das freie Wasser des Flußaltlaufes und der Altwässer; 2. die Schlammuferstreifen; 3. die Teichrosenbestände; 4. die Röhrichte: a) Schilfbestände des Altwassers, b) Schilfbestände des Sumpfes; c) Wasserschwadenbestände der Altwasser; 5. das verlandende Schilf; 6. die Ufergehölze: a) Mandelweiden-Ufergebüsch, b) Bruchweiden-Uferwald, c) Hainmieren-Schwarzerlen-Saumwald; 7. die Sumpfgehölze: a) Grauwei-

den-Sumpfgebüsch, b) Mandelweiden-Sumpfgebüsch, c) Bruchweiden-Schwarzerlen-Sumpfwald; 8. die Mischgehölze des Sternmieren-Hainbuchen-Waldes: a) mit Hainmieren-Schwarzerlen-Saumwald, b) mit Bruchweiden-Uferwald; 9. Gepflanzte Hecke aus Weißdorn, Berberitze und Kirsche; 10. Tal-Mähwiesen: a) Frische Fettwiesen, b) Sumpfwiesen.

Vogelarten	Erscheinungszeiten	Zahl der Brutpaare	Nahrungsbiotope																	
			1	2	3	4 a	b	c	5	6 a	b	c	7 a	b	c	8 a	b	9	10 a	b
Wasser- und Ufervögel																				
Zwergtaucher	ZW	.	■	.	❑	.	.	.	.	.	.	.	.	.	.	.	.	.	.	.
Stockente	SW	3-4	■	.	■	❑	❑	❑	.	.	.	.	❑	❑	❑	.	.	.	.	❑
Krickente	ZW	.	■	.	■	❑	❑	❑	.	.	.	.	.	.	.	.	.	.	.	.
Knäkente	Z	.	■	.	■	❑	❑	❑	.	.	.	.	.	.	.	.	.	.	.	.
Teichhuhn	SZ	2-3	■	.	■	❑	❑	■	.	.	.	.	❑	❑	.	.	.	.	.	.
Graureiher	SW	.	■	.	■	.	.	.	.	.	.	.	.	.	.	.	.	.	❑	❑
Waldwasserläufer	Z	.	.	■	.	.	.	.	.	.	❑	❑	.	.	.	.	.	.	.	.
Flußuferläufer	Z	.	.	■	.	.	.	.	.	.	■	■	.	.	.	.	.	.	.	.
Gebirgsstelze	SZ	.	.	■	■	.	.	.	.	❑	❑	■	.	.	.	.	.	.	.	.
Eisvogel	ZW	.	.	.	.	.	.	.	.	❑	■	.	.	.	.	.	.	.	.	.
Sumpf- und Röhrichtvögel																				
Wasserralle	SW	1-2	.	.	.	.	■	❑	❑	.	.	.	■	■	❑	.	.	.	.	.
Rohrammer	SZ	2-3	.	.	.	❑	■	❑	❑	❑	.	.	❑	■	.	.	.	.	.	.
Sumpfrohrsänger	SZ	2-4	.	.	.	.	.	.	❑	■	❑	❑	❑	■	.	.	.	❑	.	.
Teichrohrsänger	SZ	2-3	.	.	.	■	❑	.	.	.	.	.	.	.	.	.	.	.	.	.
Uferwald-, Weichholzauwald- und Sumpfwaldvögel																				
Amsel	SW	1-2	.	.	.	.	.	.	❑	❑	■	■	❑	❑	■	■	■	■	■	.
Rotdrossel	Z	.	.	.	.	.	.	.	❑	❑	❑	.	.	.	❑	❑	❑	■	■	❑
Wacholderdrossel	SW	1-2	.	.	.	.	.	.	❑	❑	❑	.	.	.	❑	❑	❑	■	■	❑
Rotkehlchen	SW	1-3	.	.	.	.	.	.	■	❑	❑	❑	❑	❑	■	■	■	❑	.	.
Braunelle	SZ	1-2	.	.	.	.	.	.	■	■	■	■	❑	❑	■	■	■	❑	.	.
Zaunkönig	SW	2-3	.	.	.	.	.	.	■	■	■	■	❑	❑	■	■	❑	❑	.	.
Kleinspecht	S	0-1	.	.	.	.	.	.	.	.	■	■	❑	.	■	❑	❑	.	.	.
Weidenmeise	SW	0-1	.	.	.	.	❑	.	❑	■	■	❑	■	■	❑	❑	❑	❑	.	.
Schwanzmeise	SW	.	.	.	.	.	❑	.	❑	■	❑	❑	■	■	❑	❑	❑	❑	.	.
Blaumeise	SW	0-1	.	.	.	.	❑	.	❑	❑	❑	❑	■	❑	❑	■	❑	❑	.	.
Gimpel	SW	0-1	.	.	.	.	.	.	■	❑	❑	❑	❑	❑	❑	■	❑	❑	.	.
Zeisig	ZW	.	.	.	.	.	.	.	.	.	.	■	.	.	.	■	■	.	.	.
Stieglitz	S	0-1	.	.	.	.	.	.	.	.	.	.	.	.	.	.	.	.	■	.
Zilpzalp	SZ	2-3	.	.	.	.	.	.	❑	❑	■	■	■	❑	❑	❑	❑	❑	.	.
Gartengrasmücke	SZ	2-3	.	.	.	.	.	.	.	❑	❑	❑	■	❑	❑	❑	❑	.	.	.
Grauschnäpper	SZ	0-1	.	.	.	.	.	.	.	.	■	■	.	.	■	❑	❑	.	.	.
Hartholzauwaldvögel																				
Singdrossel	SZ	1	.	.	.	.	.	.	■	■	■	■	.	.	❑	■	■	■	■	.
Gartenbaumläufer	S	.	.	.	.	.	.	.	.	.	■	■	❑	.	■	■	■	.	.	.
Buntspecht	S	0-1	.	.	.	.	.	.	.	.	■	■	.	.	■	■	■	.	.	.
Kohlmeise	SW	0-1	.	.	.	.	.	.	.	■	■	■	■	■	■	■	■	■	.	.
Buchfink	SW	1-2	.	.	.	.	.	.	.	.	❑	■	.	.	■	■	■	❑	.	.
Kernbeißer	S	.	.	.	.	.	.	.	.	.	.	.	.	.	■	■	■	.	.	.
Grünling	SW	0-1	.	.	.	.	.	.	.	.	.	.	.	.	.	■	■	■	■	.
Fitis	SZ	0-1	.	.	.	.	.	.	.	■	❑	❑	❑	❑	.	.	.	❑	.	.
Mönchsgrasmücke	SZ	1-2	.	.	.	.	.	.	.	❑	❑	❑	❑	❑	■	■	■	.	.	.
Trauerschnäpper	SZ	0-1	.	.	.	.	.	.	.	.	❑	❑	.	.	■	■	■	.	.	.

Erläuterungen:
S = Sommerperiode; W = Winterperiode; Z = Zugperiode
❑ = weniger häufig und ■ = bevorzugt aufgesuchte Nahrungsbiotope.

Tab. 40: Die wichtigeren Nahrungsbiotope der regelmäßig vorkommenden Flußauen-Vogelarten im NSG-Breitecke.

5.5.2 Allgemeines

Nun soll zunächst wieder auf Grund überregionaler Daten versucht werden, den Fluß (das Potamal) allgemein zu charakterisieren. Hierzu wird zunächst wiederum ein Schema der trophischen Beziehungen herangezogen (Abb. 89), das mit dem entsprechenden für Bäche (Abb. 81) zu vergleichen ist. Zunächst ist festzustellen, daß Flüssen sowohl Organismen als auch organische Partikel, gelöste organische Substanzen, Pflanzennährstoffe und weitere anorganische Verbindungen zugeführt werden, und zwar aus Bächen (dem Rhithral). Hierbei handelt es sich nicht allein um Transporte von Oberläufen zu Unterläufen, sondern insbesondere auch um Frachten der vielen Seitenbäche, die in die Flüsse einmünden. Desgleichen erhält jeder Fluß, ebenso wie die Bäche, Materialien aus seiner terrestrischen Umgebung: Pflanzenteile aus der Uferregion (darunter Fallaub, gelöste organische Substanzen, Pflanzennährstoffe und auch Tiere, besonders fliegende Insekten. Gemeinsam mit dem Material aus den Bächen bilden sie eine wichtige Säule des trophischen Gefüges, dem sich nun jedoch eine zweite hinzugesellt: die autochthone Produktion im Fluß selbst. Der Anstieg der Primärproduktion geht auf die submersen Pflanzen zurück, die im Fluß zahl- und artenreicher werden. Ferner kommt in strömungsarmen oder -freien Buchten der Flüsse Phytoplankton auf.

Auf dieses sich wandelnde Nahrungsangebot stellt sich die Fauna ein. Einige Organismengruppen der Bäche bleiben von Bedeutung: Aufwuchsfresser und detritivore

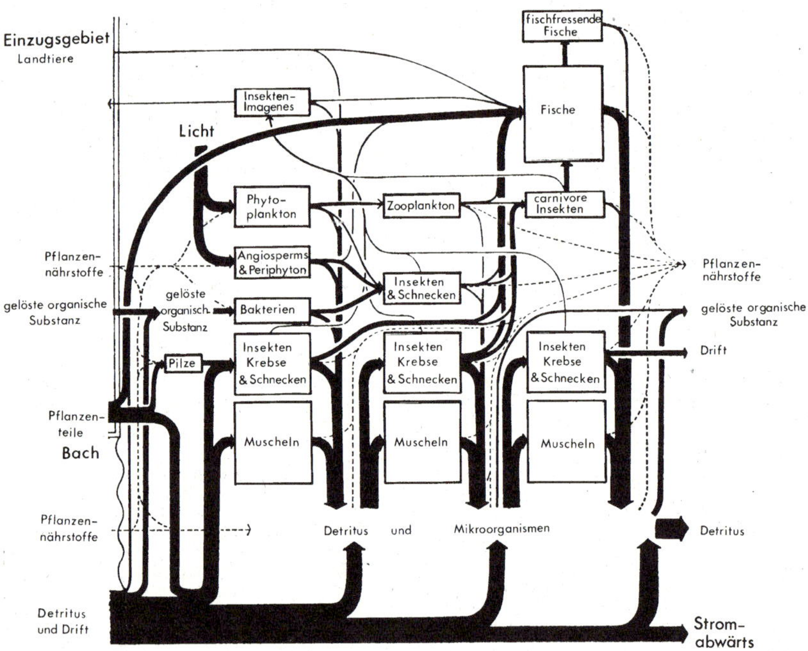

Abb. 89: Trophische Beziehungen im Ökosystem Fluß (Aus HYNES 1970, übersetzt.)

Tiere, vertreten durch Schnecken, Insektenlarven und Krebse, von denen sich manche jedoch auch den lebenden Teilen untergetauchter Pflanzen zuwenden. Hinzu kommen viele Muschelarten, die diese auch schon in Bächen vertretene Tiergruppe nach Artenzahl und Biomasse vergrößern und damit das Heer der Filtrierer verstärken. Qualitativ bleibt die Lebensgemeinschaft der Flüsse zumindest teilweise ähnlich, jedenfalls im Hinblick auf die bisher genannten Primärkonsumenten, unter denen sich allerdings die quantitativen Akzente verschieben.

Ganz neu ist dagegen das Aufkommen von Zooplankton, hauptsächlich Krebsen, die nunmehr parallel zum sich entfaltenden Phytoplankton den freien Wasserkörper der Flüsse besetzen, besonders an strömungsärmeren Stellen. Die Besiedlung des freien Wassers unterscheidet die Flüsse sehr deutlich von den Bächen, weniger von stehenden Gewässern.

Die dreidimensionale Ausbreitung sowohl der Primärproduzenten als auch der Primärkonsumenten erlaubt den Sekundärkonsumenten, sich ebenfalls teilweise vom Boden zu lösen und neue Ressourcen zu nutzen. Bei diesen Sekundärkonsumenten handelt es sich vorwiegend um Fische, aber auch um carnivore Insekten bzw. deren Larven (Nekton).

Nach Abb. 81 und 89 ist das Ökosystem der Flüsse komplizierter als das der Bäche, wesentlich bedingt durch eine differenzierte Unterwasserflora, durch pelagische (das freie Wasser bewohnende) Organismen und auch durch Folgekonsumenten wie fischfressende Fische. Dennoch nimmt die Artenzahl von den Bächen zu den Flüssen hin ab, wie bereits festgestellt wurde (s.S. 195). Dieser Umstand erfordert eine über das trophische Schema hinausgehende Analyse.

Die Makrophytenflora der Flüsse ist artenreicher als diejenige der Bäche (Tab. 31). Einige wichtige Gattungen seien hervorgehoben: Aus der submers lebenden Flora ist insbesondere die Gattung *Potamogeton* (Laichkräuter) zu nennen, deren Arten oft dichte Bestände bilden und z.T. für bestimmte submerse Pflanzengesellschaften typisch sind. Bedeutsam ist ferner die Gattung *Ranunculus*, die alle Übergänge zwischen submers und emers lebenden Arten und Wuchsformen zeigt, wie auch die Gattung *Sparganium* (s.S. 161). Individuenreich ist *Nuphar* (s. Tab. 31), die mit ihren Schwimmblättern einen neuen amphibischen Bereich an der Wasseroberfläche schafft, wie in vielen ruhigen Buchten die Gattung *Lemna* als Schwimmpflanze (s.S. 161 f).

In den Flußröhrichten ist Rohrglanzgras (*Phalaris arundinacea*), an langsamer strömenden Stellen auch Schilf (*Phragmites australis*) aspektbestimmend. Gerade die Schilfbestände unterteilen und strukturieren den ufernahen Wasserkörper außer im Sommer auch im Winter und schaffen so zusätzliche Kontaktzonen zwischen Wasser und Luftraum.

Die Ufervegetation ist reich an Arten und Gattungen. Bemerkenswerterweise kommen viele Einwanderer in der deutschen Flora nur hier vor, besonders in Flutsäumen, in denen ihr Samengut angespült wurde. Ihr Ursprung liegt oft in Haushalten oder Gärten, aus denen sie in die Flüsse gelangten (z.B. Indisches Springkraut, *Impatiens glandulifera*).

Die Baum- und Strauchvegetation der Flußufer tritt gegenüber den Gehölzen an den Bächen zurück, zumindest was die Zahl der Arten betrifft. Beherrschend sind nach der Individuenzahl die Weiden (*Salix*), vor allem die Bruch-, Mandel-, Korb- und Grauweide (s. Tab. 39). Zusammen mit den Uferkräutern und Sumpfpflanzen liefert das Fallaub der Weiden, aber auch der Schwarzerle einen erheblichen Anteil des in den Fluß gelangenden, allochthonen organischen Materials.

Ferner sei angemerkt, daß Moose an Flüssen stark zurücktreten. Dies ist unter anderem auf den stärkeren Lichteinfall unter den Weiden zurückzuführen, durch den andere Pflanzengruppen begünstigt werden.

Zum Phytoplankton der Flüsse sei auf S. 150 verwiesen. Es scheint nicht fließgewässerspezifisch zu sein; vielmehr besteht es offensichtlich nur aus Arten, die auch aus stehenden Gewässern bekannt sind. Es entwickelt sich besonders in Rückstauräumen, so auch in der Unterweser bei Bremen, wo folgende Arten als häufig registriert wurden: *Actinocyclus normannii, Chaetoceros mulleri, Cyclotella atomus* und 4 weitere *Cyclotella*-Arten, *Nitzschia acicularis, Stephanodiscus astreae* und 3 weitere Arten dieser Gattung, *Thalassiosira fluciatilis* und *Bacillaria paradoxa*. Hierbei handelt es sich vorwiegend um zentrische Diatomeen, die nur passiv beweglich sind. Solche Formen bilden auch das Hauptplankton in Seen und Meeren. Die vielen Staustufen, die heute unsere Flüsse unterteilen, haben auch zu einer Förderung des Phytoplanktons beigetragen, übrigens parallel mit einer Zunahme von Pflanzennährstoffen aus Abwässern, einem Düngungseffekt, der als Eutrophierung bezeichnet wird. Eine Auswirkung des starken Algenwachstums in Flüssen ist die Labilität des Sauerstoffregimes besonders in Stauräumen (S. 80 und Abb. 90).

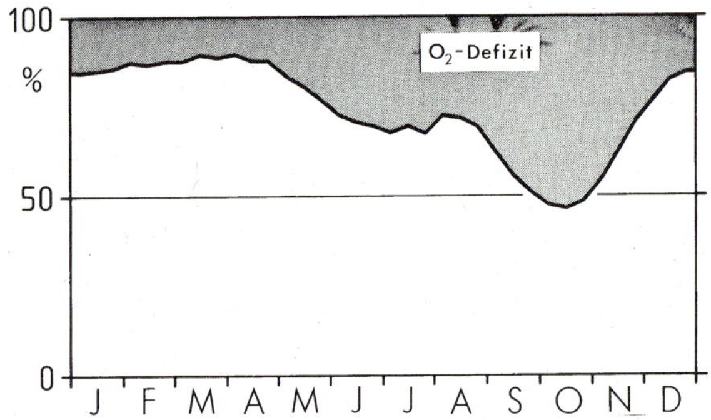

Abb. 90: Sauerstoffsättigung eines Flusses (Fulda im Schlitzerland in Osthessen) im Jahreslauf (Dekadenmittel von 5 Jahren, 1975/79.)

Insgesamt verteilt sich die am Boden verankerte Vegetation (submerse Makrophyten und Aufwuchs) in den oberen Flußabschnitten über das ganze noch untiefe und daher lichtreiche Gewässerbett. Weiter flußabwärts konzentriert es sich stärker auf seichte, ufernahe Bereiche. Tiefes Wasser ist pflanzenärmer, und solches tritt in Richtung auf die Mündungen zumal großer Flüsse immer häufiger auf. Auch in dieser Hinsicht können Stauwehre die bodengebundene Vegetation im Profundal begrenzen, nicht zuletzt zu Gunsten des Phytoplanktons, das viel Licht absorbiert.

Während sich die Aussagen über die Flora der Flüsse wiederum auf die Verhältnisse in Deutschland stützten, kann bei der nachfolgenden Erörterung der Fauna wieder auf ganz Europa zurückgegriffen werden. Die in europäischen Flüssen vertretenen

Tiergruppen und ihre Artenzahlen sind in Tab. 33 zu finden. Hier interessieren vor allem die Faunaveränderungen im Flußverlauf. Dabei geht es um Tierarten, die sowohl in Flüssen als auch in Bächen, sonst aber nirgends vorkommen, ferner um Arten, die nur in Flüssen auftreten, und schließlich um Arten, die zugleich in Flüssen und Ästuaren nachgewiesen wurden.

Den Flußbereich, das **Potamal**, teilt man wie Bäche in drei Bereiche ein. Sie werden als **Epi, Meta-** und **Hypopotamal** bezeichnet.

Insgesamt setzt sich in den Flüssen die Tendenz sinkender Spezialistenzahlen weiter fort (Abb. 65). Dieser Rückgang der Zahl speziell angepaßter Arten betrifft in erster Linie die Insekten. Aber auch die Zahl spezialisierter Fischarten (bzw. Unterarten) nimmt wieder ab, wogegen Schnecken und auch Turbellarien an Bedeutung gewinnen. Erst in Flüssen finden wir in nennenswerter Anzahl Rotatorienarten, die als Spezialisten für Fließgewässer gelten. Sonst haben Rotatorien den Schwerpunkt ihrer Entfaltung in Sümpfen und Seen (Abb. 58).

Der Anteil der Wasseratmer nimmt in den Flüssen zu und erreicht bei den Spezialisten fast 40 % (Abb. 65), bei den Flußtieren insgesamt sogar 45 %. Diese Zahlen reflektieren die zunehmende Bedeutung großer Wasserkörper gegenüber den Uferlinien bzw. Wasser-Luft-Kontaktflächen.

Der relativ kleinen Anzahl von Spezialisten in den Flüssen steht eine große Zahl von Generalisten gegenüber, die außer Flüssen noch andere Lebensräume besiedeln. Die Gruppe der Primärkonsumenten setzt sich wie folgt zusammen: Detritivore Tiere sind vornehmlich die zumeist bodengebundenen Schnecken, von denen knapp ein Drittel auf Flüsse spezialisiert ist, einige Asselarten und viele Flohkrebse (Amphipoden), deren Verbreitung jedoch ausnahmslos über Flüsse hinausgeht, und die ebenfalls alle an den Boden oder doch an submerse Vegetation gebunden sind. Hinzu kommen noch einige Plecopterenarten und Chironomiden, darunter einzelne Spezialisten, die nur in Flüssen vorkommen. Sie leben sämtlich am Gewässergrund.

Die Aufwuchsfresser leben ebenfalls am Boden. Dies sind wiederum Gastropoden, ferner Hakenkäfer (Dryopiden), Trichopteren, Blephariceriden und Chironomiden, unter denen jedoch nur noch wenige Arten auf Flüsse spezialisiert sind. Sie weiden Algen von Steinen und submersen Pflanzen ab, in größeren Flüssen besonders in lichtreichen, ufernahen Zonen.

Strudler und Filtrierer verteilen sich über eine größere Anzahl systematischer Gruppen. Hierher gehören z.B. Rotatorien, Simuliiden und einige Muscheln, ferner die teilweise substratgebundenen Wasserflöhe (Cladoceren), die aber auch das freie Wasser besiedeln, Mysidaceen und Cumaceen als weitere Krebse und Culiciden als Vertreter der Insekten. Letztere können auch aus dem freien Wasser und von der Wasseroberfläche feinpartikuläre Nahrung aufnehmen (s.S. 173). Insgesamt hat sich das Heer der Filtrierer und Strudler also verstärkt.

Die als Nahrungsquelle wichtigen submersen Pflanzen werden in Flüssen vorwiegend von speziell angepaßten Hakenkäfern (Dryopiden) und Chironomiden (Zuckmückenlarven) gefressen, daneben von Ephemeropteren, weiteren Käfern (Helodiden und Culculioniden), manchen Vögeln und einigen Fischen (s.S. 156). Phytophag ist auch die Bisamratte (s.S. 173).

Die Sekundär- und Folgekonsumenten sind in den Flüssen artenreich vertreten. Abgesehen von den Fischen gibt es jedoch nur wenige auf Flüsse beschränkte Arten. Wichtig sind die kleinen, bodengebundenen Turbellarien, ferner Hirudineen, Libellenlarven (Odonaten) und an die Wasseroberfläche angepaßte Wanzen (Heteropteren) sowie Käfer, die im freien Wasser jagen (z.B. Hydradephagen). Unter den Zweiflüglern (Dipteren) sind besonders Ceratopogoniden, Dolichopodiden und Tabaniden zu nennen, bodengebundene Wechsel- und Luftatmer der Uferregionen. Die Zahl der in Europa in Flüssen vertretenen Fischarten und -unterarten ist mit 260 sehr hoch; von ihnen sind jedoch nur 35 auf die Flüsse beschränkt. Sie sind deutlichster Ausdruck für die großen Wasserkörper der Flüsse.

Besondere Erwähnung verdienen die Vögel. Von den 135 an europäischen Binnengewässern vertretenen limnischen Vögeln, die regelmäßig zumindest etwas Nahrung aus dem Wasser der Binnengewässer erwerben, trifft man fast alle auch an Flüssen, auf die jedoch keine Art spezialisiert ist. Gleiches gilt für die 33 Säugerarten an europäischen Flüssen. Vögel und Säuger an Flüssen sind weit überwiegend carnivor. Sie vermitteln nach ihrem Vorkommen in hohem Maße zwischen Fließgewässern (vorwiegend Flüssen), stehenden Binnengewässern, Meer und Land. An, in und auf Flüssen erwerben sie laufend, schwimmend oder tauchend ihre weit überwiegend tierische Nahrung, ungeachtet der Strömung, die sie dank ihrer hohen und differenzierten Mobilität bewältigen.

Schließlich sei darauf hingewiesen, daß auch der Mensch als Endkonsument gerade an Flüssen wichtige Nahrungsgrundlagen fand, zumal hier die aquatischen Nahrungsketten bis zu großen, für ihn verwertbaren Tierarten reichen, nämlich zu den vielen Fischen und Vögeln.

Im Gegensatz zu den Bächen bieten sich Flüsse als stärker aquatisches Milieu dar, in dem großräumig ähnliche Bedingungen herrschen, ein relativ grob strukturierter Lebensraum also, der mehr von Generalisten als von spezialisierten Tierarten besiedelt wird.

In den unteren Flußbereichen, die man auch als **Hypopotamal** bezeichnet, nimmt die Zahl der Spezialisten weiter ab, wobei jedoch die Wasseratmer fast ausschließlich das Feld beherrschen (Abb. 65). Das Milieu wird also noch stärker aquatisch geprägt. So sind es auch, wie schon auf S. 195 ausgeführt wurde, vorwiegend Fische (69 Arten), die sich entsprechend spezialisierten, sowie 35 Krebsarten (Mysidaceen, Cumaceen und Amphipoden). Hinzu kommen noch einige Polychaeten. Insekten spielen dagegen kaum noch eine Rolle.

Tiere, die sowohl in Flüssen als auch in den anschließenden Ästuaren leben, müssen sich mit dem für Binnengewässer gravierenden Faktor stark schwankender Salzgehalte auseinandersetzen und über besondere Fähigkeiten zur Osmoregulation verfügen. Näheres hierzu siehe S. 35. Bei diesen Brackwassertierarten handelt es sich um detritivore und zugleich bodengebundene Arten, besonders bei den Amphipoden. Die übrigen Krebse sind Filtrierer am Boden, während die Fische carnivor sind und im freien Wasser sowie am Boden nach Beute jagen.

Der Grenzbereich zum Meer spielt in deutschen Flüssen eine bedeutsame Rolle. Es muß jedoch darauf hingewiesen werden, daß außer Flüssen auch Bäche, ja sogar Quellen ins Meer münden können und eine spezifische Fauna und Flora erwarten lassen. Quantitativ sind diese Lebensräume heute jedoch kaum noch wichtig, da hinter den schon 1000jährigen Deichen der Niederungsküsten diese kleinen Gewässer zu flußähnlichen Wasserläufen zusammengefaßt werden, den sog. Tiefs, die dann als solche durch Siele die Deichlinie passieren und ins Meer geführt werden. Ästuare leiten thematisch von der Limnologie zur Meereskunde (S. 7) über. Sie werden hier aus diesem Grund nur am Rande erwähnt.

5.5.3 Anthropogene Veränderungen

Auf eine **Eutrophierung**, eine Belastung der Flüsse mit Pflanzennährstoffen, reagieren z.B. ein- oder wenigzellige Algen, die in den Sommermonaten bei starker und tagesperiodisch langandauernder Belichtung zur Massenentfaltung gelangen, empfindlich; in eutrophierten Flußläufen kommt es zu „Algenblüten". Längerfristige Messungen im Main bei Himmelstadt ergaben Werte von 20 – 30 Millionen Algenzellen pro Liter Main-Wasser während solcher „Blüten"; sie waren vorwiegend von Kieselalgen der Gruppen *Cyclotella* und *Stephanodiscus* (Taf. 1), hervorgerufen, deren Maxima im Frühjahr und im Herbst lagen. Im Winter sanken die Werte auf 100 – 150000 Zellen pro Liter Flußwasser ab. Maxima im Hochsommer wurden eher durch Grünalgen beherrscht, darunter auch Arten der Gattung *Scenedesmus* (Taf. 1), dies insbesondere zu Beginn der 80iger

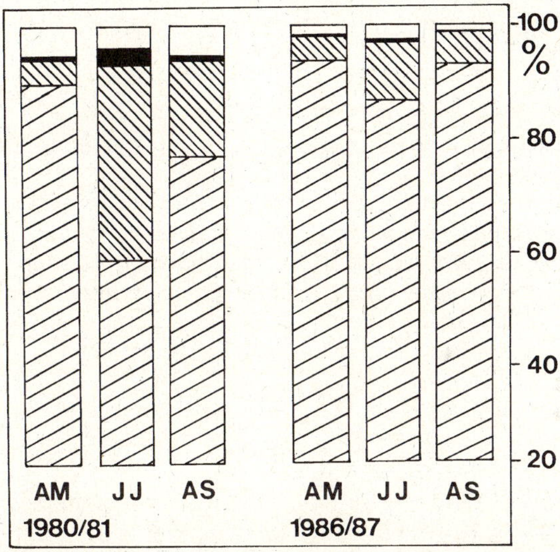

Abb. 91: Reaktion der Algenpopulation im Main bei Himmelstadt auf eine Reduzierung eingeleiteter Abwässer. Vergleich der Frühjahrs-, Sommer- und Herbstproben der Jahre 1980/81 und 1986/87. Weite Schraffur – Kieselalgen, enge Schraffur – Grünalgen, schwarz – Blaualgen, weiß – sonstige. (Umgezeichnet nach KOPF, PÖHLMANN & REIMANN 1988.)

Jahre, als der Main noch stärker mit Pflanzennährstoffen belastet war. In den Monaten Juni/Juli der Jahre 1980/81 machten Grünalgen fast die Hälfte der Algen-Biomasse im Main aus (Abb. 91), wogegen sonst die Kieselalgen dominierten. Nach 1985 wurde durch die Inbetriebnahme moderner Klärwerke mit biologischer Reinigungsstufe in Schweinfurt, Kitzingen und Ochsenfurt eine wesentliche Reduzierung der Nährstoffkonzentrationen erreicht. Dadurch nahmen auch die Konzentrationen der Algen allgemein ab, insbesondere der Grünalgen, deren sommerliches Maximum zwar noch sichtbar, jedoch im Verhältnis zur Phytoplankton-Gruppe der Kieselalgen sehr deutlich zurückgegangen ist. Insgesamt erwiesen sich die Kieselalgen im geringer belasteten und damit naturnäheren Fluß als die dominierende Algengruppe, ähnlich wie es die vorwiegend benthisch lebenden Diatomeen in Bächen sind (S. 71 und 217).

Im übrigen läßt sich ganz allgemein der Nährstoffgehalt von Gewässern mit Hilfe halbquantitativer Vegetationsanalysen abschätzen. So ertragen oder brauchen die

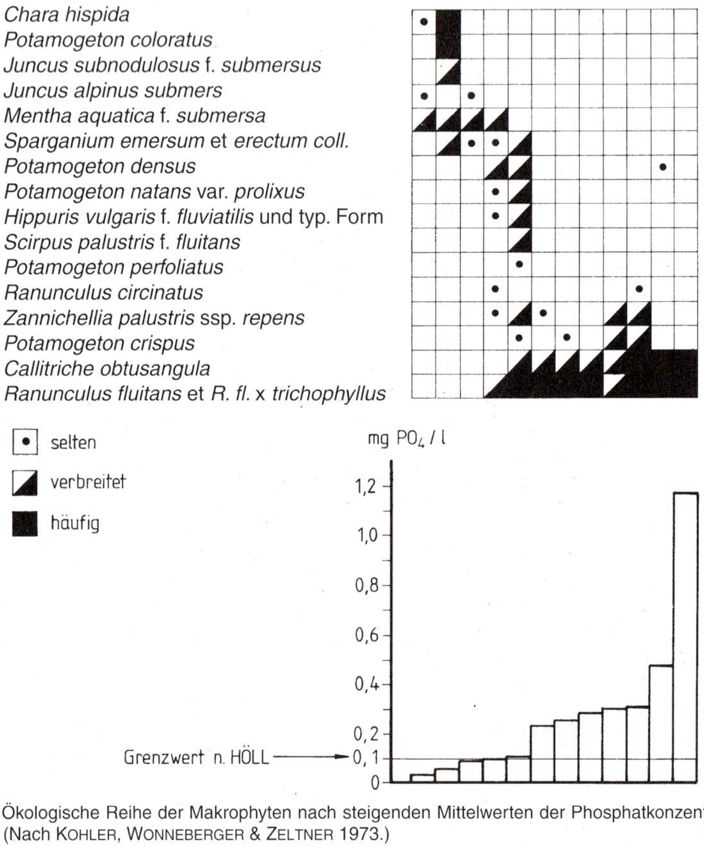

Abb. 92: Ökologische Reihe der Makrophyten nach steigenden Mittelwerten der Phosphatkonzentration des Wassers. (Nach KOHLER, WONNEBERGER & ZELTNER 1973.)

Wasserpflanzen, wie in der Moosach (Oberbayern) speziell untersucht, zum Teil sehr verschieden hohe Phosphat-Konzentrationen (s. Abb. 92). Einige Arten, wie *Chara hispida* oder *Potamogeton coloratus*, wurden nur bei niedrigen Phosphatkonzentrationen angetroffen, andere bei mittleren Konzentrationen (z.B. *Potamogeton densus*) oder bei mittleren bis hohen Phosphatgehalten (z.B. *Ranunculus fluitans*). Weitere 11 Arten, die in Abb. 92 nicht aufgeführt sind (z.B. *Fontinalis antipyretica, Elodea canadensis* oder *Phalaris arundinacea*), wurden überall gefunden und stellen offensichtlich keine speziellen Ansprüche an den Phosphatgehalt des Wassers.

Die oft stärker mit Pflanzennährstoffen belasteten Flußläufe sind zum Teil zusätzlich über längere Strecken aufgestaut.

Ein **Fließgewässer-Dauerstau** konnte an der Twiste-Talsperre, 2 km östlich von Arolsen, in Nordhessen studiert werden. Dieser entstand durch Abriegelung des Twiste-Tales und gliedert sich in einen Zulauf, die Twiste (Probestelle A, Abb. 93), eine

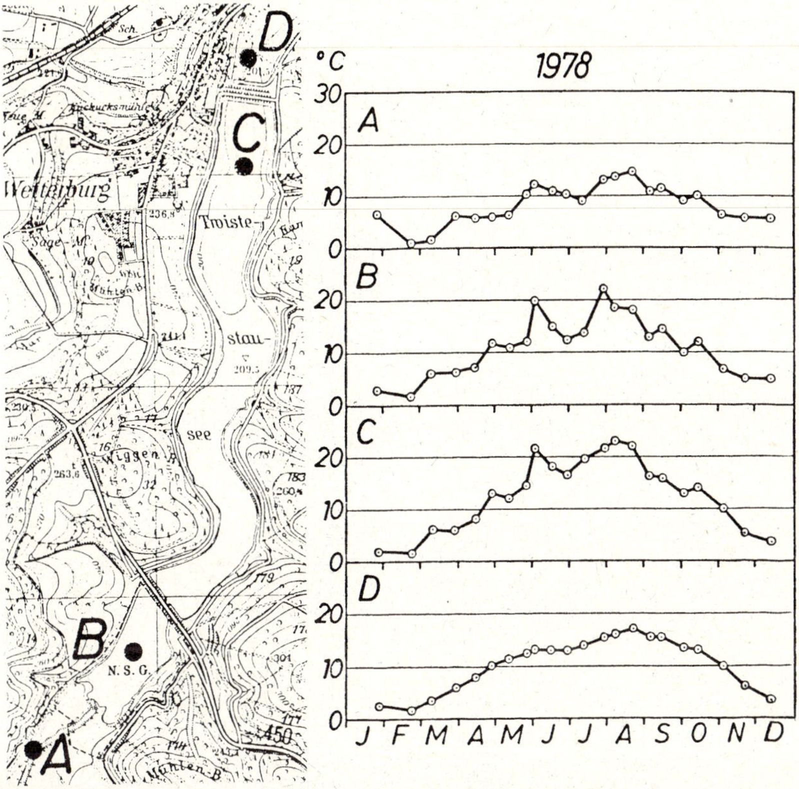

Abb. 93: Probestellen A–D am und im Twiste-Stausee (links), Fließrichtung von S nach N, und Temperaturverlauf an diesen Stellen im Jahresgang 1978 (rechts). (Nach BREHM & SCHÖCKE 1980.)

Vorsperre (Probestelle B), eine Hauptsperre (Probesterre C) und einen Ablauf, wiederum die Twiste (Probestelle D). Die Proben an den Stellen B und C wurden an der Wasseroberfläche genommen. Die Hauptsperre ist 2,45 km lang und bis 0,35 km breit, hat eine Staufläche von 64, 53 ha, eine mittlere Tiefe von 7 m, eine maximale vor dem Sperrwerk 13,5 m. Das Volumen des Stauraums beträgt 4,38 x $10^6 m^3$. Die Anlage dient der Hochwasser-Regulierung und dem Erholungsbetrieb. Sie liegt auf 200 m üb. NN und erstreckt sich in S-N-Richtung. Sie wurde 1977/78 eingestaut. Ihr Einzugsgebiet ist 127,7 km^2 groß und wird überwiegend landwirtschaftlich genutzt, woraus sich der Nährstoffreichtum des Stausees zum Teil erklärt.

Im Untersuchungsjahr 1978, in dessen erster Hälfte die Twiste-Hauptsperre noch weiter eingestaut wurde, stieg die mittlere Jahrestemperatur des Oberflächenwassers von 7,5 °C bei A über 10,0 °C bei B auf 11,4°C bei C an. Im Ablauf D, der 2 m über dem Grunde der Hauptsperre abgeführt wurde, betrug die mittlere Jahrestemperatur dagegen 9,5 °C, d.h. etwa 2 °C unter dem Oberflächenwasser bei C, aber ebenso viel über derjenigen bei A in der Twiste.

Schon am 28.7.78 ergab sich eine Temperatur- und Sauerstoffschichtung bei der Probestelle C, wo an jenem Tag 7 Proben aus 0 – 12 m Tiefe gezogen wurden. Das Ergebnis zeigt Tab. 41.

Tiefe (m)	0	2	4	6	8	10	12
Temperatur (°C)	21,8	20,2	17,9	16,2	15,8	15,8	14,6
O_2-Konzentration (mg/l)	21,8	12,5	8,5	4,1	1,7	0,6	0
" (%)	246,0	136,9	88,9	41,4	17,0	6,0	0

Tab. 41: Beispiel für eine Temperatur- und Sauerstoffschichtung im Hauptstaubecken der Twiste-Talsperre im Sommer 1978. (Ergänzt nach BREMH & SCHÖCKE 1980.)

Wie in einem See ergaben sich im gestauten Wasserkörper der Talsperre Gradienten, so eine Temperaturdifferenz von etwa 7 °C zwischen der Oberfläche und der grundnahen Wasserschicht bei 12 m Tiefe. Dramatisch war der Gradient der Sauerstoffkonzentration. Nahe der Oberfläche ergaben sich aus der lebhaften Photosyntheseaktivität des Phytoplanktons erhebliche Übersättigungen. In der Tiefe kam es dagegen durch Zehrungsprozesse, die hier wegen der Rottung der frisch überstauten ursprünglichen Vegetation noch verstärkt gewesen sein dürften, zur Ausbildung einer O_2-freien Wasserzone. Aus dieser stammte das den Ablauf verlassende Wasser bei D, welches stark belüftet werden mußte, bevor es überhaupt der unteren Twiste zugeleitet werden durfte. Anderenfalls hätte sich dort eine lange Fahne sauerstoffarmen Wassers ausgebildet.

Den Temperaturverlauf an der Oberfläche, wie er sich 1978 von den Probestellen A bis D ergab, zeigt Abb. 93 rechts. Danach stieg die Temperatur der Twiste bei A nicht über 15 °C. Dagegen erwärmte sich das Oberflächenwasser im Stausee auf gut 22 °C. Im Ablauf ergab sich schließlich ein Wert von fast 18 °C. Durch die Stauhaltung wird die Twiste demnach im Sommer aufgeheizt. Witterungsbedingte Schwankungen verstärken sich im Seebereich im Vergleich zum Einlauf, sind aber im Auslauf, wo hauptsächlich Tiefenwasser abfließt, weitgehend gedämpft.

Im Frühjahr entwickelten sich „Algenblüten", die sich im Hochsommer wiederholten. Im Frühjahr handelte es sich wesentlich um Kieselalgen, unter denen die Art *Stephanodiscus hantzschii* dominierte. Im Sommer entfalteten sich zumindest in der Hauptsperre zusätzlich Blaualgen, unter denen drei Arten, *Aphanizomenon flos-aquae, Anabaena flos-aquae* und *Microcystis aeruginosa/flos-aquae* Bedeutung hatten. Dabei erreichten die Algen Biomassen von bis zu 80 mg/l, die im Winter wieder auf 0,1 mg/l zurückgingen. Den Verlauf der Biomasse-Kurven des Phytoplanktons von Januar bis Dezember 1978 zeigt Abb. 94 für die Vorsperre (B) und die Hauptsperre (C). Die Kurven beider Probenstellen verlaufen nicht ganz parallel, was mit der unterschiedlichen artlichen Zusammensetzung der Algenpopulationen im Vor- und im Hauptbecken zu erklären ist. In beiden Fällen zeigt sich jedoch eine unmittelbare Abhängigkeit des biochemischen Sauerstoffbedarfs (BSB_5) von der Biomasse der Algen, dessen Höchstwerte jeweils kurz nach dem Zusammenbruch der Algenmassenentwicklungen zu verzeichnen waren; zu diesen Zeitpunkten lag jeweils ein Maximum an abbaubarer Substanz in den obersten Wasserschichten vor. Bald danach gingen die BSB_5-Werte drastisch zurück, dies in Zusammenhang mit dem Absinken des abgestorbenen Phytoplanktons in die Tiefe des Stausees.

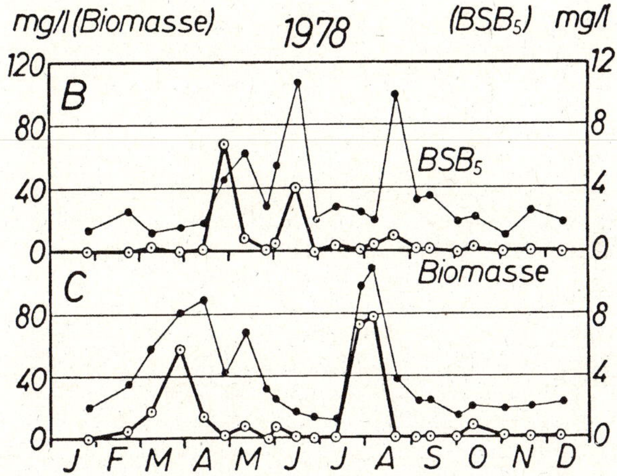

Abb. 94: Phytoplankton-Biomasse und Gesamt-BSB_5 an den Probestellen B und C im Twiste-Stausee im Jahresgang 1978. (Nach BREHM & SCHÖCKE 1980.)

Diese Beobachtungen machen deutlich, daß das Aufstauen von Flüssen und Bächen zu einer erheblichen Unterbrechung des Fließgewässercharakters führt, dessen Kontinuität jedoch für viele Fließgewässerorganismen, insbesondere auch für solche, die Wanderbewegungen durchführen (*Gammarus* und manche Fischarten) sehr wichtig ist. Aus diesem Grunde sind Stauhaltungen in Fließgewässern kritisch.

Die Fauna der Flüsse ist, vorwiegend bedingt durch Abwässer, aber auch durch Besatzmaßnahmen mit Fischen und Krebsen, drastisch verändert und nur noch als Restbestand zu betrachten.

Als Beispiel für eine anthropogen verarmte Flußfauna mag die nachfolgende Artenliste der Wirbellosen des Hochrheines bei Bad Säckingen aus den Jahren 1978 und 1979 dienen:

Für einige der hier aufgeführten Tiergruppen gibt es Vergleichszahlen, die den Artenrückgang dieser Gruppen belegen. So fanden sich in den Jahren 1908 bis 1961 an der gleichen Stelle 19 (statt nunmehr 7) Ephemeropteren, 13 Plecopteren (die alle verschwunden sind) sowie 54 (statt nunmehr 21) Trichopteren. Die heute noch vorhandenenTiergruppen mit insgesamt 158 Arten dürften also zur letzten Jahrhundert-

Porifera	2	Hirudinea	3	Odonata	1
Hydrozoa	1	Hydracarina	?	Heteroptera	2
Turbellaria	4	Isopoda	2	Coleoptera	4
Gastropoda	10	Amphipoda	2	Trichoptera	21
Lamellibranchiata	8	Ephemeroptera	7	Diptera	85
Oligochaeta	5	Plecoptera	0	Bryozoa	1

Tab. 42: Tierarten im Hochrhein. (Nach CASPERS 1980.)

wende noch die dreifache Vielfalt aufgewiesen haben. Ähnliche Zahlen liegen vom Rhein bei Bonn vor. Von den 10 dort vor 1938 gefundenen Ephemeropterenarten gab es 1979 noch drei, von 26 Plecopterenarten zu Beginn des 20. Jahrhunderts inzwischen keine mehr. Gleiches gilt für sieben Odonatenarten, die inzwischen alle ausgelöscht sind, und von 34 Trichopteren gab es 1979 noch zwei (nach CASPERS, 1980).

Der allgemeine Rückgang der Tierartenzahl in vielen Flüssen berührt das gesamte System des Stoff- und Energiekreislaufes im Gewässer. Als Beispiele mögen die Schlitz und die ihr zufließende Lauter dienen. Die **Abwasserbelastung** dieses Gewässerlaufs hat sich im Laufe der 70er Jahre stark erhöht. An 4 Untersuchungsstellen in Lauter und Schlitz wurden in den Jahren von 1970 bis 1988 die Flohkrebse, drei *Gammarus*-Arten, registriert. Abb. 95 zeigt, wie unmittelbar unterhalb der Stadt Lauterbach im Jahre 1970 noch alle Arten, teilweise auch häufig, anzutreffen waren, daß sich jedoch oberhalb von Bad Salzschlirf am Ende einer doch bedenklichen Abwasserfahne nur noch Reste der widerstandsfähigen Art *G. roeseli* hielten. In der mittleren Schlitz waren zu der Zeit alle drei Arten häufig, wogegen unterhalb der Stadt Schlitz nur *G. roeseli* sporadisch auftrat. Ursachen für diese Verteilung waren unzureichende Kläranlagen der Städte Lauterbach und Schlitz. Die Lauterbacher Kläranlage wurde in der folgenden Zeit durch weitere Anschlüsse umliegender Dörfer zunehmend belastet, wodurch die Gammariden vollständig vernichtet wurden (siehe Probestelle 1 in 1976 und 1981). Auch setzten sich die negativen Wirkungen aus Lauterbach bis in die mittlere Schlitz hin fort, wo *Gammarus* bis gegen 1981 ebenfalls fast verschwunden war. Mit dem Bau einer neuen Kläranlage in Lauterbach im Jahre 1985 verbesserte sich die Situation derart, daß alle *Gammarus*-Arten zurückkehrten und zwei von ihnen, die resistenteren *G. roeseli* und *G. pulex*, schon wieder häufig sind. Schließlich war festzustellen, daß nach dem Bau einer neuen Kläranlage in der Stadt Schlitz auch unterhalb dieser Stadt die Gammariden wieder zugenommen hatten. Insgesamt zeigt sich, daß *G. roeseli* am robustesten war, gefolgt von *G. pulex*, während sich *G. fossarum* als die empfindlichste Art erwies. Alle diese Jahre hindurch war im übrigen die Wasserassel, *Asellus aquaticus*, zumindest sporadisch an allen diesen Probestellen vertreten. Sie toleriert einen Sauerstoffschwund bis auf 2 mg O_2/l, während Gammariden nur überleben, wenn etwa 4 mg O_2/l nicht unterschritten werden.

Die verbreitete Belastung von Flüssen und Bächen mit fäulnisfähigen organischen Stoffen hat allenthalben zu mehr oder weniger starken, periodisch und episodisch schwankenden und deshalb mit chemischer Methodik schwer erfaßbaren Sauerstoffdefiziten geführt, deren Minima jedoch maßgeblich die Zusammensetzung der Gewässerfauna bestimmen. Hieraus ergibt sich die Möglichkeit, Lebensgemeinschaften als

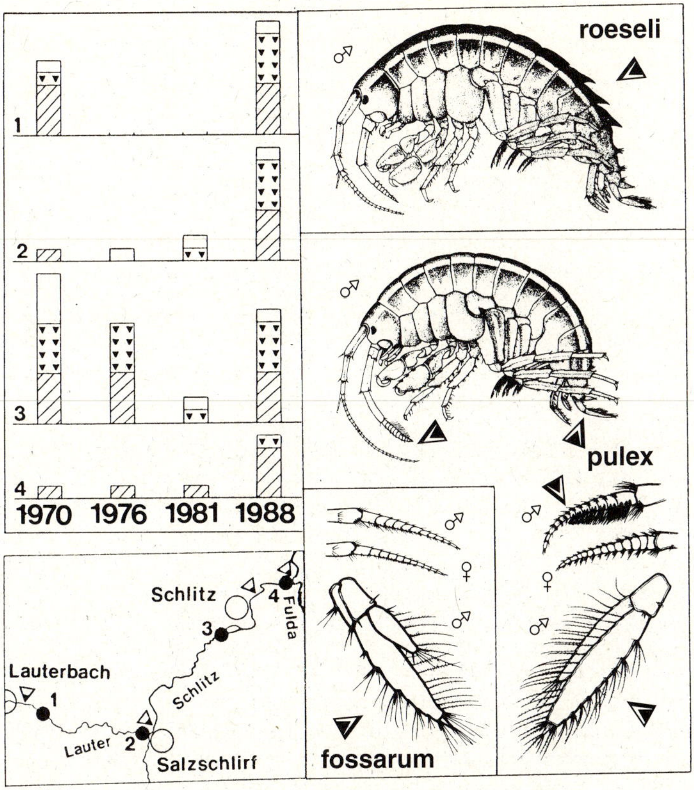

Abb. 95: Habitus-Bilder und Bestimmungsmerkmale von drei *Gammarus*-Arten und deren Verbreitung in der Lauter und der Schlitz von 1970 bis 1988. Für *G. roeseli* sind die Säulen schraffiert, für *G. pulex* mit ▼▼ markiert und für *G. fossarum* weiß gelassen. Hohe Säulen: häufig, niedrige Säulen: sporadisch.

Indikatoren für bestimmte Milieuzustände heranzuziehen und deren qualitative wie quantitative Zusammensetzung zur Beurteilung der **Gewässergüte** zu benutzen. Aus Abb. 96 geht ein Zusammenhang zwischen der Artenvielfalt und der Beständigkeit eines Fluß-Ökosystems hervor, wobei zugleich von besserer zu ungünstigerer Gewässerqualität hin eine gewisse Artenablösung sichtbar wird. So stehen ganz links einige wenige, gegenüber Sauerstoffschwund im Wasser widerstandsfähige Arten, wie etwa die luftatmende Rattenschwanzlarve, ganz rechts *Gammarus* und andere Wasser- und Wechselatmer.

In Tab. 43 sind die Kriterien zur Beurteilung von Fließgewässer zusammengestellt, mit deren Hilfe ein Gewässerabschnitt nach einer 7teiligen Güteskala bewertet werden kann, wovon die Güteklassen II bis IV grob den Verhältnissen in Abb. 96 entsprechen. Eine genaue Einordnung muß mit einem der anerkannten Saprobienschlüssel vorgenommen werden (s. FRIEDRICH 1990).

Tab. 43: Kriterien zur Beurteilung der Gewässergüte von Fließgewässern (Aus: Begleittext zur Gewässergütekarte Hessen 1986, Hess. Min. Umwelt u. Reaktorsicherheit.)

		Biologische Beurteilungskriterien	
Güteklasse	Grad der organischen Belastung (Saprobität ≙ Saprobiestufe)	Saprobien-Index	Zusammensetzung der Lebensgemeinschaften
I	unbelastet bis sehr gering belastet (Oligosaprobie)	1,0 – < 1,5	Gewässerabschnitte mit klarem, stets annähernd sauerstoffgesättigtem und nährstoffarmem Wasser sowie geringem Bakteriengehalt. Mäßig dichte Besiedlung, besonders durch Rotalgen (*Batrachospermum*), Kieselalgen (*Merdion, Diatoma hiemale, Achnanthes minutissima*), Moose, Strudelwürmer, Uferfliegen- und Köcherfliegenlarven sowie durch Käfer. Laichgewasser für Edelfische (Salmoniden).
I – II	gering belastet (Oligosaprobie mit betamesosaprobem Einschlag)	1,5 – < 1,8	Gewässerabschnitte mit geringer anorganischer oder organischer Nährstoffzufuhr ohne nennenswerte Sauerstoffzehrung. Dichte und meist artenreiche Besiedlung besonders durch Algen (*Ulothrix*), Moose, Blütenpflanzen (*Berula, Callitriche*), Strudelwürmer, Ufer-, Eintags- und Köcherfliegenlarven sowie Käfer (*Elminthidae, Hydraenidae*).
II	mäßig belastet (ausgeglichene Betamesosaprobie)	1,8 – < 2,3	Gewässerabschnitte mit mäßiger organischer Verunreinigung und guter Sauerstoffversorgung. Sehr große Artenvielfalt und Individuendichte von Algen, Schnecken, Kleinkrebsen und Insektenlarven, Wasserpflanzenbestände decken des öfteren größere Flächen. Ertragreiche Fischgewässer.
II – III	kritisch belastet (alpha-betamesosaprobe Grenzzone)	2,3 – < 2,7	Gewässerabschnitte, deren Belastung mit organischen, sauerstoffzehrenden Stoffen einen kritischen Zustand bewirkt. Fischsterben durch Sauerstoffmangel möglich, ansonsten noch ertragreiche Fischgewässer (ohne Edelfische); Rückgang der Artenzahl bei den Makroorganismen. Dichte Besiedlung mit Algen und Blütenpflanzen (*Potamogeton, Nuphar*), Schwämmen, Moostierchen, Kleinkrebsen, Schnecken, Muscheln, Egeln und Insektenlarven (ausgenommen Uferfliegenlarven). Meist kolonieartige Entwicklung mehrerer Arten, Algen bilden häufig größere flächendeckende Bestände. Größter Artenreichtum der Wimpertierchen. Meist noch ertragreiche Fischgewässer (ohne Edelfische).

Tab. 43 (Fortsetzung)

		Biologische Beurteilungskriterien	
Güteklasse	Grad der organischen Belastung (Saprobität ≙ Saprobiestufe)	Saprobien-Index	Zusammensetzung der Lebensgemeinschaften
III	stark verschmutzt (ausgeprägte Alphamesosaprobie)	2,7 – < 3,2	Gewässerabschnitte mit starker organischer, sauerstoffzehrender Verschmutzung und meist niedrigem Sauerstoffgehalt. Flächendeckende Kolonien von fadenförmigen Abwasserbakterien (*Sphaerotilus*) und sessilen Wimpertierchen (*Carchesium, Vorticella*) übertreffen das Vorkommen von Algen und höheren Pflanzen. Nur wenige, gegen Sauerstoffmangel unempfindliche tierische Makroorganismen wie Schwämme, Egel, Wasserasseln kommen bisweilen massenhaft vor; geringe Fischereierträge; mit periodischen Fischsterben ist zu rechnen.
III – IV	sehr stark verschmutzt (Polysaprobie mit alphamesosaprobem Einschlag)	3,2 – < 3,5	Gewässerabschnitte mit weitgehend eingeschränkten Lebensbedingungen durch sehr starke Verschmutzung mit organischen, sauerstoffzehrenden Stoffen, oft durch toxische Einflüsse verstärkt; zeitweilig totaler Sauerstoffschwund. Besiedlung fast ausschließlich durch Mikroorganismen, besonders Bakterien, Geißeltierchen und Wimpertierchen. Von den Makroorganismen sind nur noch rote Zuckmückenlarven und Schlammröhrenwürmer vorhanden, diese oft massenhaft. Rückgang fadenförmiger Abwasserbakterien, Fische nur lokal und dann nicht auf Dauer anzutreffen.
IV	übermäßig verschmutzt (Polysaprobie)	3,5 – < 4,0	Gewässerabschnitte mit übermäßiger Verschmutzung durch organische sauerstoffzehrende Abwässer, Fäulnisprozesse herrschen vor. Sauerstoff ist über lange Zeiten in sehr niedrigen Konzentrationen vorhanden oder gänzlich fehlend. Besiedlung fast ausschließlich mit Bakterien, Pilzen, Geißeltierchen und freilebenden Wimpertierchen, letztere oft massenhaft. Fische fehlen. Bei starker toxischer Belastung kann biologische Verödung eintreten.

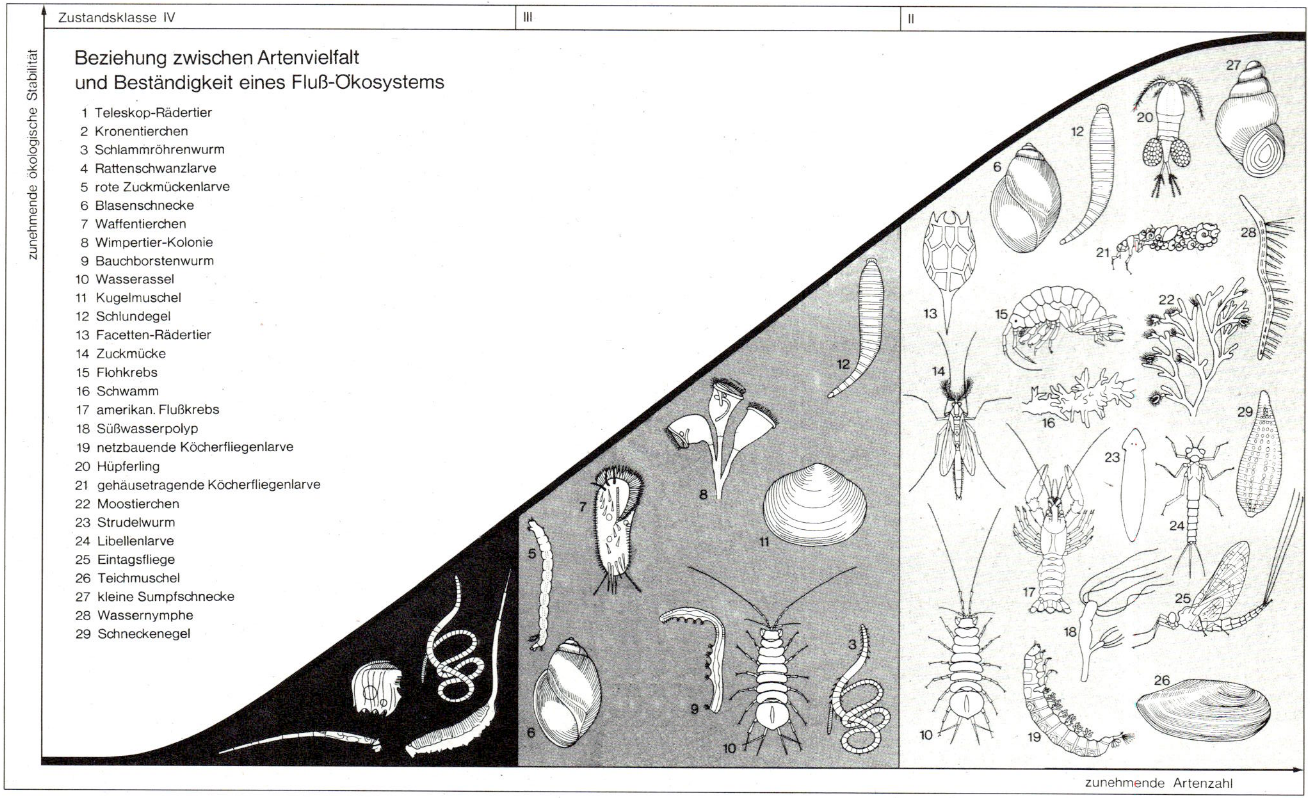

Abb. 96: Repräsentative Übersicht der zunehmenden Diversität tierischer Besiedlung des Flußgrundes in einer Selbstreinigungsstrecke. (Aus BERNERTH & TOBIAS 1979.)

Sauerstoffverhältnisse werden nicht allein von der Belastung mit fäulnisfähigen Stoffen, sondern auch von anderen anthropogenen Faktoren mitbestimmt, wie etwa vom Gewässerprofil und der Strömungsstärke. Abb. 97 zeigt die Sauerstoffaufnahme über die Wasseroberfläche bei verschiedener Wassertiefe und Strömungsgeschwindigkeit; daraus geht hervor, daß die beste physikalische Sauerstoffaufnahme aus der Atmosphäre in rasch strömendem, flach ausgebreitetem Wasser erfolgt, entsprechend die schlechteste in tiefem, langsam ziehendem Wasser mit vergleichsweise kleiner Kontaktfläche zum Luftraum. Letzteres sieht man häufig bei Bachabschnitten in Ortslagen, wo Kastenprofile bevorzugt werden. Ein solches lag auch im Maarbach ober- und unterhalb des Tunnels vor (siehe S. 240 f), wo der gegen O_2-Mangel widerstandsfähige *Gammarus roeseli* den empfindlichen *Gammarus fossarum* verdrängte. Zudem erhöht sich im rascher strömenden Wasser die physiologische Aufnahme des Sauerstoffs durch die Tiere (siehe S. 32).

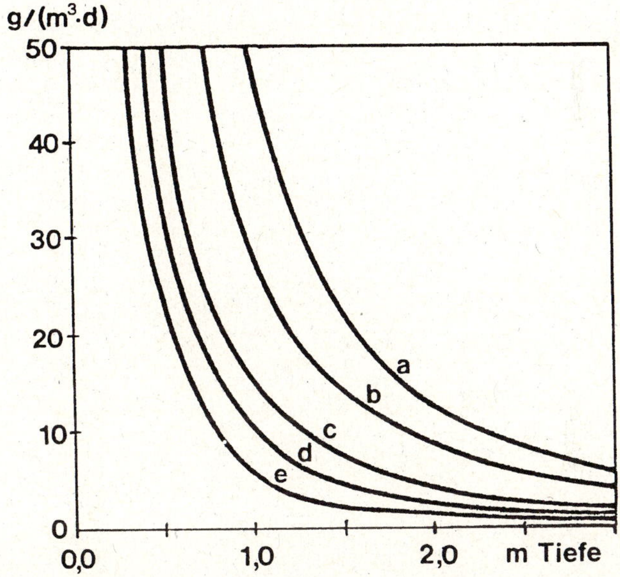

Abb. 97: Physikalische Sauerstoffaufnahme in Wasser bei 100 % O_2-Defizit, 20 °C, verschiedener Wassertiefe und verschiedenen Strömungsgeschwindigkeiten (v). v = 1,0 m/s (a), v = 0,5 m/s (b), v = 0,2 m/s (c), v = 0,1 m/s (d) und v = 0,05 m/s (e). (Verändert nach IMHOFF & IMHOFF 1979.)

Eine Verunreinigung besonderer Art betrifft die **Versalzung** von Fließgewässern. Das bekannteste Beispiel ist wohl die Werra, die seit 1968 extrem verunreinigt ist. Sie verlor sämtliche, früher hier auftretende Süßwassertierarten, während einige Brackwasserorganismen einwandern konnten. Weitere wurden eingeschleppt, so der euryhaline (größere Salzgehaltsschwankungen ertragende) *Gammarus tigrinus*. Dieser ist detritivor, vermehrte sich enorm und ist nun der einzige Vertreter des Makrozoobenthos, der in großem Umfang organische Reste verzehrt. Seine Bedeutung ist in dieser Hinsicht wesentlich größer als seine Dienste als Fischnährtier, als das er 1957 eingesetzt wurde. Er signalisiert, daß in der unteren Werra 4 mg/l O_2 nicht unterschritten werden, und trägt seinen Teil zu diesem Tatbestand bei. Die einzigen in der unteren Werra noch heimischen Fische sind der Aal (*Anguilla anguilla*) und die aus Nordamerika eingeführte Regenbogenforelle (*Salmo gairdneri*), die Schwankungen des Salzgehalts tolerieren. *Gammarus tigrinus*, der Getigerte Flohkrebs, stammt aus einer Flußmündung bei Liverpool in England.

Wenig später wurden Getigerte Flohkrebse aus Irland bei Enkhuizen im oligohalinen IJsselmeer erfolgreich eingebürgert, deren anschließende Ausbreitung in den Niederlanden systematisch verfolgt wurde (Abb. 98). Zunächst besiedelte hier der Krebs die oligohalinen Kanäle der Marschlandschaft und drang dann in die ebenfalls schwach salzigen Flüsse Maas und Rhein vor. Auf der anderen Seite tauchten im Jahre 1991 nahe der Bentheimer Bucht Getigerte Flohkrebse aus der Werra-Population auf niederländischem Gebiet auf. Beide Populationen, die derzeit noch genetisch zu unterscheiden sind, werden sich in Kürze begegnen. Ursprünglich aber dürften alle vor 3–400 Jahren mit Ballastfrachten von Segelschiffen aus Nordamerika nach Großbritannien gekommen sein; ihre eigentliche Heimat sind die brackigen Küstengewässer zwischen Labrador und Florida.

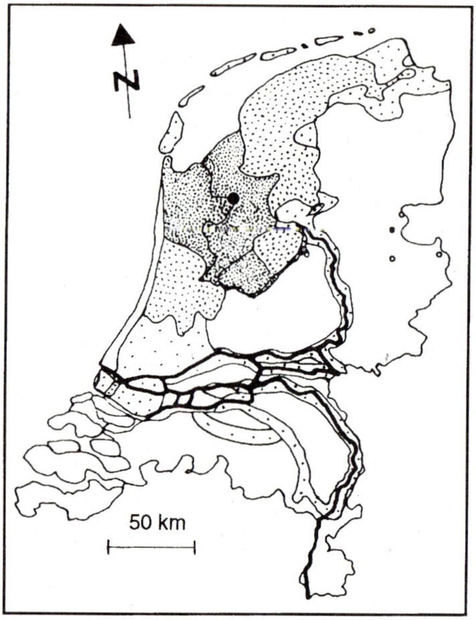

Abb. 98: Ausbreitung von *Gammarus tigrinus* (irischen Ursprungs) in den Niederlanden. ● = 1960 ausgesetzt; dicht punktiert = Verbreitung 1966; mäßig punktiert = Verbreitung 1973; schwach punktiert = Verbreitung 1988; kleine Kreise = aus Deutschland eingewanderter *G. tigrinus* (englischen Ursprungs). (Zusammengestellt nach PINKSTER et al. 1992.)

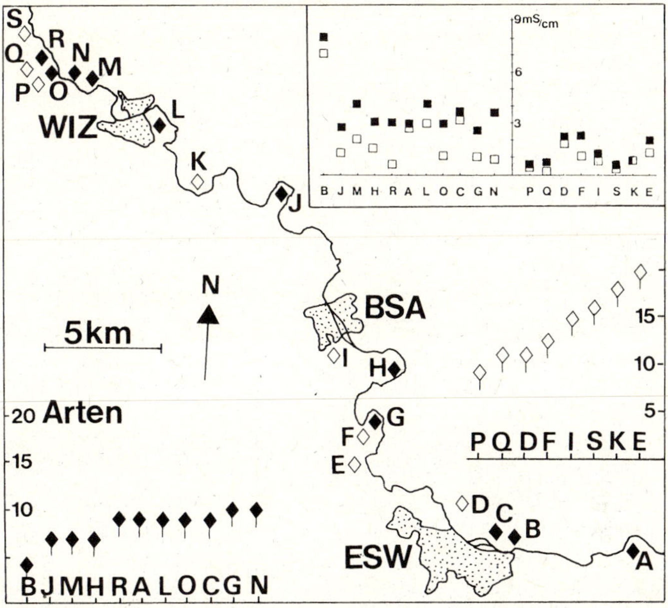

Abb. 99: Auftreten von 18 Cladoceren- und 11 Copepoden-Arten in 19 stehenden Gewässern der unteren Werra-Aue, von denen manche episodisch überflutet werden (schwarze Rhomben), andere dagegen nicht (weiße Rhomben); entsprechend signiert wurden die Artenzahlen pro Gewässer, und zwar in quantitativer Reihung und aufgeteilt in zwei Gruppen mit und ohne Überschwemmungen. Einsatz oben rechts: Höchste (schwarz) und niedrigste (weiß) gemessene Werte der elektrolytischen Leitfähigkeit (als Maß für den Gesamtsalzgehalt) in Auengewässern der Werra; links: episodisch überflutet, rechts: überflutungsfreie Gewässer.

Nicht nur die Werra ist stark versalzen, sondern bis zu einem gewissen Grade auch die Böden und stehenden Gewässer ihrer Aue. Der Einfluß der Werra auf nahe gelegene Altarme, Baggerseen und Kiesteiche erfolgt teilweise über die Hochwässer, die manche von ihnen überfluten, zusätzlich aber auch über das Grundwasser, das nahe der Werra versalzen ist. So sind die Salzgehalte aller Gewässer in der Aue erhöht, wobei die Gruppe der episodisch von der Werra überschwemmten Tümpel und Kleinseen sich durch deutlich höhere und stärker schwankende Salzgehalte gegenüber denen auszeichnet, die nur über salzhaltiges Grundwasser mit der Werra verbunden sind (Abb. 99, Einsatz). Daß die gelegentlich überfluteten Auengewässer nicht noch salziger sind, erklärt sich aus dem hohen Verdünnungsgrad des Werrawassers bei Hochwasserführung.

In den 19 Auengewässern neben der Werra traten insgesamt 18 Cladoceren- und 11 Copepoden-Arten auf. Die häufigsten Cladoceren waren *Chydorus sphaericus* in 19 sowie *Bosmina longirostris* (siehe Taf. 1, 5) und *Daphnia longispina* in je 18 Gewässern; die häufigste Copepoden-Art war *Cyclops vicinus* in allen 19 untersuchten Tümpeln und Kleinseen. In den episodisch überschwemmten Gewässern traten im Ganzen 20 Cladoceren- und Copepoden-Arten auf, in den einzelnen Gewässern 4 bis 10, wobei der artenärmste Kleinsee B zugleich der salzigste war (siehe Abb. 99). Dagegen wiesen die nicht überfluteten Gewässer im Ganzen 27 Arten auf, wobei in den einzelnen Gewässern 9 bis 20 Arten gefunden werden konnten.

Von 11 der insgesamt 29 Cladoceren- und Copepoden-Arten ist bekannt, daß sie auch in Brackwasser (meist der Küstenregionen) vorkommen, von weiteren 12, daß sie bis in mesohalines (5–18 ‰ Salzgehalt) und von 5 daß sie bis in oligohalines (0,5–5 ‰ Salzgehalt) Wasser vordringen können. Nur eine Art, die allerdings nur als Einzelfund auftrat, dürfte auf Süßwasser beschränkt sein. Es handelt sich also um eine salztolerante Cladoceren- und Copepodenfauna, die die Auengewässer der unteren Werra besiedelt.

Während alle gefundenen Arten als Bewohner von Seen und Tümpeln gelten, wurden 18 zusätzlich aus Flüssen und deren stillen Buchten bekannt und können somit als echte Auenbesiedler angesprochen werden, die an schwache Strömungen angepaßt sein müssen.

Von den insgesamt 29 Arten leben 20 ganz oder doch teilweise benthisch, während nur 8 ausschließlich pelagisch sind, darunter die auch für Flüsse nachgewiesenen und auch hier erfolgreichen Cladoceren *Bosmina longirostris* (Taf. 1, 5) und *Daphnia longispina*. Eine weitere Cladocere lebt an der Unterseite des Wasserspiegels (neustische Lebensweise), nämlich *Scapholeberis mucronata*, der Kahnfahrer (Taf. 1, 6).

Fast alle hier vorgefundenen Cladoceren-Arten können als β-mesosaprob, die meisten als wenigstens oligosaprob eingestuft werden. Gewässer mit mäßiger organischer Belastung werden demnach bevorzugt, und auch insofern signalisieren die Cladoceren typische Auenverhältnisse.

Die Altarme und Baggerseen des unteren Werratales sind also von einer auentypischen, allerdings auf die salztoleranten Arten reduzierten Cladoceren- und Copepodenfauna besiedelt. Erwähnenswert ist darüber hinaus, daß in einem stärker versalzenen Teich an der mittleren Werra bei Heringen bisher erst eine Cladoceren-Art gefunden wurde, und zwar *Daphnia magna*, die in Außendeichstümpeln an der Nordsee und damit auch im Bereich von Sturmfluten vorkommt. Sie wurde an der unteren Werra bisher nicht festgestellt.

Mitbetroffen waren im übrigen die Gehölze der Werraufer, obgleich in wesentlich geringerem Umfang. So sind heute an der Werra zwischen Bad Sooden-Allendorf und Witzenhausen nur noch folgende 10 Baum- und Straucharten vertreten, die anscheinend Überflutungen mit dem salzreicheren Werrawasser ertragen:

Hohe Weide, *Salix x rubens (S. alba x fragilis)*
Bruchweide, *Salix fragilis*
Salweide, *Salix caprea*
Salix x *alopecuroides* (*S. fragilis* x *trianda*)
Lorbeerweide, *Salix caprea*
Esche, *Fraxinus excelsior*
Schwarzerle, *Alnus glutinosa*
Hasel, *Corylus avellana*
Spitz-Ahorn, *Acer platanoides*
Schwarzer Holunder, *Sambucus nigra*

Diese Gehölze gehören dem Auenwald (Alno-Ulmion) oder doch der Vorwaldstufe des Sambuco-Salicion an und sind die wenigen Arten aus diesen Gesellschaften, die gelegentliche Überflutung mit salzreicherem Werrawasser ertragen. Hinzu kamen noch 2 Obstbaumarten in Gärten am Werra-Ufer, nämlich die Zwetschge, *Prunus domestica,* und die Garten-Birne, *Pyrus communis*, sowie die aus Nordamerika eingeführte Falsche Akazie, *Robinia pseudacacia*. Seit dem Winter 1988 werden vom zuständigen Wasser- und Schiffahrtsamt Plfanzaktionen zur Vermehrung derzeit an der Werra vorkommender Auenbäume und -sträucher durchgeführt, die später nach einer zu erwartenden Entsalzung der Werra qualitativ ergänzt werden sollen.

Eine weitere anthropogene Veränderung von Fließgewässern stellen neue **Kanalverbindungen** zwischen ursprünglich völlig getrennten Flußsystemen dar. Über solche Kanäle können sich Tierarten in Fließgewässern ausbreiten, die ihnen bis dahin durch Landbrücken versperrt waren. Ein Beispiel hierfür bietet der mit *Gammarus* verwandte Flohkrebs *Orchestia cavimana*, der nasse Uferbereiche von Flüssen und Kanälen bewohnt. Das Tier siedelte ursprünglich im südlichen Rußland und den östlichen Mittelmeerländern, bevor es 1879 im Mündungsgebiet des Rheins auftauchte, wohin es offenbar verschleppt worden war. Von hier aus wanderte die Art unter Ausnutzung verschiedener Kanalverbindungen zunächst über die Schelde zur Seine, von dort in den Oberrhein, um schließlich stromabwärts wieder zum Niederrhein zurückzugelangen (Abb. 100).

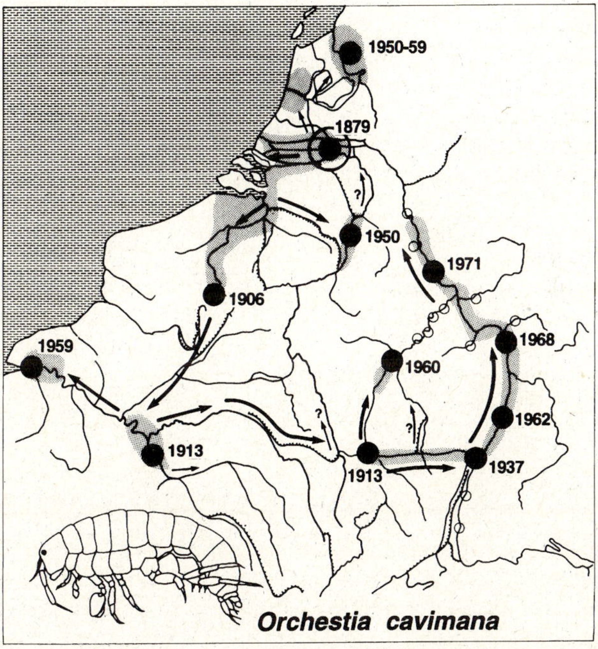

Abb. 100: Vermutliche Ausbreitungswege von *Orchestia cavimana*, einem Süßwasser-Strandfloh, zwischen Rhein und Seine, rekonstruiert aus Literaturangaben. (Nach KINZLEBACH 1972 und 1977, verändert.)

Ein viel diskutiertes Projekt dieser Art war der Bau des Main-Donau-Kanals, der nunmehr die Gewässersysteme des Rheins in Nordwesteuropa und der Donau in Südosteuropa miteinander verbindet. Naturschützer befürchten eine Faunenvermischung, bei der manche Wassertierart von neuen Konkurrenten oder Feinden bedroht werden könnte. *Gammarus tigrinus* wurde übrigens schon 1986 in der Nähe von Nürnberg im Main-Donau-Kanal gefunden, offensichtlich im Vordringen aus dem Rheinsystem in das der Donau. Zwei weitere Amphipoden, die bisher in der Donau heimisch waren, wanderten in die Gegenrichtung: *Dikerogammarus villosus* wurde 1994 erstmalig im Niederrhein an der deutsch-niederländischen Grenze nachgewiesen; *Dikerogammarus haemobaphes* durchwanderte den Main-Donau-Kanal im Laufe des Jahres 1993 und erreichte 1994 den unteren Main.

6 Rückblick

Quellen zeichnen sich durch eine verhältnismäßig konstante Wasserführung aus, die allerdings von Quelle zu Quelle sehr verschieden sein kann. Dagegen schwankt die Wasserführung der Bäche lang- wie kurzfristig sehr stark. Die Wasserführung der Flüsse ändert sich zumindest langfristig stark.

Quellen haben eine konstante und meist schwache Strömung, die sich jedoch von Quelle zu Quelle stark unterscheiden kann. Dementsprechend ist das Bodensubstrat meist fein, seltener (starke Rheokrenen) grob. Bäche weisen extrem hohe Strömungsamplituden auf, sowohl zeitlich als auch räumlich. Untereinander zeigen sie große Verschiedenheit in Abhängigkeit vom Gefälle (vgl. Niederungs- und Gebirgsbäche). Das Substrat ist dementsprechend äußerst vielfältig. Am Boden finden sich Schlamm-, Sand-, Kiesel- und Geröll- bzw. Geschiebezonen in enger Nachbarschaft zueinander. Flüsse weisen in Stromstrichen starke und am Gewässerrand schwache Strömungen auf. Grobes Bodensubstrat ist nur lokal zu finden; es überwiegt feinkörniges Material. Die Strömungsamplituden sind zwar hoch, doch ändert sich die Strömungsgeschwindigkeit örtlich wesentlich schwächer als in Bächen.

Der Elektrolytgehalt des Wassers ist in Quellen relativ konstant, besonders in solchen mit großen Fördertiefen. Untereinander sind die Quellen in dieser Hinsicht, in Abhängigkeit vom geologischen Untergrund, sehr verschieden. In den Bächen variiert der Elektrolytgehalt zwar beträchtlich, ist jedoch im allgemeinen niedrig. Flüsse weisen wieder einen etwas höheren Elektrolytgehalt auf und ähneln einander stärker.

Quelltemperaturen (Abb. 101) sind verhältnismäßig konstant. Sie sind im allgemeinen ziemlich niedrig. Ausnahmen bilden die Thermalquellen. In Bächen schwankt die Temperatur langfristig (jahresperiodisch) und kurzfristig (tagesperiodisch). Flüsse sind zwar kurzfristig wieder relativ temperaturkonstant, zeigen jedoch im Laufe des Jahres noch größere Temperaturunterschiede. Im zentraleuropäischen Waldland sind Quellen zumindest im Sommer fast immer stark beschattet, also lichtarm. Entsprechendes gilt für Bäche, die allerdings heute häufiger durch menschliche Eingriffe (Abholzung) dem Licht ausgesetzt sind. Flüsse sind generell lichtreicher, mit Ausnahme steilerer, beschatteter Uferzonen.

Der pH-Wert von Quellen ist nahezu konstant, ändert jedoch von Quelle zu Quelle zum Teil extrem ab. In Bächen dagegen kann der pH-Wert auch im gleichen Gewässer stark variieren. Der pH-Wert der Flüsse ist bemerkenswert einheitlich und ausgeglichen.

Quellen zeichnen sich ferner durch ein konstantes, wenn auch verringertes Sauerstoffangebot (Abb. 102) aus. Der Grad der Untersättigung ist von Quelle zu Quelle verschieden; in Sumpfquellen kann der Sauerstoff sogar gänzlich verschwinden (s.S. 79). Das O_2-Angebot ist jedoch in den meisten Quellen noch einigermaßen hoch. In Bächen und auch in Flüssen schwankt die Sauerstoffkonzentration zum Teil erheblich, und zwar lang- und kurzfristig (jahres- und tageszyklisch). Einen großen Einfluß üben dabei die Wassertemperaturen und mögliche anthropogene Verunreinigungen aus.

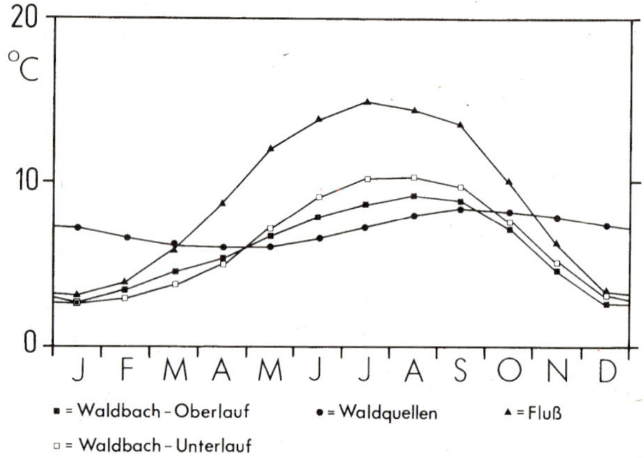

Abb. 101: Temperaturverlauf in Waldquellen, Waldbächen und einem Fluß (Schlitz) in einer Buntsandsteinlandschaft (Schlitzerland in Osthessen) im Jahreslauf (übergreifende Dreimonatsmittel, 1980).

Unter natürlichen Verhältnissen weisen die Bäche meist auch geringe O_2-Defizite auf. Saubere Flüsse schließlich sind fast ganz sauerstoffgesättigt.

Quellen sind, verglichen mit Bächen, reicher an endoxidierten Pflanzennährstoffen wie Nitrat, Sulfat oder auch Phosphat, dagegen meist besonders arm an reduzierten anorganischen Stoffwechselprodukten wie Ammonium / Ammoniak und organischen Ausscheidungen von Organismen. Während die Konzentrationen dieser Stoffe in den einzelnen Quellen annähernd konstant sind, zeigen sie von Quelle zu Quelle zum Teil extreme Unterschiede. In den Bächen können die Konzentrationen auch im gleichen Gewässer außerordentlich stark schwanken. Bedingt durch unterschiedlich starke anthropogene Einflüsse, variieren die Konzentrationen der genannten Stoffe auch in den Flüssen enorm, sowohl von Gewässer zu Gewässer als auch im gleichen Gewässerlauf.

Insgesamt liegt in den einzelnen Quellen ein relativ konstantes Milieu vor. In den Bächen schwanken dagegen die Milieufaktoren beträchtlich, häufig noch verstärkt durch anthropogene Eingriffe. Dies gilt heute noch mehr für die Flüsse.

Unter den Pflanzen der Quellen, insbesondere der häufigen Helokrenen, herrschen Sumpfpflanzen vor; bei hohem Lichtangebot sind dies vor allem Seggen. Weitere wichtige Pflanzen sind Uferpflanzen, unter denen Bäume eine überragende Rolle spielen (Schattenwurf, insbesondere von Erlen). Am Boden unter den Bäumen dominieren Moose. Wasserpflanzen sind allenfalls in Limnokrenen und starken Rheokrenen zu finden. Kaum eine Pflanzenart ist auf Quellen wirklich spezialisiert, wie das Gemeine Quellmoos (*Philonotis fontana*); alle anderen Arten kommen auch an anderen Standorten vor.

An den Bächen dominieren die Uferpflanzen, unter ihnen besonders Gehölzarten (Erlen, Eschen). In ihrem Schatten gedeihen vor allem Moose, sowohl auf dem Ufer als auch im Gewässer selbst. Nur an lichten Stellen erlangen höhere Sumpf- und

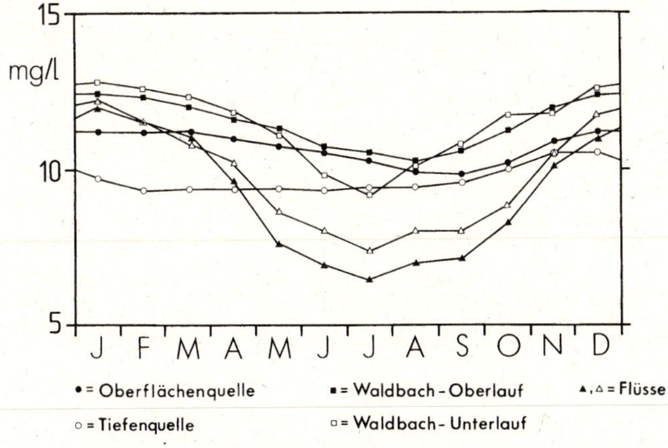

Abb. 102: Sauerstoffkonzentration von Waldquellen, Waldbächen und Flüssen (Schlitz und Fulda) in einer Buntsandsteinlandschaft (Schlitzerland in Osthessen) im Jahreslauf (übergreifende Dreimonatsmittel, 1980.)

Wasserpflanzen Bedeutung. Ferner spielen in den Bächen Aufwuchsalgen (Diatomeen) eine Rolle, in den schattigen Waldbächen vor allem im Frühjahr und Herbst, sonst auch im Sommer. Die (heute stark dezimierten) Ufergehölze befestigen mit ihren Wurzeln die Bachufer und bilden mit ihrem Fallaub die wichtigste Nahrungsgrundlage der Bachtiere. Alle an Bächen vertretenen Pflanzenarten kommen auch auf anderen Standorten vor, reine Bacharten fehlen.

In Flüssen spielen die höheren Wasserpflanzen (Laichkräuter) eine große Rolle, in Uferbereichen Röhrichte (Glanzgras) und auf den Ufern Gehölzarten (Weiden). Im freien Wasser der Flüsse erlangt Phytoplankton große Bedeutung. Auch in den Flüssen fehlen ausgesprochene Spezialisten.

Die Fauna der Quellen besteht durchweg aus sehr kleinen Tieren. Sie besiedeln kleinlumige Wasserkörper (Lückensysteme) im Gewässergrund, in Moospolstern, zwischen hineingefallenem Laub und zwischen Resten von Sumpfpflanzen. Viele pendeln zwischen Quellabläufen und dem Grundwasser. Alle sind boden- bzw. substratgebunden (benthisch); nur einige Käfer durchqueren jagend den freien Wasserkörper größerer Limnokrenen. In den Quellen dominieren Detritusfresser, die ihrerseits von kleinen Carnivoren gejagt werden. Die Nahrungsketten sind allgemein kurz, das trophische Gefüge vergleichsweise einfach strukturiert. In Quellen halten sich die Wasseratmer mit den Wechsel- und Luftatmern etwa die Waage. Im übrigen nimmt der Anteil der Wasseratmer zum Grundwasser hin zu. Im Gegensatz zu den Pflanzen finden sich unter den Tieren viele Quellspezialisten.

Die Fauna der Bäche weist auch etwas größere Tiere auf. Fast alle halten sich am Gewässergrund auf, sind also ebenfalls benthisch. Vor der Strömung finden sie Schutz in Sandablagerungen, in Totwasserräumen hinter und unter Steinen, in der flachen Grenzschicht gebremster Strömung auf Steinen, aber auch in Lücken zwischen Wasser-, Sumpf- und überhängender Ufervegetation. Pelagische Tiere, die freie Wasserkörper besiedeln, finden sich lokal an tieferen Stellen (in Kolken) und können dann auch größer sein (Bachforelle). In den Bächen dominieren Detritusfresser, doch gewinnen ebenso Pflanzen- und Aufwuchsfresser an Bedeutung. Viele Tiere filtrieren oder sieben mit anderen Methoden driftende Partikel und Organismen aus dem strömenden Wasser. Die Carnivoren gliedern sich in Sekundär- und weitere Folgekonsumenten auf. So werden die Nahrungsketten länger, das Gefüge trophischer Beziehungen komplizierter. In den Bächen dominieren Wechsel- und Luftatmer. Viele leben nur zeitweilig im Wasser (Larven von Wasserinsekten). Die Zahl der nur in Bächen vorkommenden Tierarten ist außerordentlich hoch und übertrifft die Zahl der Quellspezialisten um ein Mehrfaches.

In der Fauna der Flüsse treten viele recht große Tierarten neu auf. Viele von ihnen besiedeln als pelagische Formen den freien Wasserraum (Fische), andere sind an die Wasseroberfläche gebunden (Vögel). Auch die kleinen Tiere besiedeln zum Teil das freie Wasser der Flüsse (Zooplankton) und auch den Wasserspiegel. Die übrigen Tierarten sind benthisch wie in den Bächen. Viele Tierarten sind Detritusfresser, daneben finden sich Filtrierer und Phytophage. Große Bedeutung besitzen die Carnivoren. Die Nahrungsketten sind hier zum Teil noch länger als in den Bächen. In den Flüssen nimmt der Anteil der Wasseratmer wieder zu. Während die zurückgehenden Wechsel- und Luftatmer hauptsächlich in Ufernähe leben, besiedeln die Wasseratmer den offenen Fluß. In den Flüssen ist die Zahl der Spezialisten wieder deutlich verringert.

Quellen, Bäche und Flüsse lassen sich **ganz allgemein** wie folgt charakterisieren:

Quellen verteilen sich als engbegrenzte Ökosysteme punktartig in der Landschaft. Die Quelleigenschaften integrieren gleichsam über die Milieuverhältnisse in ihren Einzugsgebieten, wobei die Einflüsse aus der nächsten Umgebung am deutlichsten erscheinen. Die Einflüsse aus der nächsten Umgebung erscheinen indes umso schwächer, je größer die Quelle ist (abnehmende Grenzlinienwirkung). Daraus folgt, daß sich die Faktoren in großen Quellen kurz- wie langfristig nur wenig verändern. Voneinander unterscheiden sich die Quellen umso stärker, je kleiner ihre Einzugsgebiete sind. Umgekehrt ähneln sie einander umso mehr, je größer die Einzugsgebiete sind, weil Zufälligkeiten (z.B. in der geologischen Beschaffenheit des Untergrundes) umso eher ausgeglichen werden (Nivellierungswirkung). Aus den aufgezeigten Möglichkeiten resultiert eine beträchtliche Vielfalt bei den Quellen.

Die Bäche durchziehen als langgestreckte Ökosysteme fadenartig die Landschaft. Bei den Bächen wächst der Einfluß der unmittelbaren Umgebung (Ufer) mit zunehmender Gewässerlänge, besser zunehmender Fließdauer (zunehmende Grenzlinienwirkung). Das bedeutet, daß sich die Gewässerfaktoren mit zunehmender Entfernung von den Quellen lang- und kurzfristig immer stärker verändern können. Auf der anderen Seite sind diese Änderungen jedoch umso geringer, je größer der Wasserkörper ist. Daher nehmen in einem Bachverlauf die langfristigen und zunächst auch die kurzfristigen Schwankungen zu, später die kurzfristigen wieder ab. Da die Bäche im Mittel größere Einzugsgebiete besitzen als die Quellen, ähneln sie sich stärker als diese. Trotzdem ist die Vielfalt der Bäche, aufgrund der großen Schwankungsbreite der Gewässerfaktoren, noch größer als die der Quellen.

Die Flüsse durchziehen als gestreckte Ökosysteme bandartig die Landschaft. Bei den Flüssen nimmt der Einfluß der unmittelbaren Umgebung (Ufer) wegen der weiter zunehmenden Größe des Wasserkörpers wieder ab (abnehmende Grenzlinienwirkung). Dementsprechend verändern sich die Gewässerfaktoren im Flußverlauf nur noch langfristig stark, und der Wasserkörper des Flusses wird gegenüber dem Einzugsgebiet immer selbständiger. Da die Einzugsgebiete der Flüsse im Durchschnitt noch größer sind als die der Bäche, sind die Flüsse einander noch ähnlicher als Bäche. Daraus erklärt sich ihre verhältnismäßig geringe Vielfalt.

7 Anregungen zu eigenen Untersuchungen an Fließgewässern

1. Suchen Sie sich mit Hilfe einer topographischen Karte im Maßstab 1 : 25000 in der Nähe Ihres Wohn- oder Schulorts ein Bachsystem aus, das ein 3–8 km^2 großes Gebiet entwässert. Zeichnen Sie die einzelnen Gewässerläufe und umgrenzen Sie das zugehörige Niederschlagsgebiet entlang der Wasserscheide. Tragen Sie zusätzlich die Höhenlinien ein. In welcher Beziehung stehen die Wasserscheiden zu den Höhenlinien? Zeichnen Sie mehrere Querprofile und das Längsprofil (in der Tallinie) durch das Hauptbachtal. Welche Talformen ergeben sich? Bestimmen Sie die Größe des Niederschlagsgebiets!
2. Erwandern Sie alle Gewässerläufe des ausgewählten Bachsystems jeweils bis zu den Quellen. Charakterisieren Sie die Quellen und Bachabschnitte morphologisch gemäß Tab. 1 und 2 und tragen Sie Ihre Befunde in Ihre Karte ein. Versuchen Sie die von ihnen gezeichneten Talquerprofile im Gelände wiederzufinden. Bestimmen Sie die tatsächliche Bachlänge in einem 500 m langen Talabschnitt und vergleichen Sie das mittlere Bachgefälle mit dem mittleren Talgefälle. Worin besteht eine Bachbegradigung?
3. Messen Sie bei anhaltender Trockenheit und zum Vergleich in einer Regenperiode mit Hilfe eines an zwei Ecken aufgebogenen Blechs, einer darunter anschließenden Plastikrinne, einem 10-l-Eimer und einer Stoppuhr den Abfluß einer Quelle und des Quellbachs in 50 bis 150 m Entfernung von der Quelle. Verfolgen Sie den Verlauf einer Hochwasserwelle durch wiederholte Abflußmessungen an der selben Stelle. – Wie verläuft die Hochwasserwelle in einem Fluß Ihrer Umgebung? Befragen Sie dazu das zuständige Wasserwirtschaftsamt und erkundigen Sie sich danach, wie Hochwässer hier vor Jahrzehnten verliefen.
4. Messen Sie mit Hilfe eines OTT-Flügels die Strömungsgeschwindigkeiten im Querschnitt eines natürlich gewundenen Bachabschnitts mit rauhem Bett und eines begradigten mit glattem Grund. Welche Rolle spielt die Reibung in den beiden Strömungsprofilen? In welchem der beiden Bachabschnitte würden Sie mehr benthische Tiere erwarten?
5. Messen Sie die Leitfähigkeit oder die Alkalinität des Wassers von möglichst vielen Quellen in einem kleinen Bacheinzugsgebiet. Tragen Sie die gefundenen Werte in eine Karte ein. Erkennen Sie Beziehungen zur Geologie des Gebietes? (Vergleiche 8.)
6. Messen Sie bei anhaltender Trockenheit und zum Vergleich in einer Regenperiode die Leitfähigkeit einer Quelle und des Quellbachs in 50 bis 150 m Entfernung von der Quelle (vergleiche 3.). Erläutern Sie die Unterschiede!
7. Bestimmen Sie an einem Strahlungstag in einer anhaltenden Trockenperiode die Wassertemperaturen einer Quelle, einem kleinen Bach (möglichst im Wald und im Freien) und einem Fluß sowie die Lufttemperatur (im Schatten in 2 m Höhe). Ermitteln Sie die Tagesgänge, indem Sie die Messungen in 3–4stündigen Abständen durchführen. Bestimmen Sie durch monatliche Messungen den Jahresgang der Temperatur an den selben Stellen. Charakterisieren Sie Quellen, Bäche und Flüsse nach der Temperatur! (Siehe auch 9. und 10.)

8. Messen Sie den Säuregrad des Wassers von möglichst vielen Quellen in einem kleinen Bacheinzugsgebiet. Tragen Sie die gefundenen Werte in eine Karte ein. Erkennen Sie Beziehungen zur Geologie des Gebietes? (Vergleiche 5.)
9. Bestimmen Sie an einem Strahlungstag in einer anhaltenden Trockenperiode den Tagesgang der pH-Werte in einer Quelle, einem sauberen Bach (möglichst im Wald und im Freien) und in einem abwasserbelasteten Bachabschnitt. Führen sie die Messungen in 3–4stündigen Abständen durch. Interpretieren Sie Ihre Werte! (Siehe auch 7. und 10.)
10. Bestimmen Sie den Tagesgang des Sauerstoffs an einem Strahlungstag in einer anhaltenden Trockenperiode in einer Quelle, einem sauberen Bach (möglichst Wald- und Wiesenbach) und einem abwasserbelasteten Bachabschnitt. Führen Sie die Messungen in 3–4stündigen Abständen durch. Interpretieren Sie die O_2-Sättigungswerte! (Siehe 9. und auch 7.)
11. Messen Sie die Nitrat-, Ammonium- und Phosphatkonzentrationen in einer Quelle, einem sauberen Bach (möglichst im Wald und im Freien) und in einem abwasserbelasteten Bachabschnitt während einer Schönwetterperiode und nach kräftigen Niederschlägen. (Siehe auch 6.)
12. Vergleichen Sie die Unterwasser-, Schwimmblatt- und Röhrichtvegetation eines etwa 100 m langen Wald- und eines gleichlangen Wiesenbachabschnitts, die möglichst nahe beieinander liegen. Deuten Sie die Unterschiede!
13. Vergleichen Sie die Ufervegetation an Abschnitten eines Laubwald- und eines Fichtenwaldbachs auf gleichem geologischen Untergrund. Können Sie Pflanzenarten feststellen, die auf Versauerungen hinweisen? Deuten Sie Ihre Befunde!
14. Vergleichen Sie die Ufervegetation an Abschnitten eines sauberen und eines mit Abwässern belasteten Wiesenbachs. Welche Pflanzenarten zeigen die Verunreinigung an? Nennen Sie insbesondere Stickstoffzeiger!
15. Nennen Sie die Funktionen der Schwarzerle im Ökosystem Bach!
16. Vergleichen Sie die Wassertiere in einer Nadelansammlung in einem Fichtenwaldbach mit den Tieren in einer Fallaubansammlung in einem erlengesäumten Bach. Deuten Sie die Ergebnisse!
17. Sammeln Sie Tiere aus Sand, gröberem Kies und Geschiebe eines sauberen Bachs. Welche Anpassungen (Gestalt, Größe, Fortbewegung) erkennen Sie?
18. Vergleichen Sie die tierische Besiedlung in einem Bach oberhalb, unmittelbar an und unterhalb einer Abwassereinleitung. Versuchen Sie, die Güteklasse der drei Bachabschnitte zu bestimmen!
19. Bestimmen Sie die Güteklasse eines verunreinigten kleinen Flusses an einem ständig überlaufenden Mühlenwehr an Hand seiner tierischen Besiedlung. Vergleichen Sie Ihren Befund mit der aktuellen Gewässergütekarte Ihrer Umgebung und erläutern Sie mögliche Abweichungen!
20. Befragen Sie Fischerei-Vereine über den Fischbestand in Bächen und Flüssen Ihrer Umgebung. Bringen Sie dabei in Erfahrung, welche Arten dort ursprünglich heimisch sind und sich noch fortpflanzen, welche dagegen ständig nachgesetzt werden müssen und welche überhaupt neu eingeführt wurden. Vergleichen Sie das Befragungsergebnis mit alten Fang- und Marktberichten aus örtlichen Archiven!

Literatur

Standardliteratur

AUTORENKOLLEKTIV (1962): Taschenbuch der Geologie. Die Entwicklungsgeschichte der Erde. – Edition Leipzig, Werner Dausien, Hanau.

BARNER, J. (1987): Hydrologie – Eine Einführung für Naturwissenschaftler und Ingenieure. – Quelle & Meyer, Heidelberg, Wiesbaden.

CHRISTEN, H. R. (1969): Grundlagen der allgemeinen und anorganischen Chemie. – Sauerländer, Diesterweg-Salle, Frankfurt.

CHRISTEN, H. R. (1970): Grundlagen der organischen Chemie. – Sauerländer, Diesterweg-Salle, Frankfurt.

DEUTSCHE EINHEITSVERFAHREN ZUR WASSER-, ABWASSER- UND SCHLAMM-UNTERSUCHUNG. 3. Auflage. – Verlag Chemie, Weinheim, 8. Lieferung 1979.

DÜLL, R. (1993): Exkursionstaschenbuch der Moose. 4. Auflage. – IDH-Verlag, Bad Münstereifel.

ELLENBERG, H. (1996): Vegetation Mitteleuropas mit den Alpen in ökologischer Sicht. 5. Auflage. – Ulmer, Stuttgart.

ELLENBERG, H., WEBER, H. E., DÜLL, R., WIRTH, V., WERNER, W. & PAULISZEN, D. (1992): Zeigerwerte von Pflanzen in Mitteleuropa. 2. Auflage. – Scripta Geobotanica *XVIII*. Goltze, Göttingen.

ENGELHARDT, W. (1989): Was lebt in Tümpel, Bach und Weiher. 13. Auflage. – Franckh'sche Verlagshandlung, Stuttgart.

HÖLL, K. (1979): Wasser-Untersuchung. Beurteilung, Aufbereitung, Chemie, Bakteriologie, Virologie, Biologie. 6. Auflage. – de Gruyter, Berlin.

HYNES, H.B.N. (1970): The Ecology of Running Waters. – Liverpool University Press.

ILLIES, J. (Hrsg.) (1978): Limnofauna Europaea. 2. Auflage. – Gustav Fischer, Stuttgart.

ILLIES, J. & SCHMITZ, W. (1980): Die Verfahren der biologischen Beurteilung des Gütezustandes der Fließgewässer. Studien zum Gewässerschutz 5. – Landesanstalt für Umweltschutz Baden-Württemberg, Karlsruhe.

KAESTNER, A. (1954): Lehrbuch der Speziellen Zoologie. – Gustav Fischer, Stuttgart.

KLEE, O. (1993): Wasser untersuchen. Einfache Analysenmethoden und Beurteilungskriterien. 2. Auflage. – Quelle & Meyer, Heidelberg, Wiesbaden.

LANGE, G. & LECHER, K. (1989): Gewässerregelung, Gewässerpflege – Naturnaher Ausbau und Unterhaltung von Fließgewässern. 2. Auflage. – Verlag Paul Parey, Hamburg, Berlin.

LIEBMANN, H. (1960): Handbuch der Frischwasser- und Abwasser-Biologie. – Oldenbourg, München.

LUDWIG, H. W. (1993): Tiere in Bach, Fluß, Tümpel, See. 2. Auflage. – BLV-Verlagsgesellschaft, München.

MERCK, E.: Die Untersuchung von Wasser. – Merck AG, Darmstadt.

OBERDORFER, E. (1994): Pflanzensoziologische Exkursionsflora. 7. Auflage. – Ulmer, Stuttgart.

SCHAEFER, M. (1994): BROHMER. Fauna von Deutschland. 19. Auflage. – Quelle & Meyer, Heidelberg, Wiesbaden.

SCHMEDTJE, U. & KOHMANN, F. (1992): Bestimmungsschlüssel für die Saprobier-DIN-Arten (Makroorganismen). 2. Auflage. – Informationsber. Bayr. Landesamt Wasserwirtsch. 2, München.

SCHÖNBORN, W. (1992): Fließgewässerbiologie. – Gustav Fischer, Jena.

SCHWOERBEL, J. (1993): Einführung in die Limnologie. 7. Auflage. – Gustav Fischer, Suttgart.

SCHWOERBEL, J. (1987): Methoden der Hydrobiologie – Süßwasserbiologie. 6. Auflage. – Gustav Fischer, Stuttgart.

„STRASBURGER“ (1991). Lehrbuch der Botanik, 33. Auflage, Neubearbeitung von SITTE, P. et al. – Gustav Fischer, Stuttgart.

STRESEMANN, E. (1957): Exkursionsfauna von Deutschland; Volk und Wissen, Berlin (3 Bände).

Weiterführende Literatur

AHNE, W. & WOLF, K. (1980): Viruserkrankungen der Fische. – In: Krankheiten und Schädigungen der Fische. – Gustav Fischer, Stuttgart.

ALLEN, S. E. (ed.) (1974): Chemical Analysis of Ecological Materials. – Blackwell Scientific Publications, Oxford.

AMBÜHL, H. (1959): Die Bedeutung der Strömung als ökologischer Faktor. – Hydrologie *21*.

ARBEITSGEMEINSCHAFT FLIESSGEWÄSSER (1989): Vergleich der ökologischen Qualität einer begradigten und einer mäandrierenden Strecke am Oichtenbach (Salzburg). – Natur und Landschaft *64*.

ARNOLD, E. N. & BURTON, J. A. (1979): Pareys Reptilien- und Amphibienfüher Europas. – Verlag Paul Parey, Hamburg.

AUTORENKOLLEKTIV (1983): Hochwasserrückhaltebecken. – DVWK-Merkblätter zur Wasserwirtschaft *202*. – Verlag Paul Parey, Hamburg.

AUTORENKOLLEKTIV (1984): Ökologische Aspekte bei Ausbau und Unterhaltung von Fließgewässern. – DVWK-Merkblätter zur Wasserwirtschaft *204*. – Verlag Paul Parey, Hamburg.

AUTORENKOLLEKTIV (1985): Bewertung des ökologischen Zustandes von Fließgewässern. – LÖLF und LWA Nordrhein-Westfalen.

AUTORENKOLLEKTIV (1989): Immissionsbelastung des Waldes und seiner Böden – Gefahr für die Gewässer?. – DVWK-Mitt. *17*.

AUTORENKOLLEKTIV (1990): Abhängigkeit der Selbstreinigung von der Naturnähe der Gewässer. – DVWK-Mitt. *21*.

AUTORENKOLLEKTIV (1990): Uferstreifen an Fließgewässern. – DVWK-Schriften *90*. – Verlag Paul Parey, Hamburg.

AUTORENKOLLEKTIV (1992): River Water Quality – Ecological Assessment Control. – Official Publications European Communities, Luxembourg.

AUTORENKOLLEKTIV (1993): Aussagekraft von Gewässergüteparametern, Teil I. – DVWK-Merkblätter zur Wasserwirtschaft. – *227*.

BABENZIEN, H.-D. & SCHWARZ, W. (1970): Studien zur Mikrobiologie des Neustons. – Limnologica, Berlin, *7*.

BAUCH, G. (1955): Die einheimischen Süßwasserfische. – Neumann, Radebeul.

BEGEMANN, W. & SCHIECHTL, H. M. (1986): Ingenieurbiologie: Handbuch zum naturnahen Wasser- und Erdbau. – Bauverlag, Wiesbaden.

BEHLING, J., MANGOLD, S. & MEIJERING, M. P. D. (1994): Wasserflöhe (Cladoceren) in Tümpeln und Teichen einer versauernden Bachaue des Burgdorfer Holzes, Kr. Hannover. – Beitr. Naturkde. Niedersachsens *47*.

BENDER, H. (1970): Biologie und Biochemie der Mikroorganismen. – Verlag Chemie, Weinheim.

BERNERTH, H. & TOBIAS, W. (1979): Der Untermain, ein flußökologisches Porträt. – Kleine Senckenberg-Reihe *10*, Frankfurt.

BESCH, W. (1984): Biologische Qualitätsklassifizierung von Fließgewässern. – In: Limnologie für die Praxis – Grundlagen des Gewässerschutzes. – Ecomed Verlagsgesellschaft, Landsberg.

BEYER, H. (1932): Die Tierwelt der Quellen und Bäche des Baumbergegebietes. – Abh. Westf. Prov.-Mus. f. Naturk. *3*.

BLESS, R. (1978): Bestandsänderungen der Fischfauna in der Bundesrepublik Deutschland. Naturschutz aktuell 2. – Kilda-Verlag, Greven.

BOHN, U. (1975): Die Vegetation des Naturschutzgebiets Breitecke im Fulda-Tal bei Schlitz. – Beitr. Naturkde. Osthessen *9/10*.

BÖRNERT, W. (1980): Die Werra – ein sterbender Fluß? – Natur und Museum *110*.

BRAUKMANN, U. (1987): Zoozönologische und saprobiologische Beiträge zu einer allgemeinen regionalen Bachtypologie. – Arch. Hydrobiol. Beih. *26* (Erg. d. Limnol.), Stuttgart.

BRECHTEL, H. M. (1987): Auswirkungen des Waldsterbens auf den Gebietswasserhaushalt. – Allg. Forst Zeitschr. *6*.

BREHM, J. (1967): Untersuchungen über den Aminosäure-Haushalt holsteinischer Gewässer, insbesondere des Pluß-Sees. – Arch. Hydrobiol. Suppl. *32*.

BREHM, J. (1975): Hydrologische und chemische Übersichtsuntersuchungen an den Fließgewässern des Schlitzerlandes; III. Die Fulda. – Beitr. Naturkde. Osthessen *9/10*.

BREHM, J. (1979): Vegetation und Vogelbesiedlung einer naturnahen Flußauenlandschaft; II. Vogelbesiedlung. – Mittl. Erg. Stud. Ökol. Umwelts. *6*.

BREHM, J. (1980): Die Vögel als Indikatoren für die anthropogenen Landschaftsveränderungen in einer ausgewählten Flußaue. – Forsch.-Inst. Senckenberg *41*.

BREHM, J. (1980): Zur anthropogenen Versauerung der Schlitzerländer Buntsandstein-Waldlandschaft. – Beitr. Naturkde. Osthessen *16*.

BREHM, J. & MEIJERING, M. P. D. (1979): Wasservögel als Glieder limnischer Ökosysteme. – Arch. Hydrobiol. *85*.

BREHM, J. & SCHÖCKE, K. (1980): Phytoplankton-Biomasse, gelöste organische Substanz und molekularer Sauerstoff in einer neuentstandenen Talsperre (Twiste-Stausee in Nordhessen). – Beitr. Naturkde. Osthessen *16*.

BREHM, K. (1968): Die Bedeutung des Kationenaustausches für den Kationengehalt lebender Sphagnen. – Planta *79*.

BRETSCHKO, G. (1981): Vertical distribution of zoobenthos in an alpine brook of the Ritrodat-Lunz study area. – Verh. Internat. Verein. Limnol. *21*.

BRINK, F. H. V. D. (1957): Die Säugetiere Europas. – Verlag Paul Parey, Hamburg.

BRINKMANN, R. (1966/67): Abriß der Geologie; 1. Band: Allgemeine Geologie; 2. Band: Historische Geologie. – Enke, Stuttgart.

BULNHEIM, H.-P. (1985): Genetic differentiation between natural populations of *Gammarus tigrinus* (Crustacea, Amphipoda) with reference to its range extension in European continental waters. – Arch. Hydrobiol. *102*.

BURSCHE, E.-M. (1963): Wasserpflanzen. – Neumann, Radebeul.

CASPERS, H. (1958): Biologie der Brackwasserzonen im Elbe-Ästuar. – Verh. int. Ver. Limnol. *13*.

CASPERS, N. (1980): Die Makrozoobenthos-Gesellschaft des Hochrheins bei Bad Säckingen. – Beitr. naturk. Forsch. SüdwDtl. *39*.

CASPERS, N. (1980): Die Makrozoobenthos-Gesellschaft des Rheins bei Bonn. – Decheniana (Bonn) *133*.

CLARKE, F. W.: The Data of Geochemistry. Zitiert nach GESSNER 1959.

CONRATH, W., FALKENHAGE, B. & KINZELBACH, R. (1977): Übersicht über das Makrozoobenthon des Rheins im Jahre 1976. – Gewässer und Abwässer *62/63*.

COX, E. (1990): Studies on the algae of a small softwater stream. – Arch. Hydrobiol. Suppl. *83*.

CRICKMAY, C. H. (1974): The work of the River. – MacMillan, London.

FREIER, R. K. (1974): Wasseranalyse. 2. Auflage. – de Gruyter, Berlin.

FREIER, R. K. (1976): Wäßrige Lösungen – Daten für Anorganische und Organische Verbindungen, Bd. 1. – de Gruyter, Berlin.

FREUDE, H., HARDE, K. W. & LOHSE, G. A. (1971): Die Käfer Mitteleuropas; Bd. 3: Adephaga 2, Palpicornia, Histeroidea, Staphylinidea 1. – Goecke & Evers, Krefeld.

FRIEDRICH, G. (1990): Eine Revision des Saprobiensystems. – Z. Wasser-Abwasser-Forsch. *23*.

FRIEDRICH, H. (1965): Meeresbiologie. – Borntraeger, Berlin.

GARCKE, A. (1972): Illustrierte Flora. – Parey, Berlin.

GASCON, C., PLANAS, D. & MOREAU, G. (1987): The interaction of pH, calcium and aluminium concentrations on the survival and development of Wood Frog (*Rana sylvatica*) eggs and tadpoles. – Annal. Kon. Belg. Ver. Dierkde., suppl. *1*.

GEIGER, R. (1961): Das Klima der bodennahen Luftschicht. – Vieweg, Braunschweig.

GESSNER, F. (1959): Hydrobotanik. Die physiologischen Grundlagen der Pflanzenverbreitung im Wasser; Bd. II: Stoffhaushalt. – VEB Deutscher Verlag der Wissenschaft, Berlin.

GLÖER, P., MEIER-BROOK, C. & OSTERMANN, O. (1980): Süßwassermollusken. 2. Auflage. – Deutscher Jugendbund für Naturbeobachtung, Hamburg.

GOCKE, K. (1970): Untersuchungen über Abgabe und Aufnahme von Aminosäuren und Polypeptiden durch Planktonorganismen. – Arch. Hydrobiol. *67*.

GOLTERMAN, H. L. (ed.) (1969): Methods for Chemical Analysis of Fresh Waters. IBP Handbook No. 8. – Blackwell, Oxford.

GREEN, J. (1961): A Biology of Crustacea. – Witherby, London.

GREGOR, T. (1992): Flora des Schlitzerlandes. – Beitr. Naturkde. Osthessen *28*.

GRIMM, F. (1968): Zur Typisierung des mittleren Abflußganges (Abflußregime) in Europa. – Freiburger geographische Hefte *6*.

GÜMBEL, D. (1976): Emergenz-Vergleich zweier Mittelgebirgsquellen 1973. – Arch. Hydrobiol. Suppl. *50*.

HAASE, P. (1994): Zur Ökologie des Fließgewässersystems der Nieme – Ein Beitrag zum Naturschutz in Südniedersachsen. – Ökologie und Umweltsicherung *8*, 1–204.

HACH, G. & HÖLZL, W. (1989): Maßnahmen zur Erhaltung und Verbesserung der Wasserrückhalte-, Wasserreinhalte- und Speicherfähigkeit in der Landschaft. – Z. Kulturtechn. u. Landentw. *30*.

HAECKEL, J.-W., MEIJERING, M. P. D. & RUSETZKI, H. (1972): *Gammarus fossarum* Koch als Fallaubzersetzer in Waldbächen; Schlitzer Produktionsbiologische Studien (5). – Freshwhat. Biol. *3*.

HARTMANN, F. K. (1974): Mitteleuropäische Wälder. – Gustav Fischer, Stuttgart.

HARTMANN, R. (1983): Untersuchungen über Hydrologie und aquatische Fauna in einem Bergwerk des Harzes, unter besonderer Berücksichtigung des Höhlenflohkrebses *Niphargus schellenbergi* KARAMAN (1932). – Diplomarbeit Univ. Göttingen.

HASLAM, S. M. (1978): River Plants, The Macrophytic Vegetation of Watercourses. – Cambridge University Press, Cambridge.

HAVELKA, P. (1976): Ceratopogoniden-Emergenz am Breitenbach und am Rohrwiesenbach (1971–1972). – Arch. Hydrobiol. Suppl. *50*.

HEGI, G. (1906): Illustrierte Flora von Mittel-Europa; Band VI: Dicotyledones. – Lehmanns, München.

HERBST, H. V. (1962): Blattfußkrebse. – Franckh'sche Verlagshandlung, Stuttgart.

HESSISCHER MINISTER FÜR LANDWIRTSCHAFT U. FORSTEN, ABT. WASSERWIRTSCHAFT (1964): Wasserwirtschaftlicher Rahmenplan Fulda, Erläuterungen. – Wiesbaden.

HESSISCHES MINISTERIUM FÜR UMWELT UND REAKTORSICHERHEIT (1988): Gewässergütekarte Hessen 1986. – Hessen Information Wasser, Wiesbaden.

HEUSS, K. (1986): Erstfunde des Flohkrebses *Gammarus tigrinus* SEXTON (Crustacea, Amphipoda) in Mittelfranken. – Natur und Mensch.

HOFFMANN, J. (1963): Faune des Amphipodes du Grande-Duché de Luxembourg. – Arch. Inst. G. D. Luxembg. *29*.

HOLLEMAN, A. & WIBERG, E. (1958): Lehrbuch der anorganischen Chemie. – de Gruyter, Berlin.

HOOD, W. (ed.): Organic Matter in Natural Waters. – Institute of Marine Science, Occassional Publication No *1*, University of Alaska.

HUSMANN, S. (1970). Weitere Vorschläge für eine Klassifizierung subterraner Biotope und Biocoenosen der Süßwasserfauna. – Int. Revue ges. Hydrobiol. *55*.

HUSMANN, S. (1972): Das ökologische Gleichgewicht im Grundwasser sandig-kiesiger Ablagerungen und seine Störung durch versickernde Verunreinigungen; mit besonderer Berücksichtigung vertikaler Infiltrationsvorgänge. – Tagungsbericht der Gesellschaft für Ökologie, Gießen.

HUSMANN, S. (1975): Die Schotterufer des Niederrheins bei Krefeld: abwasserkranke Biotope bei gestörter Uferfiltration. – Gewässer und Abwässer *57/58*.

HUSMANN, S. (1991): Die vertikale Verteilung von chemischen Stoffen und von Organismen im Gewässergrund der Oberen Fulda: Anwendung einer neuen Methode zur Untersuchung des Rhythrostygals. – Beitr. Naturkde. Osthessen *27*.

HUTZINGER, O. (ed.) (1980): The Handbook of Environmental Chemistry, 3 A: Anthropogenic Compounds. – Springer, Heidelberg.

HUTZINGER, O. (ed.) (1980): The Handbook of Environmental Chemistry, Vol. 1, A: The Natural Environment and the Biogeochemical Cycles. – Springer, Heidelberg.

HYNES, H. B. N. (1974): The Biology of Polluted Waters. – Liverpool University Press, Liverpool.

ILLIES, J. (1955): Steinfliegen oder Plecoptera. – In: Die Tierwelt Deutschlands. – VEB Gustav Fischer Verlag, Jena.

ILLIES, J. (1961): Die Lebensgemeinschaft des Bergbaches. – Ziemsen, Wittenberg.

ILLIES, J. (1971): Emergenz 1969 im Breitenbach. – Arch. Hydrobiol. *69.*

ILLIES, J. (1978): Vergleichende Emergenzmessung im Breitenbach 1969–1976. Schlitzer Produktionsbiologische Studien, Nr. 25. – Arch. Hydrobiol. *82.*

ILLIES, J. & BOTOSANEANU, L. (1963): Problèmes et Mêthodes de la Classification et de la Zonation Ecologique des Eaux Courantes, Considerées Surtout du Point de Vue Faunistique. – Internationale Vereinigung für theoretische und angewandte Limnologie, Mitteilungen Nr. *12.* – Schweizerbart'sche Verlagsbuchhandlung, Stuttgart.

IMHOFF, K. & IMHOFF, K. R. (1979): Taschenbuch der Stadtentwässerung. 25. Auflage. – R. Oldenbourg Verlag, München.

ISRAEL, H. & ISRAEL, G. W. (1973): Spurenstoffe in der Atmosphäre. – Wissenschaftliche Verlagsgesellschaft, Stuttgart.

JACOBS, W. & RENNER, M. (1974): Taschenlexikon zur Biologie der Insekten. – Gustav Fischer, Stuttgart.

JAHR, W., MEIJERING, M. P. D. & WÜSTENDÖRFER, W. (1980): Zur Situation der Gattung *Gammarus* im Vogelsberg. – Beitr. Naturkde. Osthessen *16.*

JENS, G. (1973): Der Einfluß des Mondes. – In. GRZIMEKS Tierleben, Ökologie. – Kindler, Zürich.

JOST, O. (1975): Zur Ökologie der Wasseramsel (*Cinclus cinclus*) mit besonderer Berücksichtigung ihrer Ernährung. – Bonner Zool. Monogr. *6.*

KAHLERT, M. (1993): Auswirkungen der Werraversalzung auf die ökologischen Verhältnisse der Auenlandschaft des Werratales. – Ökologie und Umweltsicherung *2.*

KALLE, K. (1943): Der Stoffhaushalt des Meeres. – Akadem. Verlagsgesellschaft, Leipzig.

KARLSON, P. (1964): Kurzes Lehrbuch der Biochemie für Mediziner und Naturwissenschaftler. – Thieme, Stuttgart.

KAUSHIK, N. K. & HYNES, H. B. N. (1971): The fate of the dead leaves that fall into streams. – Arch. Hydrobiol. *68.*

KINZELBACH, R. (1972): Zur Verbreitung und Ökologie des Süßwasser-Strandflohs *Orchestia cavimana* HELLER, 1865 (Crustacea: Amphipoda: Talitridae). – Bonn. zool. Beitr. *23.*

KINZELBACH, R. & FRIEDRICH, G. (Hrsg.) (1990): Biologie des Rheins. – Limnologie Aktuell *1.*

KLAUSNITZER, B. (1977): Bestimmungstabellen für die Gattungen der aquatischen Coleopteren-Larven Mitteleuropas. – Beitr. Ent. Berlin *27.*

KLETT, M. (1965): Die boden- und gesteinsbürtige Stofffracht von Oberflächengewässern, Band *35.* – Ulmer, Stuttgart.

KOCH, K. D. (1990): Ernährungsökologische Untersuchungen an *Gammarus pulex* (L.) und *Gammarus fossarum* Koch, 1835 (Crustacea, Amphipoda) in einem Wiesenbach und einem Waldbach. – Beitr. Naturkde. Osthesssen *26.*

KOHLER, A., WONNEBERGER, R. & ZELTNER, G. (1973): Die Bedeutung chemischer und pflanzlicher "Verschmutzungsindikatoren" im Fließgewässersystem Moosach. – Arch. Hydrobiol. *72.*

KONOLD, W. (1984): Zur Ökologie kleiner Fließgewässer. – Agrar- und Umweltforschung Baden-Württemberg *6.*

KOPF, W., PÖHLMANN, W. & REIMANN, K. (1988): Grundlagen der Eutrophierung von Fließgewässern, dargestellt am Beispiel von Main und Regnitz. – Bayer. Landesanst. Wasserforsch.

KUBIENA, W. (1950): Bestimmungsbuch und Systematik der Böden Europas. – Enke, Stuttgart.

LADIGES, W. & VOGT, D. (1979): Die Süßwasserfische Europas. 2. Auflage. – Parey, Hamburg.

LANDESAMT FÜR WASSER UND ABFALL (1991): Allgemeine Güteanforderungen für Fließgewässer (AGA). – LWA-Merkblätter *7.*

LEHMANN, H. & ZINTZ, H.-O. (1993): Modellierung diffuser Nährstoffeinträge und deren Rückhalt für ganze Flußgebiete. – Wasser & Boden *8.*

LEHMANN, J. (1971): Die Chironomiden der Fulda. – Arch. Hydrobiol. Suppl. *37.*

LEHNHARDT, F., BRECHTEL, H. M. & BONESS, M. (1983): Chemische Beschaffenheit und Nährstofftransport von Bachwässern aus kleinen Einzugsgebieten unterschiedlicher Landnutzung im Nordhessischen Buntsandsteingebiet. – DVWK-Schriften *57*.

LEITHE, W. (1975): Die Analyse der organischen Verunreinigungen in Trink-, Brauch- und Abwasser. – Wissenschaftliche Verlagsgesellschaft, Stuttgart.

LESER, H. (1976): Landschaftsökologie. – Ulmer, Stuttgart.

LOUIS, H. (1968): Allgemeine Geomorphologie. – de Gruyter, Berlin.

MACAN, T, T. (1964): Freshwater Ecology. – Camelot Press, London/Southhampton.

MARXSEN, J. (1980): Untersuchungen zur Ökologie der Bakterien in der fließenden Welle von Bächen. – Arch. Hydrobiol. Suppl. *57* u. *58*.

MATTHESS, G. (1973): Lehrbuch der Hydrogeologie; Band 2: Die Beschaffenheit des Grundwassers. – Borntraeger, Berlin.

MATTHIAS, U. (1983): Der Einfluß der Versauerung auf die Zusammensetzung von Bergbachbiozönosen. – Arch. Hydrobiol./Suppl. *65*.

MEIJERING, M. P. D. (1971): Die *Gammarus*-Fauna der Schlitzerländer Fließgewässer. – Arch. Hydrobiol. *68*.

MEIJERING, M. P. D. (1971): *Astacus astacus* L. und *Branchiobdella parasitica* HENLE in der Fulda. – Beitr. Naturkde. Osthessen *4*.

MEIJERING, M. P. D. (1972): Physiologische Beiträge zur Frage der systematischen Stellung von *Gammarus pulex* L. und *Gammarus fossarum* KOCH. – Crustaceana/Suppl. *3*.

MEIJERING, M. P. D. (1972): Experimentelle Untersuchungen zur Drift und Aufwanderung von Gammariden in Fließgewässern. – Arch. Hydrobiol. *70*.

MEIJERING, M. P. D. (1985): Einflüsse einer Ortslage auf die Verbreitung von *Gammarus*-Arten in einem Bachsystem (Maarbach, Osthessen). - Mittl. Erg. Stud. Ökol. Umwelts. *10*.

MEIJERING, M. P. D. (1989): Flohkrebse (*Gammarus*) als Indikatoren für Sauerstoffschwund und Versauerung in Fließgewässern. – DVWK-Mitteilungen *17*.

MEIJERING, M. P. D. (1989): Zur Naturnähe von Fließgewässern. – Kasseler Hochsch. Bund, Bärenreiter Verlag, Kassel.

MEIJERING, M. P. D. (1991): Lack of oxygen and low pH as limiting factors for *Gammarus* in Hessian brooks and rivers. – Hydrobiologia *223*.

MEIJERING, M. P. D., JAZDZEWSKI, K. & KÖHN, J. (1995): Ecotypes of Amphipoda in Central European Inland Waters. – Pol. Arch. Hydrobiol. *42*.

MEIJERING, M. P. D. & MÜLLER, F. (1981): Nahrungserwerb einer brütenden Stockente (*Anas plathyrhynchos*) im Döllbach/Rhön. – Beitr. Naturkde. Osthessen *17*.

MEIJERING, M. P. D. & MÜLLER, F. (1984): Winterlicher Nahrungserwerb von Stockenten (*Anas plathyrhynchos*) in der Lütter und der Fulda. – Beitr. Naturkde. Osthessen *20*.

MEIJERING, M. P. D. & PIEPER, H. G. (1985): Zur Verbreitung von *Gammarus* (Crustacea: Amphipoda) im Fulda-Eder-Abflußgebiet, mit besonderer Berücksichtigung der Bachversauerung. – Mitt. Erg. Stud. Ökol. Umwelts. *10*.

MEIJERING, M. P. D., SCHMEISKY, H. & VOLLRATH, H. (1993): Die Auswirkungen auf die Natur. – in: Salz in Werra und Weser – Ursachen, Folgen, Abhilfe. – DVWK-Mitt. *24*.

MEYER, D. (1983): Makroskopisch-biologische Feldmethoden zur Wassergütebeurteilung von Fließgewässern. – Arbeitsgem. Limnolog. Gewässerschutz, Hannover.

MITSCHERLICH, G. (1971): Wald, Wachstum und Umwelt, 2. Band: Waldklima und Wasserhaushalt. – Sauerländer, Frankfurt.

MOLLER PILLOT, H. K. M. (1984): De larven der Nederlandse Chironomidae (Diptera). 3. Auflage. – Rijksmus. Nat. Hist., Leiden.

MOLLER PILLOT, H. K. M. & BUSKENS, R. F. M. (1990): De larven der Nederlandse Chironomidae (Diptera) – autoecologie en verspreiding. – Nat. Natuurhist. Mus., Leiden.

MÖNKEMEYER, W. (1931): Bryales (Laubmoose). – In: PASCHER, A.: Die Süßwasser-Flora Mitteleuropas. – Gustav Fischer Verlag, Jena.

MÜLLER, H. (1956): Die Forellen. – Ziemsen, Wittenberg.

MÜLLER, K. (1950): Fische und Fischregionen der Fulda. – Jahresber. Limnolog. Flußstat. Freudenthal *2*.

MÜLLER-HAECKEL, A. (1965): Tagesperiodik des Siliziumgehaltes in einem Fließgewässer. – Oikos *16*.

MUNDKOWSKI, E. & MEIJERING, M. P. D. (1989): Cladoceren und Copepoden in stehenden Gewässern der unteren Werra-Aue. – Beitr. Naturkde. Osthessen *25*.

NATURSCHUTZBEIRAT BFN Kassel (1986): Empfehlungen zur Gestaltung und Pflege der Ufer von Fließgewässern. – Naturschutz Nordhessen *9*.

NATURSCHUTZBEIRAT BFN KASSEL (1988): Empfehlungen zur Berücksichtigung ökologischer Aspekte bei der Hochwasserregelung. – Naturschutz Nordhessen *10*.

NEUMÜLLER, O. A. (1972): RÖMPP's Chemie-Lexikon; 7. Auflage; Stuttgart.

NIEDERSÄSCHSISCHER MINISTER FÜR ERNÄHRUNG, LANDWIRTSCHAFT UND FORSTEN (1971): Deutsches Gewässerkundliches Jahrbuch, Weser- und Emsgebiet, Abflußjahr 1970. – Landesstelle für Gewässerkunde, Hannover.

NIEL, C. B. VAN & STANIER, R. Y. (1959): Bacteria. – In: WARD & WHIPPLE: Freshwater Biology. – John Wiley & Sons, New York.

NIEMEYER-LÜLLWITZ, A. & ZUCCHI, H. (1985): Fließgewässerkunde: Ökologie fließender Gewässer unter besonderer Berücksichtigung wasserbaulicher Eingriffe. – Verlag Diesterweg/Sauerländer, Frankfurt.

ODUM, E. P. (1980): Grundlagen der Ökologie. – Thieme, Stuttgart.

OGLESBY, R. T., CARLSON, C. A. & MCCANN, J. A. (ed.) (1972): River Ecology and Man. – Academic Press, New York.

OHLE, W. (1972): Gelöste organische Stoffe, Aufnahme und Abgabe durch Planktonorganismen im See. – Gewässerschutz-Wasser-Abwasser *8*.

OTTO, A. (1991): Grundlagen einer morphologischen Typologie der Bäche. – In: Versuchsanstalt für Wasser, Mitteilungen *180*, Karlsruhe.

PIECHOCKI, A. (1984): Die Molluskenfauna des Breitenbachs und des Rohrwiesenbachs (Schlitzerland/Hessen). – Beitr. Naturkde. Osthessen *20*.

PIEPER, H. G. (1972): Das hyporheische Interstitial eines Urgebirgsbaches unter dem Einfluß allochthoner Nährstoffzufuhr. – Diplomarbeit Univ. Freiburg.

PIEPER, H. G. (1978): Ökophysiologische und produktionsbiologische Untersuchungen an Jugendstadien von *Gammarus fossarum* KOCH 1835. – Arch. Hydrobiol. Suppl. *54*.

PINKSTER, S., SCHEEPMAKER, M., PLATVOET, D. & BROODBAKKER, N. (1992): Drastic changes in the amphipod fauna (Crustacea) of Dutch inland waters during the last 25 years. – Bijdr. Dierkde. *61*.

POLTZ, J. (1972): Untersuchungen über das Vorkommen und den Abbau von Fetten und Fettsäuren in Seen. – Arch. Hydrobiol. Supp. *40*.

PUTHZ, V. (1974): Bibliographie der Arbeiten aus der Limnologischen Flußstation des Max-Planck-Instituts für Limnologie Schlitz, Hessen. – Beitr. Naturkde. Osthessen *7/8*.

REICHARDT, W. (1978): Einführung in die Methoden der Gewässermikrobiologie. – Gustav Fischer, Stuttgart.

REMANE, A. & SCHLIEPER, C. (1971): Die Biologie des Brackwassers. Die Binnengewässer Vol. *XXV*. – Schweizerbart'sche Verlagsbuchhandlung, Stuttgart.

RHEINHEIMER, G. (1991): Mikrobiologie der Gewässer. 5. Auflage. – Gustav Fischer, Stuttgart.

RINGE, F. (1970): Chironomiden-Emergenz 1970 in Breitenbach und Rohrwiesenbach – Schlitzer Produktionsbiologische Studien (10). – Arch. Hydrobiol. Suppl. *45*.

RÖSSERT, R. (1969): Grundlagen der Wasserwirtschaft und der Gewässerkunde. – Oldenbourg, München.

ROUND, F. E. (1975): Biologie der Algen. Thieme, Stuttgart.

RUNGE, F. (1969): Pflanzengesellschaften Deutschlands. – Aschendorff, Münster.

RUSSEV, B. (1979): Gegenwärtige Kenntnisse über die Artenzusammensetzung des Zoobenthos der Donau. – Bulgarische Akademie der Wissenschaften, Zoologisches Institut. XIX. Jubiläumstagung Donauforschung.

SANDROCK, F. (1978): Vergleichende Emergenzmessungen an zwei Bächen des Schlitzerlandes. – Arch. Hydrobiol. Suppl. *54*.
SAUBERER, F. (1962): Empfehlungen für die Durchführung von Strahlungsmessungen an und in Gewässern. – Mitt. internat. Verein. Limnol. *11*.
SCHEELE, M. (1950): Beitrag zur Frage der Abgrenzung von Kieselalgen-Gesellschaften in fließenden Gewässern. – Jahresber. Limnol. Flußstation Freudenthal *1*.
SCHEFFER, F. & SCHACHTSCHABEL, P. (1973): Lehrbuch der Bodenkunde. – Enke, Stuttgart.
SCHEFFER, F. & ULRICH, B. (1960): Humus und Humusdüngung, Band 1. – Enke, Stuttgart.
SCHENK, G. (1977): Die Diatomeen-Vegetation des Oberlaufes der Fulda. – Beitr. Naturkde. Osthessen *11/12*.
SCHLEGEL, H. G. (1992): Allgemeine Mikrobiologie, 7. Auflage. – Thieme, Stuttgart.
SCHLEUTER, M. SCHLEUTER, A., POTEL, S. & BANNING, M. (1994): *Dikerogammarus haemobaphes* (Eichwald 1841) (Gammaridae) aus der Donnau erreicht über den Main-Donau-Kanal den Main. – Lauterbornia *19*.
SCHMASSMANN, H. J. (1951): Untersuchungen über den Stoffhaushalt fließender Gewässer. – Schweiz. Z. Hydrol. *13*.
SCHMIDT, A. (1989): Auswirkungen intensiver Landbewirtschaftung auf Fließgewässer. – In: Schr. R. Dtsch. Rat f. Landespflege *58*.
SCHMIDT, E. (1996): Ökosystem See. 5. Aufl., Bd. 1, im Druck. – Quelle & Meyer, Wiesbaden.
SCHMITZ, W. (1954): Grundlagen der Untersuchung der Temperaturverhältnisse in den Fließgewässern. – Ber. Limnol. Flußstation Freudenthal *VI*.
SCHMITZ, W. (1955): Phytoplankton-Massenentwicklung in Staubecken und Fließgewässern. – Verh. int. Ver. Limnol. *12*.
SCHNEIDER, R. (1885): Der unterirdische *Gammarus* von Clausthal. – Sitz. – Ber. Königl. Preuß. Akad. Wiss. Berlin *49*.
SCHUMM, S. A. (1977): The Fluvial System. – John Wiley & Sons, New York.
SCHWÄGLER, U. (Bearb.) (1989): Gewässer-Gütebericht. – Staatl. Amt f. Wasser u. Abfall Göttingen.
SCHWANK, P. (1981): Turbellarien, Oligochaeten und Archianneliden des Breitenbachs und anderer oberhessischer Mittelgebirgsbäche. – Arch. Hydrobiol. Suppl. *62*.
SCHWERDTFEGER, F. (1963): Ökologie der Tiere, Band 1: Autökologie. – Verlag Paul Parey, Hamburg.
SCHWOERBEL, J. (1961): Über die Lebensbedingungen und die Besiedlung des hyporheischen Lebensraums. – Arch. Hydrobiol. Suppl. *25*.
SCHWOERBEL, J. (1964): Die Bedeutung des Hyporheals für die benthische Lebensgemeinschaft der Fließgewässer. – Verh. Internat. Verein. Limnol. *15*.
SCHWOERBEL, J. (1967): Das hyporheische Interstitial als Grenzbiotop zwischen oberirdischem und subterranem Ökosystem und seine Bedeutung für die Primärproduktion von Kleinsthöhlenbewohnern. – Arch. Hydrobiol. Suppl. *33*.
SCHWOERBEL, J. (1969): Ökologie der Süßwassertiere – Fließgewässer. – Fortschr. d. Zool. *20*.
SEDLAK, E. (1985): Bestimmungsschlüssel für mitteleuropäische Köcherfliegenlarven (Insecta, Trichoptera). Dtsch. Übersetzung von J. WARINGER. – Selbstverlag Bundesanstalt für Gewässergüte, Wien.
SIEBERT, M. (1980): Die Emergenz der Chironomiden im Breitenbach 1969 – 1973. – Arch. Hydrobiol. Suppl. *58*.
SIOLI, H. (1961): Landschaftsökologischer Beitrag aus Amazonien. – Natur und Landschaft *41* (5).
STEINBERG, C. (1977): Schwer abbaubare, stickstoffhaltige gelöste organische Substanzen im Schöhsee und in Algenkulturen. – Arch. Hydrobiol. Suppl. *53*.
TEICHMANN, W. (1980): Bibliographie der Arbeiten aus der Limnologischen Fluß-Station des Max-Planck-Instituts für Limnologie, Schlitz/Hessen. – Beitr. Naturkde. Osthessen *16*.
TEICHMANN, W. & MEIJERING, M. P. D. (1981): Zur Situation der Gattung *Gammarus* im Kaufunger Wald. – Beitr. Naturkde. Osthessen *17*.
TESSENOW, U. (1966): Untersuchungen über den Kieselsäuregehalt der Binnengewässer. – Arch. Hydrobiol. Suppl. *32*.

TESSENOW, U. (1980): Untersuchungen zum Schwebstoffgehalt und zur Hydrochemie des Blautopfs, ein Beitrag zur Karsthydrologie der Schwäbischen Alb. – Jh. Ges. Naturkde. Württ. *135*.

THIELE, J. (1909): Mollusca, Weichtiere. – In. BRAUER, A.: Die Süßwasserfauna Deutschlands. – Gustav Fischer Verlag, Jena.

THIENEMANN, A. (1922): Hydrobiologische Untersuchungen an Quellen. – Arch. Hydrobiol. *XIV*.

THIENEMANN, A. (1925): Die Binnengewässer Mitteleuropas. – Schweizerbart'sche Verlagsbuchhandlung, Stuttgart.

THIENEMANN, A. (1926): Hydrobiologische Untersuchungen an den kalten Quellen der Halbinsel Jasmund auf Rügen. – Arch. Hydrobiol. *XVII*.

THURNER, A. (1967): Hydrogeologie. – Springer, Wien.

TOLKAMP, H. H. (1980): Organism-substrate Relationships in Lowland Streams. – Center for Agricultural Publishing and Documentation, Wageningen.

TREMP, H. & KOHLER, A. (1993): Wassermoose als Versauerungsindikatoren. – Landesanstalt für Umweltschutz Baden-Württemberg, Karlsruhe.

ULLRICH, F. (1978): Biologisch-ökologische Studien an den Larven rheophiler Wassermilben (Hydrachnellae, Acari). – Arch. Hydrobiol. Suppl. *54*.

ULRICH, B. (1982): Gefahren für das Waldökosystem durch Saure Niederschläge. – Sonderheft LÖLF-Mitteilungen.

VAATE, A. bij de & KLINK, A. G. (1995): *Dikerogammarus villosus* Sowinsky (Crustacea: Gammaridae) a new immigrant in the Dutch part of the Lower Rhine. – Lauterbornia *20*.

VIETZ, K. (1956): Die Milben des Süßwassers und des Meeres. – Gustav Fischer Verlag, Jena.

VOLLRATH, H. & BETTINGER, A. (1991): Initiale Halophytenvegetation nach Quellenversalzung bei Bad Hersfeld und ihre Ursachen. – Beitr. Naturkde. Osthessen *27*.

WAGLER, E. (1937): Crustacea. – In: BROHMER/EHRMANN/ULMER: Die Tierwelt Mitteleuropas, Band II (2a). – Quelle & Meyer, Leipzig.

WAGNER, R. (1979): Psychodidenstudien im Schlitzerland. – Arch. Hydrobiol. Suppl. *57*.

WAGNER, R. (1980): Die Dipterenemergenz am Breitenbach (1969 – 1973). – Spixiana *3*.

WEBER, H. (1949): Grundriß der Insektenkunde. – Gustav Fischer, Jena.

WEINMANN, G. (1970): Gelöste Kohlenhydrate und andere anorganische Stoffe in natürlichen Gewässern und in Kulturen von *Scenedesmus quadricauda*. – Arch. Hydrobiol. Suppl. *37*.

WERTH, W. (1987): Ökomorphologische Gewässerbewertungen in Oberösterreich. – Oesterr. Wasserwirtsch. *39*.

WESENBERG-LUND, C. (1967): Biologie der Süßwassertiere – Wirbellose Tiere. – J. Cramer, Lehre.

WESTPHAL, W. H. (1959): Physik. – Springer, Heidelberg.

WHITTON, B. A. (ed.) (1975): River Ecology. – University of California Press, Berkeley.

WILMANNS, O. (1993): Ökologische Pflanzensoziologie. 5. Auflage. – Quelle & Meyer, Heidelberg, Wiesbaden.

WITTERS, H. E., VANGENECHTEN, J. H. D. , VAN PLUYMBROECK, S. & VANDERBORGHT, O. L. J. (1987): Ionoregulatory and haematological responses of Rainbow Trout *Salmo gairdneri* RICHARDSON to chronic acid and aluminium stress. – Annal. Kon. Belg. Ver. Dierkde, suppl. *1*.

WOOD, C. M. & MCDONALD, D. G. (1987): The physiology of acid/aluminium stress in trout. – Annal. Kon. Belg. Ver. Dierkde., suppl. *1*.

ZÖTL, J. G. (1974): Karsthydrogeologie. – Springer, Wien.

ZWICK, H. (1974): Faunistisch-ökologische Untersuchungen an Simuliidae (Diptera), unter besonderer Berücksichtigung der Arten des Fulda-Gebietes. – Abh. senckenb. naturforsch. Ges. Frankfurt *533*.

ZWICK, P. (1980): Plecoptera (Steinfliegen). – Handb. Zool. *4* (2) 2/7.

Sachregister